少年法の歴史的展開

——〈鬼面仏心〉の法構造——

森田　明　著

信　山　社

はしがき

本書は、未成年者保護法研究における筆者の二冊目の論文集である。前著『未成年者保護法と現代社会——保護と自律のあいだ』（有斐閣、一九九九年）が、アメリカにおける「子どもの権利」と「少年司法」という枠組をライトモチーフにして、日米児童法・少年法の比較研究に鍬を入れたものであったのに対して、本書はこの〈比較〉の観点をふまえて、明治後期からのわが国の少年法・児童福祉法史に主題を特化したうえ、一世紀間にわたるその歴史的生成と展開の過程を——全体としては一のモノグラフたることを期して——追跡したものである。

本書前半の第Ⅰ部・第Ⅱ部には、大正一一（一九二二）年に成立したいわゆる旧少年法の立法過程とその定着過程を、できるだけ資料によって語らせるという方法で執筆した論文五点を収録した。わが国の少年法制は、ともすると戦前と戦後に分断されて理解されてきているが、その歩みを大正一一年法にまで遡ってあらためて眺め渡してみると、遥かに見通しのよい視野の中に姿を現す。本書前半部に収録した五篇は、いわばこの歴史的前提の掘削作業の結果生まれたものである。

本書後半の第Ⅲ部に収録した五点の論文は、戦後ＧＨＱ改革の下での大改正の結果生まれた昭和二三年少年法が、右の前史との関係でどのような論議と緊張（ないしは連続と断絶）を孕んで展開し、あるいはその後の論争期を経てどのように平成の再改正に至ったのかについてのスケッチを、それぞれに試みたものである。先にふれた本書の視礎視角に鑑みて、後半の各章では分析の幅を戦後に限定することを避け、むしろ明治三三（一九〇〇）年感化法制定以来の少年法一〇〇年史の文脈全体の中で昭和二三年少年法（ないし平成一二年少年法）の歴史的位置を探る、というアプローチを採用した。末尾第10章の「少年法におけるアメリカと日本——比較法史的概観」は、右のような歴史的検討を通して浮かび上がってきたわが国の少年法の特質について、アメリカの読者を想定して執筆した論稿をもとにしたものであるが、先に述べた本書全体の構図を簡略に辿り直した一篇となっている。

以上の諸論稿は、この二十余年のあいだにその都度公けにしてきたものであり、いずれもわが少年法の基本構造をその歴史的起点に遡って把握するというスタンスで主題と取り組んだことから、資料の摘示や配列の点で時に重複が生じることを避け難いものとなった。本書がかかるものとして、わが国の少年法の歴史的全体像に関心を持たれる読者を裨益するものとなるならば幸いである。

本書がこうして世に出ることができたのは、ひとえに、久しきにわたってこの研究を励まされた信山社編集部渡辺左近氏の友情の賜物である。原稿の整理・校正にあたっては、信山社の中村文子・柴田尚到両氏の労を煩わせるとともに、戸村友紀・今出和利両氏（いずれも東洋大学大学院）の援助を得た。あわせてここに、厚く御礼申し上げる。

二〇〇五年九月

森田　明

目次

目　次

第7章　少年法の歴史的展開──〈児童福祉政策的保護〉と〈刑事政策的保護〉の確執……301

序章　比較の中の少年司法——アメリカと日本

はじめに

少年法における二〇世紀のアメリカと日本というテーマは、比較法上の興味深いテーマであり、子細に見ると多くの劇的要素をはらんだ一つの物語である。

個人であれ文化であれ法秩序であれ、我々が自らの自己理解を語り得るのは、我々が他者との対話と比較を通して自らの像を浮かびあがらせ得る場合であるが、日本近代法史のジャンルにおいて少年法ほどこの種の対話性に富んだ分野もまた他に少ないように思われる。

本書の意図は右に述べたような意味でのわが国の少年法の特質を比較法史的視野の中で追跡することであるが、アメリカ法の歴史過程全体を資料をもって跡づけるスペースや能力はここにはない。そこで以下本書の行論全体の理解を助けるために、日本法の歴史的展開を追うにあたって前提となった米日の少年法の比較の構図を、大まかな時代を区切って整理しておくことにしたい。

一　アメリカ・パレンス・パトリエ少年司法の成立

（1）　一八九九年のイリノイ少年裁判所法を嚆矢として展開したアメリカのパレンス・パトリエ少年裁判所法の基礎にあったのは、親子間の親密な保護・依存関係をモデルにして、独立した児童福祉管轄権を国家法の中に創出しようという構想であった。少年裁判所は要扶助児・遺棄児・孤児とあわせて非行・犯罪少年をその管轄権内に収め、「実の親によって与えられるはずであったところの世話・監護・しつけを施すこと」をもって処遇理念とした（イリノイ少年裁判所法第二一条）。非行・犯罪少年は、刑事法の文脈から切り離されて親の監護欠損という角度から再定義された。換言すれば、アメリカ少年裁判所は、犯罪少年を刑事裁判所の管轄から奪い取って、要保護児童に対する親代わりの管轄権内へ強引に取り込むことによって成立した福祉裁判所であった。少年像はここで、自律し責任を負う主体から、依存し保護を受ける客体のそれへと転換する。草創期の裁判官の一人R・タッチルの言葉「子供は罪人にあらず」は、ここでの少年像の転換を一言で言いあらわす標語であった。

児童・少年観の右の転期を物語るものの一つとして、パレンス・パトリエ運動のリーダーの一人、A・J・マッキルウェイの手で公にされた「アメリカ児童の依存宣言」とそこでの「自由」のイデオロギー批判がある。

「我々アメリカの子どもたちは自由かつ平等に生まれたと宣言されている。にもかかわらず我々はこの自由の国で隷属の状態におかれている。……我々はここに、自分達が寄る辺なく依存した——dependent な——存在であることを宣言する。我々は依存した存在であると共に、権利において依存すべき存在である。それ故に我々は、我々の寄る辺なさについての訴えを表明するとともに、子ども期の権利を享受できるような保護が我々に与えられるよう訴える[1]。」

いうまでもなく保護は、保護される側の者の心理的依存を前提にする。発足後間もない少年裁判所の実務のなかでは、非行少年がプロベーションオフィサーに伴われて入廷するや、判事が少年の手を取り肩を叩いて「Oh, my Son!」と呼び掛ける慣行が成立したというが、これはとりもなおさず少年の依存欲求（dependency need）を引き出すことに向けられた新制度からの呼び掛けであった。わが国でもよく知られたコロラドの少年裁判所判事ベン・リンゼーは、彼特有の personal touch によって少年の依存欲求を引き出す天才であった[2]。

(2)　右のような少年裁判所の理論的特質を一言で言えば、これが責任と保護に関する二分論的・二者択一的論理によって貫かれていたという事であろう。新法の哲学によれば一六歳未満（一九〇三年以降は一七歳未満）の非行少年はそれ以上の年齢の者とは質的に区別された「子ども（child）」であって、自己責任の主体たり得ない[3]。それ故彼らは「罪人として逮捕され、起訴され、有罪を宣告され、収監され、処罰されてはならない」（タッチル[4]）。子どもは大人から、いわば截然と峻別されるべき存在なのである。

イリノイ少年裁判所創設の父の一人、T・ハーレイはまた、次のようにも述べている。「子どもは子どもとして扱われねばならない。裁判官の胸中には、犯罪の矯正ではなく人格の形成の理念が絶えず宿っていなければならない。いかなる子どもも見せしめのために処罰されてはならない。処罰によって彼が矯正されることはまずないからである。国(state)の手による親の権威（parental authority）が、刑事上の権力（criminal power）に代わって行使されなければならない[5]。」

ここに見られる二分論的児童・少年観は草創期アメリカ少年裁判所の教育主義を支えるエネルギーであった。「法律の前に盗児たるべきものも、余輩の目に映ずるところは迷える不幸児たるに他ならず」というB・リンゼーのアフォリズムは、当時の裁判所の非刑罰主義的保護主義の高揚を今日に伝えている。

(1) A.J.Makelway, Declaration of Dependence by the Children of America in Mines and Factories and Workshops Asseinbled, 2 Child Labor Bulletin 43 Aug. (1913).
(2) リン・ワードル「アメリカ少年裁判所制度の歴史的、社会・政治的概観」猪瀬慎一郎ほか編『少年法のあらたな展開』二二五頁（有斐閣、二〇〇〇）。
(3) Samuel Barrows(ed.) Children's Court in the United States : their origin, development and result, at IX-XVII (1904).
(4) R.S.Tuthill, History of the Children's Court in Chicago, Id. note (3) at 1.
(5) T.D.Harley, Development of the Juvenile Court Idea, Id. note (3) at 8.

二　大正一一年少年法の成立とその少年観

(1)　右に見たようなアメリカ・パレンス・パトリエの少年司法の児童・少年観は、ほぼリアルタイムで日本にも伝播し、非行少年をも親の監護欠損の角度から取り扱う感化法（一九〇〇年）を成立させた。この法案の起草実務に当たった小河滋次郎やその先達である留岡幸助によって紹介・導入されたパレンス・パトリエの理念は、一方で、わが国の少年関係者の間に強い共感を引き起こした。ここに花開いた「感化教育」の情熱は、翻訳イデオロギーとしてのパレンス・パトリエと言うよりは、むしろこれによって触発されたところの日本社会に伝統的な母性的保護への感受性の流露であったように見える。他方でしかし――幾分逆説的に響くが――この鋭敏な感受性ゆえにこそ、「一六歳未満の非行・犯罪少年には一律に刑事責任がない」としたアメリカの理想主義はわが国の場合あまりに単純に過ぎる、と言う批判と懐疑もまたほぼ同時に起ってきた。

(2) かくして、感化法の二二年後に制定された少年法は、「子供は罪人にあらず」というアメリカ型の児童福祉的少年観を批判して、アメリカ法を換骨奪胎する作業の上に成立した法体系であった。

少年法とはここでは、広汎な福祉的管轄権を退けて法の対象を犯罪・準犯罪少年に絞った刑事政策的保護立法であり、「保護」は法の中核的指導理念ではあっても少年の刑事責任を排斥する概念ではない。〈責任と保護〉〈自律と依存〉は対象少年における不可欠の二面的構成要素として相互に補完し合う位置関係にある。つまり犯罪少年は、第一義的・概念的には罪人たりうる責任的存在であるが、しかし同時に、一定の条件が満たされる場合には及ぶ限りの保護的取扱いを受けるべき存在である。このような少年観を施行実務の中で具体化する任務を担った宮城長五郎は、少年法における保護理念の意義を強調する一方で、「少年なりとの一事をもって保護するのは司法保護ではない。単純なる慈善救済である。……少年なりとの一事をもって悪人に対し徒に慈善救済を施さんとするがごときはむしろ狂人の沙汰と謂ふべきである」[6]という痛烈なパレンス・パトリエ批判を展開した。宮城が策定した刑事処分と保護処分の振り分けのガイドラインのもとで特設の保護的刑事訴追手続に乗せられた少年数は、施行後の二〇年間を通して三%未満にとどまった。宮城自身が用いた言葉を捩って言えば、〈鬼面仏心〉的保護こそが少年法のスピリットであった。

(6) 宮城長五郎「少年法釈義〔三〕」輔成会々報一〇巻四号二四頁（一九二五）。

三　アメリカ法の変容と日本法

(1)　アメリカ・パレンス・パトリエ少年法にかげりが生じたのは、アメリカ社会における親子関係と家族の分解が顕在化した一九六〇年代である。

A・フォータス判事によって書かれた連邦最高裁のゴールト判決[7]（法廷意見）は、パレンス・パトリエの「自由への権利でなく保護を受ける権利」という権利概念を維持しがたいものとして強く批判し、個人の自律・自由を前提とした成人同様のデュー・プロセスの権利の保障を少年手続に対して要求した。法廷意見を全面的に批判したP・スチュアート判事の反対意見「法廷意見が掲げた数々の要件が国内いたるところで少年手続に要求されるならば、少年手続が存在しなかった一九世紀への大幅な後退を招くことになるだろう」、「法廷意見は少年手続を刑事訴追手続に変容させようとするものだ[8]」は、人権の高揚という時代精神を前にしてさほどの反響を呼ぶものとはならなかった。

この判決を分水嶺にしてアメリカ少年司法における少年観はふたたび「自律」に向かって流れ始める。一九六七年五月一六日のニューヨークタイムズは、「最高裁、少年の審理においても成人の訴訟手続が行われるべしと判決」という見出しのもとにゴールト判決の判旨を大きく紹介している。アメリカ各州はこの最高裁判決を受けて、少年審判手続を対審化する改正に次々と着手する。要扶助児童・遺棄児童・身分犯少年は少年審判の対象から外された。一九七七年に起草された全米司法協会／弁護士連合会「少年裁判所基準」は、起草者の一人、O・ケッチャム判事をして「基準は事実上少年刑事裁判所を創設するに等しい手続を採用した[9]」と述べさせるほどの、パレンス・パトリエからの離脱を明示したものとなった。

一九八〇年代にかかるころには、アメリカ少年司法における少年手続の改革の波は、凶悪犯罪少年の増大傾向にタイアップする形で一種の実体的な刑事司法化へと接続する。様々な形で拡大した刑事裁判所への少年の移送制度（少年裁判所の管轄権の縮小）がこれである。手続の対審化と移送制度の拡張の間にはそれ自体としては論理的必然性はないが、ここでの一連の流れが、六〇年代後半以降の保護主義の没落と逆比例する形で隆起してきた「少年の自律」の哲学の風圧の下に進展したことは明らかである。自律の主体とは責任の主体の謂だからである。「少年犯罪者には刑事責任はない」という世紀前半期の保護至上主義は、「少年にも大人並みの断固たる措置を」という世紀後期の tough justice（厳罰司法）の反動によって揺り戻されたのである。

(2)　昭和二三年七月にGHQの指導の下で大改正されたわが少年法は、子細に見ると、アメリカ少年裁判所のパレンス・パトリエ型の手続構造と理念を大正一一年少年法の土台の上に接ぎ木したものであった。法は全件送致・保護処分優先主義の「手続」を採用する一方で、対象を犯罪・準犯罪少年に限定して保護と刑罰に両翼を張る大正一一年法の「骨格」をそのまま維持している。ここに含まれていた「手続」と「骨格」の間のずれは、その後の半世紀間にわたる「少年法改正論争」を生み出す震源地となった。

右の「改正論争」の歴史的文脈からしばし目を転じて、今日の少年司法実務を日米の比較法的視野の下で眺め直して見ると、我々は、彼我の少年制度の間の距離が半世紀を経てもはや同一法系の制度とは考えられないほどに大きく隔たったものとなっている事実に驚かされる。たとえば、平成一二年度にわが国の一般保護事件少年（一五万二三七三件、ただし交通事件少年を除く）のうちで、法二〇条によって逆送された少年数は全国で三二三名（〇・二%）、実刑をもって少年刑務所に収監された少年数は三九名であった。この年日本の現状を視察したアメリカの少年司法関係者の目には、この数字は「計算違いではないか」と映った。だが、ある意味で驚嘆に値するこの非刑罰主義的傾向に、近い将来急激な変動が生じることは現在のわが国の少年実務の現状から見て考えにくい。

以上のような視角から見た場合、昭和二三年の大改正以降初めて生じた今回の平成一二年少年法改正は、アメリカ法に見られたような保護主義から厳罰司法への急角度の転換と同質のものではない。むしろこれは、現行法下においても実務の底に生き続けてきたわが国の〈鬼面仏心〉的少年観の伝統と感受性が、昨今の重大事件に触発される形で法制度の前面に立ち現れ、法のバランスを多少とも回復しようとした動きと見るべきものであろう。

（7）In re Gault, 387 U.S.1 (1967).

（8）Id. at 576.

（9）O.W.Ketscham, National Standards for Juvenile Justice, 63 Va.L.Rev 217-219 (1977).

むすび

世紀転換期のアメリカ少年裁判所は先にも見たように、「権利において依存するもの」という児童・少年観を基盤にした福祉管轄権の中に、犯罪少年を一括して取り込むことによって成立した。考えてみればしかし、なぜこうした――ある意味ではアクロバティックな――現象が生じたのか。一口に言えばこれは、アメリカ社会が自律と自由を掟とする社会、依存欲求（dependency need）の表出が親子関係の外では厳しく抑圧される社会だったからである。こうした状況下での〝犯罪少年にも保護的処遇を〟という政策的要請は、「寄る辺なき依存した存在（Oh my Son!）」という少年観とこれに応える「国親」のイデオロギーを必要とした。だが、かかるイデオロギー的性格を強く帯びていた少年裁判所は、保護・依存関係の社会的実体そのものが脆弱化した場合には崩壊の危機にさらされる。六〇年代以降のいわゆる家族・親子関係の崩壊を後追いする形で生じたパレンス・パトリエの没落と衰退は、世紀転換期以来の保護の制度的イデオロギーの崩壊でもあった。

一方、パレンス・パトリエに出会った二〇世紀初頭の日本社会は、アメリカとは逆に、依存欲求の表出が社会的に公認され、保護・依存関係が場面次第では称揚さえされる社会であった。こうした社会では、犯罪少年の保護的処遇を具体化するために排他的な児童福祉管轄権をあえて創出して、ここへ少年を取り込むというイデオロギー的無理を強行する必要はない。成人とは区別された少年なりの刑事責任の存在を前提とした上で、少年の依存を手続過程で引き出し許容される限りの保護的処遇を追及することが、むしろ自然かつ容易なものとなる。〈鬼面仏心〉的少年観は、こうした日本社会の歴史的・社会的条件の産物であった。

以上のような、一種対位法的な特徴をもったアメリカ法と日本法の比較法的見取り図を念頭に置きながら、わが国の少年法の歴史的展開過程とその特質を追跡することが次章以降の本書の課題となる。

第Ⅰ部　大正一一年少年法の成立過程

第1章　少年裁判手続における「保護・教養」の観念（一）

――大正少年法立案期における論議

はしがき

大正九年二月第四二帝国議会衆議院本会議において、司法大臣原敬（総理兼任）は、「少年法案」の提案説明を次のようにはじめている。

「少年法案ハ一八歳未満ノ少年ニ対シテハ普通ノ刑事裁判ニ依ルコトヲ適当ト考ヘナイノデアリマス、仍テ是等ニ対シテハ保護並ニ教養ノ目的ヲ以テ特別ナル裁判法ヲ設ケタイト考ヘルノデアリマス、而シテ此少年裁判ニ依テ或ハ感化院ニ送リ又ハ矯正院ニ送リ、其他ノ方法ニ依リマシテ少年ヲ保護シ並ニ教養致サウト云フ目的ニ他ナラヌノデアリマス」[1]（傍点筆者）

「保護並ニ教養」は、原の提案説明にひきつづく二年間余の議会審議を通して、少年法案を遂には成立にまで導くところの嚮導概念であった。同時にしかし、四たび繰り返された議会審議は「何故に刑事司法による保護・教養か」をめぐって紛糾難航した。「保護・教養」をめぐる内務・司法の論争が、明治四一年の帝国議会での花井・床次論争

（後述）にまでさかのぼる根の深さを持つものであったからである。ところで「保護・教養」から制定へのエネルギーを汲みあげた旧少年法は、法案の構造をそれ自体としてみれば一の刑事政策立法である。法案は一方で、犯罪少年と触法・虞犯（準犯罪）少年に対する審判所の「保護処分」とその手続を定める少年審判法であるが、同時に、少年に関する刑法・監獄法・刑事訴訟法の特則を規定し、刑事手続と保護手続への犯罪少年の振分けを――比較的軽微な犯罪事件を別にすれば（法案二七条）――検察官の裁量にかからしめている（法案六二条）。法案は大正一一年の第四五帝国議会に至ってようやく成立をみた。

法成立の経過がことほどさように「頗る難産」[2]であったとすれば、他方少年法案はその立案経過においても「立法上の困難」において「名状すべからざるもの」（穂積陳重）[3]をかかえていた。立案・審議の期間は明治四一年から大正八年の十余年にわたっている。本稿は右の立法過程の一局面を取り扱うものであるが、この間の少年法制定の全体経過についてはすでに多くの論稿と研究が公にされている。[4]したがって以下ではこれらの先行業績に依拠しつつ、考察対象として大正三年の第一次成案（谷田案）をめぐる立法論上の論議をとりあげ、欧米少年裁判所制度の我国への受容・修正と定着が、「保護・教養」の観念を媒介にして一体どのような文脈で進行したのかという観点から、これに対する若干の検討を加えてみたいと思う。[5]

（1）第四二帝国議会衆議院議事速記録、大正九年二月五日速記録第八号一〇六頁。
（2）鈴木賀一郎「少年審判所の展望」『少年審判所十年史』二八〇頁（一九三五）。
（3）穂積陳重「少年法案に関する報告」『穂積遺文集』第四巻二三三頁（一九三四）。
（4）文献の詳細は一切省略するが、立法過程を鳥瞰的に取り扱っているものとして、宇田川潤四郎「家庭裁判所の史的発展」『家裁の窓から』（一九六九）所収、守屋克彦『少年の非行と教育』（一九七七）、重松一義『少年懲戒教育史』（一九八〇）、松尾浩也「アメリカ合衆国における少年裁判所運動の発展――日本への影響を中心に」家庭裁判月報二六巻六号（一九七四）、宇野信平「少年保護沿革考」家庭裁判所月報六巻一号、七巻二号（一九五四、一九五五）、日本少年保護協会『東京少年裁判所十年史』（一九三五）。就中、守屋判事の論稿は思想史的観点から今日に至る少年法制の変遷を詳細にあとづけたものであり、本稿は幾分異なった観点から氏の旧少年法立案期の叙述に接続するとともに、これを補充せんとするものである。

（5）立法資料の引用にあたって、旧漢字体を一部分新表記体をもって代え、筆者の判断で句読点を付したこと、引用にあたって付した傍点とかっこはすべて筆者の手によるものであること、および第四二～四四帝国議会委員会発言は司法省『少年法案矯正院法案帝国議会委員会速記』による平仮名文を用いたことを付記する。

一　立法着手の背景

はじめに少年法制定を促すに至った立法史上の背景を、すでに論じられている問題を整理しつつ簡単に素描しておこう。

さしあたり取り上げるべき立法事実としては、①明治四〇年の刑法改正による刑事責任年齢の一四歳への引上げと犯罪未成年者に対する宥恕減刑規定の削除、及び新刑法を補充すべき感化法の司法的整備の必要、②実務上三〇年代から定着しつつあった微罪不起訴に伴う保護的措置の蓄積、③欧米少年裁判所制度の調査紹介に触発された保護思想の興隆をあげ得る。

（1）導火線の役割を果したのは感化法の刑事司法的整備をめぐる論議であった。明治四〇年の刑法改正議会審議にあたって政府委員倉富勇三郎は、幼年者（八～一二歳）については、刑事裁判所がこれを取り扱うのは「幼年者ヲ感化スル上」で適当ではないので「感化法テモ少シノ修正ヲ加ヘ」てその充実を計るつもりであること、一四歳以上の犯罪未成年者については、新法は刑の範囲を広くしたので「此範囲内テ随分相当ノ処分カ出来ル、若シ不適当ト思ヘハ酌量減刑モ出来ル」からさしあたりの不都合はないと答弁している[6]。

同年五月の穂積陳重による「刑法改正ノ結果一四歳以下ノ小供ノ不良行為ハ罪ト為ラヌコトニナリマシタカラ、不良少年ノ処分ニ関スル問題ハ新刑法実施マデニ是非解決セネバナラヌ[7]」という発言はまず、刑事未成年者感化制度の司法的整備の動きに拍車をかける役割を果した。論議は直ちに、翌年の感化法改正審議における花井・床次論争（裁判権主義対行政権主義[8]）に発展した。花井卓蔵（感化法改正衆議院委員会委員長）は本会議報告にあたって、「感化法中改正法律案に於ては、未た以て新刑法並に新刑法施行法の要求を完全に充たせるものではない」「（本法は）永久に渉らさる一時のものであることを（政府に）明言せしめ……調査の上にも調査を加えて立派なる法案を立つるということを明言せしめて委員会は本案を採用致すということに相成った[9]」とのべている。かくして司法的手続による（完全ナル）感化法の制定は議会での了解事項となりつつあった[10]。

(2)　立法上の右の動きは、これを支える刑事司法の実務の展開（〝刑事政策〟の組織化）と手をたずさえていた。

明治四一年欧米視察から帰国したばかりの平沼騏一郎（民刑局長）は、その報告「英国ニ於ケル感化事業」の冒頭において、「此ノ如ク新刑法及監獄法ニ少年犯罪者ニ対シテ感化改善ノ効果ヲ収ムルコトヲ主眼ト為ス、感化法モ亦新刑法ノ旨趣（ママ）ニ従テ改正セラレ刑法ト共ニ実施セラレントス、当局者ハ今後益此趣旨ヲ奉シテ力ヲ少年ノ感化ニ致ササルヘカラス」、「本官ノ茲ニ開陳セントスル感化事業ニ関スル事ハ刑事政策上極メテ重要ナルコトナリ、我新刑法ノ趣旨ヲ貫徹スル為メ最適実ナル考慮ヲ要スルモノナリ[11]」と論じている。責任年齢の引上げと宥恕減刑規定の削除という刑法規定の改正は「少年ノ感化」を刑事政策の正面からの主題として意識させた。見方をかえていえばこれは、かつて司法の関知しなかった社会政策的周辺領域にむかって「やや修正された形で司法が踏み込」[12]むことをも意味した。

眼を転ずれば、明治三〇年末~四〇年代は刑事訴追における起訴便宜主義の慣行が「世界にも類例をみない『特有な』もの[13]」として確立されつつある時期にあたっていた。不起訴処分はこの時期、訓戒・親族立会いの下での連署等を付随的措置として包括することによって、「一つの処遇手段としての実質をも備えるようになる[14][15]」のである。「起訴猶予処分の刑事政策的意義が高調され[16]」る中で「行状視察的措置を伴う猶予処分的不起訴[17]」処分の運用が、免囚保護団体に起訴猶予・執行猶予者等を委託するという検察実務の蓄積と対をなして活発化する。「或る意味でわが検察官は彼（アメリカ—筆者注）のプロベーションオフィサーの役目を果している[18]」という旧刑訴下における我国特有の刑事政策の型はほぼこの時期に確立したと言われるが、とりわけ少年犯罪に対する猶予処分の運用はすでに、「未成年者カ過ツテ法律ヲ犯シテ……監獄ニ入レテ見タトコロカ、後日ソレカ改良スルカト云フト、却ツテ悪クナル」、「裁判官カ執行ヲ猶予シテ、終ニ善良ノ者ニシテヤルコトハ、未成年者ト幼年ノモノニハ大切ノコトト思ヒマス」（明治三八年、刑ノ執行猶予ニ関スル法律案[19]に関する提案理由）に見られるような少年観に裏うちされていたものであった。明治から大正へかけての免囚保護事業のリーダーの一人であった原胤昭（東京出獄人保護所長）は後日「私は適度に処置すれば、微罪釈放は効果多いと思ふ。之に適当な保護を加へれば、確かに犯罪防遏の一手段になる事は疑はない。犯人はドシドシ検挙するのが可い、厳しく糺問するが可い。而して相当に保護誘掖するのが宜しい[20]」と語ったが、かかる意味での〝刑罰にかえての保護〟（保護誘掖型保護）は、少年法制定を推し進めるにあたっての実務的基礎を提供するものであったろう。

(3)　第三に、以上の立法史的・実務的要因とともに、この時期の立法関係者一般の抱くに至った児童・少年に関する保護思想の興隆をあげることができる。「小供ハ罪人ニアラス、罪人タル能ハス」というさきの穂積講演が少年法制定にあたっての「最初の一石を投じ[21]」る役割を果したことは余りにも有名であるが、こうした思考自体はすでに我国の歴史的社会的現実の中に根を下ろすものでもあった。旧刑法時代における内務省管轄下での懲治場改良運動および感化院運動の興隆は、児童に対する「仁愛」的保護主義・教育主義によって支えられたものであり、その代表的イデオローグとしては小河滋次郎がいた[22]。

小河は後年に至って「少年は如何なる場合に於ても刑罰又は刑罰的処分の目的物となるべきものに非ず[23]」、「教養の目的物たる少年又は青年に対して、教養と全然其の性質を異にする所の刑罰を科するが為に、反つて其の将来の運命を悪変醜化するに至るべきは理の当に然るべき所[24]」という二元論に立脚しつつ、「感化処分は……反正行為に非ずして教育行為也。救ふを以て唯一の目的と為すべく、未だ嘗て傷ひ又は苦しむると云ふが如き事実の片影をも其の間に髣髴せしむるを許さざる所のものなり」と主張して、刑事司法的少年法制定批判の論陣を張った。小河からみれば裁判権主義を主張する花井も又「頻りに司法裁判の形式論を主張し……権利・義務と云ふが如き末梢の事のみに没頭して大局を察するに明なき理窟一辺のみの者[25]」にすぎない。にも拘らず小河の思考の根底にあった仁愛的児童・少年観自体は、少年法立案の一方の担い手となった穂積・花井のそれとかなりの部分で共通し合っていた。穂積講演に触発されてものされた花井の論ずるところを聞こう。

「大にまれ、小にまれ、犯人は皆憐むべきものである。而して、就中憐むべきは少年犯である。……少年は未だ開かざるの花である。未だ熟せざるの果実である。……責任格を完成せざる以前の行為に就き、彼ら何の責任か之あらん。……刑法の実施と共に、懲治場留置の規定は廃止せられ、未開の花は徒らに馬蹄の蹂躙に委せらる(26)」、「どうしても特別なる機関を設けて深き同情と温かき慈愛の下に保護教育の制度を確立せねばならぬ(27)」、「国家は……仁慈道徳の念を以て犯人に対せねばならぬ……殊に憐れむべき少年に対して其様なくてはならぬ(28)。」

右の花井の思考には、「但幼年ものハ、心底も可改と申を以、入墨も相成間敷哉ニ候間」（寛政四、火附盗賊改大田運八郎伺一件、評議書前書(29)）を髣髴とさせる、我国の歴史社会にながく育まれた〝幼年者〟に対する寛刑主義と仁愛的保護思想が影を落とし、明治国家の下での新たな隆起を見せているようにすら思われる。

小河・花井等に見られる右のような児童・少年観を前提にしてみれば、「アメリカにおいて少年裁判所が生まれるために必要であった国親の理論は、日本ではむしろ自明の理(30)」であった。穂積講演は、蓄積されていたこの「自明の理」を西欧型法制度に汲み上げるための、言語と形式を提供したのである。少年法制定は立法関係者のうちに結晶したこの児童・少年観が、一方で力を蓄えつつあった「感化事業ニ関スル事ハ刑事政策上極メテ重要ナルコトナリ」（平沼）という司法当局の政策的思考と微妙に交錯するところで開始されたといってよい。

（6）『刑法沿革綜覧』一六六三頁。なお大正三年三月の主査委員会の冒頭で花井は少年法の立法経過にふれ「刑法ヨリ懲治場留置ヲ削リタルハ畢竟本法ノ制定ヲ予期シタルコトヲ倉富君モ御存知ノコトト信ス」（不良少年ニ関スル法律案主査委員会日誌第一回）とのべ、明治四〇年の時点ですでに司法部内に明確な立法構想があったことを示唆している。

（7）穂積陳重「米国ニ於ケル小供裁判所」法学協会雑誌二五巻九号一二五八頁以下（一九〇七）、後に『穂積遺文集』第三巻（一九三四）に転載。

（8）花井は「人ノ心身ノ自由ヲ束縛シ、強制的ニ教育シ保護シテ往クト言フコトハ、法律ノ働キニ待タナケレバナラヌ」、

「行政官デハ到底不良少年ノ保護教育ヲ完全ニ託サレ得ベカラザルモノト信ズル」ゆえに、（床次発言は）「実ニ言語道断ノ答弁ト言ハナケレバナラヌ」として、内務次官床次竹次郎の「行政権主義」を激しく論難している（第一四帝国議会衆議院委員会議録第四回・明治四一年三月一三日、『大正少年法㊤』一五六頁）。

（9）花井卓蔵「新刑法第四一条と不良少年の保護教育」日本弁護士協会録事一一九号九頁以下（一九〇八）。

（10）ちなみに同改正案を審議した貴族院委員会（明治四一年三月二四日）で小山温（監獄局長）は、「新刑法ヲ実施イタシマスルト云フコトハ刑事政策ノ一大変革ト司法省ハ認メテ居ルノテ、サウ致シマシテ此刑事政策ハ尚ホ感化事業、免囚保護事業、労役場此三ツノモノガ設備ガ完全ニナリマセヌケレバ全ク理想的ノ刑事政策ガ出来タトハ云ハレヌト考ヘテ居ル……（感化制度については）色々制度ガゴザイマスルカラ諸国ノ立法モ研究イタシマシテ、後ニハ此感化制度ト云フモノガ完備スルコトヲ望ンデ居ルノデアリマス」とのべ、司法当局者として公式に感化制度の刑事司法的整備の方向を示唆している（同前貴族院委員会議録・三月二四日、『大正少年法㊤』一九六頁）。司法省が開始した各国の少年立法に関する比較法的調査結果は同年末、『幼年者ノ犯罪及保護ニ関スル調査書第一』としてまとめられた。

（11）平沼騏一郎「英国ニ於ケル感化事業」五頁（一九〇八）。平沼はまた、「我刑法ハ十四歳未満ノ者罪ヲ犯スモ総テ之ヲ処罰スヘカラサルモノト為ス、是レ可成感化シテ救治セントスルノ趣旨ニ出ツルモノナリ、……又新監獄法ニ従ヘハ十八歳未満ノ者ハ之ヲ処罰スルモ必ス之ヲ他ノ犯人ト分別シテ特別ノ処遇ヲ為スヘキモノトス」とも言っている。司法実務型「保護主義」の嚆矢と言えようか。

（12）所一彦「少年事件の処理過程」『法社会学講座』六巻二三二頁（一九七〇）。

（13）三井誠「検察官の起訴猶予裁量――その歴史的および実証的研究（一）」法学協会雑誌八七巻九＝一〇号六頁（一九七〇）。

（14）守屋・前掲書二九頁。

（15）少年本人を訓戒するにあたっては父母・親族を列序させよとのはじめての訓令として、明治四五年三月一五日広島控訴院検事局発訓令「微罪若クハ微罪ニ非スト雖モ本人ノ性行家庭ノ状況罪質等ニ於テ本人ニ自新改悛ノ見込アリ再犯ノ虞ナキモノト認メラルル者ハ総テ之カ起訴ヲ猶予ス可キコト……本人ヲ訓戒スルニ当リテハ可相成父母若クハ親族ヲ列席セシメ且連署ノ受書ヲ徴セラルヘシ」（岡本吾市「起訴猶予処分、留保処分、刑の執行猶予の教育学的考察」司法研究一九輯一二号二五―二六頁（一九三五））。
(16) 三井・前掲注（13）論文三九頁。
(17) 早川義郎「わが国における起訴便宜主義の沿革」家庭裁判所月報二三巻一号二五頁（一九七一）。
(18) 平出禾「起訴便宜主義」『刑事訴訟法研究』八七頁（一九七〇）。
(19) 『刑法沿革綜覧』一四九四頁。
(20) 法律新聞九六四号五頁。なお守屋・前掲書七四頁参照。
(21) 松尾浩也「少年法」ジュリスト六〇〇号二六六頁（一九七五）、同・前掲注（4）「アメリカ合衆国における少年裁判所運動の発展――日本への影響を中心に」四頁。
(22) 小河は穂積講演に先立つ明治三六年、学位論文「未成年者ニ対スル刑事制度ノ改良ニ就イテ」を公にしている。
(23) 小河滋次郎「非少年法案論」救済研究八巻一号一二頁（一九二〇）。
(24) 小河「感化教育の要義」救済研究四巻二号一一九頁（一九一五）。
(25) 小河「少年裁判所の採否如何」救済研究三巻二号一三一頁、一三号二七四頁（一九一六）。
(26) 花井卓蔵「少年犯罪」『刑法俗論』八五頁（一九一二）。
(27) 花井「不良少年の救済策を講ぜよ」日本弁護士協会録事一六七号四二頁（一九一二）。
(28) 花井・同前四七頁。
(29) 石井良助「我が古法に於ける少年保護」『少年保護論集』一七二頁（一九四二）。
(30) 所一彦「法的統制の役割――少年保護制度に関する日米の比較から」ジュリスト増刊・現代の法理論一三九頁。なお右の仮説に対して、松尾浩也「少年法と適正手続」（ジュリスト四六四号八七頁）は、逆に疑問を投げかけており興味深い。

二　新立法の「主義綱領」

立法作業が実際に着手されたのは刑法改正直後の明治四〇年代のはじめであるが、公式記録としてしばしば引かれるのは明治四四年九月の刑訴改正主査委員会第九一回における特別法立案の必要に関する論議である。席上平沼騏一郎・花井卓蔵はこもごも「結局幼年者ノ犯罪処分ニ付テ特別ノ規定ヲ必要トス」（平沼）、「一四歳以上一七歳未満ノ者ノ如キハ一般ノ犯罪者ト区別シテ取扱フノ必要アリ……要スルニ刑法第三九条第四一条ノ運用法ヲ要ス」「刑ヲ設ケテ犯罪人ヲ罰スルモ犯罪人ヲ作ラサルヲ第一義トス　犯罪ハ其萌芽ヨリ撲滅スルコトヲ計ラサルヘカラス」（花井）とのべ、ここに「幼年者精神病者ノ犯罪救治ニ関スル法案」を起草することが決定された。[31]　翌明治四五年一月二三日平沼の提案により調査・起草を特別委員会を設置して行わせることとなり、選任された特別委員会（「少年犯罪ニ関スル法律案特別委員会」）は二月九日第一回の委員会を開いた。[32]

審議を開始した特別委員会第一回の記録には①立法調査の範囲を「犯罪中心換言スレハ犯罪児童法ノ趣旨ニ於テ調査ノコト」、②「各自材料ヲ提供スルコト」との簡略な記述があるのみである。以後、第二回を開くまでに司法当局は一方で小田原分監、川越分監の少年処遇の視察調査を行い、他方で欧米少年裁判所制度の比較調査を継続している。[33]　一年余の「調査」を基礎にして特別委員会は翌年（大正二年）一二月二五日、二八日に会議を開き、新立法の「主義綱領」「議定スベキ根本問題」の決定にかかった。第二回の審議には幹事山岡万之助により基本議題項目として「幼年法立案上ノ諸問題」が、小山温より試案「未成年者ノ懲治及保護ニ関スル法律案」が討論材料として提出された。後者は一九一二年ドイツ幼年裁判手続法草案を一応の範型としたものと思われ、第一次成案（谷田案）にもかかなりの影響を与えたふしがあるが[34]、これについてはひとまず措き、以下山岡提出の議案に添って進められた「主義綱領」審議の模様を追ってみよう。

（1）まず立案の動機につき、花井は「旧刑法ニ於ケル懲治処分ハ新刑法ニハ之ヲ廃止シタルモ新刑法ノ立法者ハ此精神ヲ承継シ他ノ立法ニ依リ之ヲ認メントスル[35]」ところに新法制定の意義があるという。処遇決定方式については裁判権主義が花井の主張であることは先述の通りであるが、処遇方法について花井は、施設収容よりもむしろ、「家庭」と「寺院」に「強制保護教育ノ義務ヲ負ハス」制度を創設する必要があると主張する。これに対して平沼は司法実務サイドから以下の二点にわたって新法の必要性を説いた。

(イ)「少年犯罪ハ頗ル多数ニシテ其処分ニ付テハ困却シツツアリ、殊ニ幼者ノ犯罪ニ於テ然リ、之レ畢竟旧刑法ノ懲治処分ニ代ハルモノナキニ因ル、或ハ之ヲ感化院ニ収容セハ可ナリト云フモ之ヲ収容スヘキ感化院ナキヲ如何セン、結局放任ノ有様ナリ、此処分に付テハ大ニ考慮ヲ要ス[36]」

(ロ)「一四歳以上二十歳迄ハ刑法ニ依ラスシテ本法ニ依ルコトトシタシ、実際上此時代ノ犯罪甚タ多ク強盗強姦等悪性ノ犯罪最モ多シ、然ルニ之ヲ監獄ニ投スルハ設備モ不適当ニシテ感化不能ニシテ却テ犯罪ノ稽古ヲ為スナリ、今日ハ検事ニ於テ可成不起訴処分ニ付シ監督者ニ委スルノ方針ヲ採レリ、何モノカ之ニ代ル方法ヲ講セサルヘカラサル場合ナリ[37]」（傍点筆者）

（2）対象少年の中に従来の「不良少年」を「犯罪ノ虞アル者（虞犯）」として含ましめることを強く主張したのは谷田三郎である。谷田は次のように言う。

「近年各国ノ立法例ヲ看ルニ幼年ノ保護、幼年犯罪ノ予防並ニ幼年犯罪ノ鎮過《ママ》ヲ包括シテ規定セルモノアリ、又其保護ヲ除キ他ノ二者ヲ規定セルモノアリ、……其他諸種ノ問題アリト雖モ根本問題トシテ其範囲ヲ決定スルハ此際最モ必要ノコトナリト信ス[38]」、「確固タル定見ヲ有スルニ非ルモ英国ノ幼年法ノ如ク広ク保護ノ範囲ニ及ボスハ手数並経済ノ点ニ於テ今日ノ場合実行ヲ期シ難シト信ス、然ルニ犯罪ノ虞アル者等ニ対シテハ之ヲ包容セシムルヲ必要ト信ス……即チ未タ刑罰法規ニ触レサルモ危険状態ニ在ル者ハ之ヲ処分シ得ルコトトスルノ要アルヲ認ム、一例ヲ申セハ浅草公園ニ彷徨スル不良少年ニシテ保護モナク之ヲ放任スレハ犯罪ニ陥ルカ如キモノハ之ヲ支配スルナリ[39]」

第一次成案第六条「不良ノ生活ヲ持続シ刑罰法令ニ触ルル行為ヲ為ス危険ノ状態ニ在ル未成年者」という谷田の虞犯概念はすでにこの時点で固まりつつあった。

虞犯を法対象にとり込むことはしかし、非刑事的・社会政策的領域へ刑事司法が進出することを意味する。委員会では感化法との抵触問題とともに、実行可能性・経費負担等の点から疑義が出された。「元来司法省ノ事業トシテハ犯罪ノ鎮過《ママ》ノ範囲ニ限ラサルヘカラズ、犯罪予防ノ点ハ他日其必要アルヲ促スルコトトシテハ如何」(小山温)、「犯罪傾向ト云フハ区別困難ナリ、犯罪丈ニ限リタシ[40]」(鈴木喜三郎)等がこれである。対するに幹事泉二新熊は、「民間ト連絡ヲ取リ経費ノ負担ヲ軽クスル」ことで「範囲ヲ(虞犯に)拡張スルコトヲ得ル」と、民間によるプロベーションの導入を力説している。結局委員長の穂積が「犯罪ヲ基礎トシテ立案スルコトトシテハ如何」と提議しひとまず「犯罪行為主義ニテ立案スルコト」に決しているが、後日谷田案の提出とともに範囲は再び虞犯にまで拡張されることとなった。

(3)　対象未成年者の年齢に関する山岡の提出した論点は、「懲治処分ニ付スルヲ得ヘキ幼者ノ年齢ハ何年トスヘキカ、一、十四歳以下ニモ八歳又ハ十歳ノ制限ヲナスヘキヤ或ハ具躰《ママ》的ノ問題トスヘキカ、一、十四歳以上ノ犯罪能力者ハ十八歳ヲ以テ限ルヘキカ又ハ二十歳ニ至ルヲ得ヘキカ(41)」の二点である。上限年齢については、「各国ハ十八歳トナレルモ二十歳ヲ標準ト為スヲ可トス」（花井）、下限についてはこれを法定せず「実際問題ニ委シ置クヲ可トス」（平沼）が通ってそのまま決しているが、上限については鈴木喜三郎が、「十八歳位ヲ可トス十九歳二十歳ノ者ヲ区別スル格別ノ理由ナキモ先ツ数ヘ年二十歳ナラ此法ノ支配ニテハ不足ナリ、監獄ニ投スル方目的ヲ達スヘシ」と少数説をのべているのが眼につく(42)。

(4)　年齢問題とあわせて、対象少年に対する取扱方法について山岡は論点を次のようにしぼった。

一、刑法上犯罪能力ヲ有スル幼者ニ対シテハ常ニ刑罰規定ヲ適用スヘキカ或ハ亦懲治処分ヲモ之ヲ為スヘキカ

一、懲治処分トシテハ強制教育以外ノ処分ヲモ亦之ヲ認ムヘキヤ、殊ニ裁判ノ宣告又ハ其執行ヲ猶予シ保護監督ニ付スル制度ヲ認ムヘキヤ、保護監督ヲ認ムルトセハ如何ナル者ヲ以テ之ニ充ツヘキヤ

前者は――旧少年法成案上の表現を用いれば――「刑事処分」と「保護処分(43)」の関係についての基本問題であり、後者は「懲治処分」の具体的内容と種類に関わる。前者について谷田は、「外国ノ立法モ実際モレプレッションヨリハ教育主義ニ依レルハ殆ント共通ノコトナリ」と説明し、さらに泉二が「（欧米に於ては）少年ニ対シテハ教育アルモ罰アルヘカラストハ殆ント一致シテ主義トセル所ナリ、其方法ハ之ヲプロベーションニ附スルヲ原則トシ強制力ヲ用ユル所ニ収用スルハ最後ノ手段トセリ」とこれを補足している。結局立法の「根本主義」としては、「懲戒主義」を例外とし「強制教育主義（勤勉実行、精神ヲ養フノ主義(44)）」を採用することがさほどの異論なく決定を見た。旧少年法

成立以後広く用いられるに至った意味での「保護主義」の立法上の起点である。刑罰とのかね合いについては「年齢ニ依リテ区別スルコト」「刑ヲモ存シ選択スル方法ヲ採ルヲ可トス」（鈴木）等が議せられたのみで、具体的な方法は立案者谷田に委ねられた。

「懲治処分」の内容としては、すでに同時提出の小山試案の中に感化院入院と懲治院監置処分の他、譴責処分並びに「父母其他監督ノ義務アル者若クハ信用スヘキ者ニ附託スル」処分という類型が提出されていたが、これに「寺院並ニ慈善団体附託」（花井）とプロベーションの意義での「監視制度採用」の二つがつけ加えられ、旧少年法上の「保護処分」の類型がここでほぼ出そろっている。

(5)　審判機関については「犯罪ヲ認ムル以上ハ其機関ハ裁判官トシタシ」（豊島）という点では委員会全員が共通の認識を持っていた。但しその組織・構成については、特別処分の法的性質とからんで議論が分かれた。すなわち小山が、裁判所の判事一人とその他に教員、僧侶、徳望家から二名を加えた「委員制度」を提案した[45]のに対して、鈴木は「刑ヨリ離レテ特別処分トナシ又場合ニ依リ刑ヲモ科スルヲ可トスル故単独判事ニテ可ナラン」と刑事裁判所を主体とした「単独判事説」を主張する。「未タ刑罰トシテ裁判スルニ非サルモノハ裁判ノ形式ニ依ラサルヲ可トス」、「裁判ト見サルヲ可トス」というのが小山説の論拠であるがここにはすでに非刑事事件に対する特別処分決定については、刑事裁判所とは別立ての手法で——非形式的手続の下に——これを取り扱わしめようという構想が現われている。また、特別処分決定が「民事・刑事以外ノ事項」であり、「刑ヲ科セサルトキハ特別設備ノ裁判所」（谷田）となることには論議の余地がなく、花井はこれをうけて「少年法トシテ特別制度ト為ス主義ヲ採レハ〔裁判所〕構成法中ニ其意味ヲ現ハシタシ」と主張している。

右の論議の末、委員会は小山の「委員制度」を採用した。参与制度を伴う少年審判所という後の谷田構想は、この決定の下に立案されたものである。なお処分・訴追請求者として、検事の他に親・教師・警察官等を広く含ましめるという一般通告制度の導入が何ら異論なく認められているのは興味深い。

谷田は泉二・山岡らの補助の下に以上の主義綱領審議をふまえて起案にとりかかり二ヵ月後の大正三年三月一日の特別委員会に、いわゆる第一次成案を提出した。

（31）刑事訴訟法改正主査委員会日誌第九一回（『大正少年法㊤』三〇三頁）。

（32）特別委員会委員に指命されたのは、長谷川喬、平沼騏一郎、小山温、花井卓蔵、豊島直通、鵜沢総明、穂積陳重（委員長）の七名でいずれも刑事訴訟法改正主査委員会のメンバーである。第二回以後、谷田三郎、鈴木喜三郎が追加補充されている。

（33）大正二年四月には『幼年者ノ犯罪及保護ニ関スル調査書第二』が印刷に付されているが、本書には一九一一年（明治四四年）時点でのヨーロッパにおける少年裁判法がほぼ網羅的に逐条紹介されており、特別委員会の審議材料となったようである。なお視察結果は、川越分監「少年受刑者の処遇」（一九一五）、小田原分監「少年受刑者の告白」（一九一五）として残されている。

（34）小山温の後任として監獄局長に就任し、新法の立案・起草の任を託されていた谷田三郎は大正元年一二月「独逸帝国幼年裁判所手続草案」の紹介を監獄協会雑誌上で行っている（監獄協会雑誌第二五巻一二号〔一九一二〕）。この草案は後に一九二三年のドイツ少年裁判所法(Jugendgerichtsgesetz)の原型となった（佐伯千仭「獨逸に於ける少年保護法規の沿革と現状」『少年保護論集』三六七頁以下〔一九四三〕）。

（35）少年犯罪ニ関スル法律案特別委員会日誌第二回（『大正少年法㊤』三一九頁）。

（36）同前三一九頁。

（37）同前三二一頁。

(38) 同前三一八頁。

(39) 同前三一八頁。

(40) 同前三一九頁、三二一頁。

(41) 山岡万之助提出「幼年法立案上ノ諸問題」(但し本資料及び「試案」注(45)が山岡と小山によるという公式の表示は残されていない)。

(42) 後年の議会審議の折鈴木喜三郎(司法次官)は、少年年齢上限を一八歳にとどめたことへの質問に対して、特別委員会での自説とほぼ同様の説明を行っている(第四二帝国議会衆議院委員会速記録・大正九年二月五日)。旧少年法が上限を一八歳に引き下げた理由としては、「立法理由」にはたんに「欧州大陸ノ制度ニ従」ったとあるが、鈴木の「数へ年」論の他に、感化法・監獄法の年齢に少年法の少年年齢を合わせる必要があったようである。

(43) 旧少年法上、「保護処分」という用語がはじめて用いられたのは、立法の最終段階の大正八年二月の第三次成案(後述)に至ってのことである(大正七年末の第二次草案では未だ〝少年の処分〟である)。立案過程での論議では「特別処分」の用語が最も多く用いられ、法文上はたんに「処分」と呼称された。大正二年の特別委員会の段階では本文にみるとおり、旧刑法上の「懲治処分」がこれにあてられていた。むろんこの立案時においても「保護」の用語自体は論議の中で用いられてはいるが、小山試案に見られるごとく、どちらかといえば監護責任者の助成犯罪(児童虐待等)に対する未成年者の個人法益の「保護」という限定した概念として使われている。少年に対する懲治処分・特別処分が、私的保護であると同時に公的保安をも意味するところの「保護処分」の名を獲得するにはなお数年を要する。これは「保護」観念が助成犯罪処罰等に見られる「保護」から出発して、触法・虞犯のみならず犯罪少年に対する特別処分一般(保護・保安処分)を包含するまでに〝拡張〟されてゆく過程である。

(44) 少年犯罪ニ関スル法律案特別委員会日誌第三回(『大正少年法㊤』三二六頁)。

(45) 同前三二七—三二八頁。なお小山試案第九条・第一一条・第一二条には次のような規定がみえる。
第九条「裁判所ハ成ル可ク未成年者ノ父母其他監護ノ義務アル者、現ニ監護ヲ為シ又ハ曾テ之ヲ為シタル者、親族、

教師ヲ審訊ス可シ
　前項ニ掲ケタル者ハ未成年者ノ利益ノ為メ事実ノ申立ヲ為スコトヲ得」
第一一条「裁判所ハ成ル可ク医師及ヒ幼者教育ニ経験アル者ノ意見ヲ聴く可シ」
第一二条「未成年者ニ対スル事件ノ裁判ハ父母其ノ他監護ノ義務アル者及ヒ現ニ監護スル者ニ之ヲ送達ス可シ」

ここで簡単に小山試案についてふれておこう。小山試案では対象少年を、一四歳未満の「刑罰法規ニ違背シタ」事件と未成年者の刑事事件に限定し、虞犯を含んでいない。両事件の〝審理・裁判〟は司法大臣特任の「幼年裁判官」が担当し、前者（触法少年）に対しては、検事の請求に因り人格調査をふまえた非形式的手続の下にもっぱら懲治処分を行い、後者（犯罪少年）に関しては、裁判所は検事の請求により又は職権をもって「刑ノ言渡ニ代ヘ」て前者と同一の処分を行いうる。触法事件についての懲治処分を詳細に――一種の原型として――規定し、刑事事件については判事の裁量により刑罰代替的にこれを運用するという制度の型は、後見裁判所判事に少年刑事裁判官を兼任させるドイツの方式を模したものであり、やがて少年審判所と少年裁判所の分立という谷田案の中へ継承されることになる。なおこの点につき、後掲三五頁注（58）を参照。

三　第一次成案（谷田案）の構成と手続

谷田案は、五章編成全文六七条からなる本案と、本案の手続構造に修正を加えた別案（第二案）とから成っている[46]。旧少年法案（大正一一年）と谷田案を比較してみると、法案編成上の配列と章立て自体には、――最終段階で第二章「少年の処分」が「保護処分」と「刑事処分」の二つに分割された点を除けば――ほとんど変化がない。大きく変ったのは、谷田案の「少年裁判所」と「審判所」の性格づけと、手続に検事が占める位置、および少年年齢の上限である[47]。詳細は後掲資料の検討を乞うことにして、ここではまず谷田の描き出した少年法構想をスケッチしておこう。

一　少年審判所

谷田案の特徴の第一は先に審議・決定された「特別設備ノ裁判所」を、準司法的行政機関の性質をもち、触法事件・虞犯事件のみを管轄する「少年審判所」として、裁判所とは別立てに構想した点である。谷田は改組・拡充の上で審議を継続した「主査委員会」（後述）での法案の「大体ノ趣旨」説明にあたって次のようにのべる。

「（本案は）保護ハ直接ノ目的トシ（テハ）之ヲ他ニ譲ルコトトセリ、勿論法ノ精神ハ之ヲ離レス」

「少年事件ハ其取調ハ可成温和ナル手続ヲ執リ保護ノ精神ヲ失ハサルコトニ努メントシ、於此刑事裁判所ハ不可ナリトシテ別ニ審判所ヲ設クルコトトシ、其取扱者モ審判官トシ且広ク事情ニ通シタル者ノ立会ヲ必要トスルヨリ地方ノ有力者等ヲ立会セシメ其意見ヲ聞クコトトシ仮リニ之ヲ参与ト称セリ[48]。」

「保護ノ精神」はまずは、虞犯・触法事件で「温和ナル手続ヲ執」る少年審判所制度に体現されるが、谷田案の眼目は、この審判所の機能的性格を――法の許す限度内で――刑事事件を取り扱う「少年裁判所」にまで可及的におし広めようという点にあった。

谷田によれば少年審判所は「国家が其親に為り代って不良児を自分の子として取扱う[49]」専門機関であり、「何国の制度に一番能く似て居るか」というならばどの国にも類例をみない「全く一種独特のもの[50]」である。審判所特設の理由を谷田は後年（法案議会提出期）に次のように論じている。

欧米において保護処分を刑事処分と同様に裁判所の判断に委ねているのは、少年の権利・自由を独立した司法権によって守るためのもので、これは「立憲法治国の通義[51]」に基づくものである。行政処分主義を一面的に主張する小河滋次郎型の主張はこの「通義」を無視する「放論」（内務行政万能論）であって、審判機関はあくまで司法権の枠内になければならぬ。

しかしこれを西欧のように通常裁判所の刑事手続の特別部門として設置すべきかということになると別問題で、ここには二つの問題点がある。まず第一に、「保護処分に於ける直接の着眼点は少年の保護教養に存し、法律の適用、法律関係の確定、法律の維持などは素より本来の着眼点ではない。[52]」ことである。保護処分のこうした非司法的性質を考慮すると、これを「通常裁判所の所管事項に属するものと見ることを得るや否や……法理上大なる疑問の存する所」となる。第二に「我国社会の現状」においては、「一般に裁判所に対して親しみを有たないのみならず無暗に畏怖の念を抱」く傾向がある。すなわち「保護処分を裁判所の所管に属せしめ、少年を裁判所の法廷に呼出すことになれば……少年保護の目的を達せざるのみか、却て其に戻る[53]」危険がある。

かくして、本法案は「保護処分の機関を全然分立せしめ」「少年審判所なるものを新設し、旧来の裁判所に伴ふ官僚的形式と威圧的容姿を改め簡易通俗な手続の下に丁寧親切を旨とする温情的態度を以て事に当らしめ此の如くにして裁判所に対する社会の気分を一新せんことを計った[54]。」と谷田はいう。

当初の谷田構想とは異なり犯罪少年をもその対象に組み込んだ旧少年法上の「少年審判所」が現実にどれほど「通常裁判所」と異なった機能を果し得たかをひとまず別にすれば、谷田の「少年審判所」は、少年裁判所制度が保持せざるを得ない非司法的（ないしは利益志向の同一性を建前とした〝国親的〟）機能を、「法治国の通義」を維持しつつ日本社会適合的に純化・独立させるという特質をもっていた。「国家が其親になりかわって不良児を自分の子として取扱う」少年審判所は、畢竟不良少年を対象とする一種の後見的審判機関でありこれを生み出した直接の原因は、谷田によれば「我国社会の現状」に他ならなかった。

二　少年裁判所

谷田案は少年の刑事事件について、五九条「区裁判所ノ管轄ニ属スル少年ノ刑事事件ハ少年審判官ヲ命セラレタル判事之ヲ審判ス」、六〇条「地方裁判所ノ管轄ニ属スル少年ノ刑事事件ハ少年刑事部ニ於テ之ヲ審判ス、少年刑事部ハ司法大臣ノ特ニ命シタル判事ヲ以テ之ヲ組織ス」と規定している。谷田自身はこれを「少年裁判所」と呼んでいるが、その趣旨を「原案ニハ現ハレサルモ裁判官ヲ同時ニ審判官トスル考[55]」で「判官ハ其実一人ニテ或ハ審判官トナリ或ハ裁判官トナルヲ以テ或場合ニハ特別処分ヲ為シ又ハ刑事裁判ヲ為ス[56]」ことにあると説明した。少年裁判所には、刑の言渡の他に「刑ノ言渡ニ代ヘ」（五条）て、審判所と同様の特別処分を言いわたし[57]、あるいは刑と共に保護観察処分の言いわたしを行う等、特別処分を裁量的に選択する権限が与えられ、手続には少年保護司による人格調査をはじめとする審判所の手続規定が準用される（六八条）。少年の刑事事件を刑事訴訟法の適用を一応の前提としつつも、同時に〝裁判所の行う少年審判〟という範疇で処理させようという谷田案のこの「少年裁判所」構想の下では、審判所と裁判所の機能的連続性の確保が意識的にはかられている[58]。右のような裁判所の裁量権はここでの連続性を確保する制度上の核をなしている。

三　手続構造

(イ)　このような二つの審判機関を軸にした少年法の「手続ノ組織」には、谷田によれば三つの型が考えられる。第一は、犯罪少年は「之ヲ裁判所ニ於テ管轄シ十四歳未満ノ者ニシテ犯罪行為アリタル者及ヒ不良少年ノミヲ審判所ニ於テ取扱フ」方法（分立主義）で、第一案として提出されたものである。第二は特定の重罪事件をのぞき全少年事件を一旦審判所に集め、「犯罪少年モ審判官ノ審判ヲ経テ裁判所ニ繋属セシムルノ方法[59]」（審判所中心主義）であり第二案がこれにあたる。第三は「何レノ少年モ裁判所ニテ審理スル主義[60]」であるが、これは審判所・裁判所を組織上分立させる谷田構想の考慮の外におかれた。

さて第一案を正案とし第二案を別案として提出した根拠について、谷田は次のようにいう。

「一四歳以上ノ犯罪者ハ仮令特別処分ヲ要スル場合ト雖モ少年裁判所に於テ取扱ハシム……少年裁判所ニ於テハ本法ニ於テ特別規定ヲ存セサレハ凡テ刑事訴訟法ニ依ルナリ、一四歳以上ハ犯罪アラハ刑罰ヲ科スルヲ本則トスルカ故ニ『刑ノ言渡ニ代ヘ』ト規定セリ、独、澳等亦然リ」。

次に全事件を審判所を経由させる案（第二案）についてであるが、

「本案ハ各国ノ夫ニ比シ範囲弘ク即チ凡テノ少年ヲ取扱……フ故ニ若シ『刑ノ言渡ニ代ヘ』ヲ削リ犯罪少年ヲモ審判所ヲ通過スルコトトセハ刑法ノ例外ニ非スシテ全ク特別法トナリ本来ノ趣旨トハ異ナルコトトナル、即チ例外トシテ『刑ノ言渡ニ代ヘ』トシタルナリ、此方趣旨一貫スト信ス[61]」。

と谷田はのべている。つまり一四歳以上の少年には刑事責任を認めるという刑法上の原則を維持しつつ、同時に「保護ノ精神ヲ失ハザル」少年特別処分法を組み立てるには、少年裁判所に刑の言渡とともに審判所と同様の特別処分の選択権を与えるという方法が一番筋道が通る[62]、というのが谷田の主張であった。かくすることによって、「保護ノ精神」は触法・虞犯を専轄する少年審判所の手続の中に典型的に現われ得ることになる[63]。

(ロ)　谷田はしかし、右の第一案の手続に必ずしも固執していたわけではない。大正三年の審議において手続問題が論ぜられた部分を通読すると、起案者の谷田・泉二は二つの案を殆ど同格の位置においた立案提言を繰り返している。第一案が第二案にまさるのは、「犯罪アラハ刑罰ヲ科スルヲ本則トスル」という積極的責任主義の基本前提を厳格に貫く限りにおいてである。この一点を緩和した場合には、検察官からの直接の公訴を特定重罪事件にのみ限定する第二案の手続構造（第二案一八条・六一条）が有力なものと考えられた。つまり第二案では、検事の公訴権を明文で排除しつつ（六一条）、ただし犯罪事件の審判における検事の書類閲覧と意見陳述権（四二条ノ二）を認めた上で、審判所が全事件を一旦掌握する。

第一案を分立の下での機能的連続志向型と呼ぶとすれば、第二案は審判所主導型といってよい。そして各々の一応の範型がドイツの後見裁判所・少年裁判所制度とアメリカの少年裁判所にあることも察するに難くない。

さて、谷田の提出した両案の手続に共通しているのは、審判機関（少年裁判所・審判所）に処分選択上の合目的性の判断権を大幅に与えている点である。第一案の場合には、刑を科するか、特別処分に付するかの選択権は裁判所にある。多くの少年「刑事」手続は従って、審判所の手続に接近する。第二案の場合には、特定事件、重罪事件を別にして終局処分以前の手続上の振り分け権を審判所が持つ。審判所からの送致は直接裁判所になされる（四七条）から、この場合には裁判所は審判所と意見を異にする場合にのみ例外的に特別処分を選択するということになる。(64)

右の審判管轄と手続の構想はいずれも、終局決定以前のインフォーマルな手続過程で発揮されすでにその地位を確立しつつあった検察官の起訴猶予裁量権という我国特有の制度上の契機に殆ど考慮を払っていない。というよりも、後述するようにむしろ意識的にこれを組み込むことをしりぞけている。

つまり谷田案は組織法上少年審判所を〝別立て〟にしてその純化をはかるという点で、「我国社会の現状」に考慮を払いつつ、手続と管轄の構造においては勃興しつつある欧米少年裁判所に極めて忠実な特質を有するものであった。主査委員会審議の中で谷田案に対して出される異議の一つはここにあった。

(46) 谷田案の五九条までの規定についてはすでに『東京少年審判所十年史』一八頁及び守屋・前掲三五五頁に紹介があるが、叙述の必要上、第二案を含めた全文六七条を本稿末尾に資料として掲げておく。
(47) 守屋氏はこれを「刑罰主義の面からの大幅な修正」と解しておられる（守屋・前掲九二頁）が、この点についてはなお立ち入った検討を要する。
(48) 不良少年ニ関スル法律案主査委員会日誌第一回（『大正少年法(上)』三四八頁）。
(49) 第四三回帝国議会貴族院委員会速記録・大正九年七月二二日。
(50) 第四二回帝国議会衆議院委員会速記録・大正九年二月九日。
(51) 谷田三郎「少年法に就て」法曹記事三一巻四号一二頁（一九二一）。
(52) 谷田・同前論文六頁、なお谷田曰く「慈母の温情と師父の遠慮を以て少年を保護教養し、彼等をして将来の良民たらしめんとすることを期するのが保護主義の精神である」（谷田・同前論文、法曹記事三一巻二号一八頁）。
(53) 谷田・同前論文七頁。
(54) 谷田・同前論文八頁。
(55) 主査委員会日誌第四回（『大正少年法(上)』三六三頁）。
(56) 同前主査委員会日誌第三回（『大正少年法(上)』三五九頁）。
(57) 谷田はこの処分の性質を「旧刑法ノ換刑トハ異レトモ刑ニ代ル処分」と呼ぶ（「主査委員会日誌」第四回）。
(58) 泉二はさらにこの点をふえんして次のようにいう。
「英米ノ少年裁判所ニ於テハ同一裁判所ニテ科刑シ又ハ特別処分ヲ為シ得ルコトトナレリ……独ハ刑事能力者ニ限リ裁判所ニ於テ取扱ヒ其他ハ後見裁判所ニテ取扱フコトトナリ居ルモ後見判事ト少年裁判官トヲ一人ニ兼ネシメ実際上英米

ト同様ニナリ居レリ」（主査委員会日誌四回〔『大正少年法㊤』三六二―三六三頁〕）。

後年の泉二の回顧によれば、「ドイツの少年裁判所が、フォルムンドシヤフトゲリヒトが同時にユーゲンドゲリヒトである。右に向っては後見裁判所であり、左に向っては少年裁判所であるということが非常に便利に働く」という「ドイツ風」の分立モデルを若干修正したところに、〈少年審判所〉―〈少年裁判所〉の構想が生まれたようである（泉二新熊「少年法の成立を語る」『法窓余滴』一三〇頁及び、座談会「少年法を語る」少年保護一巻四号二〇頁〔一九二五〕）。ちなみに当時のドイツ（フランクフルト・アム・マイン、ケルン等）における少年司法の胎動を物語るものとして、さしあたりここでは、

① Wilhelm Kiesow, Jugendgerichtsgesetz vom 16. Februar 1923, Mannheim : J. Bensheimer, 1923.

② Markus Fritsch, Die Jugendstrafrechtliche Reformbewegung (1871~1923), Max-Planck-Institut für ausländisches und internationales Strafrecht, Band 85, Freiburg i. Br., 1999.

の二点を掲げておく。

(59) 主査委員会日誌第一回（『大正少年法㊤』三四八頁）。

(60) 先に引いた小山試案（前節注（45））が、ほぼこの型に該当する。

(61) 主査委員会日誌第四回（『大正少年法㊤』三六一頁）。

(62) 後年の議会審議の中で〝犯罪少年の審判を司法裁判所に扱わしめないのは「法治思想・憲法思想」の点から問題がある〟という清瀬一郎の質問に対して、谷田は次のようないささか歯切れの悪い答弁を行っている。
「私共も個人と致しましては清瀬さんの説の通り裁判所に於きまして、裁判官が此処置（保護処分）を執るということが論理的には一番正確なものと思う。どうしても能く論理を貫くのには、其説に勝るものはないと私は思ひまする」（第四四帝国議会衆議院委員会速記録・大正一〇年一月二九日）。

(63) 第二案を採用する場合には、審判所は裁判所に送致しない犯罪事件の審判をも管轄することになりその分（つまり一般予防的要因が増大する程度に応じて）だけ手続の定型性、対審的性格が増すことは避けられない（第二案四二条ノ二

《第一案》

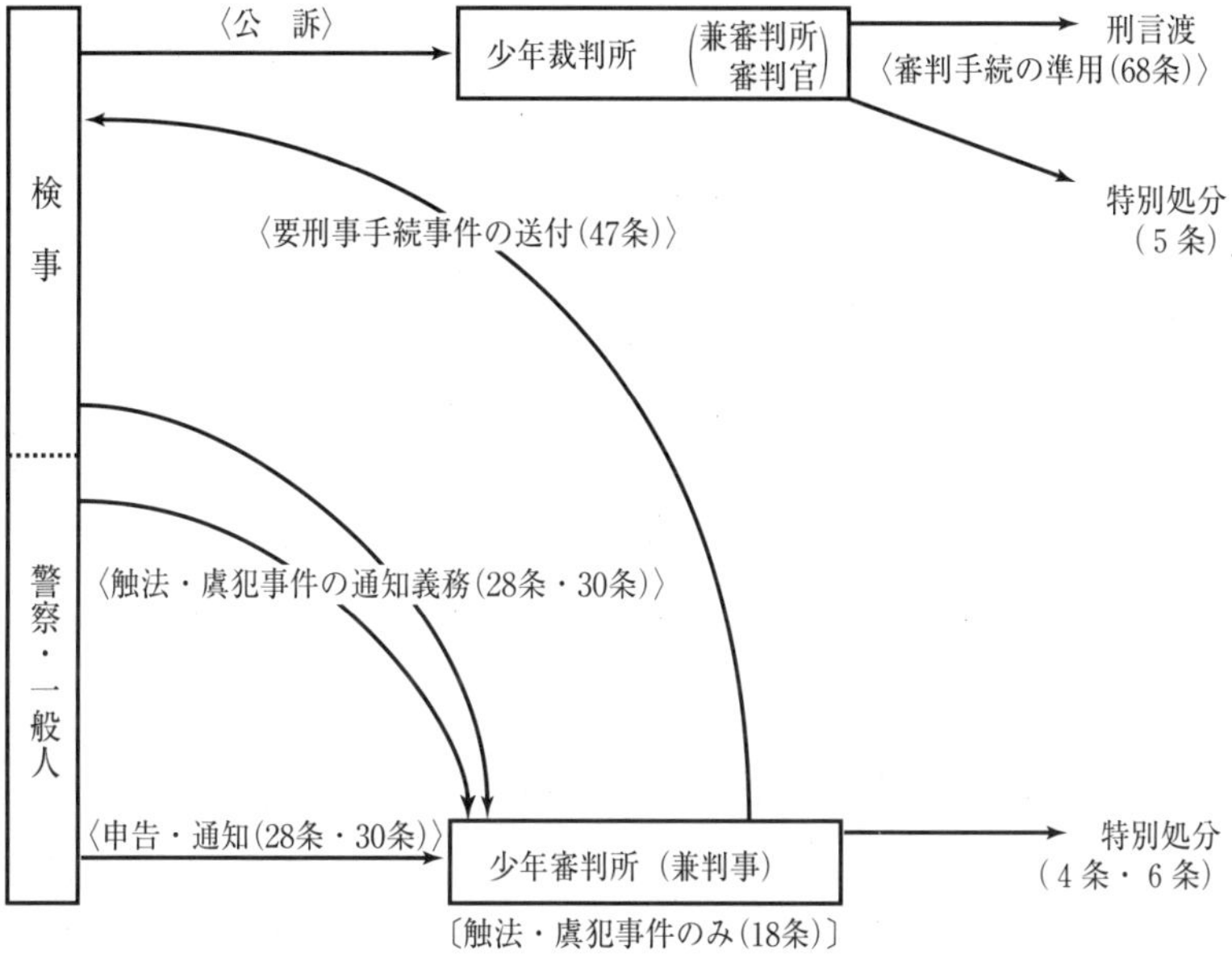
検事
警察・一般人
〈公　訴〉
少年裁判所 （兼審判所 審判官）
刑言渡
〈審判手続の準用(68条)〉
特別処分（５条）
〈要刑事手続事件の送付(47条)〉
〈触法・虞犯事件の通知義務(28条・30条)〉
〈申告・通知(28条・30条)〉
少年審判所（兼判事）
特別処分（４条・６条）
〔触法・虞犯事件のみ(18条)〕

《第二案》

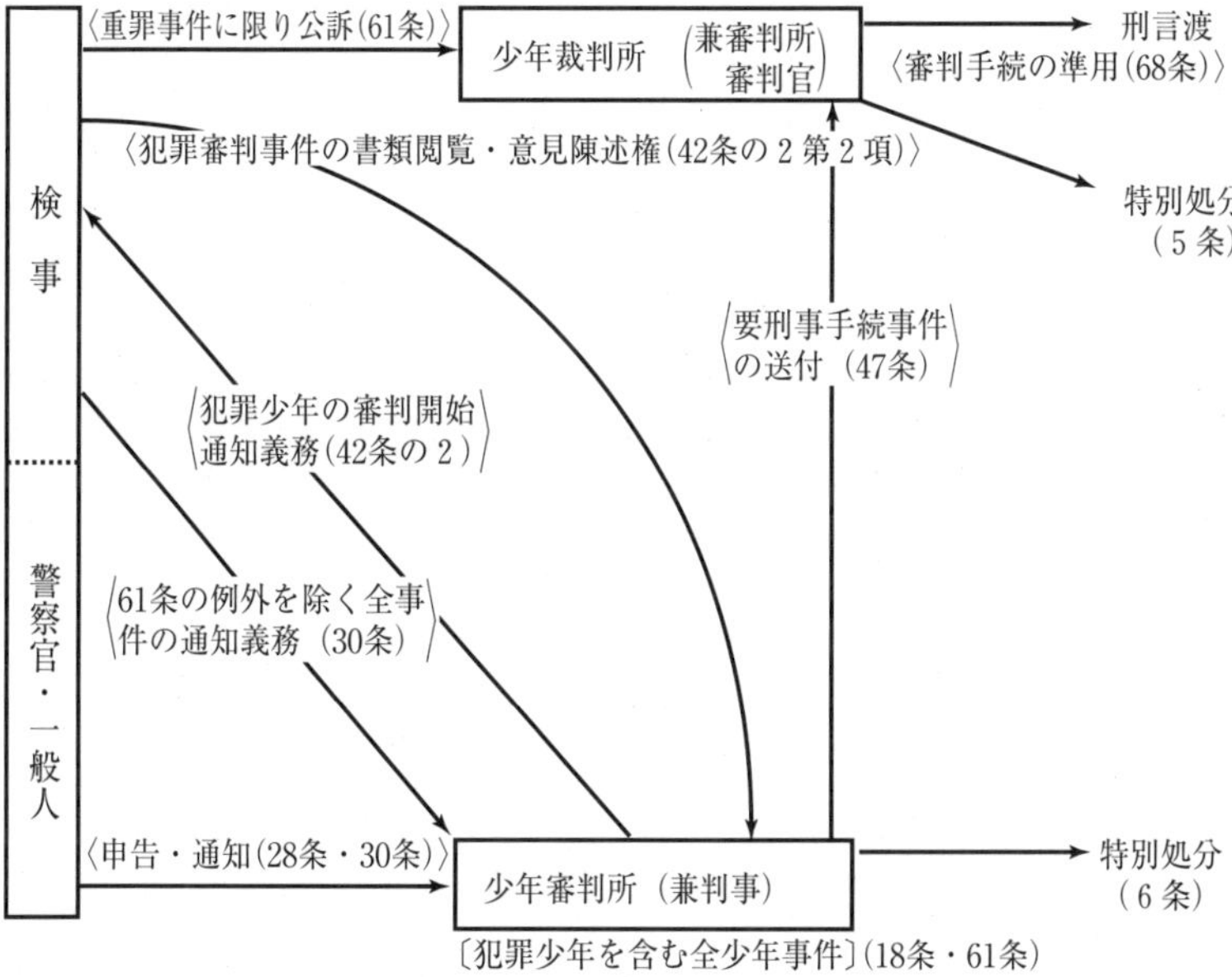
検事
警察官・一般人
〈重罪事件に限り公訴(61条)〉
少年裁判所 （兼審判所 審判官）
刑言渡
〈審判手続の準用(68条)〉
特別処分（５条）
〈犯罪審判事件の書類閲覧・意見陳述権(42条の２第２項)〉
〈要刑事手続事件の送付（47条）〉
〈犯罪少年の審判開始通知義務(42条の２)〉
〈61条の例外を除く全事件の通知義務（30条）〉
〈申告・通知(28条・30条)〉
少年審判所（兼判事）
特別処分（６条）
〔犯罪少年を含む全少年事件〕(18条・61条)

参照）。これは審判所の後見的・保護機関型純化をあいまいなものとするという含みが、少なくも当初の谷田にはあったようである。

(64) 三七頁に谷田案（第一案・第二案）の手続の略図を対照してかかげておく。

四　谷田案への異議と修正

大正三年三月一日「少年犯罪ニ関スル法律案特別委員会」は、谷田案を第七条まで逐条審議したところで「不良少年ニ関スル法律案主査委員会」に改組・拡充された[65]。ひき続き審議を開始した主査委員会は、一一月一三日までに一一回の逐条審議を行い、第五章刑事手続全体の削除決定といくつかの留保事項を残してひとまず法案全体の検討を終え、作業を起草委員（谷田、花井、平沼）に一任した。その後起草委員の手になる第二次成案が大正七年一二月一一日付で提出されるまでに約四年が経過する。翌大正八年二月委員長穂積陳重は、第三次成案（第二次成案に若干の整理・修正を施したもの）を法律取調委員会総会に報告するにあたって、次のような説明を加えた。

「此法制は我邦に於ては全く創造に係り、社会の事情が泰西諸国とは大に異なる所がありますから、立法上種々の困難なる事情があり、起草委員及び幹事諸君の苦心実に名状すべからざるものがあり、主査委員も亦極めて熱心に其審議に従事せられました[66]」。ここに言われる〝立法上の困難〟と〝名状すべからざる苦心〟にはいくつかの問題を想定できるが、少なくもその第一の関門が、大正三年の主査委員会で交された谷田案の手続に関する以下に見られるような立法論上の論争にあったことは疑いない。

(1)　谷田案への論難の第一は、花井によって繰り返された少年法の後見裁判法的純化の主張である。先にみた通り花井は、穂積講演以来の熱心な少年法推進論者であり、処遇決定にあたっての合目的性の判断に司法的抑制を加えるという意味においての「裁判権主義」者であった。しかしながら同時に彼の少年法論は、「元来人間の犯罪は境遇から起こるものが最も多い。凡ての犯罪皆悉く憐れむべきものであるが就中憐むべきは少年犯罪である(67)」という少年観から発していた。少年法は花井によれば、これらの少年に対する国家の「仁慈道徳」の発現としての救済法・教育法でなければならない。「我国にても米独の制度に則り、英国其他の法規先例を参酌し、完全なる法律を作つて貰ひたい。又刑法をも改正して、責任年齢に達したる者と雖も、之を救済するの方法を講じてもらいたい(68)」という非刑罰主義的保護主義が花井の年来の主張であった。

谷田原案はしかし、「犯罪アラハ刑ヲ科スルヲ本則トスル」積極的責任主義の原理に立脚した総合的少年刑事政策立法である。花井の批判はこの法の構成に集中した。

次項に見るように、司法当局の平沼、倉富にとっては裁判所の広範な裁量権を前提とするが故に問題であった第五条「刑ノ言渡ニ代ヘ」ては、花井にとっては少年法の基本理念にかかわる問題であった。そもそも「少年法ハ公訴主義ヲ認メサルコトヲ基礎トシタシ(69)」というのが花井の立論の基礎である。そして谷田の責任主義の原則に対して、花井は次のように反論した。

「五条ハ本条（ママ）ヨリ削除シ刑事訴訟法中ニ規定シテハ如何……谷田委員ノ原則論ハ了解シ能ハス、少年法上ニ『刑ノ言渡ニ代ヘ』ノ如キ規定ヲ存スルハ既ニ法ノ趣旨ヲ没却ス(70)」

少年法から出来る限り刑事司法的色彩を払拭し、谷田案の持っている後見裁判法・少年審判法的部分を純化・抽出することがさしあたっての花井の主張であり、背後には少年に対する刑事的取扱いそのものの例外化をめざす志向がある。刑罰にかえて不起訴・「救治」（平沼）という文脈での選択的保護主義とはニュアンスの異なった、刑罰にあらずして「保護」という二元論が花井の保護主義・刑罰消極主義の特徴をなしている。ここでは一般予防の観点は後退する。一八歳未満の少年に死刑の禁止・緩和を規定する九条審議にあたって花井はのべる。

「今日斯ル（特別刑法的）規定ノ必要アルコトハ深ク之ヲ認ムルモノナリト雖モ之ヲ本法中ニ置クハ適当ニアラス……他日刑法ニ編入スルノ目的ニ於テ賛成ス(71)」

「第九条第一項死刑ノ下ニ無期刑ヲ加ヘ第二ノ無期ヲ有期ニ改メタシ……少年犯罪ニ無期刑ヲ科スルハ改過遷善ヲ期スル少年法ノ趣旨ニ反ス、改過遷善セシムルニハ将来ノ希望ヲ有セシムルヲ最モ必要トス(72)」

「第三項（皇室に対する罪の緩和規定の例外）ヲ削除シタシ、薬ヲ以テ毒ヲ洗フノ手段ニ依ルヲ可トス(73)」

右の花井提案はいずれも否決され、三項の例外には、刑法二〇〇条の尊属殺が平沼の提案によって加えられた。以下の逐条審議の各所で、花井は刑法と少年法の質的相違に依拠する二元論を繰り返している。花井の主張は必ずしも委員会の容れるところとはならなかったが、花井の思考からすれば「少年法的保護」と「刑法的保護(74)」は同一に論ずべからざる別個の問題であった。

(2)　(イ)　異議の第二は、谷田案の有する審判機関の広範な裁量権に対する検事の起訴猶予裁量からの批判である。論議は第五条の「刑ノ言渡ニ代ヘ」の意義に対する倉富の質問をきっかけに起こった。前節で見たように、谷田案第五条の趣旨は、犯罪少年と準犯罪少年の管轄機関を区別し、前者について「犯罪アラハ刑罰ヲ科スルヲ本則トスルカ故ニ『刑ノ言渡ニ代ヘ』と規定セリ」というところを眼目としていた。言渡方法について谷田は「起訴シタル後裁判官カ特別処分ヲ適当ト認メタルトキハ其処分ヲ為スコトトナルナリ(75)」と説明を加え「斯クスルヲ理義一貫スト思フ」と主張する。

この谷田案に対して平沼はまっこうから異議をとなえた。

「立案ノ趣旨ハ了解セリ、素ヨリ理由アリト考フルモ少シク起草者ト説ヲ異ニスル点アリ、谷田説ノ如ク独逸ノ如キハ斯クアルヘキヲ当然トス吾邦ハ少シク之ニ変更ヲ加フルノ必要アリ、十四歳以上ノ者ニハ刑ヲ科ス、併シ今日其必要アルヤ否ハ検事ノ見込ニ依ルナリ、十四歳以上ハ総テ起訴スルコトハ実際上許サス即チ必要ノ有無ヲ甄別シテ之ヲ決ス、若シ谷田説ノ如クスレハ恰モ旧懲治処分ト同シク総テ起訴ノ上裁判所ノ取捨ニ委スコトトナリ実際ト抵触スルニ至ル……要スルニ今日ノ実際ノ取扱ヒタル或ル必要ナル者ハ起訴シ否ラサル者ハ起訴セストノ取扱ニ反スルニ至ルハ甚タ宜カラス、起訴ノ必要ナシトスルモノハ裁判所ニ送ラス審判所ニ取扱ハシメ度考ナリ(76)」

「裁判所ニ於テハ特別処分ヲ為サシメヌ考ナリ(77)」

平沼の論旨は第一に谷田案の有している起訴（処分請求）法定主義的ニュアンス(78)に対する反論であり、第二にその審判機関中心主義への批判である。谷田は平沼の右の発言に対して次のように答えた。

「平沼説ニ対シテ格別ノ異存ナシ、唯検事カ刑ノ言渡ヲ必要トセサルモ特別処分ヲ要ストスルモノハ其処分ヲ少年裁判所ニ求ムルカ或ハ審判所ニ求ムルカ何レカニ求ムルコトニナルヘシ……検事カ直ニ審判所ニ請求スルコトモ出来サルニアラス(79)、原案『刑ノ言渡ニ代ヘ』ハ之ト異ナリ……判事カ相当ト見レハ特別処分ヲ為スコトヲ認メタルモノニシテ必要ナリト思フ、可成存置セラレタシ」

平沼に一定の譲歩を示したこの谷田発言に対しては、倉富がふたたび異議を唱えた。

「平沼委員ト同意見ナリ、谷田説ニ依レハ検事カ必要ナリトスレハ特別処分ヲ求メテ可ナリトノコトナルカ、果シテ然ラハ検事カ刑ヲ科スル必要アリトシテ起訴シタル場合ニノミ五条ノ適用アルノミ、若シ此場合ノミナラハ審判所ニ移送シテ差支ナシト思フ……刑事裁判所ニテ特別処分ヲ為スハ便宜ニアラスト信ス(80)」

平沼・倉富説をさらに敷衍すれば、裁判所とは検事が刑事処罰の「必要」を認めて起訴した事件につき、法を解釈・適用し刑を科する機関である。谷田型の、「裁判所による少年審判・特別処分の併用」という少年裁判所構想は、この裁判所の性格をあいまいなものにするとともに、「検事ノ見込」によって運用されてきている「吾邦」の刑事手続の構造を危うくする危険がある。特別処分という合目的性の判断は、「検事ノ見込」をスクリーンした上で一切を審判所に直接にかからしめるのが「今日ノ実際」にかなっているというのがその主張の骨子である。結局、犯罪少年を少年裁判所による修正された刑事手続にのせるという谷田の「理義一貫」の主張は、平沼・倉富の「今日ノ実際」に依る反論によって覆った。「裁判所ニ於テ特別処分ヲ適当ト認メタル場合ト雖モ之ヲ為サシメサルコト、第五条中『刑ノ言渡ニ代ヘ』ハ自然削除」が決議事項として残される。犯罪と虞犯を書き分けていた処分対象規定を一本化する倉富の提案(81)が可決され、審判所の管轄は犯罪少年事件にまで拡張された。

(ロ)　審判機関に広い合目的性の裁量権を与える、という谷田の趣旨からすれば、右の決定は甚だその意に反するものであった。かくして五条以下の審議において谷田は第一案の構想をすて、――泉二の援護を受けつつ――第二案の

「審判所中心主義」に依拠した立論を展開することになる。論議は一八条の審判所の管轄権規定をめぐって再燃した。第二案一八条（特定事件の例外を除く全未成年者を審判所の管轄として明示）は、谷田案にあっては六一条（第二案）と相俟って、審判所に刑事訴追と特別処分の選択権を与える手続構造のかなめの位置を占める。第二案による修正提案に対して小山は「唯今ノ処ニテハ別案〔ノ〕例外ヲ認ムル必要ナシ」と主張したが、谷田はそれでは裁判所の管轄権と重複を起こすから規定として不充分であると反論し「少年ハ総テ審判所ニ於テノミ管轄スル趣旨」であるとのべる。倉富・小山と谷田の間に交されたやりとりを引用しよう。

倉富「若シ其虞（管轄上の重複―筆者注）アラハ手続ノ章ニ規定セハ可ナリ」
谷田「少年事件ハ総テ審判所ヲ経サセタシ」
倉富「原案モ既ニ其趣旨ニアラス、直ニ刑事裁判ニ付スル場合アリ」
谷田「第二案第六一条ノ如キ重要ナルモノニ限ル」
倉富「強テ第二案ノ例外ヲ認ムル必要ナク、又検事カ公訴ヲ提起スル必要アリトスル場合ニ強テ審判所ニ付スル必要モナシ(82)」

＊

小山「裁判所ニ送ルト審判所ニ送ルトハ検事ノ選択ニ依ル」
谷田「一般人ニ申告ヲ許スヲ以テ必スシモ検事ノミニ限ラス」
小山「犯罪事件ナルヲ以テ之ヲ検事に通知シ検事ハ之ヲ選択スルコトトナル、原案トハ趣旨ニ差異ヲ来セリ」
谷田「自分ノ考ハ重大ト否トハ審判所カ判断スルナリ」
小山「然ラハ審判所カ検事ノ職権ヲ縮少スルコトトナルカ(83)」

右の論議の中心は五条の場合と同様、合目的性の裁量判断をどこにあずけるのか——審判機関か検察官か——の一点である。谷田案の構想（とりわけ第二案）にアメリカ型少年裁判所制度が色濃く影を落としていることは、次の泉二の援護射撃からもわかる。

「立法例ハ区々ナルカ、米国ノ或州ニテハ死刑無期刑ヲ除キ其ノ他ノ事件ハ総テ審判所ニ送致ス……『ウンガルン』モ重大ナル犯罪ハ普通裁判所ノ管轄トシ其他ハ少年裁判所ノ管轄トス……要スルニ大体重大ナル犯罪以外ノモノハ審判所ニ送ルヲ可トセサルカ(84)」

谷田は一八条修正案を容易に譲らなかった。結局本条項については、谷田が再考立案して提案するまで結論を留保するということで穂積が議論をとりまとめ、右の対立をひとまず刑事手続第五章の審議に持ち越すかたちで委員会は逐条審議を先へ進めた。四章までの審議の中で論争が再度表面化するのは三三条の審判前調査開始規定についての解釈をめぐってである。三三条の調査開始が犯罪少年を含むなら、これは「検事ノ起訴権ト抵触スルニ非サルカ」という倉富の質問に対して、谷田は再び先来の自説をのべ倉富と次のような論争を繰り広げた。

谷田「自分ハ当初ノ考通〔リ〕特別処分ヲ為ササルモノト雖モ一応審判所ニ廻ハスヲ可ナリト信ス、第二案第一八条、第六一条ノ外ノ場合ハ検事ニ干渉セシメスシテ両者ノ抵触ヲ避クルヲ可トス、要スルニ特別ナル場合ノ外ハ検事ハ干渉セサルコトトシ審判所ニ於テ取扱ハシメタシ」

倉富「検事ノ起訴権ニハ影響セサルモノトシテ是迄議事進行シ来リト記憶ス、果シテ然ラハ刑事処分ニ触レサル者ノミヲ審判所ニ付スルコトト為ス外致方ナキニ非スヤ」

谷田「重大事件ノ外ハ一応審判所ニテ取調ヘ審判所ニ於テ裁判所ニ送ルヲ適当トスルトキハ之ヲ検事ニ交付スルコトト為スヲ可トス」
倉富「兎ニ角検事ノ起訴権ヲ制限スル迄ニハ決定シ居ラス」
谷田「検事ニ通知スル方法サヘアレハ差支ナシト思フ」

＊

花井「谷田君ハ先ツ一切ヲ審判所ニ於テ支配セシムル考ナリヤ」
谷田「然リ」
倉富「審判所カ先鞭を付ケタル以上ハ如何ナル事件ト雖モ検事ハ干渉スルヲ得ストスルハ余リ酷シ、今日検事ハ其見込ヲ以テ起訴猶予処分ヲ為シ居レリ、依テ本問ノ場合ニ於テモ検事ニ取捨ヲ許シテ可ナラン」
花井「今日ノ如キ無暴《（ママ）》ナル扱振ニテハ不可ナリ、審判所ニ属セシムルヲ可トス」
谷田「必スシモ検事ヲ信セサルニ非サルモ於善キ審判官ニ属セシムルヲ可ナリト思フ[85]」

＊

「検事ノ起訴権」か「善キ審判官」か、という倉富と谷田の対立は相譲らざる並行線をたどった。再び穂積が両者の論争に割って入り、「本問ハ重大問題ナリ……多数出席ノ際ヲ期シ審議スヘシ[86]」と、先に留保されている一八条を含めて、刑事手続の審議へと争点を持ち越す形で決着をはかった。

(3)　右の手続問題に関して花井は刑事訴追を最小限度にするという観点から自説を立て、その限度において谷田第二案に一応賛意を表しているが、倉富―谷田論争には必ずしも深入りしていない。花井にとっては、少年法の非刑事化こそが論ぜられるべき先決問題であった。

第一一回主査委員会逐条審議は少年審判所ノ手続（第四章）を終えて第五章刑事手続の章に入った。谷田案のかなめの位置にあった五九条、六〇条はすでに五条審議の結果意義を失っているが、なお五章には「重大問題」（穂積）が残されている。ここで提出されたのが「五章全部削除スヘキモノニアラスヤ」という花井提案である。花井は言う。

「五八条ノ外ニ必要ノ事項アラハ之ヲ規定シ以下削除スルヲ至当トス、刑事裁判ニアラサルモノノ中ニ刑事手続ヲ規定スルハ不可ナリ、……而シテ少年裁判ニ関スル刑事手続法ノ如キモノヲ独立シテ制定シ即チ少年法、少年刑事手続法ノ二トシテ恰モ刑法改正ノ際裁判所構成法ノ改正ト刑法施行法ヲ作リタルカ如クセハ立法ノ道ヲ失ハス又完全ニ近カルヘシ[87]」

花井にとっては少年法が九条～一七条の特別刑法的規定を有すること自体が問題である。「少年法は一種の教育法であり」、「犯罪に関する観念を少年の頭に刻ましめるやうなことは、教育主義の少年法の精神でない[88]」からである。そして、四章までは、若干の特別規定を除けばともかくも単一の少年審判法の形をとっている。しかし第五章に至って、花井の主張は谷田案の構想と正面から対立せざるを得ない。

一方で谷田・倉富の間の手続をめぐる対立は、深刻化していた。花井の動議に対してはむろん、山岡が少年処分法と少年刑事法の統合という立法理由から反論し、谷田も審議継続の必要を主張した。しかしここに至って、断然、小山が「然レトモ此儘審議ヲ進行スルヲ得サルヘシ」との提案を繰り返した。結局「懇談ノ結果」、委員会はこれを容れて「第五章ノコトハ本法案ヨリ分離スルコトトシ、而シテ刑法規定ヲモ分離スルヤ否ヲ起草委員ニ一任ス」という決定を行った[89]。

委員会は、いささかあっけない形で法案全文の審議を終了することになった。検事の起訴裁量権をめぐる司法当局者間の論争と、法案の推進に力あった花井の非刑事的・後見法的純化論が複合し合うことによって、刑事手続はひとまず少年法審議から分離され谷田・平沼・花井の三名の調整に委ねられることになったのである。

(65) 委員会の改組・拡充の理由は、従来法内容が「重大広汎」であることとともに、「独立法と為すべく、刑事訴訟法の一部を以て目すべきで無い」（『穂積遺文集』二三〇頁）と考えられたことによるとされている。しかし実質的要因は、司法省としては法案の議会提出をかなり急いでいたこと、その為には感化法を擁する内務省との調整が急務と考えられたことにあったと思われる。主査委員会の冒頭、会長奥田義人は「之ヲ刑事訴訟法ノ傍ラニ於テ審査スルコトトセハ自然其進歩捗々シカラスト考ヘ」たとのべ、花井は「政府ハ今期議会ノ質問ニ対シ本年末ニハ提出スヘク答弁セリ、以上審査ノ急ヲ要スル所以ナリトス、而シテ谷田案ニ依レハ少年刑法、少年刑事訴訟法、少年監獄法等ノ感アリテ重大ナル関係ヲ有スルヲ以テ一先ツ之ヲ刑事訴訟法主査委員会ニ返却シタル後、本委員会ヲ組織サレタル次第ナリ」と語っている。委員としては旧委員に加えて一木喜徳郎（内務次官）、水野錬太郎（貴族院議員、元内務次官）、横田秀雄（大審院部長）、倉富勇三郎（司法省）が加えられた。

(66) 穂積陳重「少年法案に関する報告」（『穂積遺文集』第四巻二三三頁）、この穂積報告は大正七年末に谷田・花井・平沼の連名で出された起草委員報告書（『大正少年法㊤』四三六頁）をほぼそのまま敷衍したものである。

(67) 花井「不良少年の救済策を講ぜよ」前掲『日本弁護士協会録事』四一頁。

(68) 花井・前掲「少年犯罪」一一四頁。花井は、死刑廃止論とともに様々の弱者保護特別立法を提唱している（『花井卓蔵全伝』上巻一四三頁以下参照）。これら花井の立論の根底には、一種の孟子的性善説ともいうべき思考がある。「（犯罪者は）決して悪むべき者ではない。……真に同情すべきは彼の憐むべき犯罪人にあらずや」（「犯罪の人生観」前掲『刑法俗論』二六五頁）。立場上の立論の力点の相違にも拘らず、花井が小河滋次郎的思考を継承する一人であったことは、恐らくこの点の共通性に関係している。

(69) 不良少年ニ関スル法律案主査委員会日誌第三回（『大正少年法(上)』三五九頁）。
(70) 同前・主査委員会日誌第四回（『大正少年法(上)』三六三頁）。
(71) 同前・主査委員会日誌第五回（『大正少年法(上)』三六八頁）。
(72) 同前・主査委員会日誌第五回（『大正少年法(上)』三六九頁）。
(73) 同前・主査委員会日誌第五回（『大正少年法(上)』三七一頁）。
(74) 一三条の必要的保護観察付執行猶予規定に関して花井は次のように言う。
「本法ニ本条ノ如キ条文ヲ設クルトキハ人ヲシテ危険ノ感ヲ抱カシム、猶予中ハ一切安全ナル者トシテ取扱フヲ可トス、本削除ヲ可トス」、「少年法的保護ト刑法的保護トヲ同一人ト為シ、朝ニ少年法的保護ニ当リ夕ニ刑法的保護ニ任スルカ如キハ混同ノ弊アルノミナラス到底行ハレス」（「主査委員会日誌第五回」）。花井の刑罰と保護の二元論・峻別論が典型的にあらわれている。
(75) 前出・主査委員会日誌第三回（『大正少年法(上)』三五九頁）。
(76) 同前・主査委員会日誌第四回（『大正少年法(上)』三六一頁）。
(77) 同前・主査委員会日誌第四回（『大正少年法(上)』三六三頁）。
(78) 谷田案五七条は、審判所の仮処分の失効要件として「不起訴ノ処分」を認めているが、裁判所に合目的性の判断権を大幅に付与する結果として、検察官の訴追裁量権が切りつめられることは否定しがたい。虞犯・触法の要審判事件については、検察官には審判所への通知義務が課されているに留まる。
(79) 前出・主査委員会日誌第四回（『大正少年法(上)』三六一―三六二頁）。
「検事カ直ニ審判所ニ請求スル」場合とは、結局、虞犯事由による請求の形式をとることになろう。
(80) 同前・主査委員会日誌第四回（『大正少年法(上)』三六二頁）。
(81) 倉富の四条～六条を二条に修正する動議は次のとおり。
「第四条　刑罰法令ニ触ルル行為ヲ為シ又素行不良ニシテ刑罰法令ニ触ルル行為ヲ為ス虞アル幼年ニ対シテハ左ノ処

分ヲ為スコトヲ得

第五条　罪ヲ犯シ又ハ素行不良ニシテ罪ヲ犯ス虞アル少年ニ対シ亦前条第一項ニ記載シタル処分ヲ為スコトヲ得

罪ヲ犯シタル少年ニ対シ前項ノ処分ヲ為シタルトキハ刑ヲ科セス」（「主査委員会日誌第四回」、大正八年成案に至って、この両条は成案第四条に一本化される）。ちなみに右二条の採決にあたって、花井は、「倉富案第五条第二項ヲ削除シ他ノ法律ニ之ヲ規定シタシ、此採決ハ最後迄留保ヲ請フ」と主張して、非刑事法的純化の線を貫いている。

(82) 前出・主査委員会日誌第七回（『大正少年法㊤』三八二頁）。

(83) 同前・主査委員会日誌第七回（『大正少年法㊤』三八二頁）。

(84) 同前・主査委員会日誌第七回（『大正少年法㊤』三八二頁）。

(85) 同前・主査委員会日誌第九回（『大正少年法㊤』三九八頁）。

(86) ちなみに、起草委員の一人平沼は、一一回の審議のうち第六回、第七回、第八回、第九回、第一一回と五回を欠席している。

(87) 前出・主査委員会日誌第一一回（『大正少年法㊤』四一三―四一四頁）。

(88) 第四二帝国議会衆議院委員会速記録第七回、大正九年二月一九日。

(89) 小山が何故にかような幾分唐突な動議を出したのかは記録からは不明である。委員会日誌はこの間の論議の消息を詳らかにしていない。あえて推測すれば一つには、谷田・倉富の対立をひとまず凍結する必要があったこと、今一つは起草委員平沼が欠席していたことが考えられようか。

むすび

明治四〇年の刑法改正から明治末年に至る少年法立案の推進力は、一方での検察実務を基礎にした少年刑事政策上の施策の蓄積と、他方での穂積講演に触発された花井に象徴される少年・児童に対する非刑罰主義的思考（仁愛型保護主義）の両者が合流するところに形づくられた。

大正三年の主査委員会審議は、若干基盤を異にするこの二つの思考の流れが、欧米少年裁判所制度の影響を受けて構想された谷田案とぶつかって三つどもえをなし、各々が相譲ることなく自らを主張して衝突するはじめての舞台であった。一一回の審議を通して谷田案の「手続ノ組織」に加えられた修正・留保事項をひろってみると概略以下のようになる。

(イ)犯罪と虞犯の別立てを一本にまとめ審判所の処分対象を犯罪少年にまで広げる（四～六条・一八条）、(ロ)但し、審判所の管轄権規定（第二案一八条）については留保、(ハ)裁判所には特別処分選択権を与えない（五条）、従って一一条・五九条等は削除、(ニ)少年事件に関する特別の警察的規定及び検事・警察官等の審判所への通知義務規定は削除、(ホ)第五章の刑事手続規定は全部削除し、「刑法規定」（九～一七条）の取扱いは起草委員に一任する。

一見して明らかなのはこれらの修正・留保・削除がいずれも、「吾邦ハ少シク之ニ変更ヲ加フルノ必要アリ」（平沼）とする検察実務の角度からの谷田案への異議と、花井の非刑罰的保護主義の主張とが交錯する地点で加えられたという事実である。谷田案はすでに「我国社会の現状」に立脚した「一種独特の」機関としての国親的少年審判所という組織構想を有していた。加うるに、大正三年の論議においては、谷田案のもつ欧米少年裁判所型の手続の部分に対して、起訴便宜主義（保護誘掖型保護主義）と非刑罰的・仁愛的保護主義という二つの角度からの異議と修正がもたらされたのである。「泰西諸国とは大いに異なる」「社会の事情」（穂積陳重）の圧力は、草案の組織法的部分にとどまらず、その手続構造の深部にまで到達した。いわば、明治四〇年を契機に孕まれた我国における「保護」の観念は、[90]欧米少年裁判所制度の受容を強く促進する力として働くとともに、他方でこれに我国固有の修正を加える力としても作用しつつあったのである。

谷田三郎・花井卓蔵・平沼騏一郎の連名と経過報告書を付した大正七年暮の第二次成案の提出（取調委員会宛）は、大正三年にたたかわされた論争に一応の折合いがつけられ、立法過程が制定・定着の段階にふみ込んだことを意味していた。しかし右の論争中にすでに見出される「保護」の観念とその制度化をめぐる軋み合い自体は、大正一一年四月の法成立に至る立法論議の中で、終始かわらぬ主旋律の位置を占めつづける。

法成立に至る右の過程を追跡することをここでは別の課題として措き、少年裁判所制度の受容と修正という観点から大正初年の論議の検討を試みた本稿をひとまず終えることにしたい。

(90) 本文中に指摘した保護観念における花井型思考と平沼型思考の連関については別に吟味する機会を得たい。ちなみに日本近代法史における「保護」概念はなお多くの法領域に亘っている。一例を挙げれば、少年法から（治安維持法を経て）思想犯保護観察法（昭和一一年）へと至る立法の流れ自体が、「そのことだけで日本の歴史の一こまとして検討に値する」（守屋・前掲書一〇九頁）という事実は、「保護」が——ひとり未成年者保護にとどまらない——明治国家の構造を理解する上での一つの鍵概念でもあることを予想させる。少年保護法制史を主題とした本稿とは一応別個の観点としてひきつづき着目したい。

(91) 法律取調委員会日記二六号（『大正少年法(上)』四三四頁）。

〔資料〕（少年法第一次成案——谷田案）

少年法案（第一案）

第一章　通　則

第一条　本法ハ本法ニ別段ノ定ナキ限リ未成年者ニノミ之ヲ適用ス

第二条　未成年者ノ処分ニ関スル事項ハ本法ニ定ムルモノノ外一般ノ例ニ依ル

第三条　本法ニ於テ幼年ト称スルハ十四歳ニ満タサル者ヲ謂ヒ少年ト称スルハ十四歳以上二十歳ニ満タサル者ヲ謂フ

第二章　少年ノ処分

第四条　刑罰法令ニ触ルル行為ヲ為シタル幼年ニ対シテハ左ノ処分ヲ為スコトヲ得

一　訓戒ヲ加フルコト

二　学校ノ懲戒ニ委付スルコト

三　条件ヲ附シテ保護者ニ還付スルコト

四　寺院若クハ保護団体又ハ適当ナル人ニ委託スルコト

五　少年保護司ノ観察ニ付スルコト

六　病院ニ移送スルコト

七　感化院ニ送致スルコト

第五条　罪ヲ犯シタル少年ニ対シテハ刑ノ言渡ニ代ヘ前条第一号乃至第五号ノ処分ヲ為シ又ハ本人ヲ矯正院ニ送致スルコトヲ得

第六条　不良ノ生活ヲ持続シ刑罰法令ニ触ルル行為ヲ為ス危険ノ状態ニ在ル未成年者ニ対シテハ年齢ノ区別ニ従ヒ前二条ノ処分ヲ為スコトヲ得

第七条　第四条第四号乃至第七号及ヒ第五条後段ノ処分ハ期間ヲ定メスシテ之ヲ為シ満二十八歳ニ至ルマテ其執行ヲ継続スルコトヲ得但感化院ニ於ケル収容期間ハ満十六歳ヲ限リトス

第八条　第四条乃至第六条ニ依リ為シタル処分ヲ其継続中何時ニテモ之ヲ取消シ又ハ変更スルコトヲ得

第九条　罪ヲ犯ス時十八歳ニ満タサル者ニハ死刑ヲ科セス

死刑ノミニ該ル罪ヲ犯シタル者ハ無期ノ懲役又ハ禁錮ニ処ス

刑法第七十三条及ヒ第七十五条前段ノ罪ヲ犯シタル者ニハ前二項ノ規定ヲ適用セス

第十条　有期ノ懲役又ハ禁錮ハ刑期ヲ定メスシテ之ヲ言渡スコトヲ得

前項ノ言渡ハ本人改悛ノ状アルニ至ルマテ之ヲ執行ス但其罪ニ付キ定メタル刑ノ長期若クハ十年ヲ超ユルコトヲ得ス

第十一条　有期ノ懲役又ハ禁錮ニ処ス可キ場合ニ於テハ其言渡ト共ニ刑期満了後引続キ少年保護司ノ観察ニ付スル処分ヲ為スコトヲ得

有期ノ懲役又ハ禁錮ノ執行中監獄ノ長ノ申立アリタルトキ亦同シ

第十二条　労役場留置ノ言渡ハ之ヲ為サス

第十三条　刑ノ執行猶予ヲ言渡シタルトキハ猶予ノ期間内本人ヲ少年保護司ノ観察ニ付ス

第十四条　懲役又ハ禁錮ハ特ニ設ケタル監獄又ハ監獄内ニ特ニ設ケタル場所ニ於テ之ヲ執行ス
本人成年ニ達シタル後ト雖モ満二十八歳ニ至ルマテハ前項ニ依リ執行ヲ継続スルコトヲ得
第十五条　仮出獄ハ有期ノ懲役又ハ禁錮ノ言渡ヲ受ケタル者ニハ何時ニテモ、無期刑ノ言渡ヲ受ケタル者ニハ五年ヲ経過シタル後之ヲ許スコトヲ得
前項ニ依リ仮出獄ヲ許サレタル者ハ仮出獄中之ヲ少年保護司ノ観察ニ付スルコトヲ得
第十六条　第九条、第十一条第二項、第十三条及ヒ第十五条ノ規定ハ本人成年ニ達シタル後ト雖モ之ヲ適用ス
第十七条　刑ノ言渡ヲ受ケタル者成年ニ達スル前刑ノ執行ヲ終リ又ハ其執行ノ免除ヲ得タルトキハ人ノ資格ニ関スル法令ノ適用ニ付テハ刑ノ言渡ヲ受ケサリシモノト看做ス

第三章　少年審判所ノ組織

第十八条　第四条及ヒ第六条ニ記載シタル者ハ少年審判所ノ審判ニ付ス
第十九条　少年審判所ノ審判権ハ単独ノ少年審判官之ヲ行フ
第二十条　少年審判官ハ区裁判所判事中ヨリ司法大臣之ヲ命ス
少年審判官差支アルトキハ地方裁判所長ハ地方裁判所又ハ区裁判所判事中ヨリ少年審判官ノ事務ヲ代理ス可キ者ヲ定ム
第二十一条　少年審判官審判ノ公平ヲ維持スルコト能ハサル嫌疑ヲ生ス可キ事情アリト思料スルトキハ職務ノ執行ヲ避ク可シ
第二十二条　少年審判所ニ参与、少年保護司及ヒ書記ヲ置ク
参与ハ審判ニ付キ意見ヲ陳述ス
少年保護司ハ少年審判官ヲ補助シ及ヒ観察事務ヲ掌ル
書記ハ審判ニ関スル書類ヲ調整シ及ヒ庶務ニ従事ス
第二十三条　参与ハ少年審判官ノ申立ニ因リ各年度ノ始ニ於テ司法大臣之ヲ命ス
少年審判官ハ参与名簿ヲ作リ参与ヲ命セラレタル者ノ氏名ヲ之ニ登録ス可シ
第二十四条　少年保護司ノ選任及ヒ待遇ハ司法大臣ノ命令ヲ以テ之ヲ定ム
第二十五条　書記ハ裁判所書記中ヨリ地方裁判所長之ヲ命ス
第二十六条　少年審判所、少年審判官、少年保護司及ヒ書記ハ其職務ヲ行フニ付公務所又ハ公務員ニ対シ嘱託ヲ為シ其他必要ナル補助ヲ求ムルコトヲ得
第二十七条　少年審判所ノ事務ハ司法大臣ノ監督ニ属ス
司法大臣ハ控訴院長及ヒ地方裁判所長ニ少年審判所ノ事務ノ監督ヲ命スルコトヲ得

第四章　少年審判所ノ手続

第二十八条　少年審判所ノ審判ニ付ス可キ未成年者アルコトヲ認知シタル者ハ書面又ハ口頭ヲ以テ其旨ヲ少年審判官ニ申告スルコトヲ得
第二十九条　申告書ニハ申告ノ事由ヲ開示シ成ル可ク本人及ヒ其保護者ノ氏名、住所、年齢、職業、性行等ヲ記載シ且参考トナ

ル可キ資料ヲ添フ可シ

口頭ノ申告アリタル場合ニ於テハ少年審判所ノ職員調書ヲ作リ申告人ニ読聞カセタル上署名捺印ス可シ

第三十条　検事、司法警察官其他ノ公務員職務ヲ行フニ当リ少年審判所ノ審判ニ付ス可キ未成年者アルコトヲ認知シタルトキハ其旨ヲ少年審判官ニ通知ス可シ

前条第一項ノ規定ハ前項ノ通知ニ之ヲ準用ス

第三十一条　申告又ハ通知ヲ為スニ当リ本人逃走ノ虞アルトキハ之ヲ少年審判官ニ引致スルコトヲ得若シ引致スルコト能ハサルトキハ仮ニ警察官吏ニ引渡スコトヲ得

引渡ヲ受ケタル警察官吏ハ速ニ本人ヲ少年審判官ニ引致ス可シ

第三十二条　警察官ハ已ムコトヲ得サル場合ニ限リ本人ヲ留置スルコトヲ得但四十八時間ヲ超ユルコトヲ得ス

前項ノ規定ニ依リ留置シタル者ハ成年ト雑居セシムルコトヲ得ス

留置ノ処分ヲ為シタルトキハ速ニ其旨ヲ保護者ニ通知ス可シ

第三十三条　少年審判官申告其他ノ事由ニ因リ審判ニ付ス可キ未成年者アリト思料シタルトキハ少年保護司ヲシテ事件ノ関係並ニ本人ノ性行、境遇、経歴及ヒ智識ノ程度、資産ノ状況等ヲ調査セシム可シ

第三十四条　少年審判官ハ必要ニ依リ何時ニテモ本人ノ引致ヲ命シ且事情ニ従ヒ仮ニ左ノ処分ヲ為スコトヲ得

一　保証ヲ立テシメ又ハ立テシメスシテ本人ヲ保護者ニ還付スルコト

二　寺院若クハ保護団体又ハ適当ナル人ニ委託スルコト

三　病院ニ移送スルコト

四　少年保護司ノ観察ニ付スルコト

五　感化院又ハ矯正院ニ送致スルコト

已ムコトヲ得サル場合ニ限リ三十日ヲ超エサル期間本人ヲ拘置監ニ留置スルコトヲ得

第三十五条　前条第一号乃至第三号ノ処分アリタルトキハ本人ヲ少年保護司ノ観察ニ付ス

前条第一項第五号及ヒ第二項ノ処分アリタルトキハ感化院、矯正院及ヒ拘置監ニ於テハ別段ノ指定ナキ限リ本人ヲ独居セシムヘシ

第三十六条　第三十四条ニ依リテ為シタル仮処分ハ少年審判官ニ於テ何時ニテモ之ヲ取消シ又ハ変更スルコトヲ得

第三十七条　第三十四条及ヒ前条ノ処分ヲ為シタルトキハ速ニ其旨ヲ保護者ニ通知ス可シ

第三十八条　少年審判官ハ少年保護司ノ調査ノ結果ニ基キ審判ヲ開始ス可キヤ否ヤヲ決定ス可シ

第三十九条　審判開始ノ決定ヲ為ス場合ニ於テハ参与名簿ニ登録セラレタル者ノ中ヨリ二人ノ参与ヲ選定ス可シ

第四十条　審判ヲ開始セサル旨ノ決定ヲ為シタル場合ニ於テハ既ニ為シタル仮処分ハ其効力ヲ失フ

第四十一条　審判開始ノ決定アリタルトキハ本人ハ補佐人ヲ用フ

ルコトヲ得
保護者及ヒ保護団体ハ本人ノ利益ノ為メ補佐人ヲ付スルコトヲ得
補佐人ハ弁護士少年ノ保護事業ニ従事スル者其他少年審判官ノ許可ヲ受ケタル者ヲ以テ之ニ充ツ可シ
第四十二条　審判期日ハ少年審判官、参与及ヒ書記出席シテ之ヲ開ク審判期日ニハ本人、保護者及ヒ補佐人ヲ呼出ス可シ
第四十三条　少年審判所ハ第三十三条ニ掲クル事項ヲ査明スル為メ必要ト認ムル取調ヲ為ス可シ
第四十四条　少年保護司及ヒ補佐人ハ審判期日ニ於テ意見ヲ陳述スルコトヲ得
第四十五条　審判ハ之ヲ公行セス但少年審判官ハ相当ト認ムル者ニ傍聴ヲ許スコトヲ得
第四十六条　少年審判所取調ヲ終リタルトキハ以下八条ノ規定ニ従ヒ審判手続ヲ終結ス可シ
第四十七条　刑事手続ヲ開始ス可キモノト認メタルトキハ事件ヲ管轄裁判所ノ検事ニ送付ス可シ
第四十八条　訓戒ヲ加フ可キモノト認メタルトキハ保護者ヲ立会セシメ本人ニ対シ厳ニ其非行ヲ責メ将来遵守ス可キ事項ヲ諭告ス可シ
第四十九条　学校ノ懲戒ニ委付ス可キモノト認メタルトキハ学校長又ハ其代理人ニ対シ適当ナル方法ヲ以テ本人ニ懲戒ヲ加フ可キ旨ヲ告知ス可シ
第五十条　保護者ニ還付ス可キモノト認メタルトキハ保護者ヲ呼出シ本人ノ監護方法ニ付キ必要ナル事項ヲ指示シ其実行ヲ命ス可シ
第五十一条　寺院若クハ保護団体又ハ適当ナル人ニ委託ス可キモノト認メタルトキハ委託ヲ受ク可キ者ニ対シ本人ノ処遇上参考ト為ル可キ事項ヲ開示シ本人ヲ保育シ若クハ監督シ其他必要ナル保護ノ任務ヲ担当ス可キコトヲ委嘱ス可シ
第五十二条　少年保護司ノ観察ニ付ス可キモノト認メタルトキハ本人ノ監督ニ付必要ナル方法ヲ少年保護司ニ訓示ス可シ
第五十三条　病院ニ移送シ又ハ感化院若クハ矯正院ニ送致ス可キモノト認メタルトキハ其院ノ長ニ対シ本人ノ処遇上参考ト為ル可キ事項ヲ開示シ本人ヲ引渡ス可シ
第五十四条　前七条ノ処分ヲ為ス必要ナシト認メタルトキハ手続ヲ廃止スル旨ノ決定ヲ為ス可シ
第五十五条　第四十八条乃至第五十一条ノ処分ヲ為シタルトキハ保護者、学校長又ハ受託者ニ対シ成績報告ヲ求ムルコトヲ得
第五十六条　第五十条又ハ第五十一条ノ処分ヲ為シタルトキハ少年保護司ヲシテ其成績ヲ巡察シ適当ナル訓示ヲ為サシムルコトヲ得
第五十七条　審判手続ノ終結前為シタル仮処分ハ第四十七条ノ場合ニ於テハ裁判所之ヲ取消シ若クハ変更シ又ハ検事被告事件ニ付不起訴ノ処分ヲ為スマテ其効力ヲ有ス
第四十八条乃至第五十三条ノ場合ニ於テハ仮処分ハ終結ノ処分

ヲ為スニ因リ其効力ヲ失フ

第五十八条　未成年者ノ審判ニ関スル記事ハ之ヲ新聞紙、雑誌其他ノ出版物ニ掲載スルコトヲ得ス但少年審判官ノ許可ヲ得タル事項ハ此限ニ在ラス

第五章　裁判所ノ刑事手続

第五十九条　区裁判所ノ管轄ニ属スル少年ノ刑事々件ハ少年審判官ヲ命セラレタル判事之ヲ審判ス

第六十条　地方裁判所ノ管轄ニ属スル少年ノ刑事事件ハ少年刑事部ニ於テ之ヲ審判ス

少年刑事部ハ司法大臣ノ特ニ命シタル判事ヲ以テ之ヲ組織ス

第六十一条　少年ノ刑事事件ハ司法大臣ノ特ニ命シタル検事之ヲ取扱フ

第六十二条　少年ノ刑事事件ニ付テハ少年保護司ニ嘱託シテ被告人ノ性行境遇経歴及ヒ智識ノ程度、資産ノ状況等ヲ探知セシム可シ

第六十三条　勾留状ハ已ムコトヲ得ザル場合ニ非サレハ少年ノ被告人ニ対シ之ヲ発スルコトヲ得ス

拘置監ニ於テハ別段ノ指定ナキ限リ被告人ヲ独居セシム可シ

第六十四条　裁判所ハ職権ヲ以テ又ハ検事ノ申立ニ依リ第三十四条第一項ニ掲ケタル仮処分ヲ為スコトヲ得

第三十五条乃至第三十七条ノ規定ハ前項ノ場合ニ之ヲ準用ス

第六十五条　少年ニ対スル被告事件ノ公判ハ他ノ公判ト分離シ少年ノ被告人ト成年ノ被告人トノ接触ヲ避ケシム可シ

少年ニ対スル被告事件ト成年ニ対スル被告事件ト相牽連スル場合ニ於テハ審判ニ害ヲ及ホササル限リ其公判ヲ分離ス可シ

第六十六条　裁判所ハ事情ニ依リ公判中一時被告人ヲ退廷セシムルコトヲ得

第六十七条　判決言渡前為シタル仮処分ハ裁判所之ヲ取消シ若クハ変更シ又ハ裁判確定スルマテ其効力ヲ有ス

第六十八条　第四十一条、第四十二条第二項、第四十四条、第四十五条、第四十八条乃至第五十三条、第五十五条、第五十六条及ヒ第五十八条ノ規定ハ公判ノ手続ニ之ヲ準用ス

附　則

矯正院ノ設立並ニ本法ノ手続及ヒ処分ニ伴フ費用ニ関スル事項ハ勅令ヲ以テ之ヲ定ム

少年法案（第二案）〔本案条項以外は第一案に同じ―筆者注〕

第一案第十八条ヲ左ノ如ク改ム

第十八条　第四条乃至第六条ニ記載シタル未成年者ハ左ニ掲クル者ヲ除ク外少年審判所ノ審判ニ付ス

一、大審院ノ特別権限ニ属スル罪ヲ犯シタル者

二、刑事手続ニ依リ審理中ノ者

三、現ニ第四条又ハ第五条ノ処分ヲ受ケ又ハ刑ノ執行ヲ受クル者

第一案第四十二条ノ次ニ左ノ一条ヲ加フ
第四十二条ノ二　罪ヲ犯シタル少年ニ対シ審判ヲ開始シタルトキハ事件ノ要旨及ヒ審判期日ヲ検事ニ通知ス可シ
検事ハ通知ヲ受ケタル事件ニ付キ書類ヲ閲覧シ審判期日ニ立会ヒ意見ヲ陳述スルコトヲ得
第一案第四十五条ノ次ニ左ノ一条ヲ加フ
第四十五条ノ二　審判手続中公訴ノ提起アリタルトキハ爾後ノ手続ヲ廃止ス
第一案第四十七条ヲ左ノ如ク改ム
第四十七条　刑事手続ヲ開始ス可キモノト認メタルトキハ事件ヲ管轄裁判所ニ送付ス可シ
予審ヲ経由ス可キ必要アル事件ハ直ニ之ヲ管轄裁判所ノ予審判事ニ送付ス可シ
前二項ノ手続ヲ為シタルトキハ其旨ヲ検事ニ通知ス可シ
第一案第五十七条第一項ヲ左ノ如ク改ム
第五十七条　審判手続ノ終結前為シタル仮処分ハ第四十七条ノ場合ニ於テハ裁判所之ヲ取消シ若クハ変更スルマテ其効力ヲ有ス
第一案第六十一条ヲ左ノ如ク改ム
第六十一条　少年審判所ノ審判ニ付ス可キ者ノ犯罪事件ニ付テハ検事ニ於テ本人ヲ死刑、無期又ハ五年以上ノ懲役若クハ禁錮ニ処ス可キモノト思料シタル場合ニ非サレハ公訴ヲ提起スルコトヲ得ス
第一案第六十一条ノ次ニ左ノ一条ヲ加フ
第六十一条ノ二　第四十七条第一項又ハ第二項ノ規定ニ依リ事件ノ送付アリタルトキハ裁判所ハ其管轄ニ属スル事件ノ公訴ヲ受理ス

第2章　少年裁判手続における「保護・教養」の観念（二）
――「内務的」感化法と「司法的」少年法の確執

はしがき

「小河君は内務司法の両省に活躍したのであるが、どっちかと云ふと内務省時代は得意で司法省時代は失意であった。といふ訳は、内務省は、監獄は社会の為に存在してゐるとの観念が強いのであるが、司法省で見ると、監獄は罪悪の報であるが故に、監獄の為に監獄があるやうに考へられたのである。……然るに小河君の考はどちらかと云ふと、思想の傾向が内務省的であって司法省的ではなかった。[1]」

少年法案起草主査委員会の委員長を勤めた穂積陳重は、少年法案に激しい攻撃を加え続けて法施行の翌年没した愛弟子小河滋次郎の死を悼んで『人道』（留岡幸助主幹）に右のような一文を寄せた。

大正一一年に成立した旧少年法の一五年にわたる立案―制定過程を追う時にまず驚かされるのは小河をイデオローグとする内務型感化法関係者と、少年法立案をおし進めた司法当局との非論理的ともいえる確執の激しさである。感化法関係者の眼からみれば、少年法がその対象に虞犯少年をとり込むことは「御隣の畑に手を出す[2]」越権であるばかりではない。刑事責任年齢にある犯罪少年に対する特別手続法・審判法を制定すること自体が「愛は高き牆壁にまさる[3]」の感化教育の理想を破壊する言語道断の出来事であった。両者の争いは一面から見るとセクショナリスティックな権限争いであるが、同時に明治後期以来のイデオロギー論争でもある。

この確執を大正七年以後の法案成立過程を追う作業の中で、論議の発生時期にさかのぼりながらスケッチし、大正少年法の持っていた思想史的位置を、比較法史的観点から探ることが本稿の目的である。

（1）穂積陳重「小河滋次郎博士と監獄学の専攻」人道二三六号（一九二五）。

（2）四四帝国議会貴族院委員会第三回（伊沢多喜男発言）。なお、以下の第四二～四五帝国議会委員会議事録の引用にあっては、司法省『少年院法案矯正院法案帝国議会委員会速記』の平仮名文を用いてある。

（3）留岡幸助『家庭学校』第二編五一頁（一九〇一）。小河は「法案の出現しただけにても既に識者として顰蹙に堪えざらしむる所の不祥事」（小河「非少年法案論」）とこれを論難した。

一　審議再開の背景

（1）　明治四四年から大正三年にかけて集中的に法案の完成に力を入れた司法当局が何故に三年半もの間少年法案審議を中断したのかは明らかでない。後年の泉二新熊の回顧には「ヨーロッパの世界戦争の時で……それとなしに停止状態といふか睡眠状態にあった[4]」とあるが、一つには戦時財政における〝経費支弁の困難[5]〟とともに、当時の司法部が占めつつあった政治的位置に対する風あたりの強さ[6]や刑事訴訟法改正作業の進捗状況等がからみあって、法案の完成・提出を手びかえさせていたものと思われる。むろん法制定が関係者らの念頭を去っていた訳ではなく法律新聞はしばしば「幼年裁判法」立案関係記事を報道し、[7]関係当事者である感化院関係者と司法当局もジャブの出し合いを続けている。たとえば大正四年小河は「少年裁判法の制定は、実に日本の異彩たる感化法の危機ともいふべく、教育の対象を挙げて司法官の手に遺棄せんとする恐るべき日の到来を意味するものであると思ふ[8]」、「我が感化法唯一の精華とも謂ふべき行政処分の大原則は独り飽くまで之を擁護すべきのみならず進んで大いに之が本領を発揮するに至らしめんことを切望せざるを得ず[9]」と論じたのに対し、谷田三郎は同年四月の感化院長協議会に出席して、「未確定の準備草案」については「遺憾ながら之を諸君に御披露するの自由を有しない」と前置きした上で、「感化事業は元《ママ》と広き意味での刑事事業であ」ること、「我国に於ける二万三千有余の犯罪少年中……百分の八〇・七は野放しの儘彼等の運命に委せてある」と論じて間接的に新制度の必要を説いている。[10]泉二もまた、「強制教育法の性質を有する我感化法が感化院送致の処分を主として地方長官に委したるが如きは、文明諸国の多数立法例より脱線したるものにして正当に非ず……鄭重なる裁判に依ることを要す」、「少年裁判所法を制定し之を実施するは本邦刻下の急務なり。司法当局が茲に鑑みる所あるべきは当然なり[11]」と少年法制定の必要を高唱した。

さて、大正七年七月の審議再開の背景であるが、さしあたり取り上げられるべきは右の論争に表出している明治四〇年来の内務・司法の競合状態の中で、内務省が懸案の国立感化院開設を大戦終結期に実現したという事実（後述）であろう。行論が若干前後するが感化法制定前後からの両者の確執を一応フォローしよう。

(2)　明治三三年の感化法は旧刑法下での懲治処分制度に対する監獄関係者・民間篤志家の批判に端を発し、監獄の外に「遊蕩又ハ乞丐ヲ為シ若クハ悪交アリト認メタル者（＝八歳以上一六歳未満の不良・虞犯少年）、懲治場留置ノ言渡ヲ受ケタル幼者、裁判所ノ許可ヲ経テ懲治場ニ入ルヘキ者」を収容する感化院を設け、院長が「親権又ハ後見ヲ行フ」ことによって〝感化教育〟を施すべく制定されたものである。法は強制的に少年の自由を拘束・収容するという点で年少犯罪者に対する保安立法としての外被を持っているが、[12]同時に立案がいわゆる in loco parentis 原理に基づく英米の Reformatory School をモデルとした民間感化院設置運動（法制定前約一〇ヵ所）を基礎に進められたこともあって、実質的には不良少年を対象とする親権代行的な特殊教育制度という性格を強くおびていた。[13]実務上の指導者であった留岡幸助の家庭学校概則には「第三条　本校ノ目的ハ官庁ノ説諭ニ依リ又ハ一私人ノ勧誘又ハ父兄ノ嘱託ヲ以テ送リ来リタル不良少年ヲ父兄ニ代リテ教養スルニアリ」「第五条　本校ハ家族制度《ファミリーシステム》ニ由リテ生徒ヲ家庭的愛情ノ裡ニ薫陶スルモノトス」[14]とある。[15]

感化院制度が明治二〇年末に隆起して来たことの背景として一点見逃し得ないのは当時の刑事司法の必罰主義的運用である。三好退蔵（前大審院院長）の「感化学校設立趣旨書」（明治三〇年）は、「感化学校を設立して不良少年の犯罪を予防せんと欲する」理由に、幼年犯罪囚総数が明治二七年には約二万八千人となり一〇年間の間に三倍になったという数字をあげている。[16]大正一〇年の少年法制定期に当局が公にした少年在監者数が三千人余[17]であることと比較すると起訴猶予・執行猶予の定着以前の旧刑法下の運用がかなり必罰主義的（その限りで母法に忠実）であったことがわかる。[18]「地上から犯罪を取除く為には彼らの幼年時代から適当な処遇法を講じなければならぬ」（留岡[19]）という理想主義的な反刑罰主義・教育主義は当時の必罰主義的司法の「ネガ」という一面をおびて誕生したものであった。法案の起草にあたったのは小河滋次郎であるが、当時の監獄局長大久保利武は制定時の事情について、「監獄内の懲戒場《ママ》に未成年を収容して感化を施すことは懲罰主義に流れていけない……不良少年に対しては行政処分をもつてしやう、懲罰主義に流れず感化教育主義によつて感化事業をやつたならばというのが感化法制定の理由でありました」[20]と述べている。法制定と前後して監獄局の内務省から司法省への移管が行われる（これが少年法と感化法の対立の火ダネとなる）が、感化院がそのまま内務省に残されたのも、制度の理念自体が当時の刑事司法の枠組みからはみ出す右のような特殊教育制度的内容を濃厚に持っていたからであろう。かくて以後設立される公私立の感化院はいずれも、強制と自由拘束という法的統制の契機を最小限にまで縮小した家族舎制の開放処遇方式をとり、「家庭的温情による薫陶」と、「監獄は牆壁に活き感化院は之あるが為めに反て其生命を失ふ」[21]（〝愛は高き牆壁にまさる〟）をその理念とした。これを旧刑法下での刑罰対保護教育という二元主義の成立と評してさしつかえなかろう。

さて、不評であった懲治処分・懲治場制度を明治四〇年の刑法改正とともに廃止した司法当局は、これに代わる応急の措置として感化院を一四歳未満の刑事無責任幼者の収容施設として代替的に用いることに決し、明治四一年感化法はその対象を「満八歳以上一八歳未満ノ者ニシテ不良行為ヲ為シ又ハ不良行為ヲ為スノ虞アリ且適当ニ親権ヲ行フモノナク地方長官ニ於テ入院ヲ必要ト認メタル者」にまで拡張した。司法当局からみればこの措置は、司法審査手続を組み込んだ「完全ナル感化法」を「何レ篤ト詮議ヲ尽シ[22]」て遠からず制定するまでのワンポイントリリーフである。しかし内務当局の側にはこの時すでに行政手続と家族舎制教育主義を軸にした感化院制度はむしろ時代に先んじた不良少年取扱の本流であるという思考が生れていた。処分決定手続のみならず処遇過程における少年観にまでおよぶ内務・司法の対立が顕在化したのはほぼこの頃である。ここでの対立の構図を両当事者の発言から追ってみよう。感化法改正案を審議した明治四一年衆議院委員会で花井卓蔵の法案批判に対して床次竹二郎（内務省地方局長）は次のように反論している。

「懲罰トカ或ハ裁判トカ、何カ警察デ悪イコトヲシタト云フヤウナ考ヲ起スヤウナコトハ避ケテ、成ルベク無垢ノ人間ノ扱ヲスルト云フコトガ、感化ノ目的ヲ達スル上ニ於テ宜カラウ……懲罰若クハ裁判ト云フヨリハ、教育ヲスル訓育ヲスルト云フ考ヲ重ク取ツタ方ガ良イヤウニ考ヘマス、即チ現在ノ制度ハカウナツテ居リマス[23]」、「吾々ハ之ヲ行政上ノ手続ニスルノガ、却テ進歩的主義デハナイカト思フノデアリマス、裁判所デ取調ブルヨリ、暖イ親切ノ考デ良キ方ニ導クト云フ側デ、初メカラ取扱ツタ方ガ宜イカト思フノデ、初メカラ罪ガアルナイ、不都合ノモノデアルト云フ観念ヲ以テスルヨリ、不憫ナモノデアル、感化シテ良イ方ニ導クト云フ方ノ暖イ考ヲ以テヤツタ方ガ宜クハナイカト思フノデス」[24]（傍点筆者）

こうした内務的思考に対して——とりわけ浦和監獄川越分監典獄早崎春香[25]に典型的に見出される幼年囚処遇を念頭に置いて——痛烈な批判を加えたのは監獄局長小山温であった。彼は明治四一年六月典獄会議で次のような訓示を行っている。

「少シク申シテ見タイノハ監獄法第二条ノ監獄即チ幼年監獄テアル……本官ヲシテ云ハシムレハ犬ヤ猫ヲ可愛カルヤウナ風ニ可愛カツテハイカヌノテアル。心アル人間トシテ取扱ハネハナラヌノテアル……監獄官吏ハ同情ノ念カナケレハナラヌ。ソレハ勿論ノ話テアル。併シナカラ其哀憐同情トイフコトハ譬ヘテ申サハ厳父カ其児ニ対スルモノテナクテハナラヌ。愚母カ其寵児ニ対スルモノテアツテハナラヌノテアル。……徒ラニ規律ヲ弛メテ犬猫ヲ愛スルカ如キニ愛シタレハトテ、唯驕ラセルノミテアツテ之ヲ善心ニ立返ヘラシムル即チ紀律ニ従フノ人民タラシムルコトハ出来ナイコトト信スルノテアル。[26][27]」

さらに懲治場廃止と幼年犯罪者の感化院への移管に関して、感化院関係者を前に小山は言う。

「同情なき厳格てあったならは子供の性質をして萎縮せしめて益々捻れるに相違ない。……通常の善良なる父母か其子供に対する威と愛を以てすれは沢山てある。併し私の方から申せは此威といふことにも常に御注意を願ひたいのである。窘めるのは無論宜しくない可愛かるのも宜しくない。不良少年の出る家庭を調へて見れは厳格なる家庭から出るか、可愛かり過きる家庭から出るか是はいふまでもないことである。[28]」

右のような決定手続と処遇理念上の微妙な対立を含みながらスタートした改正感化法の下で内務省は感化院の充実強化をはかり[29]、感化救済事業講習会、感化院長会議を組織して実務家の養成に努めるとともに、全国に府県立・私立感化院を新設し、大正四年には感化院数五一、収容者数約二千名にのぼっていた。篤志家による懲治場・幼年監獄改良運動のいわば落し子として生まれた感化院は、早崎にみられるような児童仁愛主義と留岡・小河によって紹介された欧米感化院システムとの結合を軸にして内務行政の枠内で成長した。ここでの一つのピークが第一次大戦の影響による不良少年増加対策すなわち「緊急社会政策[30]」として現実化した大正六年八月の国立感化院（武蔵野学園）の開設であった。国立感化院令（大正六年八月一八日、勅令一〇八号）は入院対象を「一、年令一四歳以上ニシテ性状特ニ不良ナル者　一、前号ニ該当セスト雖内務大臣ニ於テ入院ノ必要アリト認メタル者」とし、入院手続を内務大臣の判断に委ねている。六年末の第三回全国感化院長協議会には内務当局より、「国立感化院創設ノ際之ニ収容スヘキ者ハ年令一四歳以上ニシテ犯罪行為アリタル者ニ限リ、其地方感化院在院者ニ在テハ、在院期間一年ヲ越ヘサル者ヲ先ニセントトス。之ニ関スル意見如何[31]」が議題に付された。協議会は同時に、「地方感化院を国立感化院とするの議」を決議[32]しており内務当局も救護課、救済事業調査会を設置して本格的児童保護立法の制定とともに各地に国立感化院を増設する計画を立てつつあった。

右のような内務行政型感化院の拡大が、感化院を「応急仕事」（小山温）の便宜的施設と考え、「感化法ニ依リテ実際救治ハ出来居ラス。……仮命収容シ得ルトスルモ、犯罪者ヲ収容スルニ適シタルモノ殆ントナシ。即チ非犯罪者ト一緒ニ収容セサルヘカラサルニ至リ弊害アリ。次ニ幼年者ニ犯罪アルヤ否ハ裁判官カ認ムル必要アリ……要スルニ現行ノ感化法ハ一時ノ急ヲ救フ目的ニテ出来居ルナリ[33]」（平沼騏一郎）という課題意識の下に矯正院新設を含む第一次少年法案審査を完了し、「時機宜しき」（泉二新熊）をうかがっていた司法当局を刺激した事は疑いをいれない。「内務省方面では……兎も角も感化院流でやって行く。不良少年のことに司法省が出て来なくても宜い。司法省に於ては刑罰を科して居ればそれで宜い、或は検事に於て適当な措置を為せばそれで事が足りるというやうな考え方[34]」が力を得、これが不良少年処遇における主役の観を呈しはじめていたからである。

(3)　なお以上の沿革的理由の他に、大正六年には第一次世界大戦の終息を目前にして新たに生じた大衆社会状況（都市化と産業化の進行、より具体的には不良少年の激増）に対する社会政策・教育政策が組織的に政府の手で繰り出されはじめたという一般的状況が考慮されてよいだろう。社会の動揺は、司法が刑事政策の名の下に積極的に社会に進出する条件である。たとえば臨時教育会議（大正六年九月～大正八年三月）末期に、平沼騏一郎自身が提案者となった「教育ノ効果ヲ完カラシムルヘキ一般施設ニ関スル建議」（原案タイトルは「人心ノ帰嚮統一ニ関スル建議案」）は、「学校教育ノ効果ヲ完全ニ収メントセハ同時ニ社会ノ状態ヲ改善セサルヘカラス而シテ此事タル教育行政ニ従事スル者ノミノ能ク成シ得ヘキ所ニアラス」として「国俗に副ハサル法規ノ改正」を掲げている[35]。周知のようにこの建議は原（敬）―平沼のイニシアティヴの下での大正八年七月の臨時法制審議会設置[36]を引き出すきっかけとなったが、建議はその末尾に「感化救済等ノ社会事業」の充実をうたい、平沼自身も提案趣旨説明の中で社会政策の必要を力説している。司法当局の眼からは、戦後の「幼年囚の激増」は「社会政策上由々敷一問題なり[37]」と把握されているのである。「刑事政策並ニ社会政策上幼年ヲ保護シテ不良行為ヲ防止シ……少年ヲ教養シテ順良ナル国民タラシメントス」る「社会事業」に、「社会ヲ保安スル[38]」という角度から司法が進出する機は熟していた。

(4) 泉二新熊「少年法を語る（座談会）」少年保護一巻四号二三頁（一九三六）。

(5) 泉二新熊「少年裁判所制度を論ず」東京日日新聞大正六年一月七日、八日、なお慈善八編三号二三頁（一九一七）に再録。

(6) 司法部の政治的台頭、とりわけその「道徳主義」に対する反感については三谷太一郎『近代日本の司法権と政党』四九頁、一四三頁以下参照。泉二はまた、「まだ其時機宜しきを得ないといふ訳で中絶」していたとものべている（『刑事政策制度の概要』八頁（一九二〇））。なお大正四年には大浦事件が起こっている。

(7) 「幼年裁判法の内容」法律新聞大正三年七月一〇日、大場茂馬「少年裁判法制定の必要」法律新聞大正四年五月一五日、「幼年裁判法」法律新聞大正五年五月八日、「幼年裁判制定難」法律新聞大正六年一二月八日、「幼年裁判法脱稿」法律新聞大正七年六月二八日。

(8) 小河滋次郎「少年裁判に反対」人道一一九号（一九一五）。

(9) 小河滋次郎「少年裁判所の採否如何」救済研究三巻三号一〇頁（一九一五）。

(10) 谷田三郎「刑事々業に於ける実証的調査の意義竝に刑事統計の性質を説き我国犯罪少年の統計に及ぶ」慈善（七―一）三四頁（一九一五）。

(11) 泉二・前出注（5）慈善論文二三頁。

(12) 法制定の引金になったのは日清戦争後の産業化・都市化の進展に伴う不良少年の増加、特にひんぱんに発生した少年の放火事件であった。関係当事者も感化院の「社会防衛」的役割を強く意識している（参照、留岡幸助『家庭学校』第二編序（一九〇一））。

(13) 小河によれば「感化教育は広き教育の意義に於ける特別且つ最終の手段なり。家庭又は学校の教育を以て其目的を達すること能はざる最終の場合に於て始めて特別手段として之を適用するを以て基本則となす」ものである（小河滋次郎「未成年犯罪者の処遇」小河滋次郎著作選集一一六頁）。また明治三〇年の内務省警保局感化保護事業要項には、「根本より犯罪の傾向を防遏するは到底警察監獄の独り能くする所にあらず。《（ママ）》必之を他に求めさるへからず。《（ママ）》……教育の如き、宗教の如き、其至大なるものなり。……不良少年を感化矯正するは真に犯罪の萌芽を芟除するものにして、其効力の至大なるは論を俟たす」「少年の感化は、出獄壮丁の保護と其趣を異にし、学校の性質を含む。」とある（大日本監獄協会雑誌一〇九号一頁〔一八九七〕）。

(14) 留岡・前出注(12)一四頁。

(15) 留岡の思考には「国家の安寧を期せんと欲せば……宜しく其由て起る所の本源に遡り、犯罪人発生の原因を究め根本救治の策を講せさる可らす。……不良少年の多くは悪むへきものにあらすして寧ろ憐むへきものなり」（家庭学校設立趣旨書）という一種の根本遡及主義がある。牧野英一は留岡について「(留岡)翁はアメリカにおける宗教的な情操とそのプラグマチクな考え方とを結合したところに成立する刑事政策を、わが学界に持ち込んでわれわれに反省を促された最初の人であった」と評している（「少年法に関する若干の考察」家裁月報第六巻一号三頁〔一九五四〕）。

プロテスタンティズムと感化事業への挺身との関連は彼の著作から明らかであるが、同時に報徳運動の熱烈な唱導者でもあった留岡には、「おのが子を恵む心を法とせば学ばずとても道に至らん」という我が国に伝統的な思考との共存がみられる。床次竹二郎は留岡を「洗礼を受けた二宮尊徳」と評し（『留岡幸助君古稀記念集』七四〇頁〔一九三三〕）、徳富蘇峰は「君ありて其督教は社会化され君ありて日本化せられた」と語っている（東京日日新聞昭和九年二月八日）。ちなみに本稿は小河・留岡等によって継受された一九世紀後半の欧米ヒューマニズムないしプロテスタンティズムは、わが国の伝統的思考に対してはこれを越える方向というよりはむしろこれを強化・補強する方向で機能したのではないかという仮説を一つの前提にしている。

(16) 社会雑誌一号五八頁〔一八九七〕。

(17) 第四五帝国議会貴族院委員会第二回（山岡万之助発言〔『大正少年法㊦』一〇五四頁〕）。大正一〇年末の正確な未成年在監者数は三、〇〇六人である。なおこの期間（明治三二年～大正一〇年）の推移を統計上比較可能な新受刑者数でみてみると、明治三二年には未成年新受刑者数は二一、一七二人（全受刑者の一四％）にのぼっていたものが、大正一〇年になると二、二八〇人（同九・五％）と人員数で約一〇分の一にまで減少している（以上、司法省監獄局第一回統計年報、同第二三行刑統計年報による）。

(18) 時代は少し下るが花井卓蔵は旧刑法下の必罰主義的運用を次のように批難している。

「今一ツ私ガ驚キマシタノハ邸宅デハナイ、田園ニ於ケル西瓜ヲ六俵盗ンダト云フノデ懲治三年ヲ科セラレタト云フ懲治人ガアル。……隣リノ西瓜ヲ盗ンダトカ隣ノ柿ノ樹ノ柿ヲ取リ隣ノ池ノ金魚ヲ攫ムト云フガ如キコトハ恐ラク誰デモヤツタ不良行為デ、是デ懲治人トナツタナラバ、吾々ハ幸ニシテ免レタ人間ト云ハナケレバナラヌ……此判決文八十枚アツテモ百枚アツテモ千枚アツテモ読ンデ御覧ナサイ。誰人ト雖モ涙ヲ溢サナイモノハナイ」（明治四一年第二四回帝国議会衆議院監獄法案委員会議録第三回）。

(19) 留岡幸助「私は何ぜ感化事業に身を投じたか」（『留岡幸助君古稀記念集』二五頁〔一九三三〕）。

(20) 「感化法施行三〇年記念座談会」感化教育一八号三四一頁（一九三〇）。

(21) 小河滋次郎「感化事業の本質及び組織」救済研究二巻一一号七頁（一九一四）。

(22) 第二四帝国議会衆議院監獄法他四件委員会議録第三回（小山温発言）（『大正少年法(上)』二六五頁）。

(23) 第二四帝国議会衆議院感化法中改正法律委員会議録第三回（『大正少年法(上)』一三八頁）。

(24) 同前委員会議録第四回（『大正少年法(上)』一五五頁）。

(25) 早崎春香は、不良少年は「不憫ナモノ」であり感化の対象であって「父母ニ代リテ」「無垢ノ人間ノ扱ヲスル」べきものであるという感化院型監獄処遇を行った典型としてよく引かれる人物である。早崎は浦和監獄・川越懲治場を「川越児童保護学校」と呼称し、内容を全て家族舎式（「同寝」「同浴」「同食」）の学校風に組織して懲治を「保護教育」、懲治人を「生徒」と呼んだ。ここでの処遇方針としては「生徒に対しては一切既往を問はず新に生れたる児童として処遇するを要す」が第一に掲げられ、責任主義原理が意識的に斥けられている（『保護児童の研究』第二回報告〔一九〇四〕）。「彼等児童は疑へはこそ鬼とも見えますが、信すれは実に我子の仏とも見えますので、詰り信用すれはする程善くなります」というのが早崎の抱いていた信念である（『感化救済事業講演集』上巻一四七頁〔一九〇九〕）。施錠を行わず身体を拘束しない結果生じた逃走は「無断退学」「無断退場」と呼ばれた。早崎は典獄辞職（兵庫市感化院土山学園就任）

にあたって「ふるさとはこひしかりけりしかはあれど心にかかるちござくら花」と詠んだという。早崎のみならず感化院関係者の思考の中には、継受された西欧監獄制度に対する反動として隆起してきたところの、わが国に伝統的な母性的子宝の心情ともいうべき発想が濃厚に表出している。

(26)『刑務所長会同席上ニ於ケル訓示演述注意事項集』一三〇頁（一九三三—矯正図書館蔵）。

(27) 谷田三郎は小山のこの訓示がなされた当時のいきさつについて後年次のように述べている。「欧米の新思想が輸入せられ少年は飽迄も温情を以て感化教養すべきもので絶対に刑罰的処遇を避けねばならぬと云ふ思想が盛に鼓吹せられた結果、明治三八年頃から四〇年頃までの間には、二、三の懲治場で頗る解放的な家庭学校制度を採用し、非常にハイカラな処遇法を実行してみたが、其成績は如何であったかと云へば、悪質の少年は散々同輩を悪化した上平気で逃げて行く——当時の管理者は之を無断退場と称して黙過していた——而して段々大きな悪党になって社会を騒がす。逃げ出さないで懲治場に残りて居る者は西洋音楽や舞踏などの甘過ぎた仕付に馴れて、世智辛い浮世の荒波を押し切って行く意気地がなくなり、之れ亦退場後間もなく監獄に舞ひ戻って来る。斯様な有様で懲治場に於ける感化主義はまったく失敗に終ったのである。……此点から見れば矯正院は根本から改造せられた懲治場である、と謂ふことも出来る。」（「少年法に就て」法曹記事三一巻三号一二頁（一九二一）。

(28)『感化救済事業講演集』上巻九六頁（一九〇九）。

(29) 明治四〇年の時点では一〇余りの私立感化院を別にすれば府県立感化院数はわずか二府三県（収容者数約一一〇名）にとどまっていた（『感化事業回顧三十年』二二—二四頁（一九三〇））。

(30) 相田良雄『少年教護法沿革史資料』二一頁（一九四九—筆稿複写版、矯正図書館蔵）。

(31)『留岡幸助日記』第四巻一八七頁以下。

(32) 同右一九七頁。

(33)「刑事訴訟法改正主査委員会日誌第九一回」（『大正少年法㈤』三〇三頁）。

(34) 山岡万之助「少年法を語る（座談会）」少年保護一巻四号九頁（一九三六）。

（35）海後宗臣編『臨時教育会議の研究』九五九頁以下（一九六〇）。
（36）『原敬日記』（大正八年五月三〇日）第五巻一〇一頁。
（37）「幼年囚の激増」法律新聞一四七三号九頁（一九一八）。
（38）「少年法案理由」（『大正少年法(上)』四六四頁）。

二　司法省案の成立

（1）　残存記録から推すと大正七年七月の再開審議は、平沼（検事総長）を中心とする司法省参事官メンバーの手によってまず矯正院法案が起草され、次に谷田案を修正した大正三年末の少年法中間整理案をたたき台にして整理・検討を行うという順序で進められた[39]。「整理会」は三回の討議の結果、三年末の刑事手続を分離するという決定（花井卓蔵の主張にかかる少年審判法と少年刑事特別法の二分）を棄て、「刑事訴訟トノ関係ヲ規定スルコト[40]」を決めた。ひきつづき谷田原案の刑事手続を素材に審議が進められ[41]、その結果が九月二七日付で一たん印刷に付されている。この草案に至って旧少年法の基本構造がほぼそのまま姿をあらわし、さらに若干の条文上の手なおしを加えたものが一二月一一日付で取調委員会会長（松室致）宛に提出された[42]。いわゆる「第二次成案[43]」である。ここにおいて、(イ)少年年齢を一八歳未満にまで下げ、(ロ)刑事手続については検事の送致裁量権を組み込むという枠組が確定した。議事の詳細は不明であるが、当時の新聞報道等を総合すると、八年初頭の第四一議会提出を射程に入れての急ピッチの立案であった。大正三年の起草段階では平沼・谷田・花井の三つどもえの形でかわされた立法論議は、早急の立案・提出の必要という事態を前に、平沼・鈴木（喜三郎）の強いイニシアティヴによって決着がつけられたと見てよかろう[44]。花井がこれにどういう対応をとったかは詳らかでないが、後の議会発言（後述）からみて、不満を残しつつも法案脱稿には合意したものと思われる。花井の主張の根にあった刑罰消極主義は議会審議の中ではむしろ感化法型反刑罰主義と結びついて法案の即時成立をはばむ最大のイデオロギーになる。

「検事の起訴権」が「於善キ審判官」による先議主義を制した結果、谷田第二案の審判前置という構想もまた、日の目を見なかった。泉二はこの点を次のような微妙な表現で回顧している。

「その当時私共の考へでは、山岡さんも谷田氏も同じ意見であったが、全部兎に角少年審判所を潜らせる、その上で裁判所に送る者は送り、少年審判所でやる者は少年審判所でやるが、先づ審判所にやるといふことが我々の提案であったのですが、それも色々議論があって到頭今日のやうな規定になってしまった」[45]（「今日のやうな規定」とは、第二七条の検察官先議制度および六二条の「検事少年ニ対スル刑事事件ニ付第四条ノ処分ヲ為スヲ相当ト思料シタルトキハ事件ヲ少年審判所ニ送致スヘシ」をさしている）。

(2)「到頭今日のやうな規定になってしまった」経緯の詳細については知るすべがないが、大正三年の議論から推して、「裁判所ニ送ルト審判所ニ送ルトハ検事ノ選択ニ依ル」（小山温）べきものであり、「審判所カ先鞭ヲ付ケタル以上ハ如何ナル事件ト雖モ検事ハ干渉スルヲ得ストスルハ余リニ酷シ」（倉富勇三郎）にみられる「検事ノ起訴権」[46]の維持の方向で大勢が決したものであろう。あるいは同時並行して進められていた刑事訴訟法改正審議において、検察官の起訴便宜主義（絶対的任意主義）の明文化の主張が、大正七年九月の時点でも維持され主査委員会案として決議されている[47]ことも谷田案をしりぞけるにあたって何程かの影響を与えたかも知れない。

右のいきさつはともかくとして、本稿の主題との関係で一点触れておくべきと考えられるのは、少年法の立案制定が起訴便宜主義の慣行の定着化と密接不可分のものとして進められ、またしかく観念されていたという点である。すでに平沼は法案立案の起点において「之ヲ監獄ニ投スルハ設備モ不適当ニシテ感化不能ニシテ却テ犯罪ノ稽固《ママ》ヲ為スナリ、今日ハ検事ニ於テ可成不起訴処分ニ付シ監督者ニ委スルノ方針ヲ採レリ、何モノカ之ニ代ル方法ヲ構《ママ》セサルヘカラサル場合ナリ」[48]と発言している。統計上犯罪少年が増えないのは「起訴猶予・不起訴等の処分によるものの多い為」（谷田）であり、「保護主義を採り成るべく刑を科さぬことによって犯罪を防圧する為に所謂起訴猶予を行ふ以上は、是非共少年法の制定を必要とする」（山岡）のである[49]。かかる意味において「保護主義は起訴便宜主義のいわば内容となっていた」[50]のである。問題は両者の連関である。

起訴猶予裁量の端初は明治一八年の司法卿演述「勉メテ犯罪ヲ未萌ニ防ギ良民ヲシテ罪人タラシメサルノ方法ヲ考究セサルヘカラス、之ヲ罰スルヨリ寧ロ説諭シテ後来ヲ戒メ放ヲ可トス……罪科ヲ罰セス戒諭ニ止メテ罪囚タルヲ免カラシムル処置ハ皆ナ警察官検察官ノ手心手加減ニアルナリ」[51]に端を発し、明治三八年から大正初年にかけての時期に実務慣行上の完成をみたと説かれている[52]。また、大正三年に至って司法大臣訓示は、「起訴以外に適当なる膺懲勧戒の道を講ずることを為さず単に前科の多寡等に由り……徒らに科刑を求むるが如きは刑政の本旨に非ず[53]」と断じている。

明治二〇年代の感化院型教育至上主義の動きが「犯罪ヲ未萌ニ防ギ良民ヲシテ罪人タラシメザルノ方法」に関する処遇レベルでの必罰主義への反動であったことは前節でふれたが、同じ時期に端を発した起訴猶予裁量の拡大——なかんずく行状視察や誓約・保護者連署を伴う[54]「猶予処分的不起訴[55]」の定型化——は、手続レベルでの「適当なる膺懲勧戒の道」（「手心・手加減」の制度化）の発見の過程であった。明治三〇年代初頭に活発化したこれらの刑罰消極主義をとりあえず手続過程での「刑罰にかえての保護」と呼ぶとすれば、かかる保護主義の思考範型自体は欧米少年裁判所制度の紹介にむしろ先立っている。ここでは起訴猶予裁量のもつ処遇的機能を、刑法改正後の事例を引いて検討しよう。

明治四五年には「(起訴猶予に際して) 本人を訓戒スルニ方リテハ可相成其父母若クハ親族ヲ列席セシメ且連署ノ受書ヲ徴セラル可シ」との訓令[56]が広島控訴院管内で出されている。以下に掲げるのは昭和期に入ってからの誓約書・受書の一文例[57]であるが、右の訓令等からみてこの様式は明治末期にほぼこのままの形で制度化を見ていたと考えてよい。

誓約書

私事

此度悪い事を致し申訳ありませぬ、御情により一時御許し下されまことに有難う存じます。
此後は必ず心を入れかへ御教を守って決して悪い事は致しませぬ。
今茲に堅くおちかいを致し後の為め此の書面を差出します。

年　月　日

右

引受書

右保護者

右本人御引渡し下さいましたに付此後私が充分監督致し再び間違ひ無き様に致します。

名古屋区裁判所検事　殿

また、大正元年留岡幸助が感化救済講演会で行った講演には次のような一節がある。

「不良少年の中には是非司法権発動の下に処分しなければならないのがあります。……不良少年が不良行為を行った時それが極めて微罪であれば、検事が情状の憐れむべきものとの見解の下に起訴することを中止して、暫く警察官の監視に付するといふ出格の取計をするのです。無論是等の場合には検事と警察官が能く腹を合せて居ないといけませんが、大抵の悪い少年でも、非常な恩典に感激して以後の不良行為が根絶してしまふ実例が尠くないのであります。[58]」

右の二つのケースに特徴的なのは起訴猶予という準司法的な手続を蝶番にして、公訴・科刑という法的コントロールの裏側にインフォーマルかつパーソナルな「恩情」を媒介にした一種の共同体的コントロール（「膺懲勧戒」）が成立するという事実である。家族制度に象徴される伝統的共同社会の原理が、継受された近代法体系の中に浸透し、反面で法自身が自らを修正しつつ社会にむかって介入するという現象がここにはすでに生まれている。これが「半法的・半共同体的統制[59]」あるいは「法律の温情化」、「温情の法律化[60]」とも呼ぶべき構造のわが国に於ける形態であった。時代的にいえばこの現象の顕在化は（多くの研究が明らかにしているように）、日露戦争期から大正年間にかけて進行する明治国家の再編期の所産である[61]。産業化・都市化による共同体の動揺と個人の断片化へのひとつの対応である少年法制には、多かれ少なかれ右のような国家と社会の相互浸透の契機（現象としての社会国家化）が影を落してはいるが、わが国のたどったここでの特質は、右の現象が非西欧型伝統「社会」と継受した近代「国家」との相互浸透として進行したという点にある。「起訴猶予を行ふ以上は是非とも少年法の制定を必要とする」（山岡万之助）という少年法立案の出発点にはかかる条件下に生じた手続法レベルでの〝法律の温情化・温情の法律化〟があった。そして法起案の基本線は、アメリカの少年裁判所制度を範型としつつも宣告猶予とプロベーションというアメリカそのままのスタイルを採用せず、法廷前のインフォーマルな手続過程での起訴猶予裁量（「今日ノ実際ノ取扱ヒ」——平沼[62]）を基礎にして推し進められたのである[63]。

審議が再開された大正七年には右のような両義的特徴をもった検察実務の型はほぼ完成していた[64]。谷田の提案による審判機関先議主義の構想（結果としての検察官の裁量権の限定）に対して「今日ノ実際ノ取扱」からの反論が大正三年の論議にも増して強く加えられたとしても不思議ではない。「保護」とはまずもって、起訴猶予の「恩典」とともに開始される半法的・半共同体的コントロールの中での少年の再社会化を意味していた。これを拡大し制度化したものが大正七年末の第二次成案である。

(3)　さて、第二次成案は翌大正八年二月再度主査委員会（第二次・計六回）にかけられた上で一三回にのぼる法律取調委員会総会の審議を経て七月七日司法大臣原敬に報告されるという経過をたどった。ここでは重要と思われるこの間の条文の動きだけをひろっておく。

(イ)　谷田案以来第二次成案まで維持されていた絶対的不定期刑は相対的不定期刑にとってかわられた。

(ロ)　主査委員会の段階になってはじめて「保護処分」なる用語が法文の上に登場している。「第二章少年の処分」は「第二章保護処分」「第三章刑事処分」に分割された。

(ハ)　審判所より検事への送致手続に「検事ノ意見ヲ聴キ」が加えられ全手続上で検事の占める主宰者的性格が明確化された（法四七条二項、五九条一項）。

(ニ)　虞犯少年に継続処分を科する場合には、親権者その他保護者の承諾を必要とする条項がつけ加えられた（法五五条）等である。

本稿の観点から興味あるのは(ニ)である。取調委員会総会審議を伝える大正八年五月二三日の法律新聞には刑訴法審議の難航と並んで「少年法案も余りに個人主義に偏し我国固有の家族制度を破壊するが如き法条あり」よって内務方面からもクレームが出て審議が難航している、趣旨の報道がある。後にも繰り返し論議の種になる虞犯の取り込みの是非がここでは問題となり、五五条の虞犯少年に対する謙抑主義（法第五五条「刑罰法令ニ触ルル行為ヲ為ス虞アル少年ニ対シ前三条ノ処分ヲ為ス場合ニ於テ適当ナル親権者、後見人、戸主其ノ他ノ保護者アルトキハ其ノ承認ヲ経ヘシ」）が両者の折合いをつけるべく挿入されたものと思われる。のちの議会審議にあたって鈴木喜三郎（司法次官）は繰り返し、「案の精神は妄りに家庭教育に踏込んで、強制的に少年を保護するという趣旨ではないのである、勿論子を愛しまするは親に如くものはないのである」、したがって「行為を為すの虞あるに止まる少年に就きましては、無暗に家庭に立入るべきものでありませぬから、保護者の承諾ある場合に限って此保護処分を為すことに致しまし（た）」、「併ながら親無く保護者無く……寄る辺なき者にして不良性を帯びたものであるならば国家が之を愛撫すると云ふことは国家の任務であるのであります[65]」と答弁している。同時期に谷田もまた、五五条につき、「是は他国の立法に例のない所である。本法案が右の制限を設けた事由は我国に於ける特別の家族関係殊に親子主従の情誼を斟酌したものに他ならぬ」と論じた[66][67]。虞犯少年制度には元来機能不全を起した親の懲戒権を国家が代替・補強的に行使するという含意がある。周知のようにアメリカの場合虞犯の制度化はその不明確性のゆえに立憲主義・責任主義の側からの批判を受けたのに対して、わが国ではむしろ逆に家族主義的・共同体的思考の側からの反発に出会ったのである。

総理原敬（司法大臣兼任）は平沼・鈴木と合議の上、少年法の立案・報告を最後に、翌日の七月八日法律取調委員会を廃止し、民法・陪審法をはじめとする諸制度の全般的みなおしにとりかかった。従って少年法案は、平沼を筆頭とする司法部が原のリーダーシップの下にまとめ上げた執念の法案であったということになる。当局はひきつづいて議会提出のための内務省との合議に入ったがこれは難航し、一二月二日付で以下の内務省意見が提示されている。

〔一〕「本法案の如き判事に限らす加ふるに児童心理に通暁する者、児童保護に関し経験を有する教職員、社会事業家等を参加せしむるを要す。……裁判官か裁判所に於て審判するか如きは少年保護の目的を達する上に於て甚た不十分なるのみならす裁判又は裁判所に対する我邦伝来的社会心理の改まらさる今日少年の心理を傷害するの危険誠に尠からさるものあるへし」

〔二〕「本法案の支配を受くへき者は刑罰責任年齢たる十四歳以上にして且刑罰法令に触るゝ行為を為す者に限り……単に刑罰法令に触るゝ行為を為す虞ある者の如きは之を除外するを適当なりと信す。[68]」

議会提出を目前にして内務当局から公式にくり出された右の「意見」に対して司法当局は〔一〕については法案「少年審判官ハ……判事ヲ以テ之ニ充テ……」を「判事ヲシテ之ヲ兼ネシムルコトヲ得」に妥協して改めた[69]が、虞犯の除外要求についてはこれに応ぜず閣議決定の手続をとった。原はその指導力で内務の反対を押え閣議を押し切った模様である[70]。「司法権の政治的台頭」をリードしてきた平沼・鈴木の腕力とこれを「積極的に培養[71]」しようとした原敬との協働の産物として、少年法案は第四二帝国議会に送り出されることになる。

(39) 泉二の回顧によれば七月二六日第一回整理会には「平沼、豊島、池田、山岡、清水、泉二これだけの者が出席した」とある（泉二・前節注(4)二三頁）。
(40)「少年法案」（法務図書館蔵）の朱書による。

(41) 同前法案には「八月二日（第三回整理会——筆者注）旧案第五条、二案ノ刑事手続ヲ議ス」とある。
(42) 法律取調委員会日記二六号（同「第二次成案」に添付）。この報告書は、花井、谷田、平沼の起草委員三名連名になっている。
(43) 穂積陳重「少年法案に関する報告」『穂積遺文集』第四冊二三二頁（一九三四）。
(44) 前出穂積報告には「委員鈴木喜三郎、豊島直通の両君は、有益なる資料を供して起草の事を助けられたといふことで御座います」とある。
(45) 泉二新熊「少年法を語る（座談会）」少年保護一巻四号二二頁。
(46) 森田明「少年裁判手続における『保護・教養』の一側面」〈本書第1章四四頁〉。
(47) 三井誠「検察官の起訴猶予裁量㈡」法学協会雑誌九一巻七号五七頁（一九七四）。
(48) 「少年犯罪ニ関スル法律案特別委員会日誌第二回」（『大正少年法㊤』三三一頁）。
(49) 谷田三郎「幼年裁判法の制定に就て」法律新聞一四三九号一二頁（一九一八）、山岡万之助「少年保護制度に就て」法律新聞一七九一号三頁（一九二一）。
(50) 守屋克彦『少年の非行と教育』九二頁（一九七七）。
(51) 「内閣総理大臣、司法大臣、大審院長、検事総長、訓示演述挨拶集㈠」五八頁。なお筆書の理解によれば「之ヲ罰スルヨリ寧ロ説諭シテ後来ヲ戒メ」るという思考の範型それ自体は、「仕置」よりも「教化」を重んじた徳川近世の懲戒制度の中に根を発している。わが国の伝統的思考が一九世紀後半の欧米ヒューマニズムと微妙に重なり合って近代法継受以後にも連続し、それとの緊張関係において明治後期の「近代」法実務が展開したという側面があることをここでは否定し難い。
(52) 三井・前出注(47)のほか早川義郎「わが国における起訴便宜主義の沿革について」家庭裁判月報二三巻一号一頁（一九七一）。
(53) 司法大臣官房秘書課『司法大臣訓示演述集』一一八頁（一九三二）。

(54) 起訴猶予者視察竝捜査中止事件処理方ノ件（明治四三年六月八日司、民刑甲第五〇号民刑局長通、検事正宛）（現行司法例規一二四一頁）。
(55) 早川・前出注（52）二五頁。
(56) 岡本吾市「起訴猶予処分、留保処分、刑の執行猶予の教育学的研究」司法研究一九輯二五頁（一九三五）。
(57) 同前岡本六五頁。
(58)『留岡幸助君古稀記念集』四九三頁（一九三三）。
(59) 所一彦「少年事件の処理過程」『法社会学講座』(6)二四三頁（一九七二）。
(60) 岡利郎「大正期における法体系の再編と新しい法学の登場」『日本近代法史講義』二〇八頁（一九七二）。
(61) 石田雄『明治政治思想史研究』一五〇頁以下（一九五四）、磯野誠一「民法改正」『日本近代法発達史(二)』二六一頁以下（一九五八）。
(62) 本書第一章四一頁参照。
(63) したがって問題の中心は、なぜ宣告猶予でなく起訴猶予が特に少年手続においてクローズアップされ重視されたかにある。さしあたりここでは、法と社会の分離しない近世の国制（石井紫郎「近世の法と国制」『日本近代法史講義』一三頁）、なかんずくそこに育まれた「表沙汰」―「内済」にみられる二面思考との歴史的連関を視野に入れておけば足りる。
(64) 大正三年にはすでに、未成年者に対する微罪処分的取扱の徹底を示す訓令が発せられている（三井・前出注（47）三九頁）。大正一〇年の議会答弁の中で豊島直通（司法省刑事局長）は、「(検事局送致犯罪少年)一万五千の中、公訴を提起して行くと云ふ者が、刑法犯のみで僅に三千位の数に止まる、其他は皆、一万二千と云ふ此十八歳未満の者は起訴猶予になる」という数字をあげている（第四四議会衆議院委員会第一回）。
(65) 第四三帝国議会衆議院委員会第二回（『大正少年法(下)』六四〇頁）。
(66) 谷田三郎「少年法に就て」法曹記事三一巻三号二四頁（一九二一）。
(67) 明治国家における虞犯制度はしたがって、家族主義的統制が可能な不良少年に対して謙抑性をみせる反面、「親なく保護者なき」成人に対する「予防検束」においては際立った積極性をもつという性質をおびた。

(68)『東京少年審判所十年史』一八頁（一九三五）（『大正少年法(上)』四九六頁）。

(69) これと合わせて、審判所の書記についての規定の削除が行われるとともに、谷田案以来あった審判開始後の不処分決定及び本人・保護者への通知義務規定が外されている。後者の削除理由は不明である。

(70) 一二年前（明治四一年）の感化法改正の際に、当時内務大臣だった原自身が「事急を要するからとて」（相田良雄『少年教護法沿革史資料』一六頁）、司法省（大臣松田正久）をおし切って以来の因縁である。

(71) 三谷太一郎『近代日本の司法権と政党』七五頁。

三　帝国議会における論議

(1)　四回にわたった法案審議・法成立過程を大ざっぱに概観してみると、まず大正九年二月四二議会に上程された法案は八回の委員会審議を経て衆議院を通過したが、普選法案提出に対する原の抜打ち解散によって貴族院で未審議に終った。司法当局は七月の四三特別議会に少年法案を懸案の裁判所構成法改正案（法官定年法案）と共に緊急法案として提出したが、貴族院での抵抗に遭遇し会期切迫して両法案とも流産する。議案提出に先立つ六月、山岡は全国感化院長協議会（内務省）に出席して〝法案の精神について充分に諸君の了解を得たい〟旨の講演を行っているが、感化院関係者の反応は議論百出でかんばしくなかった。[72] 大正一〇年の第四四議会においても経過はほぼ同様で貴族院審議において裁判所構成法は修正されてどうにか通過したが、少年法案は内務・文部系議員の反論の末「司法、内務、文部の三省が少年を中心とし三巴となって所管争をなすが如き有様」[73]のまま四回の委員会を経てたなざらしになり審議未了に終る。[74] 貴族院審議を過熱させた背景には、議会審議に先立って内務大臣の諮問機関である社会事業調査会が特別委員会（留岡幸助、小河滋次郎ほか五名）を組織して法案の修正案を決議したことが大きく影響していた。司法当局は原敬暗殺直後の四五議会に右の特別委員会決議を考慮して内務当局と事前協議の上で、(イ)法案の施行をさしあたり東京大阪のみとする（予算規模五四万円）、(ロ)一四歳未満の少年の管轄を地方長官の先議・送致にかからしめる、という規模縮小と妥協[75]を行った変則的な法案を提出し、貴族院では五項目の附帯条件をつけた上でこれを通過させた。

以上の審議経過からもうかがわれることであるが、少年法案審議が紛糾した要因には、内務・司法間の積年の「啀み合い[76]」、司法部の政治的拡張に対する反感、なかんずく「司法官は総て法律を楯にして強迫したならば必ず教化し得るものであるかの如く考えられるのじゃないかと思われることがあるけれども、決して斯の如き方法を以て教化するものではありませぬ[77]」（松下禎二）といった発言にみられるところの〝道徳主義的司法部〟拡大への反発が法案提出とともにふき出したことが大きく作用していた。この反司法部感情が、「司法の介入に対して保護教育主義を守れ」という感化事業関係者の主張と結びついて審議を難航させたのである。かかる政治史的文脈を念頭においた上でこれに対する当局の対応を見てゆこう。

(2)　①　四二議会衆議院委員会冒頭で鈴木喜三郎は法案提案理由を「本案収むるところの大綱は、一八歳未満に満たざる所の所謂不良少年、即ち警察《ママ》法令に触るる行為を為したる者若くは其行為を為す虞ある者を、教養保護するが為に設けました制度であります[78]」と切り出した。鈴木によれば審判手続とは「差向きで、所謂家庭的に、親父が自分の息子の悪いことを取調べて訓戒を与へるやうな意味で是はやって行かう……膝組に談合と云ふやうな調子でやって行かう、頭でも一つ撫で丶やって、坊やそんな悪いことをするなと云ふ……さう云ふ愛の一点張りで教養して行かう[79]」というものである。右の法案説明はしかし、法のもつ保護手続の部分を拡大し正面に押し出したものにすぎない。少年法案自体は検察官の刑事訴追手続を軸にした一つの刑事政策立法たる建前を持っている[80]。感化教育主義の立場から見ればこれが「懲治主義の昔日に逆転するもの[81]」と理解されたのは当然である。審議は従って法案の持つ刑事手続と保護手続との複合的性格に対する感化教育主義からのイデオロギー批判という形で進行した。批判を二、三例示しよう。

「少年は飽まで温情を以て教育若くは救済をなす、即ち其者の性情を引立て抽き出して、其者の中に存するものを発達させ、作り上げることでなければならぬ」「少年法案の精神は、不良少年の保護教育をする所であると云ふのでありますが、然るに少年法の執る所の仕事は処分である。……処分は圧迫強制する……其処分の方法を以て、全く性質の反する開発誘導を本旨とする教育をすると云ふことは、根本的に相容れぬ[82]」（荒川五郎）

「不良少年というものは、即ち先づ大体賽の河原のものである。云換へて見れば地蔵菩薩の管内に在るものである、之を閻魔の庁から援兵を頼んで押へ付けるといふことは、成べくしたくないことである[83]」（高田早苗）

「本たる教育と云ふものさへも出来て居らぬのに、末である所の法律と云ふものを先に設けられると云ふことは如何であらうか……司法と云ふやうな……人民から考へて見れば、怖いと云ふ観念のない所でやった方が余ほど此感化の効力がありはしないか[84]」（佐竹義準）

これらの批判の根底にあるのはいうまでもなく「裁判所デ取調ブルヨリ、暖イ親切ノ考デ良キ方ニ導クト云フ側デ初メカラ取扱ツタ方ガ良イ」（床次竹二郎）という反司法審査主義・反刑罰主義であり、なかんずく「家庭的温情」一本による感化教育主義である。小河滋次郎によれば「威圧強制の力と心服化育の根本たる相互的親愛の働きとは到底相一致する能は[85]」ぬものであり、「教育と刑罰とはいかなる場合においても決して相提携し折衷もしくは混同し得べきものではない」[86]のである。

右の批判に対する司法当局の答弁はほぼ次の四点に要約することができる。

(イ)　本案の対象になっているのは犯罪・虞犯少年であって、「柔かな」「教育のみの力」では到底対処し難い少年である。[87]

(ロ)「学園的精神」に基づく感化院に塀をつけるわけにもいかない。しかし感化院では実質的な自由拘束がないから不良性の強いもの（約三分の一）はすぐ逃走する、「それではどうしても質の悪い少年は改善されていくことは六ケ《マヽ》しい、併し此れに直ぐ刑罰を加へて監獄へ入れると云ふことになっても面白くない」。

(ハ)「今日少年に対しては保護教養でなければいかぬ」ことは明らかだが、その「保護教養も何ら権力のないものではあまり役に立たない、ごく温順なる犯罪少年でなければどうもその効はない」、「結局権威のある保護処分というものが今日の行政官庁では十分でき（ない）……どうしても斯ういふ官庁の保護処分といふものは専門の人を用いてさうして権威をもたして、保護教養にはいく分か自由をも制限する風にやらなければなら（ない）」、「矢張り司法系統の官庁で之を監督するといふこと」が必要かつ最善である（豊島直通）。

(ニ)　そして法案の根本精神そのものは、「純然たる温情主義に基くもの」であって、「親に代つて充分の愛情を以て是が矯正を計つてやるといふ趣意から出て居る」（谷田三郎）のである。

②　右の論争が最も激化したのは四四議会である。感化教育主義からの法案批判は前述した社会事業調査会特別委員会報告書と修正案建議書[88]に整理された形であらわれている。「報告書」は言う。

(イ)「不良行為の原因は最多く家庭的温情の欠陥による。故に此の種の少年をして温情に浴せしめることは急務中の急務である。……少年法案は司法官憲の監督の下に少年を処置せんとするので、児童保護の原則に反する」。

(ロ)　一歩を譲って「犯罪少年は尚忍ぶべしとするもそれ以外の者」（虞犯・触法少年）をも「審判所に引き出し之に対して矯正院に入院を命じたり他の保護処分を命じたりすることは断じて不都合である」。

(ハ)　審判所による多様な保護処分、とりわけ保護司の観察は「少年の心理に不良の影響を与える」。保護司は一種の「捜査機関」の性格を持っている以上これは「感化教育」とは両立し得ない。保護処分は行政機関に設置される専門の児童保護委員によって選択・執行される必要がある。

右の報告理由に基づいて委員会は法案に大修正を加え、法案の対象から虞犯・触法少年を除外するとともに、審判所の保護処分を訓戒、書面による誓約、矯正院送致の三種に限定した上、「行政庁ノ処置ニ委スルヲ適当ト認メタルトキ」は全て少年を当該行政庁に送致すべきものとする条項を設けた。ここでは審判所の機能はオーソドックスな司法的統制の枠内に押し戻されている。右の修正はむろん調査会審議をリードした留岡、小河による行政的純化主義に基づくものであるが、鳥瞰的にみれば、すでに立法案の当初からあった花井卓蔵型の刑罰と保護の二元論[89]が、局面をかえてここに再燃しているということもできる。

右の報告と決議の影響をうけて、大正一〇年二月二五日の東京日日新聞は「少年法案根本的の欠点」と題した建議理由と殆んど同一の主張の記事を掲げ[90]、法案審議中の貴族院でもこのラインに添って議論は一層紛糾した。伊沢多喜男は「犯罪性あり準犯罪性ある少年であっても、それは司法官憲といふやうな風の取扱に委すべきものではなくて……保護教養すべきものである」、「少年と云ふものは保護教養の目的であるのだ、犯罪人刑罰の目的にするのではないのである」と鈴木喜三郎にかみつき[91]、沢柳政太郎、江原素六（家庭学校理事）等の文部系委員もこれにならった。沢柳は「刑事処分も何処までも保護教養の精神」であるという山岡の答弁を批判して、そのような「保護の精神」は保護概念の拡大・拡散である、「狭義に於ける保護処分と刑事処分と云ふものは」はっきり区別できるものであるしまたすべきである、と主張した。「保護」概念のもつ両義性のイデオロギー批判である。出席を求められた内務省委員も右の批判に呼応して、「感化上に於きましては人の愛情の牆を築く方が宜しいように考えます。……手に余して居る者でも、深切《ママ》に能く世話しますと云ふと割合に逃走しないのであります」（田子一民）、「内務省に立帰ってどうかと云ふと、是まで通り十分感化法で益々やって行く積りであります(92)」（床次竹二郎）と答弁して、政府部内の意見不統一を露呈させた。

(3)　法案に対する異議はしかし、右のような感化主義的批判からだけ加えられたのではない。四三、四四議会での法曹議員から出された立憲主義に拠る批判は、法成立を阻止する力こそ持たなかったが、保護概念の持つ両義的性格を浮き立たせる結果となった。

①　第一は審判所制度が憲法上の裁判を受ける権利を侵害するという論点である。清瀬一郎（弁護士、国民党）はいう。

「御説明を昨晩も数回読みましたがどうも分らない、分らない筈で……（司法と行政との）中間物という事は一体ある筈でない。……自由を剥奪するとか、此等の事をすることは、どうしたって是は源を司法組織に組まぬといふと、行政組織ではいかぬという疑が出来る。……矯正院は子供の監獄、内実は同一である、名前に拘束されてはいかぬ」

「民権に重大なる関係のあるものは、特別担当の役人に裁判せしむるといふ事が今日の法治思想・憲法思想であり……憲法のある国は必ずそうである。然るに日本が審判所を設けて処罰せんとするのはどういう差支がありますか(93)」

右の追及に対する当局の回答は前節ですでにふれたように、(イ)審判は「制裁を科するにあらずして、之を保護するのである」（刑事事件ではないから裁判を受ける権利に抵触しない）、(ロ)「我が国情に照して」「余り角が立過ぎる虞れがある」の二点である。(イ)の論理を山岡は、「保護主義よりして、総てを起訴するよりも起訴しない」ことによる少年の側の反射的利益を強調することで答弁したがこの論理はいささか説得力が乏しく議論はかみ合わなかった。

また審判所制度採用の実質的根拠であった〃我が国情との関係(94)〃に関する当局の説明に対しては、清瀬はつぎのようにこれを痛罵している。

「これは奇怪な事を聴くものであります……左様なる関係に於て、今日の組織に阿るが為めに、或は人民の誤解を益々助長するが如き少年審判所を拵へて、行政組織にしたといふならば私は鼓を鳴らして責めねばならぬ(95)」

② 第二は虞犯のとり込みへの批判である。清瀬曰く、

「憲法の二箇条と刑事訴訟法の令状の効力が、我国民の大憲章『ハビヤスコルパス』であります。……犯罪人でない所の、犯罪の虞れある者を、令状を持たずに逮捕同行すると云ふ事は、日本の今日の法治主義に合するかどうか、初めから不良少年は国家に害を為すものであると云ふ頭を以て引張るが、それは不良少年たることが極《（ママ）》った上の話で、逮捕する瞬間に於ては善良少年かも知れない……逮捕権と良不良の認定権とを同一保護司と云ふものに与へると云ふ事は、是は弊害があるのみならず、我国の憲法並に刑事訴訟法に依って、人権に関する根本を揺がす法則であろうと思ひます(96)」

当局はこの批判に、「教養を徹底するには矢張予防という精神も之を含めておかねばならぬ」、しかも本法では司法省の監督する準司法的な審判所が認定して同行するのだから人権侵害のおそれはない、何よりも審判所が「形式的の

頭」を避けて「親に成り代って其子の面倒を見てやる」ことにこそ本法の精神があると再度答弁したが、議論は平行線をたどった。いずれにせよ虞犯のとり込みは、内務的思考の下では〝保護主義の擁護〟の観点から管轄除外を要求されたのに対して、ここでは立憲主義的デュープロセスという逆の角度からの挟撃にあっているのである。

③　法案の特質は、不服申立制度の採用の是非をめぐる論議にさらによく表出している。

「審判官がどんなに老練でありましても……間違いの無い事はない。屹度間違ふ……やった人が自ら改めることは中々容易に求め難い。利害関係のある親なり兄弟なりから、其事は主張することを此規定の中に設けておきたい」(97)（北井波治目）

「審判官が神であれば格別、人である以上は矢張制度は確立して置きたい」(98)（鮎川盛貞）

当局の答弁はこれに対し「此法律は審判官を信じ、審判官が最も適当なる裁判をして行く」ための「保護制度」であって「処罰制度」でないという論旨に尽きた。谷田によれば、「少年審判官と云ふものは子供の利益を十分図ってやって居るものであるから……之に信頼して寧ろ不服の申立てとか訴願の方法は設けない方が宜かろうという考」であり、「司法官庁に抗告させると云ふやうな事は玄人の専門家の処分を素人が詮議して是非を判断する」ことで、あたかも「木に竹を接いだようなものになる」。「審判官は裁判官」ではあるが「其実国から委託を受けた親のやうなもの」であり、「結局普通の権利義務といふ観念は避けてしまって、温情に信頼するといふことを主義と致しまして不服の道を設けなかった」(99)ということになる。「法の温情」はここでも法案の構造を支える鍵概念であった。この両義的概念によって司法当局は正面の論敵である感化主義的批判に立ち向いその包摂を試みるとともに、背後から加えられた立憲主義的批判にも対応したのである。

施行規模を縮小し、感化法との折合いを明記（法二八条）した法案は「少年裁判所《ママ》の審判は裁判的司法的になり易い傾きがあらうと考へるから……教育保護と云ふ目的を貫く上に於て温情慈愛で行くと云ふ目的を貫くには十二分の注意を望む⒇」という貴族院委員会の希望条件を当局が諒承することによってどうにか成立した。明治四一年の議会審議で小山温が「完全ナル感化法ガ出来ル」と発言したことから起算すれば一四年を経過していた。

(4) ここで大正一〇年の議会審議でピークに達する右の期間の感化法と少年法の論争の構図をごく簡単に整理しておこう。両者の確執は――少くもイデオロギー的側面に着眼する限り――旧刑法下の必罰主義の裏地として生まれた反刑罰主義・教育主義と、新刑法下での必罰主義の軌道修正（起訴猶予の励行）の中から生じてきた消極的責任主義が繰り広げた「保護・教養」という同一シンボルをめぐる抗争であった。国制史上の時間軸でいえば右の両者は「法治国家」と「郷党社会」という「異質な二原理(101)」が混淆を開始する以前の明治二〇年代末期と、国家と社会の相互浸透が産業化と共に進行して諸々の「半法的・半共同体的統制」の型が生み出されてくる大正期という二つの時代の産物であった。大正中期に至って感化教育主義の論敵たる法治国家的必罰主義原理はすでに変容をとげており、しかも大戦後の共同体の分化・都市化は、個人の人格的「感化力」を重視し法的統制の契機をミニマムにした理想主義的感化院システムでは対応し切れない問題を生じていた。花井卓蔵型の「裁判権主義」にとどまらない立憲主義とデュープロセスからの批判が法案に加えられた事自体が十余年の間の社会分化を物語っている。

再開された論争は、理想主義的感化法に対する「保護」主義的少年法案のチャレンジと前者の抵抗というラインで進行し、後者の限定つき勝利の形で終息した。同時にしかし、まさにこのことによって、感化法を当初から貫いて来た「社会」の「温情」は、「保護」の観念を媒介にして幾分形をかえつつ「国家」の司法制度の頂点にまで到達したのである。「少年法は何が生み出したかと云ふことである、是は有体に云へば感化法が生み出したものと云ふより外はない[102]」という留岡の盟友有馬四郎助（小菅監獄典獄――当時）の評はその限りで正鵠を射ていたと言わねばならない。

(72) 山岡万之助「少年法案の根本精神」社会と救済四巻七号六三三頁（一九二〇）、なお参照、『留岡幸助日記』第四巻四一五頁。
(73) 宮城長五郎「楽屋噺少年法実施秘譚」輔成会々報二〇巻六号四二頁（一九三六）。
(74) この間総理原敬は大木遠吉を法相に起用していわゆる「貴族院縦断」を画り、法案の成立にも「斡旋」を試みている（法律新聞一七八三号一七頁（一九二一））。大木は四四議会を前に地方長官招待席上で少年法制定の必要を力説し、内務関係者の「助力を切望」している（『司法大臣訓示演述集』一八三頁）。しかし大木を擁する貴族院研究会では、少年法案矯正院法案は「矯正院ト既設ノ感化院トノ関係等ヲ考慮シテ大修正ヲ加ヘザル可カラズ……委員ヲ挙ゲ調査ヲ任スコトトナレル今日ノ所ニテハ今期議会ニ其ノ成立ヲ見ル事困難ナル模様」として握りつぶしの意向を決定した（法律評論一〇巻一号一一五頁（一九二一））。
(75) 司法・内務の事前協議に床次竹二郎（社会事業調査会会長、内務大臣）が出席することを聞いた司法省保護課長宮城長五郎は、「この絶好の機会にいちかばちか片付けて仕舞へ、刑事政策の為万全を望むな、寧ろ玉砕しろ」との決意でのぞみ、一四歳未満の少年については譲歩してもよいが、虞犯の方は「実際問題としては、この程度の不良少年に迄審判所の手は延びまいとは思ふが……これを除外すれば審判所の手にかかった少年は、皆犯罪少年であるとの烙印が押され、社会から相手にされなくなる」「虞ある少年に付ては少年保護事業の実施を思い切つても譲歩はできない」という線で、逆に田子一民（内務省社会局長心得）をおし切ったという（宮城・前出注(73)四六頁）。
(76) 伊沢多喜男「大浦事件を語る――事件を巡る内務司法両省の啀み合い――」『その頃を語る』三三六頁（一九二八）。
(77) 第四四帝国議会衆議院委員会第二回（『大正少年法㊦』八一九頁）。
(78) 第四二帝国議会衆議院委員会第一回（『大正少年法㊤』五一六頁）。

(79) 第四三帝国議会貴族院委員会第二回（『大正少年法㊦』七三七頁）。
(80)「少年法案理由書」には、保護処分の「目的トスル所ハ将来ニ於ケル犯罪行為ヲ防圧シ因テ社会ヲ保安セムトスルニ在リ、故ニ此特別処分ハ幼年ヲ保護スルト同時ニ社会ヲ保護スル所ノモノナリ」とある。
(81) 相田良雄『少年教護法沿革史資料』二〇頁（一九四九）。
(82) 第四五帝国議会衆議院委員会第二回（『大正少年法㊦』九八〇頁）。
(83) 第四三帝国議会貴族院委員会第四回（『大正少年法㊦』七二八・七五二頁）。
(84) 第四三帝国議会貴族院委員会第二回（『大正少年法㊦』七三七―七三八頁）。
(85) 小河滋次郎「感化事業の本質及び組織」救済研究二巻一一号七頁（一九一四）。
(86) 小河滋次郎「非少年法案論」救済研究八巻一号一五頁（一九二〇）。「非少年法案論」は第四二議会審議に先立って、武田慎治郎（大阪府立感化院長）の手を介して関係議員に配布され審議にかなりの影響を与えた（武田慎治郎「故小河博士を追憶して」感化教育五号一〇二頁（一九二五））。
(87) 鈴木（喜三郎）は言う。「教育の一点張ばかりで……不良少年と言うものが出来ないやうになりますれば、誠に国家の為に喜ぶべく、又其個人の為に賀すべきことであるのでございますが、どうも活きた社会は理論ばかりでは参らず、俗に申す浜の真砂は尽きても世に盗賊の種は尽きぬと申す通りでありま(す)」（四三議会貴族院委員会第二回）。
(88)「少年法案及矯正院法案に関する社会事業調査会特別委員会報告書」（『大正少年法㊦』一一七八頁以下）。
(89) 議会審議にあたって花井は自説が立案に反映されなかったこともあって、次のような法案への留保をつけ、また法案は将来の時点で少年審判法と少年刑事特別法に二分すべきであるという意見を付している。「(少年法は) 力の法律ではない愛の法律である……国家は慈愛の精神をどこまでも貫かなければならぬ、此点に於ては遺憾の点がありますけれども今日之を拋擲し去るの不利なるに比して優れるを思ふ」（四二議会衆議院委員会第八回）。すなわち「裁判権主義」者花井の抱いていた「保護」の内容はむしろ感化法的思考のそれに近かった。
(90) 右の記事には〝建議を政府あてに提出の予定あり〟と記されているが、結局これには政府部内の政治力学によるブレーキがかけられた模様である（武田・前出注（86）一〇三頁）。

(91) 第四四帝国議会貴族院委員会第一回・第二回（『大正少年法㊦』八六八・八七六頁）、ちなみに伊沢は大正四年の大浦事件当時の警視総監であった。

(92) 第四四帝国議会貴族院委員会第三回（『大正少年法㊦』八九九頁）。

(93) 第四四帝国議会衆議院委員会第二回（『大正少年法㊦』八〇二頁）。

(94) 谷田は議会答弁の中で、審判所を準司法的行政機関としたのは「我が国情に照して諸外国の制度と違っている」「全く一種独特のもの」であるが、その直後の理由は「殊に感化院に従事して居りまする人々は……殆ど毎年有らゆる機会を捉へて此裁判主義反対論を主張して居る……行政主義でなければならぬという論を主張しておる」、そこで「是は真中の道を行くが宜しい純然たる司法裁判でもいかぬ、又純然たる行政裁判でもいかぬ……といふので此案が成立った」ことにあると述べている（四四議会衆議院委員会第二回）。泉二はまた法施行直後に「裁判所に対する世人の見解従前と少しも異らざるが故に少年に対する刑事裁判と保護審判との機関を区別せざるを得ざりしは遺憾なり」とも論じている（「少年法の施行に際して」法曹界雑誌一巻一号一二頁（一九二三））。

(95) 第四四帝国議会衆議院委員会第二回（『大正少年法㊦』八〇七―八〇八頁）。

(96) 同前委員会第二回（『大正少年法㊦』八〇〇頁）。

(97) 第四三帝国議会衆議院委員会第三回（『大正少年法㊦』六六七頁）。

(98) 同前委員会第四回（『大正少年法㊦』七〇四頁）。

(99) 第四三帝国議会衆議院委員会第三回（『大正少年法㊦』六六九頁）。

大正三年の立案段階の主査委員会では審判回避規定（法二二条）に関してつぎのようなやりとりが交されていた。

泉二「審判官ハ少年ノ利益ヲ保護スルヲ本旨トスル故本条ノ規定ニテモ十分ナリト信ス」

倉富「処分ノ変更ヲ許セハ可ナルモ然ラサレハ抗告ノ途ヲ開カサルヘカラス」

横田（秀雄）「回避ヲ必要トセハ忌避モ必要ニアラスヤ」

谷田「忌避ハ水臭シ、此位ニテ可ナリ」

小山「抗告ノ如キ鹿爪ラシキ事ハ如何ニヤ」（「不良少年ニ関スル法律案主査委員会日誌第七回」（『大正少年法㊤』三八五頁））。

(100) 第四五帝国議会貴族院議事速記録第二九号七七五頁（『大正少年法㊦』一一一四頁）。

(101) 藤田省三『天皇制国家の支配原理』一一頁（一九六六）。

(102) 有馬四郎助「感化法実施三十年に就て」人道二九二号一九頁（一九三〇）。

むすび

いくつかの重要な相違点にも拘らず、大正一一年の少年審判所制度がアメリカのパレンス・パトリエ理念によってその精神的基礎を与えられたことは立案過程の審議からも明らかである。ところでアメリカにおいて少年裁判所が一八九九年にイリノイに創設される約三〇年前（一八七〇年）、イリノイ州最高裁はいわゆるオコーネル事件（O'Connell v. Turner）(103)判決の中で次のようにパレンス・パトリエを批判し、不良・虞犯少年の強制収容を認める州法に違憲の判断を下していた。

(イ)　(そもそも)不良(vice)とは極めて包括的な要件である。多くの良い人々にとって全く無害とされる行為も他の異った倫理規範の下では恐るべき堕落とみなされうる。一体何がその場合の基準となりうるのだろうか?……子供を州(State)へと吸収し、その専制にあまねく従属させることは今日の文明社会で決して許される筋合のことではない。……果して州(State)は parens patriae たる資格によって、犯罪処罰の場合以外に実の親の権利を凌駕することが出来るものであろうか?

(ロ)（イリノイ州）法は子供の「保護」（safe keeping）の規定を設けている。……その拘禁は子供の年齢次第では一年から一五年に及びうるものである。……habeas corpus もこれを救済することが出来ない。パレンス・パトリエたる州（State）が上訴を許さぬ拘禁を決定してしまっているからである。

(ハ)（しかし）子供達も又法的権利を有するとともに法的責任を負っている……「暴行や名誉毀損を行ったのが子供だからと云って、神はその子が正義の法廷で責任を問われることから免れるなどということは許し給わない」というのはKenyon卿の言葉であるが、十歳以上の全ての子供は犯罪の責任を問われうるのである。……（そして）権利の章典は「全ての人間は本性上ひとしく自由かつ独立した存在であり、生来の譲り渡すことの出来ない権利を有する」と宣言している。

(ニ)犯罪者でさえ due process of law 抜きには有罪を宣告され拘禁されることはない。……適切な親の配慮の欠損とか無知とか怠惰とか不良行為とかは、環境不遇状態（misfortune）ではあっても犯罪ではない。……何故に子供が環境不遇とう《い》とがのみの故をもって due process of law 抜きに自由を奪われねばならないのか。……（少年の）拘禁を認めた法規が憲法の規定に抵触する以上、我々はそのように宣言せねばならない。

一方で、わが少年法案が貴族院を通過した大正一一年（一九二二年）三月牧野英一は『人道』誌上で、「私は矢張少年法案の通過を希望した者の一人であります。……煩瑣な形式……は裁判官の専擅に対して個人の自由を担保する為に発達したもので歴史上政治的によほど根柢のあるものであるが、其の歴史的意義は今日では漸次失われつつある。……裁判官を信頼するの趨勢は近来特に著しい(104)」とのべ、翌年さらに留岡の家庭学校講演会において、「馬鹿な小供ほど可愛いといふ諺がある。国家が不良少年に対しこの親心を以てせんとするところに少年法の精神がある(105)」と語った（「子寶国有論(106)」）。牧野によれば、「当時においてはよく了解され……なかった」貰い感化法の精神(107)は、少年法の制定によってようやく確立され、あわせて「古い客観主義の上に構成されていた」刑法の蒙を啓く役割をも果したということになる。

少年法の成立に「普遍的」な法の進化の象徴を見出す牧野の右の理解にはしかし、彼我の少年法が成り立つにあたってそれぞれがふまえていた歴史的前提ないしは史実の「捨象」[108]（反面での現象面の共通性への強い関心）という特徴がある。だが、アメリカにおいては二〇世紀初頭に至って少年裁判所制度のイデオロギーの位置をようやく獲得するパレンス・パトリエがオコーネル判決のデュー・プロセス的批判（ないしピューリタン的批判）によって先立たれていたとすれば、わが少年審判所制度の「保護・教養」は、「罪ガアルナイ……トイフ観念ヲ以テスルヨリ不憫ノモノデアル感化シテ良イ方ニ導クト云フ方ノ暖イ考ヲ以テヤツタ方ガ宜クハナイカ」（床次）という、共同体思考による「温情」と「親心」からの批判によって先立たれていたのである。

本稿の視角からすれば右の相違は「捨象」することのできない事柄である。両者のズレを視野にいれつつ、イデオロギーとしてのパレンス・パトリエの意味内容を、その憲法史的文脈に即して理解することが、ここでのいまひとつの主題となる。

(103) People ex rel. O'Connell v. Turner, Supreme Court of Illinois, 1870, 55 Ill. 280, 8 Am. Rep. 645.
(104) 牧野英一「法律に於ける原則と例外」人道二〇〇号二一頁（一九二二）。
(105) 牧野英一『法律と生存権』四九頁（一九二四）。
(106) 同前二四二頁。
(107) 牧野英一「感化法三〇年」人道二九三号五頁（一九三〇）。
(108) 所一彦「牧野英一」『日本の法学者』二六九頁（一九七五）。

第3章　大正一一年少年法の立法過程

序

(1)　大正一一年少年法（以下適宜「旧少年法」又は「大正少年法」と略称）の立案が関係者の脳裡に具体的な形を取りはじめたのは、明治四〇年（第二三帝国議会）における刑法改正（責任年齢の一四歳への引上げと懲治処分制度の廃止）と、それに伴う明治四一年の第二四議会での感化法一部改正を前後とする頃であった。衆議院感化法中改正法律案委員会の本会議報告（明治四一・三・一四）の中で花井卓蔵は次のように述べている。

「而シテ亜米利加ノ如キニ至リマシテハ、不良少年ニ対シマシテハ特別ナル法律ヲ制定セラレ、特別ナル裁判所ヲ設ケラレ特別ナル収容所ヲ置カレテ、深キ同情ト暖キ慈愛ノ下ニ不良少年ヲ保護的ニ教育シ、諄々トシテ改悛ノ途ヲ講ジテ居ルノデアリマス……本員ノ最モ畏敬スル穂積博士ノ如キハ、最モ熱心ニ之ヲ攻究致シテ居ルノデアリマス、……斯様ナ次第デゴザイマスカラ、委員会ニ於キマシテハ本案ノ改正ヲ以テ甚ダ満足致サヌノデアリマス、……本案ニ対シマシテハ永久的ノ立法トハ見ズシテ、一時的ノ立法トシテ仮リニ之ヲ可決スルト云フ次第ニ立至ツタノデアリマス……他年一日各国ノ法制ニ鑑ミ、我国ノ現状ニ照シ完璧ナルトコロノ立法ヲ企テラレマシテ、憎ムベカラズシテ憐ムベキトコロノ五万六百六十三人ノ不

良少年感化ノ目的ヲ達スルヤウニ致スト云フコトニ快諾ヲ得タル次第デアリマス」(1)

この明治四一年を起点とする少年法の立案・制定作業は、一四年後の大正一一年になってようやく結実する。子細に検討してみるとしかし、右の立案の起点自体はすでに、明治三三年の感化法の制定以降開始された不良少年処遇の実験を背景にして徐々に醸成されて来ていたものであったという事実が明らかになる。旧少年法の全立法過程としては、これを明治三三年から大正一一年の二三年間の歴史的幅の中で考察すべきゆえんである。

右の過程を大まかに区分すれば、①明治三三年感化法制定から明治四四年九月の刑事訴訟法改正主査委員会において「幼年者精神病者ノ犯罪救治ニ関スル法律案」の起草が正式決定されるまでの時期（前史）、②司法省内部の「少年犯罪ニ関スル法律案特別委員会」・「不良少年ニ関スル法律案主査委員会」において、明治四五年から大正三年までの間にいわゆる「第一次成案」がとりまとめられ、これを基礎にした集中審議がなされる時期（立案前期）、③大正七年七月に再開された立案作業が、八年の法律取調委員会総会審議と、「本案ニハ同意シ難シ」とする内務省との折衝を経て大正九年の第四二議会審議にかけられるまでの時期（立案後期）、④最後に大正九年二月から大正一一年三月にかけての四回にわたる議会審議の時期、ということになる。

(2)　刑事訴訟法改正の作業とほぼ並行して進められた長いマラソンレースにも似たこの立案・制定のプロセスは、一種交響詩的な響きをもった激しい二つの論争の反復から成り立っている。一つにそれは、明治四〇年を画期に顕在化した内務省と司法省の間での少年の「保護・教養」をめぐるイデオロギー論争であり、今一つは「不良少年ニ関スル法律案主査委員会」（司法省）内部でくりひろげられた少年司法の手続構造をめぐる論争である。これらの論争はいずれも、一九世紀後期のアメリカにおける少年裁判所運動（いわゆるパレンス・パトリエ運動）と、それを模倣・吸収する作業にとりかかっていた二〇世紀初頭のドイツをはじめとする欧米諸国全体の未成年者保護法の動きに触発されたものであり、同時にまた、これら欧米の諸制度を我が国でどのように継受しかつ修正するかという課題意識によって貫かれたものであった。彼我に共通する理論的枠組は、端的に言えば未成年者の取扱いに際して、責任主義と保護主義（パターナリズム）の関係をどのように制度的に構築するかの一点に結局は絞られるのであるが、ことが家族の構造に根を下ろした人間関係（親子関係）に直接かかわる問題領域だけに、法文化の継受というここでの主題には、少年法案の場合一種の深刻さが加わらざるを得なかった。大正八年二月に主査委員会法案（第三次成案）の法律取調委員会提出にあたって委員長穂積陳重が述べた次のような報告の一節は、立案作業における右の深刻さの一端を物語るものである。

「此法制は、我邦に於ては全く創造に係り、社会の事情が泰西諸国とは大に異る所がありますから立法上種々の困難なる事情があり、起草委員及び幹事諸君の苦心実に名状すべからざるものがあり、主査委員も亦極めて誠実熱心に其審議に従事せられましたる事を本会に報告するは、本員の義務と存じます。[(2)]」（傍点筆者）

(3)　周知のように、昭和二三年成立の現行少年法は、昭和二二年二月のいわゆるルイス提案及びモデル案提示の線に沿って、アメリカのパレンス・パトリエ少年司法をある意味ではナイーヴに受け入れたものである。その後のいわゆる「少年法改正論争」もこの制定過程において生じた少年司法と少年観をめぐる彼我のズレにその一つの源を求めることができる。昭和四五年以後「少年法改正要綱」を中心にしてたたかわされた論争が、アメリカ法（なかんずくゴールト判決をめぐる論議）との対比と関連のうちにくりひろげられたのは右のような現行法の制定過程に由来する当然の成行きといってよいが、その際旧少年法の内容それ自体の検討はなされること少なかったため、実は旧法自体が、アメリカの「ファミリーシステム」や「小供裁判所」・「プロベーション」等々との「名状すべからざる」悪戦苦闘の中で自らを形成したという歴史的事実、なかんずく旧法成立をめぐる論議の中には、現行法をめぐる争点の殆ど全てがすでに出そろっていたという事実は、必ずしも十分に顧みられなかったように思う[3]。その意味で、大正一一年少年法の立法資料は、旧法制定期の論議が決して過去のものでないことを我々に明らかにしてくれる重要なデータである。

(4)　本章では、第1章「少年裁判手続における『保護・教養』の観念（一）」および第2章「少年裁判手続における『保護・教養』の観念（二）」の執筆に当たって用いた立法資料を、前二章とは幾分異なった角度から分析することを試みた。すなわち前二章が、大正少年法成立史における「保護・教養」観念の思想史的理解に的を絞って、刑法改正から少年法制定までの一五年間の史実を追ったものであったのに対して、本章は分析の時間軸を明治三三年の感化法制定にまで拡げたうえ、前二章で用いた一次資料をできるだけ詳細に辿り直すことによって、いわば立法資料にいいいい直接語らせる形での大正少年法成立史をクロノロジカルに叙述する事を試みたものである。執筆にあたっては、資料の引用・紹介に関する前二章の記述を必要に応じて補筆しつつほぼそのまま用いた部分が一、二ヶ所あるが（例えば第二節立案過程（その一）一一八～一四〇頁）、全体としては前二章の記述と両々相俟って大正少年法の立体的・通史的理解が可能となるよう心がけた。

（1）第二四議会衆議院議事速記録一五号（『大正少年法㊤』一七一―一七二頁）。
（2）穂積陳重「少年法案に関する報告」（『大正少年法㊤』四四六頁）。
（3）早川義郎「わが国における起訴便宜主義の沿革」家庭裁判月報二三巻一号（一九七二）、松尾浩也「アメリカ合衆国における少年裁判所運動の発展――日本への影響を中心に」家庭裁判月報二六巻六号（一九七四）及び守屋克彦『少年の非行と教育』（一九七七）は、この間にものされたところの、旧少年法の構造を視野に入れた数少ない労作である。ちなみに、立法資料を用いた資料集的著作としてはすでに、重松一義『少年懲戒教育史』（一九七六）及び矯正協会編『少年矯正の近代的展開』（一九八四）が公けにされている。とりわけ後者は、明治前期から今日に至るまでの少年保護法制史を一次資料と年表によって鳥瞰すべく編纂された貴重な資料集である。多時間消費型のこれらの先行研究に対して、改めて敬意と謝意を表したい。

一　前史――パレンス・パトリエとの出会い

一　明治三三年感化法の制定

(1)　小河滋次郎と留岡幸助

明治三三年の感化法は、いわゆる不良少年（「適当ノ親権ヲ行フ者若クハ後見ヲ行フ者ナクシテ遊蕩又ハ乞丐ヲ為シ若クハ悪交アリト認メタル者」法五条）を司法手続によらず地方長官の合目的的裁量で都道府県設立及び私立の感化院に収容し、一種の親代わりの矯正教育を与えることを目的とした法律であるが、これが、英米法の in loco parentis（親代わり）原理に基づく Reformatory School 運動の影響を受けて制定されたことは明らかである。感化院の設立を促した当時の我が国固有の条件としては、継受して間もない我が刑事司法が未成年者に対してかなり必罰的であり、とりわけ監獄内の懲治場が犯罪者数の増大を助長しているという批判「懲治ノ目的ヲ以テ出来テ居ルコトデアルケレドモ、懲治ノ結果ハ希望トハ全ク相反シテ、一旦懲治場へ入レタモノハ後トハ仕方ガナイト云フ問題ノ結果ニナツテ来ル」

(望月長夫)[4]が高まってきた時期の所産であったことを見逃せない。また、旧刑法はフランス流の相対的刑事責任制度を採用し、いわゆる不論罪処分の少年は監獄内の懲治場に収容して教育を授ける建前をとってはいたが、懲治場内での処遇内容はもとより裁判所による懲治処分決定自体が、花井卓蔵をして次のように言わしめる必罰主義的傾向をもつものであった。

「今一ツ私ガ驚キマシタノハ、邸宅デハナイ、田園ニ於ケル西瓜ヲ六俵盗ンダト云フノデ、懲治三年ヲ科セラレタト云フ懲治人ガアル、……隣リノ西瓜ヲ盗ンダトカ、隣ノ柿ノ樹ノ柿ヲ取リ、隣ノ池ノ金魚ヲ攫ムト云フガ如キコトハ、恐ラク誰デモヤツタ不良行為デ、是デ懲治人トナツタナラバ、吾々ハ幸ニシテ免レタ人間ト云ハナケレバナラヌ、……此判決文ハ十枚アツテモ、百枚アツテモ、千枚アツテモ読ンデ御覧ナサイ、誰人ト雖モ涙ヲ溢ラサナイモノハナイ[5]」

法制定時の内務省監獄局長大久保利武は当時の事情について、「監獄内の懲戒場に未成年者を収容して感化を施すことは懲罰主義に流れていけない。……不良少年に対しては行政処分をもってしやう懲罰主義に流れず感化教育主義によって感化事業をやったならばというのが感化法制定の理由でありました[6]」と述べている。その意味で感化法は、継受した刑事司法の必罰主義・積極的責任主義に対するパターナリズムの側からの一種の反動であった。ちなみに、感化法制定の明治三三年頃までは、いわゆる起訴猶予裁量型の微罪不検挙率も二〇％前後にとどまっており、むろん執行猶予制度も未だ導入されておらず、「日本国内の在監人の総数が常備兵役の数をも凌駕する[7]」有様で、刑事司法の運用が我が国の伝統から見れば相当に硬直的なもの（その意味で継受母法に忠実なもの）であったことは銘記されておいてよい。

感化法制定とその実施を実質的にプロモートしたのは、内務省監獄局獄務課長の任にあって穂積陳重の愛弟子として早くから欧米の監獄制度・未成年者処遇制度の研究に手をそめていた小河滋次郎と、アメリカの Reformatory School の実際をつぶさに経験して帰朝後、巣鴨にアメリカを範とした「家庭学校」を開設したばかりの留岡幸助であった。留岡が滞米した一八九四年から九六年（明治二七〜二九年）のアメリカ中西部は、丁度イリノイに少年裁判所が誕生する（一八九九年）前夜で、「刑罰にあらずして教育を」・「少年に愛を」といういわゆる革新主義的パレンス・パトリエ運動の高潮期に当たっていた。留岡は彼の地の理想にならって、「不良少年の多くは憎むべきものにあらずして寧ろ憐むべきものなり」という少年観と、「愛は高き牆壁にまさる」という家族舎的開放処遇を、「家庭学校」の中核理念に捉えた(8)。

感化法案審議の答弁を一手に引き受けた小河は答弁の中で、「感化院ノ方ハ成ルベク家庭組織ニシテ、所謂献身的ニ児童ト寝食ヲ同ジクシテ世話ヲスルト云フ種類ノ人間ニ任セルコトニ努メタイ考エデアリマス」、「其教師ハ夫婦者デアツテ、所謂家族的ノ世話ヲ出来ルヤウナ、内外共ニ夫婦デ世話ノ出来ルヤウナ者ニ致シタイ考デアリマス(9)」と、留岡幸助仕込みの夫婦小舎制による感化教育の理想を語っている。

小河滋次郎と留岡幸助というこの感化法制定期の理論家と実務家は、大正期に入ってその骨格をあらわしてくる「少年法案」の最大の論敵として、法成立の直前まで法案反対のスクラムを組み続けることになる。

(2)　「感化院型処遇」

成立した感化法による感化院は、衆議院の修正によってその設立を「府県会ノ決議」にかからしめたため、その後設立数がいっこうにのびず、明治四〇年までに設立された公立感化院はわずかに二府三県、収容者一一七名（私立感化院一七六名、合計二九三名）にとどまり(10)、「山吹法」とさえ称された。

しかしながら、感化法制定によって実務的基礎を得たアメリカ型の〝感化教育主義〟は、監獄所轄の変更に伴う小河滋次郎の司法省監獄局獄務課長への移籍とともに、監獄内の懲治場・少年監にその実験の場を得ることになる。この感化院型処遇の実験の典型的な例としてしばしば引かれるのが、明治三五年から四一年までの間、小河の指導の下に、浦和監獄典獄早崎春香によって行われた川越分監・懲治場における少年処遇である。

早崎は関東一円の不良・犯罪少年の収容開始後間もなく、川越懲治場に「川越児童保護学校」と記した表札を掲げ、内容を全て家族舎式（「同寝」「同浴」「同食」）の学校風に組織して、懲治を「保護教育」、懲治人を「生徒」と呼んだ。不良少年は「不憫ナモノ」であり、「懲罰」ではなく「感化」の対象であり、監獄職員は彼らに対し「父母ニ代リテ「無垢ノ人間ノ扱ヲスル」というのが、早崎がその部下達と共に実践躬行した少年処遇の哲学であった。処遇の具体的方針の冒頭には「生徒に対しては一切既往を問はず新に生れたる児童として処遇するを要す」が掲げられ、責任主義原理が意識的に斥けられている[11]。身体を拘束しない結果生じた逃走は、感化院にならって「無断退学」「無断退場」と呼ばれ、教育活動の中では舞踊と音楽等が重視された（この舞踊は当時のアメリカ Reformatory を模倣したカリキュラムであった）。

しかしながら、警視庁勤務時代から同庁切っての子供好きを小河滋次郎に見込まれて川越に赴いた早崎春香の生涯の軌跡から浮かび上がるのは、決してスマートな洋風仕込みの矯正実務家のそれではない。「彼等児童は疑へばこそ鬼とも見えますが、信ずれば実に我子の仏とも見えますので、詰まり信用すればする程よくなります[12]」という早崎の感受性は、厳格なプロテスタンティズム倫理に拠ってキリスト教的訓練を遂行した多くのアメリカ Reformatory 担当者のそれとはニュアンスが異なっている。早崎は典獄辞職（兵庫県立感化院土山学園長就任、明治四二年）にあたって、「ふるさとはこいしかりけりしかはあれど心にかかるちござくら花」と詠み、土山学園辞任（大正八年）にあたっては

「すたちたるかずのひなとりかへりきて親はととはば君こたへてむ」との歌を後任園長の池田千年に託している[13]が、彼の内面に流れているのはまぎれもなく、我が国に伝統的な〈親心―子宝〉の一種母性的な心情である。敢えて言えば、留岡や小河の「実務」と「理論」の切り口にして我が国に紹介されたアメリカ型パターナリズム（パレンス・パトリエ）の理想は、このような伝統的な「親心」の感受性に言語と形式を与えたのである。

二　穂積陳重「米国ニ於ケル小供裁判所」

感化法改正と並んで、我が旧少年法立案の起点をなすものとして余りにも名高いこの講演を穂積陳重が東大法理研究会で行ったのは、明治四〇年五月、従来の懲治処分制度を廃した新刑法が第二三議会を通過して間もなくの事であった。

「元来私ハ大層小供ガ好キデゴザイマスカラ、前回ノ米国巡回ニハ、時ノ許ス限リ小供ノ事ヲ調ベテ見ヤウトイフ考ガ起ツタノデアリマス」にはじまる穂積のこの講演[14]は非常な反響を呼び、当日の研究会には、小河滋次郎、窪田静太郎の感化法起草関係者の他、奥田義人、富井政章、美濃部達吉、池田虎次郎、牧野英一等三〇名が出席して議論をたたかわせ、「近来稀有の盛会なり[15]」と称された。

穂積の講演は、法学協会雑誌二五巻九号に全文掲載されたが、これが、旧刑法の懲治処分廃止にあたって「他ノ法律ニ於テ完全ニ是等ノ事ヲ規定スルノカ宜カロウト云フコトテ之ヲ削ルコトニ致シマシタノテコザイマス」、「感化法テモ少シノ修正ヲ加エマシタナラ差支ナク行ハレルテアロウト思ヒマス[16]」という限度での新法への構想しか持っていなかった司法関係者にとってインスピレーション獲得の格好のチャンスであったことは想像に難くない。本稿冒頭に引いた花井卓蔵の発言はその例証の一つである。

穂積講演の意義は、何よりも誕生間もないパレンス・パトリエ少年司法の哲学とその情熱、なかんずく、後に「母性的司法（Maternal Justice）」[17]とも呼ばれることになるアメリカ少年裁判所の組織原理を、――留岡幸助の帰国から一〇年を経た時点で――きわめて的確かつ簡潔に我が国の立案関係者に伝えたところにある。とりわけ、

「此制度ノ基礎タル主義ヲ一言ニシテ云ハバ、小供ハ罪人ニ非ラズ小供ハ罪人タル能ハズトイフコトニ帰スルノデアリマス。……小供ノ行為ハ謂ハバ全々自己一身ノ行為デナイト看做スノデアリマス」

「小供ハ責任者デハナイ、小供ガ不良少年ニ為ッタノデハナク、親ガ小供ヲ不良少年ニシタノデアルト看做スノデアリマス」（傍点筆者）

の一節は、〝責任から保護へ〟の当時のアメリカ法の転換をあざやかに描写するものであった。換言すれば穂積の講演は、すでに一〇年前に留岡幸助を通して処遇レベルで我が国に導入され、早崎春香型の実験を開始していた「欧米の新思想」（谷田三郎、後述）の法理的・組織的側面を、体系的に我が国に紹介する役目を果たしたのである。当時の我が国の欧米感化制度に関する調査にはそれまで、どちらかといえばイギリスを中心としたものが多かったが、穂積講演は、関係者の問題意識を少年制度の発祥地であるアメリカのパレンス・パトリエに向けさせ、これをどう継受するかという方向で明確化したといってよい。

三　「裁判権主義」対「行政権主義」

(1)　感化法改正

明治四〇年の刑法改正による懲治処分・懲治場制度の廃止は、不遇をかこっていた感化法・感化院関係者に一種の「出番」の感覚を与えた。懲治場廃止に伴う懲治人の収容がさしあたりすべて感化院に委ねられざるを得ないことになったからである。ちなみに、一四歳未満の犯罪者の取扱いに限ってであるが、明治四一年九月司法省は内務省と協議の上、検事に対して次のような訓令を発している。

「今般刑法改正トナリタルニ付一四才未満ノ犯罪者ハ刑法施行後ハ懲治処分ニ付セスシテ感化院ニ入院セシムルコトトナリタルヲ以テ其入院ニ関シテハ左ノ如ク取扱フ可シ

一　検事公訴提起前被告人ノ年令一四才ニ満タサルコトヲ認メタルトキハ感化院ニ入院セシム可キヤ否ヤヲ審査シ若シ入院セシム可キ者ナルトキハ其理由ヲ所轄警察官署ニ通知ス可シ

一　裁判所ニ於テ被告人一四才ニ満タサルカ為無罪又ハ免訴ノ言渡ヲ為シタルトキハ前項ノ例ニ依リ検事其手続ヲ為ス可シ[18]」

この訓令に先立ち内務省は、明治四一年二月二〇日、「感化法中改正法律案」を第二四議会に提出した。改正の要点は、第一に対象少年の年齢を一六歳から一八歳に引き上げるとともに、対象少年の行為を「不良行為」一般に拡張したこと、第二に旧法一四条の「府県会ノ決議ヲ経」を削り感化院の設置に対する国庫補助金制度（総額の六分の一から二分の一）を設けるとともに、内務大臣のイニシアティヴを強化して感化院設立を容易にしたこと、第三に国立感化院についての規定を置いたこと、の三点である。強制入院の是非の判断は、明治三三年法と同様に地方長官の裁量（「行政処分」）に委ねられており、とりわけこの「行政処分」によって感化院長に親権を与えること（法八条）の是非は、旧法制定時以来からの論点として法制局・司法省ですでに問題化していたふしがある。だが、内務大臣原敬は「事急を要するからとて[19]」司法大臣（松田正久）を閣議で押し切ったという。

(2)　花井卓蔵の批判

この法案の問題点をたたいたのが花井卓蔵であり、負けじと応戦したのは床次竹二郎（内務省地方局長）であった。まずは花井の法案批判（裁判権主義）を見よう。

「不良少年ノ刑事々件ノ裁判ト云フモノハ、最モ有識ニシテ且経験ノアル裁判官ヲ以テシテモ、事実ノ断定、刑ノ量定ナドト云フモノハ誤リ易ク且困難デアル、……ソレヲ全ク法律的裁判的ノ素養知識ノ無キ行政官ニ委ネラレテ、完全ナル働キガ出来ルト云フ御考デアリマスカ[20]」

「行政権ノ働キデ……完全ニ不良少年ノ教育ヲ為スコトガ出来レバ、結構デアルカモ知レヌガ、併ナガラ、人ノ人身ノ自由ヲ束縛シ、強制的ニ教育シ強制的ニ保護シテ往クト云フコトハ、法律ノ働キニ待タネバナラヌモノデアル、然ル以上ハ、其処分ハ裁判上ノ働キニ待タナケレバナラヌト云フコトハ論ヲ竢タヌ[21]」

この「裁判権主義」に拠る花井の法案批判は全面的かつ峻烈を極めた。花井の主張をその限りで見れば、これは立憲主義的デュープロセスに立つ司法審査主義の主張である。

しかし、花井は同時に、「刑法の実施と共に懲治場留置の規定は廃止せられ未開の花は徒らに馬蹄の蹂躪に委せらる」、「どうしても特別なる機関を設けて深き同情と温かき慈愛の下に保護教育の制度を確立せねばならぬ」、「国家は仁慈道徳の念を以て犯人に対せねばならぬ、……殊に憐れむべき少年に対して其様なくてはならぬ[22]」という彼自身の表現に見られるような伝統的な「親心」の心情の持主でもあった。その意味で、彼の思考と感受性は、「小供ハ罪人ニアラズ、小供ハ罪人タル能ハズ」という穂積のパレンス・パトリエの紹介によって強く刺激され得る共鳴盤を持っていた。

「独逸ノ後見裁判所ノ如キ、亜米利加ノ児童裁判所ノ如キ制度ヲ研究セラレテ、子供ニ対スル特別裁判所ヲ設ケラレ、子供ニ対スル特別教育場ヲ設ケラレ、不良少年ヲシテ善良少年ニ導クベキ階段ヲ作ルコトニ致シタイト云フ趣旨ヨリ致シマシテ、……争フテ居ルノデス、……如何セン今日ハ誠ニ議会切迫ノ折柄デアルカラ、已ムヲ得ヌノデアルト云ヘバ満足スル、……後日十分ノ注意ヲ払ツテ、善良ナル法律ヲ作ル方針ニ向カフベキ考慮ヲ持ツテ居ルト云フコトデアルナラバ満足スル」

「然レドモ……主義トシテハ飽マデモ行政権主義デアル、裁判権主義ハ絶対ニ否認スル、本案ハ刑法第四一条ノ要求ヲ充タスモノデハナイ、飽マデ本案ヲ是ナリトシテ之ヲ固執シ、……是ニテ完全無缺《ママ》ノ法律ナリト云フヤウナ意見ナラバ、本員ハ一人ト雖モ終リマデ戦ヒタイト云フ考デアルノデス」(23)

と、法案批判を貫徹する花井卓蔵は、いわば、紹介されて間もないアメリカ型少年裁判所理念の日本における最もセンシティヴな使徒であった。花井の右の主張の根にある刑罰消極主義とパターナリズムは、後の大正期の立案審議・議会審議の中では、逆に司法当局の法案がもつ責任主義的側面と衝突することになるが、さしあたりは彼が少年法制定を促した最初のランナーであったことを押さえておけば足りる。

(3)　床次竹二郎の反論

しかし、司法審査手続を自覚的に排除して「懲罰主義に流れず感化教育主義によって感化事業をや〔る〕」(大久保利武）という感化法の理念の下に、留岡幸助の提唱にかかる感化院処遇を押し進めてきた内務省側にはそれなりの自恃があった。花井の猛攻に対して床次竹二郎は次のように反撃した。

「警察ノ手ヲ経ルコトモ避ケラレル限リハ避ケテ、少シモ懲罰トカ或ハ裁判トカ、何ニカ警察デ悪イコトデモシタヤウナ考ヲ起スヤウナコトハ避ケテ、成ルベク無垢ノ人間ノ扱ヲスルト云フコトガ、感化ノ目的ヲ達スル上ニ於テ宜カラウ、……ツマリ懲罰若クハ裁判ト云フヨリハ、教育ヲスル訓育ヲスルト云フ考ヲ重ク取ツタ方ガ良イヤウニ考エマス(24)」

「吾々ハ之ヲ行政上ノ手続ニスルガ、却ツテ進歩シタ主義デハナイカト思フノデアリマス、裁判所デ取調ブルヨリ、暖イ親切ノ考デ良キ方ニ導クト云フ側デ、初メカラ取扱ツタ方ガ宜イカト思フノデ、初メカラ罪ガアルナイ不都合ノモノデアルト云フ観念ヲ以テスルヨリ、不憫ナモノデアル、感化シテ良イ方ニ導クト云フ方ノ、暖イ考ヲ以テヤツタ方ガ宜クハナイカト思フノデス(25)」

責任主義をほぼ全面的に棚上げしたパターナリスティックな制度を構想するこの床次竹二郎の思考には、先に引いた「不良少年の多くは憎むべきにはあらずして寧ろ憐むべきものなり」（留岡幸助）、「生徒に対しては一切既往を問わず新に生まれたる児童として処遇するを要す」（早崎春香）によって培われた明治三〇年代の感化院型処遇とそのイデオロギーが余すところなくあらわれている。

論争は結局、「此刑法ヲ施行致シテカラ、不都合ノコトハ或ハ生ジテ来ヤウカト思フ……、サウ云ウヤウナ場合ニ当ッテハ、十分ニ是ヨリ攻究シテ、改ムベキコトハ改メタ方ガ勿論宜シイ……、委員長ノ御考ノ如キハ諒トスルトコロデアリマス」という一種玉虫色の床次の答弁を引き出すことでひとまず収束し、第二四議会は無修正のまま改正案を通過させた。

感化院関係者にとってはむろん、感化法は「一時的ノ立法」（花井卓蔵）ではなかった。強制の契機を最小限にまで切り詰めた家族舎制の開放処遇と行政処分主義という小河・留岡的理念は、この感化法改正を契機に、むしろ不良少年処遇の主役としての自覚を持ちはじめたとさえ言ってよい。法改正の七年後（大正三年）には、全国の感化院数は五一、収容者数は二、〇〇〇名を超えた。つまり、明治四一年を画期として感化教育主義は、やがて責任主義とパターナリズムを架橋しつつ登場して来る少年法案の前面の敵として成長を開始したのである。

四　司法当局による感化教育主義への懐疑

(1)「応急仕事」

「未成年者カ過ツテ法律ヲ犯シテ……監獄ニ入レテ見タトコロカ、後日ソレカ改良スルカト云フト、却ツテ悪クナル」[26]という必罰主義の失敗に鑑みて旧法下の懲治場制度を廃止した司法当局にとって、これに代わる何らかの保護的処遇を組み込んだ、その限りでの非責任主義的な要素をもつ少年処分法を制定することは、懲治処分規定を削除してしまった新刑法を首尾一貫したものとして完成するという意味で不可欠の作業であった。

感化法改正と並行して行われた刑法施行法案審議（明治四一年三月）の中で、小山温（司法省監獄局長）は、「不良少年ノ処分法ハ……感化院《(ママ)》法デ御満足ナサル御積リデアラウカ、……裁判権ニ依テナサル御積リデアラウカ」という花井卓蔵の質問に次のように答弁している。

「兎ニ角急イデ感化院ト云フモノガ、今日ヨリ沢山ニ出来ナケレバナラヌト云フノデ、感化院法ノ改正案モ出来テ居ル訳デアリマスガ、ソレハ所謂応急仕事デアッテ、何レ篤ト詮議ヲ盡シマシテ、完全ナル感化法ガ出来ルコトト存ジマス、……児童裁判所ヲ設ケルカ、或ハサウデナクシテ区裁判所ノ判定ニ任セルカ、或ハ特別ナ委員組織ニスルカ、ト云フヤウナコトニ付テハ、未ダ詮議ヲ尽クシテ居リマセヌガ、……司法ノ当局者カラ申シマスレバ、アレダケノ改正デ十分満足シテ居ルノデハゴザイマセヌデ、モット所謂根本的ノ改正ヲ要スルモノト考ヘテ居リマスノデ、決シテ満足シテハ居リマセヌ」[27]（傍点筆者）

(2)　少年法立案のスタンス——責任主義とパターナリズムの架橋

興味深いのは、このように新たな少年特別処分法を模索しながら感化法の不備を指摘していた司法当局の内部には、この時期に、まず処遇のレベルでの感化院的思考に対する鋭い批判が固まりつつあったという事実である。早崎春香の懲治場処遇についてはすでに明治三〇年代後期から「感化は紀律と能く相伴て其効を全ふす。決して紀律を以て感化を害するものと為す勿れ」[28]といった批判が投げかけられていたが、これを総括する形で感化院型処遇を正面からたたいたのは、監獄法改正審議を乗り切って新時代の刑務行政の任を負いつつあった小山温（監獄局長）の、典獄会同における明治四一年六月の演説の次の一節である。

「少シク申シテ見タイノハ、監獄法第二条ノ監獄即チ幼年監獄テアル。……本官ヲシテ言ハシムレハ犬ヤ猫ヲ可愛カルヤウナ風ニ可愛カツテハイカヌノテアル。心アル人間トシテ取扱ハネハナラヌノテアル、人類トシテ哀憐ノ情カナケレハナラヌ。監獄官吏ハ同情ノ念カナケレハナラヌ。ソレハ勿論ノ話テアル。併シナカラ其哀憐同情トイフコトハ譬ヘテ申サハ厳父カ其児ニ対スルモノテナクテハナラヌ。愚母カ其寵児ニ対スルモノテアツテハナラヌノテアル。老牛舐犢ノ愛トイフ愛テアツテハナラヌノテアル。……徒ラニ規律ヲ弛メテ犬猫ヲ愛スルカ如キニ愛シタレハトテ、唯驕ラセルノミテアツテ、之ヲ善心ニ立返ヘラシムル即チ紀律ニ従フノ人民タラシムルコトハ出来ナイコトト信スルノテアル。」「紀律カ厳正ナレハソレ等ノ非望ハ起サレナイ。卑俗ニ之ヲ申シマスレハアマヤカストアマヘルノデアル。泣ケバ飴ヲ与エル、益々泣クノテアル(29)」（傍点原文のまま）

同趣旨の小山の主張は、「同情は威力ある同情でなければならぬ」、「同情なき厳格であったならば、子供の性質を萎縮せしめて益々捻れるに相違ない」、「窘めるのは無論宜しくない、可愛かるのも宜しくない。不良少年の出る家庭を調へて見れば厳格なる家庭から出るか可愛かり過ぎる家庭から出るか是はいふまでもないことである」、「感化事業と監獄とは兄弟である」という、全国の感化院長を前にした同年九月の講演(30)の中でも繰り返された。

小山の右の典獄会同での訓示がなされる二ヵ月前、小河滋次郎は司法省をなかば追われる形で清国獄制顧問に転出していたが、小山の批判のやり玉にあがった早崎春香もまた、翌年三月兵庫感化院土山学園へと職を転じた。「アマヤカストアマヘル」という小山の発言には、すでに過剰なパターナリズムへの批判がこめられているが、この批判が、三〇年代に導入されたパレンス・パトリエの哲学ひいては「小供ハ罪人ニ非ラズ、小供ハ罪人タル能ハズ」に見られる少年観に対する批判でもあったことは明らかであろう。

このようにして司法当局は、明治四〇年の刑法改正とそれに伴う感化法改正・刑法施行法案審議を通して、「必罰主義」と「感化教育主義」という明治三〇年代の試行錯誤の中から、日本社会に適合的な少年処遇の型をおぼろげに掴みつつあった。小山の右の演説（訓示）の用語をそのままもじって言えば、「厳父慈母」の監督・保護と言うことになる。

ちなみに、明治四四年一一月小山の後を襲って監獄局長の任につき、少年法案の立案から議会審議までの実務の責任を一〇年間にわたって引き受けた谷田三郎による大正九年の次のような回顧は、小山演説がなされたこの時期の少年取扱に対する当局のスタンスを物語るものとして興味深い。

「欧米の新思想が輸入せられ少年は飽迄も温情を以て感化教養すべきもので、絶対に刑罰的処遇をさけねばならぬと云ふ思想が盛に鼓吹せられた結果、明治三八年頃から四〇年頃までの間には二三の懲治場で頗る解放的な家庭学校制度を採用し、非常にハイカラな処遇法を実行してみたが、其成績は如何であったかと云へば、悪質の少年は散々同輩を悪化した上平気で逃げて行く――当時の管理者は之を無断退場と称して黙過していた――而して段々大きな悪党になって社会を騒がす。逃げ出さないで懲治場に残りて居る者は西洋音楽や舞踏などの甘過ぎた仕付に馴れて、世知辛い浮世の荒波を押し切て行く意気地がなくなり、之れ亦退場後間もなく、監獄に舞ひ戻て来る。斯様な有様で懲治場に於ける感化主義はまったく失敗に終わったのである。……此点から見れば矯正院は、根本から改造せられた懲治場であると謂ふことも出来る。(31)」

いわば旧少年法案の立案は、旧刑法下の必罰主義的刑事実務と、その対極にあらわれた感化教育主義的少年処遇（「欧米の新思想」）という二つの実験の双方に、〃まったくの失敗〃を読み取ることからスタートした。責任主義と保護主義（パターナリズム）を二者択一的に取り扱わず何らかの形でこれを架橋すること、その限りで、先例としては最も身近なアメリカのパレンス・パトリエをも換骨奪胎して吸収すること――これが直観的にではあれ立案の起点で当局者に抱かれはじめていた課題意識であった。司法当局は以後、欧米の少年制度についての調査を組織的に開始する。

(3)　立案開始の決定

少年法の起案作業を公式の軌道に乗せたのは、新刑法施行後、懸案の刑事訴訟法案（明治三四年法典調査会案）の逐条審議に着手した法律取調委員会・刑事訴訟法改正主査委員会の第九一回（明治四四年九月一九日）における決定である。審議の冒頭平沼騏一郎（当時司法次官）は、「幼年者ノ犯罪ニ対スル処分ハ実体上手続上ニ於テ欧州ニ於テモ綿密ニ研究セラレ既ニ規定ヲ設ケタルトコロモアリ……本章ノ規定（旧刑法に対応する監置及び懲治に関する規定―筆者注）ハ本法ヨリ取去ラルルモ特別法トシテ起ル問題ナリ、之ハ本会ニ於テ討議スルヲ可ナリト信ス」と述べて、「完全ナル感化法」（小山温―前述）を司法省による刑訴法改正作業の一環として起案する姿勢を明らかにした。花井卓蔵はこれを次のように支持した。

「自分モ提案者ノ一人ナリ、本章ノコトハ当然本法ノ範囲トシテ本法又ハ特別法ヲ以テ定メサルヘカラス、……（刑法第四一条ニ十四才未満ノ者ハ之ヲ罰セス、而シテ十四才以上十七才未満ノ如キハ一般ノ犯罪者ト区別シテ取扱フノ必要アリ、十四才未満ノ者ニ付テハ罰セラレサルモ犯罪アルニ相違ナシ」

「此判断ハ即チ一ノ裁判ナリ、然ルニ之ヲ行政権ニ委スルハ其当ヲ得タルモノナルヤ否ヤ問題ナリ、……名義ノ如何ヲ問ハス裁判権主義ニ於テ立法スルヲ要ス(32)」

平沼と花井のこの司法省による起案推進論に対しては、横田国臣（大審院長）と石渡敏一（内閣書記官長・前内務次官）が、「自分ハ内務司法両省ノ関係事項ナリト思フ」「今日ハ不賛成」（横田）、「今日監護法感化法ニテ刑法ノ運用付キ居ルニ何故ニ之ヲ必要トスルヤ」（石渡）という消極説を表明したが、結局、委員長穂積陳重は、法案の起案作業自体は開始した上でさらに検討するという線で論議をとりまとめた。

ちなみに、この席上で示された、平沼による以下の立法必要の趣旨は、先に見た司法当局の少年法立案へのスタンスを簡潔に示している。

「感化法ニ依リテ実際救治ハ出来居ラス、……如此者ノ家庭ニハ善良ノモノナク救治ノ目的ヲ達シ難シ、去リトテ悉ク感化院ニ収容スルモ困難ナル事情アリ、仮令収容シ得ルトスルモ犯罪者ヲ収容スルニ適シタルモノ殆ントナシ」

「次ニ幼年者ニ犯罪アルヤ否ハ裁判官カ認ムル必要アリ、今日ノ如ク行政官カ認定スルハ不可ナリ、要スルニ現行ノ感化法ハ一時ノ急ヲ救フ目的ニテ出来居ルナリ」(33)

(4) 第一四帝国議会衆議院感化法案審査特別委員会速記録第一号（『大正少年法㊤』八八頁）。
(5) 第二四帝国議会衆議院監獄法案外四件委員会会議録第四回（『大正少年法㊤』二七五—二七六頁）。
(6) 「感化法施行三十年記念座談会」感化教育一八号三四一頁（一九三〇）。
(7) 岡本吾市『起訴猶予処分、留保処分、刑の執行猶予の教育学的考察』司法研究一九輯八頁（一九三五）。
(8) 留岡幸助「家庭学校設立趣意書」監獄協会雑誌一二巻五号二七頁（一八九九）、同『家庭学校』五一頁（一九〇一）。
(9) 前出注（4）委員会速記録第一号（『大正少年法㊤』八九—九〇頁）。
(10) 第二四帝国議会衆議院感化法中改正法律案委員会議録第四回（『大正少年法㊤』一六七頁）。
(11) 川越児童保護学校編『保護児童ノ研究』（第二回報告）一七頁（一九〇四）。
(12) 内務省地方局『感化救済事業講演集』上巻一四七頁（一九〇九）。
(13) 重松・前出注（3）『少年懲戒教育史』四九九、五〇二頁。
(14) 穂積陳重「米国ニ於ケル小供裁判所」（『大正少年法㊦』一一二九頁）。

(15)「法理研究会記事」法学協会雑誌二五巻六号八九六頁(一九〇七)。
(16) 倉富勇三郎・平沼騏一郎・花井卓蔵『刑法沿革総覧』一六六三頁(一九二三)。
(17) A. Platt, The Child Savers, Univ. of Chicago Press, 75―100 (1969).
(18)「一四歳未満ノ犯罪者感化院入院取扱方ニ関スル件」『現行司法例規』一二三九頁(一九四〇)。
(19) 相田良雄『少年教護法沿革史資料』矯正図書館蔵筆稿複写版一六頁(一九四九)。
(20) 第二四帝国議会衆議院感化法中改正法律案委員会議録第二回(『大正少年法(上)』一三一頁)。
(21) 同前委員会議録第四回(『大正少年法(上)』一五六頁)。
(22) 花井卓蔵「少年犯罪」刑法俗論八五頁(一九一二)。同「不良少年の救護策を講ぜよ」日本弁護士協会録事一六七号四二・四七頁(一九一二)。
(23) 第二四帝国議会衆議院感化法中改正法律案委員会議録第四回(『大正少年法(上)』一六二頁)。
(24) 同前委員会議録第三回(『大正少年法(上)』一三八頁)。
(25) 同前委員会議録第四回(『大正少年法(上)』一五五頁)。
(26) 前出注(16)『刑法沿革総覧』一四九四頁。
(27) 前出注(5)監獄法案他四件委員会議録第三回(『大正少年法(上)』二六五頁)。
(28) 別天生「川越懲治場を観る」監獄協会雑誌一七巻一号六五頁以下(一九〇四)。
(29)『刑務所長会同席上ニ於ケル訓示演述注意事項集』(『大正少年法(下)』一一四三―一一四七頁)。
(30) 小山温「監獄行政と感化事業」(『大正少年法(下)』一一五四―一一五五頁)。
(31) 谷田三郎「少年法に就て」法曹記事三一巻三号一二頁(一九二一)。
(32) 刑事訴訟法改正主査委員会日誌第九一回(『大正少年法(上)』三〇一―三〇二頁)。
(33) 同前主査委員会日誌第九一回(『大正少年法(上)』三〇三頁)。

二　立案過程（その一）——第一次成案（谷田案）の提出と修正

一　概　観

刑事訴訟法改正主査委員会の特別部会として組織された「少年犯罪ニ関スル法律案特別委員会」が審議を開始したのは、明治四五年二月九日[34]である。ここでは「犯罪児童法ノ趣旨ニ於テ調査ノコト」、「各自材料ヲ提供スルコト」が議せられたのみで、第二回を開くまでに、委員会は小田原分監・川越分監での少年処遇の視察調査を行い、他方、司法当局は欧米少年裁判所制度の比較調査を継続している。翌年の大正二年一二月二五日、二八日に特別委員会は会議を開き、委員・幹事から提出された資料に基づいた立法のガイドライン（「主義綱領」）についての審議を行った。この間に立案の責任者として監獄局長谷田三郎が、幹事として泉二新熊、山岡万之助、大場茂馬、谷野格、三浦栄五郎等の実務スタッフが固められている。

二ヵ月の準備期間を経て大正三年三月一日、谷田三郎は、第一案全文六八条、別案（第二案）修正七カ条から成る、いわゆる「第一次成案[35]」（以下谷田案と略称）を委員会に提出した。委員会はこの谷田第一案を七条までの逐条審議したが、第四回の会議を終えるにあたって、委員会を刑事訴訟法改正主査委員会の一部会とは別立の委員会「不良少年ニ関スル法律案主査委員会」へと拡充・改組することを決めた。記録には「本法案ハ其関スル処重要ニシテ且頗ル広汎ナルモノアルヲ以テ…刑事訴訟法ノ調査ヨリ独立シテ本法案ノ主査委員ヲ設ケラルルコト[36]」とだけの記載があるが、改組の実質的理由は、谷田案五条に矯正院新設が盛り込まれ、六条に「不良ノ生活ヲ持続シ……危険ナ状態ニ在ル未成年者」（不良・虞犯少年）が対象少年として正面から登場して感化法との抵触がはっきりした以上、内務省サイドの委員参加が法案審議の不可欠の要件と考えられたことにあると思われる。新たな主査委員としては、水野錬太郎（貴族院議員、元内務次官）、横田秀雄（大審院部長）、一木喜徳郎（内務次官）が加えられた。委員会の名称を「少年犯罪ニ関スル」から「不良少年ニ関スル」に改めたあたりには、当局の微妙な配慮が感じられる。

新構成の主査委員会は三月一八日から一一月一三日の間に一一回の審議を行い、第五章刑事手続の前の五八条までの逐条審議をとげた。七月一〇日には、平沼騏一郎・花井卓蔵・谷田三郎の三名が起草委員に任命されている。委員長は一貫して穂積陳重であった。

以上二点の「委員会日誌」に従い、項目を分けてこの間の議論をフォローしよう。

二　「主義綱領」をめぐる審議

大正二年一二月提出の「山岡万之助提出」と朱書きのある「幼年法立案上ノ諸問題[37]」は、立案のための主要な基本問題を列挙したものである。同時提出の「未成年者ノ懲治及保護ニ関スル法律案[38]」は、いわば予備審議の素材として小山温の名で提出されたものであるが、実際に筆をとったのは泉二新熊と思われる[39]。後者は、少年刑事裁判官に後見裁判所の特別処分（後見処分）権を与えるドイツ法のしくみを一応の範型としたものと思われ、「谷田案」の起案にもかなりの影響を与えている。論議はこの二つの資料を素材に進められた。

(1)　立案の動機

立案の動機であるが、花井卓蔵は「旧刑法ニ於ケル懲治処分ハ新刑法ニハ之ヲ廃シタルモ新刑法ノ立法者ハ此精神ヲ承継シ他ノ立法ニ依リ之ヲ認メントスルコトハ刑法施行法第一六条制定ノ趣旨ナリ……犯罪鎮過ヲ基礎トシ而シテ八才以上ト為スヲ可トス」と述べ、先の花井・床次論争以来の自説を開陳した。

これに対して平沼騏一郎は、刑事司法実務のサイドから、二点にわたって新法の必要性を説いた。次のような平沼の発言には、前項でふれた立法必要の趣旨が、より具体的な形で浮かび上がっている。

①「少年犯罪ハ頗ル多数ニシテ其処分ニ付テハ困却シツツアリ、殊ニ幼者ノ犯罪ニ於テ然リ、之レ畢竟旧刑法ノ懲治処分ニ代ハルモノナキニ因ル、或ハ之ヲ感化院ニ収容セハ可ナリト云フモ之ヲ収容スヘキ感化院ナキヲ如何セン、結局放任ノ有様ナリ」

②「一四才以上二十才迄ハ刑法ニ依ラスシテ本法ニ依ルコトトシタシ、実際上此時代ノ犯罪甚タ多ク強盗強姦等悪性ノ犯罪最モ多シ、然ルニ之ヲ監獄ニ投スルハ設備モ不適当ニシテ感化不能ニシテ却ツテ犯罪ノ稽古ヲ為スナリ、今日ハ検事ニ於テ可成不起訴処分ニ付シ監督者ニ委スルノ方針ヲ採レリ、何モノカ之ニ代ル方法ヲ講セサルヘカラサル場合ナリ(40)」

ここには、現状の感化院的収容処遇は犯罪少年の矯正には凡そ役立たないという事実認識がにじみ出ているとともに、〈検事の不起訴処分—監督者委託〉という検察官の裁量の枠組こそが新法の基本的構成部分たるべきであるという問題意識が表出している。

(2)　保護と刑罰

法の対象に虞犯少年（「浅草公園ニ彷徨スル不良少年ニシテ保護者モナク放任スレハ犯罪ニ陥ルカ如キモノ」）を含ましめることを主張したのは谷田三郎である。これに対しては、小山温や鈴木喜三郎の「元来司法省ノ事業トシテハ犯罪ノ鎮過ニ限ラサルヘカラス」という消極説と、民間人によるプロベーションとの連繋を組織化することで「範囲ヲ拡張スルコトヲ得ル」という欧米少年法の調査を踏まえた積極説（泉二新熊）が対立し、さしあたりは「犯罪ヲ基礎トシテ立案」に決しているが、二ヵ月後の谷田案とともに範囲は再び虞犯にまで拡張される。ちなみに、谷田や泉二が審議において「監視」ではなく「プロベーション」をテクニカルタームとしてすでに抵抗なく多用しているのは興味深い。

少年年齢については、鈴木喜三郎の一八歳説（「数へ年二十才ナラハ此法ノ支配ニテハ不足ナリ」）を少数説として留保しつつ、ここでは二〇歳以下ということで決定を見た。

対象少年の取扱方法について、山岡万之助は論点を次のように整理した。

「一　刑法上犯罪能力ヲ有スル幼者ニ対シテハ常ニ刑罰規定ヲ適用スヘキカ或ハ亦懲治処分ヲモ之ヲ為スヘキカ
一　懲治処分トシテハ強制教育（収容処分―筆者注）以外ノ処分ヲモ亦之ヲ認ムヘキヤ、殊ニ裁判ノ宣告又ハ執行ヲ猶予シ保護監督ニ付スル制度ヲ認ムヘキヤ、保護監督ヲ認ムルトセハ如何ナル者ヲ以テ之ニ充ツヘキヤ[41]」

前者は今日の用語を用いれば「刑事処分」と「保護処分」の関係であり、後者は保護処分の具体的内容と種類にかかわる。結局、第一の点に関する立法の基本線としては、「刑ヲモ存シ選択スル方法ヲ採ルヲ可トス」という鈴木の意見を再び留保しつつ、プロベーションを含む意味での「強制教育主義」を原則として採用することがさほどの異論なく決定をみている。旧少年法成立以後広く用いられるに至った「保護」概念の立法上の起点と言ってよい。

第二の「懲治処分」の内容、種類については、同時提出の小山試案の三種類の処分にプロベーション（監視制度）が当然のこととして加えられ、旧少年法上の保護処分のメニューが概ね出そろっている。

(3)　審判機関

後の議論との脈絡で興味深いのは審判機関をめぐる審議である。「犯罪ヲ認ムル以上ハ其機関ハ裁判官トシタシ」（豊島直通）という点については委員は共通の理解をもっていたが、機関の性格と構成については、「裁判説」と「非裁判説」で意見が分かれた。後者に拠った小山温は、「往昔ノ五人組制度ノ如キモノヲ設ケテ此観念ヲ涵養スルノ必要アリ、従ツテ未タ刑罰トシテ裁判スルニ非サルモノハ裁判ノ形式ニ依ラサルヲ可トス」、「裁判ト見サルヲ可トス」、「判事一人ト他ニ市町村長教員僧侶、徳望家等ヨリ二人ヲ選出シ都合三人ニテ組織シタシ」という、判事を中核に据えた「委員制度」を強く主張した(42)。

委員会は小山のこの「委員制度」を異論を含みながらも可決しているが、彼の意見を敷衍して言えば、民事裁判でも刑事裁判でもなく、しかし同時に準司法的な性格は失うことのない審判機関を設置するということに帰着する。谷田自身はこれを「特別設備ノ裁判所」と表現した。谷田案の中に現われて来る参与制度を伴った「少年審判所」という独特の構造は、このようなプロセスでその骨格を与えられていった。

以上のような「主義綱領」審議を踏まえて谷田は、泉二、山岡、大場等の補助の下に起案に取りかかり、合議の末大正三年三月一日に「第一次成案」を委員会審議に付した。

三　谷田案の構成と手続

大正一一年成立の旧少年法と谷田案を比較してみると、法案編成上の配列と章立て自体には——立案の最終段階で「少年の処分」が「保護処分」と「刑事処分」の二つに分割された点を除けば——ほとんど変化がない。大きく変わったのは、①谷田案が「少年裁判所」（五九条・六〇条）と「少年審判所」に与えた性格づけ、②手続に検事が占める位置、③少年の年齢の上限、④虞犯少年の継続処分における取扱いである。③と④は、大正七年～八年の審議における修正であり、審議録未発見のため本稿においては必ずしも十分な裏付けをもって検討できないが、①と②の論点については、大正三年の時点で、大正一一年法の基本的特質を理解するに足るかなりつっこんだ議論がなされている。ここでは、谷田案の描き出した少年法構想を以下三点にしぼって整理しておく。

(1)　少年審判所

後年の少年法案理由（大正一一年）の法案一五条の説明には、「保護処分ハ民事ニモ非ス又刑事ニモ非ス、従テ司法ノ性質ヲ存スルモノト謂フヲ得ス。然リト雖モ法ノ範囲内ニ於テ国利民福ヲ増進スル為メ自由ナル処分ヲ為ス行政ト同シカラス。……少年審判所ハ司法官庁ニモ非ス行政官庁ニモ非スト雖、法ニ従ヒテ保護処分ヲ為ス点ニ於テ寧ロ司法官庁ニ類似シタル性質ヲ有スルモノトス」とある。

谷田案の特徴の第一は、先に審議された「特別設備ノ裁判所」を純然たる司法裁判所としては組織せず、触法事件・虞犯事件のみを管轄する準司法的行政機関（一八条・二〇条・二七条参照）として、裁判所と別立てに構想した点にある。犯罪少年に対する特別処分は、審判官を兼任する判事が「刑ノ言渡ニ代ヘ」てこれを裁判所で行う（五条・五九条）というのがここでの建前であった。

谷田は法案の「大体ノ趣旨」説明にあたって、審判所の性格につき次のように述べている。

「少年事件ハ其取調ハ可成温和ナル手続ヲ執リ保護ノ精神ヲ失ハサルコトニ努メントシ、於此刑事裁判所ハ不可ナリトシテ別ニ審判所ヲ設クルコトトシ、其取扱者モ審判官トシ且広ク事情ニ通シタル者ノ立会ヲ必要トスルヨリ地方ノ有力者等ヲ立会セシメ其意見ヲ聞クコトトシ、仮リニ之ヲ参与ト称セリ(43)」

「保護ノ精神」はさしあたり、触法・虞犯事件で参与を伴った「温和ナル手続」を執るこの少年審判所に体現されるが、谷田案の眼目は、この審判所の機能的性格を——法の許す限度内で——刑事事件として少年を取り扱う「少年裁判所」にまで可及的に押し広げようとする点にあった。

谷田三郎によれば、欧米において保護処分を刑事処分と同様に裁判所の判断に委ねているのは、少年の権利・自由を独立した司法権によって守るためのもので、これは「立憲法治国の通義」に基づくものである。行政処分主義を一方的に主張する小河滋次郎や床次竹二郎型の主張は、この「通義」を無視する「放論」（内務行政万能論）であって、その意味では審判機関はあくまで司法機関の枠内になければならぬ。

しかしながら、これを西欧のように通常裁判所の刑事手続の特別部門として設置すべきかということになると大問題で、ここには二つの問題点がある。

まず第一に、「保護処分に於ける直接の着眼点は少年の保護教養に存し、法律の適用、法律関係の確定、法律の維持などは素より本来の着眼点ではない」という、特別予防を重視した論点である。保護処分のこうした非司法的性質を考慮すると、これを「通常裁判所の所管事項に属するものと見ることを得るや否、是亦法理上大なる疑問の存する所である」。これは、少年審判そのものの有する両義的性格に関する一つの洞察と言ってよい。

第二に、谷田によれば「我国社会の現状」においては、「一般に裁判所に対して親しみを有たないのみならず、無暗に畏怖の念を抱」く傾向がある。すなわち「保護処分を裁判所の所管に属せしめ、少年を裁判所の法廷に呼出すことになれば……少年保護の目的を達せざるのみか、却って其趣意に戻る」危険がある。かくして、本法案は、「少年審判所なるものを新設し、旧来の裁判所に伴ふ官僚的形式と威圧的容姿を改め、簡易通俗な手続の下に丁寧親切を旨とする温情的態度を以て事に当たらしめ、此の如くにして裁判所に対する社会の気分を一新せんことを計った」と谷田は言う。つまり「立憲法治国の通義」の枠内にぎりぎりでとどまりながら、その枠内で保護処分の非司法的性格を追求するというのが、「分立主義」を採用したここでの谷田の意図であった[44]。

(2)　少年裁判所

では、犯罪少年の特別処分について谷田はどう考えたか。法案五九条は、少年の刑事事件につき「区裁判所ノ管轄ニ属スル少年ノ刑事事件ハ少年審判官ヲ命セラレタル判事之ヲ審判ス」と規定し、六〇条は「地方裁判所ノ管轄ニ属スル少年ノ刑事事件ハ少年刑事部ニ於テ之ヲ審判ス、少年刑事部ハ司法大臣ノ特ニ命シタル判事ヲ以テ組織ス」と定めている。谷田自身はこれを「少年裁判所」と呼んでいるが、その趣旨を「原案ニハ現ハレサルモ裁判官ヲ同時ニ審判官トスル考ナリ、即チ独逸ハ斯クナリ居レリ」と述べ、「判官ハ其実一人ニテ或ハ審判官トナリ或ハ裁判官トナルヲ以テ或場合ニハ特別処分ヲ為シ又ハ刑事裁判ヲ為ス」ことにあると説明した[45]。少年裁判所には、「刑ノ言渡ニ代ヘ」（五条）て審判所と同様の特別処分を言い渡す権限が与えられると共に、手続には保護司による人格調査や仮処分制度をはじめとする審判所の主要な手続規定が準用される（六八条）。裁判所の裁量権を軸にして、審判所の保護手続と裁判所の手続の機能的連続性を意識的に図るところに、この少年裁判所構想の眼目がある。ちなみにこの構想が――谷田の右の発言や「少年裁判所」というそこでの呼称からも窺われるように――、Jugendgericht（少年裁判所）とVormundschaftgericht（後見裁判所）の機能的連携の中から生成し始めていたドイツの少年法実務からヒントを得たものであったことは別に触れた通りである[46]。

(3)　手続構造

①　右のように、二つの審判機関を軸にした少年法の「手続ノ組織」としては、谷田によれば三つのタイプが考えられた。第一は、犯罪少年は「之ヲ裁判所ニ於テ管轄シ十四歳未満ノ者ニシテ犯罪行為アリタル者及ヒ不良少年ノミ

ヲ審判所ニ於テ取扱フ」方法（「分立主義」）で、第一案として提出されたものである。第二は、特定の重罪事件を除き全事件を一旦審判所に集め、「犯罪少年モ審判官ノ審判ヲ経テ裁判所ニ繋属セシムルノ方法」（「審判所主義」）であり、第二案がこれに当たる。第三のタイプは、「何レノ少年モ裁判所ニテ審理スル主義」であるが、これは審判所・裁判所を組織上分立させる谷田構想の考慮の外に置かれた。

さて、第一案を正案とし、第二案を別案として提出した根拠について谷田は次のように述べた。

「一四歳以上ノ犯罪者ハ仮令特別処分ヲ要スル場合ト雖モ少年裁判所ニ於テ取扱ハシム、審判所ニ於テハ強制的手続ヲ為サス、又宣誓ノ如キ手続モ取ラス、反之少年裁判所ニ於テハ本法ニ於テ特別手続ヲ存セサレハ凡テ刑事訴訟法ニ依ルナリ、一四歳以上ハ犯罪アラハ刑罰ヲ科スルヲ本則トスルカ故ニ『刑ノ言渡ニ代ヘ』ト規定セリ、独、澳等亦然リ」

第一案のドイツ型モデルを第二案に優先させた理由を谷田は次のように続けている。

「本案ハ各国ノ夫ニ比シ範囲弘ク即チ凡テノ少年ヲ取扱ヒ、又二八歳迄モ取扱フ、故ニ若シ『刑ノ言渡ニ代ヘ』ヲ削リ犯罪少年ヲモ審判所ヲ通過スルコトトセハ、刑法ノ例外ニ非スシテ全ク特別法トナリ本案ノ趣旨トハ異ナルコトトナル、即チ例外トシテ刑ノ言渡ニ代ヘトシタルナリ、此方趣旨一貫スト信ス」[47]（傍点筆者）。

すなわち、一四歳以上の未成年者に対する責任主義の原則を維持しつつ、同時に「保護ノ精神ヲ失ハザル」未成年者特別処分法を組み立てるには、少年裁判所に「刑ノ言渡ニ代ヘ」る特別処分権を与えるとともに、裁判手続において審判手続を準用するという方法が一番筋道が通る、少年審判所に純化された形であらわれる「保護ノ精神」はかくすることによって、少年法全体に及び得る、というのが谷田の理解であった。

② 谷田はしかし、右の第一案の「手続ノ組織」に必ずしも固執していた訳ではない。第一案が第二案にまさるのは、右にふれたように「犯罪アラハ刑罰ヲ科スルヲ本則トスル」という積極的責任主義の基本前提を貫く限りにおいてである。この一点を緩和した場合には、検事の公訴権限を特定重罪事件にのみ限定して、全少年事件を一旦審判所へ送致し審理する第二案の手続構造（第二案一八条・六一条）[48]が有力なものと考えられた。但し、この場合には、犯罪事件の審判における検事の書類閲覧権と審判立会・意見陳述権（四二条ノ二第二項）を認めた上で、審判所が全事件を一旦掌握するのであるから、第一案に比べて手続の形式化は犯罪少年に関する限りは免れない。

第一案を分立の下での機能的連続志向型と呼ぶとすれば、第二案は審判所主導型と言ってよい。そして、各々の組織法的な範型が、ドイツの後見裁判所・少年裁判所とアメリカのパレンス・パトリエ少年裁判所にあることも察するに難くない。敢えて両者を比較すれば、検事の関与しない第一案の分立モデルの審判所の方が――対象を虞犯・触法少年に絞っている分だけ――「保護ノ精神」をより純粋に体現できるということになろう。実際にも、起案者の谷田、泉二は局面によっては、二つの案を殆ど同格の位置においた立案提言を繰り返している。

谷田の提出した右の両案の手続に共通しているのは、審判機関（少年審判所・少年裁判所）に処分選択上の合目的性の判断権を大幅に与えている点である。第一案の場合には、刑を科するか特別処分に付するかの選択権は裁判所にあり、審判所には刑事手続への事件送付裁量権が与えられている（四七条）。第二案の場合には、特定重罪事件を別にすれば、審判所は検事の審判関与を要件にしつつも、全少年に対する手続上の振分け権を留保している。審判所からの送致は直接管轄裁判所になされる。つまり、右の二つの谷田案の手続の特徴は、終局決定以前のインフォーマルな手続過程で発揮されすでに明治四〇年代にはその地位を確立していた検察官の起訴猶予裁量という、先に平沼が強調した契機に殆ど考慮を払っていないところにある。というよりも、後述するようにむしろ意識的にこれを組み込むことを退けている。検事の不起訴処分と監督者委託を立案の「核」として有していた平沼の観点からは、これが余りに西欧直輸入のものと映ったとしても不思議ではない。

一方で、谷田第一案の持つ責任主義原理は、アメリカ少年裁判所の福祉法的パレンス・パトリエとは相当に隔たったものである。これは、花井卓蔵の「大にまれ、小にまれ、犯人は皆憐むべきものである。而して、就中憐むべきは少年犯である」という、――ある意味で論敵床次竹二郎とも共通した――パターナリスティックな心情を逆撫でするものであった。

谷田案への異議は、右の二つの方向から起って来た。

四　谷田案への異議と修正

(1)　教育主義的批判

谷田案への異議の第一は、花井によって繰り返された少年法の後見裁判法・少年審判法的純化の主張である。少年法は、花井の哲学によれば、憐むべき少年に対する国家の「仁慈道徳」の発露でなければならない。したがって、制定されるべき少年法は、法それ自体としては、刑事裁判手続を一切包含しない一の「少年審判法」でなければならない。「公訴ニ依ラスシテ本法ノ處分ヲ為スコトヲ得ル様ニスルヲ可トス」、「少年法ハ公訴主義ヲ認メサルコトヲ基礎トシタシ」が花井の立論の立脚点であった。法案五条に見られる谷田の責任主義原理に対して花井は次のように反論した。

「五条ハ本條《ママ》ヨリ削除シ刑事訴訟法中ニ規定シテハ如何、立法ノ体裁ヨリスルモ正シク独逸モ斯クナリ居レリ、谷田委員ノ原則論ハ了解シ能ハス、少年法上ニ『刑ノ言渡ニ代ヘ』ノ如キ規定ヲ存スルハ既ニ法ノ趣旨ヲ没却ス[49]」

花井は少年の刑事責任の存在を否定した訳ではないが、能う限りその可能性を縮減かつ例外化する方向でここでの議論を展開した。その限りで、谷田第二案における検事の起訴権の制限には花井は賛意を表している。

一八歳未満の少年の死刑禁止、死刑の無期刑への緩和を規定する九条をめぐる審議には次のようなやりとりがある。

倉富「花井君ハ刑法的規定ハ除キタシトノコトナルカ本条ノ如キ規定モ其考ナルヤ」
花井「可成除キ度キ考ナリ」
谷田「元来本法案ハ刑法規定、刑事訴訟法規定、監獄法規定等ヲ包含スルヲ以テ、本条ノ如キモ存置シタシ」

しかし、九条の「刑法規定」にまず年齢の点で疑義を表明した鵜沢総明に賛同して花井は次のように続けた。

「二〇歳説ニ賛成、本条ノ刑法規定タルコト勿論ナリ、今日斯ル規定ノ必要アルコトハ深ク之ヲ認ムルコトナリト雖モ之ヲ本法中ニ置クハ適当ニアラスト信ス」
「第九条第一項死刑ノ下ニ無期刑ヲ加ヘ第二項ノ無期ヲ有期ニ改メタシ、其理由ハ無期ト死刑トハ異ナルコトナク却テ無期刑ハ死刑ヨリ悪刑ナリ、……少年犯罪ニ無期刑ヲ科スルハ改過遷善ヲ期スル少年法ノ趣旨ニ反ス」
「第三項（皇室に対する罪の緩和の除外─筆者注）ヲ削除シタシ、薬ヲ以テ毒ヲ洗フノ手段ニ依ルヲ可トス[50]」

右の花井提案はいずれも否決され、三項の例外としては、逆に刑法二〇〇条の尊属殺が平沼の提案によって加えられた。

以上の花井の立論を特徴づけているのは、「刑罰」と「教育」（ないしは、責任主義と保護主義）の二分論であり、そこには「教養の目的物たる少年又は青年に対して、教養と全然其の性質を異にする所の刑罰を科するが為に、反つて、其の将来の運命を悪変醜化するに至るべきは理の当に然るべき所也」、「感化処分は、国家が親権者に代つて為す所の恩恵的教養保護の施設也、反正行為に非ずして教育行為也[51]」という小河滋次郎の感化教育主義と同質の思考がある。

(2)　「検事ノ起訴権」(1)

谷田案への異議の第二は、法案の有する審判機関の応汎な裁量権、とりわけ裁判所の特別処分選択権への批判として起った。論議のきっかけはここでも法案五条「罪ヲ犯シタル少年ニ対シテハ刑ノ言渡ニ代ヘ前条第一号乃至第五号ノ処分ヲ為シ又ハ本人ヲ矯正院ニ送致スルコトヲ得」の意義に関する、花井とはいささか別の角度からの倉富勇三郎の質問であった。前述したように責任主義の原則をとにもかくにも貫こうとする谷田第一案の構想では、犯罪少年についてはまず少年裁判所に公訴がなされ、その上で、「保護ノ精神」を体した判事（審判官）が「刑ノ言渡ニ代ヘ」て選択的に特別処分を行う。これを谷田は、「旧刑法ノ懲治処分ノ如クニ起訴シタル後裁判官カ特別処分ヲ適当ト認メタルトキハ其処分ヲ為スコトトナルナリ」「斯クスルヲ理義一貫スト思フ」と説明した。倉富と平沼は、この組立てに対して次のような疑義を述べた。

倉富「刑事裁判ナリトスレハ公開問題ニモ関係ス、故ニ審問ノ手続ヲ為シタル上刑事処分ヲ必要ナリトスルトキハ裁判所ニ送致スルコトトシテハ如何」

平沼「検事カ処罰ノ必要アリト認ムレハ起訴シ然ラサレハ審判所ニ廻スナリ、若シ已ニ公訴ノ起リタル場合ニハ其裁判所ニテ特別処分ヲ為サスシテ審判所ニ移ス考ナリ」

同「起訴スルハ適当ニアラストスルモノヲ起訴スルハ穏当ニアラス、故ニ倉富説ノ如クシ已ニ起訴シタルモノハ審判所ニ廻ハスコトトシテハ如何[52]」

これに対して、谷田は第四回審議の冒頭で、改めて「少年裁判所ト審判所ハ両立スルモノニシテ、審判所ハ犯罪無責任ニ属スル者ヲ、少年裁判所ハ一四歳以上ノ犯罪者ヲ取扱ハシムルナリ」と前置きした上で、先に引用した法案の骨格に関する自説を詳細に展開した。しかし平沼は右の谷田発言に対して、これまた真向から次のような反論と批判をあびせている。即ち、

「立案ノ趣旨ハ了解セリ、素ヨリ理由アリト考フルモ少シク起草者ト説ヲ異ニスル点アリ、谷田説ノ如ク独逸ノ如キハ斯クアルヘキヲ当然トス、吾邦ハ少シク之ニ変更ヲ加フルノ必要アリ、一四歳以上ノ者ニハ刑ヲ科ス、併シ今日其必要アルヤ否ハ検事ノ見込ニ依ルナリ、一四歳以上ハ総テ起訴スルコトハ実際上許サス、即チ必要ノ有無ヲ甄別シテ之ヲ決ス、若シ谷田説ノ如クスレハ恰モ旧懲治処分ト同シク総テ起訴ノ上裁判所ノ取捨ニ委スコトトナリ実際ト抵觸スルニ至ル、素ヨリ起訴ヲ必要トスル者ハ起訴スルヲ以テ刑事訴訟法ノ例外トハナラス、要スルニ今日ノ実際ノ取扱ヒタル、或ル必要ナル者ハ起訴シ否ラサル者ハ起訴セストノ取扱ニ反スルニ至ルハ甚タ宜カラス、起訴ノ必要ナシトスルモノハ裁判所ニ送ラス審判所ニ取扱ハシメ度キ考ナリ[53]」（傍点筆者）

ドイツ型の起訴法定主義は、もはや「今日」の「吾邦」においてはそのままあてはまらないばかりかかえって手続を旧懲治処分の昔にかえす危険があり、新たに制定されるべき少年法にふさわしくないという平沼のここでの発言は、すでに起訴便宜主義の慣行を確立し、刑事訴訟法上での明文化に取り組みつつあった当時の司法部の自信のほどを示していると言ってよい。

平沼の批判に対して谷田は、検事は特別処分を単独に請求できない訳ではないが、案の趣旨はあくまで、「『刑ノ言渡ニ代ヘ』ハ……起訴後ニ於テ判事カ相当ト見レハ特別処分ヲ為スコトヲ認メタルモノニシテ必要ナリト思フ、可成存置セラレタシ」と主張して、裁判所の特別処分選択権を維持しようとした。これには倉富が次のように追打ちをかけた。

「平沼委員ト同意見ナリ、谷田説ニ依レハ検事カ必要ナリトスレハ特別処分ヲ求メテ可ナリトノコトナルカ、果シテ然ラハ検事カ刑ヲ科スル必要アリトシテ起訴シタル場合ノミニ五条ノ適用アルノミ、若シ此場合ノミナラハ審判所ニ移送シテ差支ナシト思フ、……刑事裁判所ニテ特別処分ヲ為スハ便宜ニアラスト信ス[54]」

幹事の泉二は委曲を尽くして「後見判事ト少年裁判官ヲ一人ニ兼ネ」しめる原案の〝機能的連続志向モデル〟の説明にこれ務めたが、平沼の「裁判所ニ於テハ特別処分ヲ為サシメヌ考ナリ」という断固たる主張の前に委員会の大勢は決した。

平沼・倉富説をここで若干敷衍すれば、我が国の裁判所とは、検事が刑事処罰の「必要」を認めて起訴した事件につき、法を解釈・適用し刑を科する機関である。谷田型の「裁判所による少年審判」という少年裁判所構想は、この裁判所の性格を曖昧なものにするとともに、「検事ノ見込」によって運用されて来ている「吾邦」の刑事手続の構造を危うくする危険がある。「刑罰」か「保護」かの合目的性の判断と選択は、検事の起訴権の行使にこそ委ねられて然るべきであるというのが、平沼・倉富のここでの主張であった。

結局、犯罪少年を少年裁判所による修正された特別処分選択手続にのせるという谷田の「理義一貫」の原案は覆され、「裁判所ニ於テ特別処分ヲ適当ト認メタル場合ト雖モ之ヲ為サシメサルコト」、「第五条中『刑ノ言渡ニ代ヘ』ハ自然削除」が、挙手多数によって決議された(55)。

こうして、谷田案第五条「刑ノ言渡ニ代ヘ」は、一方で花井卓蔵の、かかる規定をおくこと自体が「既ニ法ノ趣旨ヲ没ス」という教育主義からの批判を浴びると同時に、他方では「今日其必要アルハ検事ノ見込ニ依ルナリ」という平沼騏一郎の起訴便宜主義からの痛撃をうけて、いわば両者のはさみうちにあう形で姿を消した。犯罪と虞犯・触法を書き分けるドイツ法型の立法形式は棄てられ、対象少年に関する規定（四条・五条・六条）を一本化する倉富の提案が可決されて、審判所の対象は犯罪少年の事件にまで拡張された。

(3)　「検事ノ起訴権」(2)

裁判所であれ審判所であれ、審判機関に広い合目的性の裁量権を与えるという谷田三郎の趣旨からすれば、右の決定は甚だその意に反するものであった。かくして、五条以下の逐条審議において谷田は第一案の構想を棄て、第二案の「審判所中心主義」に依拠した立論を展開することになる。論議は第七回委員会において、一八条の審判所の管轄規定をめぐって再燃した。

谷田はここで、前回までの修正決議「第四条及ヒ第六条ニ記載シタル者ハ少年審判所ノ審判ニ付ス」を曖昧かつ不十分として、第二案一八条における、特定の例外事件（例えば「大審院—特別権限ニ属スル罪ヲ犯シタル者」）を除いて全少年を審判所の管轄にかからしめる条項の採用を主張した。本条は同じく第二案六一条、「少年審判所ノ審判ニ付ス可キ者ノ犯罪事件ニ付テハ検事ニ於テ本人ヲ死刑、無期又ハ五年以上ノ懲戒若クハ禁錮ニ処スベキモノト思科シタル場合ニ非サレハ公訴ヲ提起スルコトヲ得ス(56)」と相俟って、審判所に特別処分と刑事訴追（同四七条）の選択にあたってての手続上のイニシアティヴを与える要の位置を占める条項である。優先的な「検事ノ起訴権」はここでは重罪にのみ制限され、合目的性の裁量判断は審判官に委ねられる。そして「分立主義」不採用の場合には、この「審判所中心主義」を是非とも採用したいというのが、谷田、泉二、山岡の共通した認識だったようである。「少年ハ総テ審判所ニ於テノミ管轄スル趣旨ナリ」という谷田の主張を援護しつつ、泉二は次のように論じている。

「立法例ハ区々ナルカ、米国ノ或州ニテハ死刑、無期刑ヲ除キ其ノ他ノ事件ハ総テ審判所ニ送致ス、……『ウンガルン』モ重大ナル犯罪ハ普通裁判所ノ管轄トシ其他ハ少年裁判所ノ管轄トス、而シテ検事カ刑ヲ求ムル場合ハ審判所ニ属スルモノト雖裁判所ニ送致ス、要スルニ大体重大ナル犯罪以外ノモノハ審判所ニ送ルヲ可トセサルカ(57)」

「検事の起訴権」の角度からする谷田案批判はしかし、この第二案において前項の「刑ノ言渡ニ代ヘ」の場合よりもさらにはげしかった。倉富、小山と谷田の間に交わされたやりとりを見よう。

倉富「若シ其虞（管轄上の重複の危険—筆者注）アラハ手続ノ章ニ規定セハ可ナリ」
谷田「少年事件ハ総テ審判所ヲ経サセタシ」
倉富「原案モ既ニ其趣旨ニアラス、直ニ刑事裁判ニ付スル場合アリ」

谷田「第二案第六一条ノ如キ重要ナルモノニ限ル」
倉富「強テ第二案ノ例外ヲ認ムル必要ナク、又検事カ公訴ヲ提起スル必要アリトスル場合ニ強テ審判所ニ付スル必要モナシ」

＊

小山「裁判所ニ送ルト審判所ニ送ルトハ検事ノ選択ニ依ル」
谷田「一般人ニ申告ヲ許スヲ以テ必シモ検事ノミニ限ラス」
小山「犯罪事件ナルヲ以テ之ヲ検事ニ通知シ検事ハ之ヲ選択スルコトトナル、原案トハ趣旨ニ差異ヲ来セリ」
谷田「自分ノ考ハ重大ト否トハ審判所カ判断スルナリ」
小山「然ラハ審判所カ検事ノ職権ヲ縮小スルコトトナルカ、結局ハ処分ハ検事ノ取捨ニ任スコトトナルヘシ」

＊

花井「此所ハ原則トシテ例外ヲ設ケサルコトトシ、谷田委員ノ主張ノ必要アラハ後ニ別ニ規定スルコトトシテハ如何」
小山「起訴権ハ検事ニ在ルヲ以テ其選択ニ委スヲ可トス、第一案ノ趣旨亦然リ」
谷田「一案ハ然ルモ第二案ニテ改メタリ、小山説ノ如クセハ少年検事ノ如キモノヲ設クルノ要アリ」
花井「谷田君ノ趣義ヲ採ルニモ修正決議ノ通リ原則ノミヲ規定スルヲ可トス」
谷田「人ヲ基礎トシテ規定スル方適当ニシテ、処分ヲ基礎トスルハ不可ナリ」
倉富「尤モナルモ夫レハ已ニ第四条ニテ明ナリ」
谷田「重大事件ノ外ハ検事ノ干渉ヲ廃除《（ママ）》シタシ[58]」

速記録ならぬ要点筆記のこの表現だけからでも、両者の対立の激しさが伝わってくるが、谷田は容易に第二案一八条修正を譲らなかった。論議はひとまず、「谷田君ノ提案アルマテ留保ス」（穂積）という形で持ち越された。

（4）「検事ノ起訴権」（3）

審判機関の裁量権か検事の裁量権かの三度目の論争が起ったのは、第九回委員会の法案三三条審判前調査開始規定をめぐる審議においてである。三三条の審判所による少年の調査開始が犯罪少年を含むなら、これは「検事ノ起訴権ト抵触スルニ非サルカ」という倉富の質問に対して、谷田は再び先来の自説を述べ、倉富と次のような論争を繰り広げている。

谷田「自分ハ当初ノ考ヘ通〔リ〕特別処分ヲ為ササルモノト雖モ一応審判所ニ廻ハスヲ可ナリト信ス、第二案第一八条第六一条ノ外ノ場合ハ検事ニ干渉セシメスシテ両者ノ抵触ヲ避クルヲ可トス、要スルニ特別ナル場合ノ外ハ検事ハ干渉セサルコトトシ、審判所ニ於テ取扱ハシメタシ」

倉富「検事ノ起訴権ニハ影響セサルモノトシテ是迄議事進行シ来リト記憶ス、果シテ然ラハ刑事処分ニ触レサル者ノミヲ審判所ニ付スルコトト為ス外致方ナキニ非スヤ」

＊

谷田「重大事件ノ外ハ一応審判所ニテ取調ヘ、審判所ニ於テ裁判所ニ送ルヲ適当トスルトキハ之ヲ検事ニ交付スルコトト為スヲ可トス」

倉富「兎ニ角検事ノ起訴権ヲ制限スル迄ニハ決定シ居ラス」

谷田「検事ニ通知スル方法サヘアレハ差支ナシト思フ」

＊

花井「谷田君ハ先ツ一切ヲ審判所ニ於テ支配セシムル考ナリヤ」

谷田「然リ」

倉富「審判所カ先鞭ヲ付ケタル以上ハ如何ナル事件ト雖モ検事ハ干渉スルヲ得ストスルハ余リ酷シ、今日検事ハ其見込ヲ以テ起訴猶予処分ヲ為シ居レリ、依テ本問ノ場合ニ於テモ検事ニ取捨ヲ許シテ可ナラン」
花井「今日ノ如キ無暴ナル扱振ニテハ不可ナリ、審判所ニ属セシムルヲ可トス」
谷田「必スシモ検事ヲ信セサルニ非サルモ於善キ審判官ニ属セシムルヲ可ナリト思フ(59)」

「検事ノ起訴権」か「善キ審判官」かという倉富と谷田の対立はここまで深刻化していた。殆ど相譲らざる平行線というに近い。しかもこの日、実質的な断案者の平沼騏一郎は欠席している。再び穂積が両者の議論に割って入り、「本問ハ重大問題ナリ、又谷田君ヨリ提案アルヘキ筈ナルカ、谷田君ノ第二案第一八条ヲ以テ提案ト為ス趣ニ付キ其趣旨ニテ御考ヲ請フ、而シテ多数出席ノ際ヲ期シ審議スヘシ」として、本問題の審議をさらに先送りする形で決着を図った。

ちなみに、倉富対谷田に代表されるここでの激しい論争を泉二は後年次のような表現で回顧している。

「その当時私共の考へでは、山岡さんも谷田氏も同じ意見であつたが、全部兎に角少年審判所を潜らせる、その上で、裁判所に送る者は送り、少年審判所でやる者は少年審判所でやるが、先づ審判所にやるといふことが、我々の提案であつたのですが、それも色々議論があつて到頭今日のやうな規定になつてしまつた(60)。」

泉二の「今日のやうな規定」とは、とりわけ法二七条の、審判所の第一次審判権の制限規定と、法六二条「検事少年ニ対スル刑事事件ニ付第四条ノ処分ヲ為スヲ相当トスルト思料シタルトキハ事件ヲ少年審判所ニ送致スヘシ」をさしているが、谷田達が第二案として提出したアメリカ少年裁判所型の、重大案件を除く全件送致手続の導入がすでに大正三年当時において右のような強い反論に出会っていたことは、我が国の少年法史上の興味ある一こまと言うべきであろう。但しこの際一点注意しておくべきは、谷田第二案は先にもふれたように、全件送致手続を採ることのいわば当然の帰結として、犯罪少年の審判開始期日・要旨についての検事への通知を審判所に義務づけるとともに、検事には書類閲覧権と審判立会権・意見陳述権を与えているという点である。（前述一二七頁）。起案過程における委員会全体の大陸法的スタンスから見る限りこれは、谷田や泉二がアメリカ法型パレンス・パトリエの導入を第二案のスタイルで検討するにあたっての不可欠の修正事項であった。つまり、谷田第二案は、犯罪少年の審判から一切の責任主義的・刑事的要素を排除する典型的なパレンス・パトリエモデル[61]を直輸入するというよりは、「保護ノ精神」を前提にしたうえでのある種の責任主義の維持をねらいとするものであり、なかんずく「小供ハ罪人ニ非ラズ、小供ハ罪人タル能ハズ」に見られる少年観をストレートに継受するものではなかったのである。

(5)　審議の中断

さて、いささか煩をいとわず引用した右のような法案の手続構造にかかわる論争部分を除けば、主査委員会は、不服申立制度の是非（二一条）について若干の議論を行った他は、かなりスムースに逐条審議を進めた。当時の谷田自身に躊躇があった参与制度の採用も難なく通過している。また、個々の保護処分についてはかなり立ち入った審議がなされた。

大正三年一一月一三日、主査委員会審議は、第四章「少年審判所ノ手続」を終えて第五章「裁判所ノ刑事手続」に入った。谷田第一案の要の位置にあった五九条・六〇条は、すでに先の五条審議の結果その意義を失っているが、五章にはなお、「谷田君ノ第二条」問題を中心として「重大問題」（穂積）が残されている。

ここで突然提出されたのが「五章全部削除スヘキモノニアラスヤ」という花井提案である。先に見たように、主査委員会審議にあたっての花井の基本的姿勢は、少年法を単一の「少年審判法」として非刑事的に純化した形で制定することに向けられていた。花井の理解によれば、「少年法的保護ト刑法的保護トヲ同一トナシ朝ニ少年法保護ニ当リ夕ニ刑法的保護に任スルカ如キハ混同ノ弊アルノミナラス到底行ハレ」ざるものである。花井のこの二分論から言えば、法案第二章に点在している少年の刑法上の特則規定はもとより、「刑事手続」の五章を設けること自体が少年法立案の趣旨に反するものであった。これらは、少年刑事特別法として別個に制定されねばならない。花井曰く、

「五八条ノ外ニ必要ノ事項アラハ之ヲ規定シ以下削除スルヲ至当トス、刑事裁判ニアラサルモノノ中ニ刑事手続ヲ規定スルハ不可ナリ、而シテ……少年裁判所ニ関スル刑事手続法ノ如キモノヲ独立シテ制定シ即チ少年法、少年刑事手続法ノ二トシテ恰モ刑法改正ノ際裁判所構成法ノ改正ト刑法施行法ヲ作リタルカ如クセハ立法ノ道ヲ失ハス、又完全ニ近カルヘシ(62)」

法案は第四章までは、若干の規定を除けばともかく単一の少年審判法の形を取っている。だが、第五章になると、花井の主張は谷田の構想と正面から衝突せざるを得ない。この動議に対しては、山岡が、少年取扱立法の総合の必要性という起案者の立場から審議継続を主張した。しかし、ここに至って小山温が「然レトモ此儘審議ヲ進行スルヲ得サルヘシ」との提案を繰り返した。結局「懇談ノ結果」、委員会は花井提案を容れ「第五章ノコトハ本法案ヨリ分離スルコトトシ、尚刑法規定ヲモ分離スルヤ否ヲ起草委員ニ一任ス」との決定を行った。

この実質的な審議中断の意味は、当日平沼が欠席していたことを考慮してもわからない。小山の審議中断動議の意図も不明である。さしあたりここでは、「検事の起訴権」か「善キ審判官」かをめぐる司法当局者間の激しい論争と、

花井の少年審判法純化論の狭間に置かれてデッドロッグに乗り上げた論争に直面して、委員長穂積が審議の一時凍結を図ったと推定しておくことにしたい。

(34) 少年犯罪ニ関スル法律案特別委員会日誌第一回（『大正少年法㊤』三一七頁）。
(35) 『東京少年審判所十年史』二六・二七頁（一九三五）は、大正三年案を「第一次成案」、大正七年一〇月（正確には一一月）案を「第二次成案」、大正八年二月案を「第三次成案」と呼んでいる。本稿も右の呼称に従う。
(36) 少年犯罪ニ関スル法律案特別委員会日誌第四回（『大正少年法㊤』三三七頁）。
(37) 幼年法立案上ノ諸問題（『大正少年法㊤』三一三頁）。
(38) 未成年者ノ懲治及保護ニ関スル法律案（『大正少年法㊤』三一四頁）。
(39) 座談会「少年法を語る」少年保護一巻四号一六頁（一九三六）。
(40) 少年犯罪ニ関スル法律案特別委員会日誌第二回（『大正少年法㊤』三一九―三二一頁）。
(41) 前出注（37）幼年法立案上の諸問題。
(42) 少年犯罪ニ関スル法律案特別委員会日誌第二回（『大正少年法㊤』三二七頁）。
(43) 不良少年ニ関スル法律案主査委員会日誌第一回（『大正少年法㊤』三四八頁）。
(44) 以上、谷田三郎「少年法に就て」（承前）法曹記事三一巻四号六―一二頁（一九二一）。
(45) 不良少年ニ関スル法律案主査委員会日誌第三回・第四回（『大正少年法㊤』三五九、三六三頁）。
(46) 本書第1章二八頁注（45）および同三五頁注（58）参照。
(47) 不良少年ニ関スル法律案主査委員会日誌第四回（『大正少年法㊤』三六一頁）。
(48) 少年法案（谷田第二案）（『大正少年法㊤』三四三頁、本書五六頁参照）。
(49) 不良少年ニ関スル法律案主査委員会日誌第四回（『大正少年法㊤』三六三頁）。

(50) 同前主査委員会日誌第五回(『大正少年法㊤』三六七―三七一頁)。
(51) 小河滋次郎「感化教育の要義」救済研究四巻二号一七頁(一九一六)、同「少年裁判所の採否如何」救済研究三巻三号七頁(一九一五)。
(52) 同前主査委員会日誌第三回(『大正少年法㊤』三五九頁)。
(53) 同前主査委員会日誌第四回(『大正少年法㊤』三六一頁)。
(54) 同前主査委員会日誌第四回(『大正少年法㊤』三六二頁)。
(55) 不良少年ニ関スル法律案主査委員会決議項目(『大正少年法㊤』四一五頁)。
(56) 前出注(48)少年法案(『大正少年法㊤』三四三頁)。
(57) 不良少年ニ関スル法律案主査委員会日誌第七回(『大正少年法㊤』三八二頁)。
(58) 同前主査委員会日誌第七回(『大正少年法㊤』三八二―三八三頁)。
(59) 同前主査委員会日誌第九回(『大正少年法㊤』三九七―三九八頁)。
(60) 前出注(39)座談会二二頁。
(61) アメリカ各州におけるパレンスパトリエ法の古典的かつ標準的なテキストとしては、H. H. Hart (ed), Juvenile Court Laws in the United States (1910)がよく引かれるが、我が国においては中央大学図書館・旧「泉二文庫」中に泉二の自署入りでこれが一点残存しており、彼らがほぼリアルタイムでアメリカ法を参照していた跡が窺われる。
(62) 不良少年ニ関スル法律案主査委員会日誌第一一回(『大正少年法㊤』四一三―四一四頁)。

三　立案過程（その二）——大正九年法案提出まで

一　概　観

(1)　審議中断の背景

大正三年一一月一三日までの審議結果は、ひとまず「少年法案」（大正三年一二月一八日刷[63]）および「不良少年ニ関スル法律案主査委員会決議項目[64]」として整理された。「決議項目」の末尾は、「第五章ハ本案ヨリ分離シ尚刑法規定ヲモ分離スルヤハ起草委員ニ一任」で終わっている。しかし本来、「本案ハ少年ニ関スル裁判法、警察法、監獄法ヲ包括ス」（谷田）、「少年処分法、少年刑法、少年刑事訴訟法、少年監獄法ノ特別法タル事ヲ其根底トス」（山岡）、を前提として進行してきたその審議経過から見ても、あるいはまた、立法技術上の可能性という点から見ても、花井の主張するような「少年審判法」と「少年刑事処分法」の立法二分論がどれ程の具体性を持つものであったかは疑わしいものがある。しかも審議は、谷田第二案の是非を「重大問題」として留保したままになっている。こうしてみると大正三年の論議は、起草委員である谷田、平沼、花井の三者の意見が衝突して審議が暗礁に乗り上げたところの、一種の挫折に近いものであり、「会議ヲ開クコト一一回茲ニ大体ノ審査ヲ終リタリ[65]」（大正七年）とは到底言い難いものであったことがわかる。

中断された立案作業は、大正七年七月に至るまで再開されなかった。集中的に法案の完成をめざして審議を開始した司法当局が、なぜ三年半もこれを店晒しにしたのかは明らかでない。後年の泉二新熊の回顧には「大正四年から七年までというのはヨーロッパ世界戦争の時で……それとなしに停止状態といふか、睡眠状態にあつた[66]」とあるが、泉二は大正六年の論文では、「少年裁判法を制定実施することに就き頗る困難なるは、之に伴ふ経費支弁の点に存する[67]」とも述べている。また、大正三年にはシーメンス事件、大正四年には大浦事件という検察当局にとっての大問題が発生しており、他方、刑事訴訟法改正主査委員会は、「谷田君ノ第二案」（穂積）の是非を解く鍵である起訴便宜主義の明文化審議に関する議論をなお継続中であった[68]。しばしば発生した「人権蹂躙」問題や右の刑訴法改正審議の進捗等も含めて、平沼、鈴木を中軸とする司法当局はこの間「少年法案」を完成させるタイミングを見失っていたと見るのが妥当なところだろう。

（２）　立案作業の再開

大正七年夏、平沼を中心として部内での審議を開始した司法当局は、大正三年一二月一八日の「少年法案」をたたき台に九月二七日には一応の原案を作成し、これを修正したいわゆる「第二次成案[69]」が、起草委員三名の名で大正七年一二月一〇日付けで法律取調委員会会長宛提出された。

さらに、これに手を加えたいわゆる「第三次成案[70]」は、大正八年二月〜七月の法律取調委員会総会審議を経て、七月七日の法律取調委員会案に結実した[71]。総理大臣原敬（司法大臣兼任）は平沼、鈴木と合議の上、少年法の立案報告を最後に、取調委員会案確定の翌日の七月八日、法律取調委員会を廃止し民法・陪審法をはじめとする諸法制の全般的見直し（臨時法制審議会設置）に取りかかった。母法とも言うべき刑事訴訟法改正審議は、司法省内に設置された刑事訴訟法改正調査委員会（大正九年四月）に引き継がれた。少年法案はしたがって、平沼騏一郎を筆頭とする司法部が「原の政治的庇護《パトロネージ》[72]」の下で、刑訴法改正案に先立ってまとめあげた執念の法案ということになる。

（３）　内務側の反発

こうした司法省の立案作業に対して内務省サイドからの風当たりはきつかった。小河滋次郎はすでに大正四年二月の時点で、「今や我が司法官僚の手に成りて……準備せられつつありと伝えられる少年裁判法案の如きは……結局メードイン・ゼルマニーの粗製品をば、さらに直訳的盲従的模倣的に立案したるものに過ぎざるべきを想像するに難からず。……少年裁判法の前途が、結局ミルレルの所謂少年を賊し国安を危害する運命を見るに終るべきは斯業に経験ある者の必ず其の所見を一にすべきを信じて疑わざる所也(73)」と、もれ伝わってくる司法部内の立案作業を痛罵していた。そして山岡の言葉によれば、この時期の内務省内部には、「不良少年のことは感化教育で足るのだ。……不良少年のことに司法省が出て来なくても宜い。司法省に於ては刑罰を科して居ればそれで宜い。或は検事に於て適当な措置をなせばそれで足りる(74)」と言うような考え方が生まれていた。

大正六年八月、第一次大戦後の不良少年増加対策（「緊急社会政策」）として、内務省が明治四一年改正感化法の下で国立感化院（武蔵野学園）の設立をはじめて実現したことが、司法省サイドを強く刺激し、立案作業開始を促したことは想像に難くない。いささかあわただしい手順で進められた未完成した「第三次成案」についての打診を大正八年二月に非公式に受けた内務省は、「本案ニハ同意シ難シ」との全面拒絶の回答を司法省に返している(75)。

こうした内務省サイドからの逆風の中で、司法当局は内務当局との折衝を敢行し、若干の修正の末、法案は大正九年二月ようやく第四二議会に提出された。以下、第二次成案と法律取調委員会案を中心に、法案の議会提出までの過程を追跡する。

二　第二次成案と「検事ノ起訴権」

(1)　第二次成案の成立

断片的に残存している各種の「少年法案」（及びその朱書き）から推すと、大正七年七月の再開審議は、平沼（検事総長在任明治四五年〜大正一〇年）を中心とする司法省参事官のメンバーによるインフォーマルな「整理会」によってまず矯正院法案が起案され、次に谷田案を修正した「大正三年一二月一八日案」[76]を整理・再検討するという順序で進められた。泉二の回顧には、七月二六日の「整理会」には、「平沼、豊島、池田、山岡、清水、泉二これだけの者が出席した」[77]とある。「整理会」は三回の討議の結果、大正三年末の主査委員会での花井の主張にかかる立法二分論の決定を棄て、すでに七月二六日の時点で「刑事訴訟トノ関係ヲ規定スルコト」を決めている。正式の主査委員会決定が、起草委員平沼一人と参事官を中心とした「整理会」で容易に覆されたところを見ると、相当にイレギュラーかつ性急な立案作業の再開であったと思われる。引き続き谷田案の刑事手続を素材にして審議が進められた模様で、法務図書館所蔵の大正三年一二月一八日法案の朱書きには「八月二日、旧案第五条、二案ノ刑事手続ヲ議ス」とある。したがって、谷田が大正三年の審議で固執した第二案の手続構造は、一応検討の俎上に乗せられたようではあるが、整理会の検討結果をガリ版刷りにした九月二七日案[78]を見ると、ここでは、谷田の審判所中心主義はもはや殆ど問題にされず、平沼が主張した「検事カ処罰ノ必要アリト認ムレハ起訴シ然ラサレハ審判所ニ廻スナリ」（大正三年七月一日第三回主査委員会）の線で立案が進められたことがわかる。「多数出席ノ際ヲ期シ審議スヘシ」と委員長穂積陳重が大正三年一〇月に凍結した「谷田君ノ第二案」は結局再開主査委員会（大正七年一二月〜八年二月）の正式審議にはかけられなかった。「メードイン・ゼルマニーの粗製品」という先の小河の批判はさておくとしても、ここに至って少年法立案作業は、その組織法的構成に関する限り、ドイツ法の〈後見裁判所―少年裁判所〉の分立モデルを大幅に修正して採用することで決着したと評してよかろう。作業にたずさわったのは、主として谷田、山岡、泉二の三人であったようであるが、三つ巴をなして争った大正三年の論議の中の、少年審判法純化論（花井）と審判所中心主義（谷田）の両者を短期日で退けるということでの決断は、何といっても平沼のイニシアティヴを抜きには考えられない。また、九月二七日案の作成にあたっては、少年年齢をはじめとして鈴木喜三郎・豊島直道の影響力がかなり大きく行使されたことがうかがえる。「色々議論があって、到頭今日のやうな規定になってしまった」（前出一三七頁・泉二）のは、ほぼ、このあたりの時点をさすものであろう。

ともあれ、旧少年法案の基本構造はこの九月二七日案において、ほぼその姿をあらわした。前述のように、これに若干の条文上の修正を加えたものが、「第二次成案」（一二月一〇日案）である。この「第二次成案」には、「法律取調委員会会長法学博士松室致閣下。少年法案成ル。謹ミテ之ヲ閣下ノ電覧ニ供ス」にはじまる、谷田三郎、花井卓蔵、平沼騏一郎名義の経過報告書（前出（注）65）が付されているが、残存資料から見る限り、ここまでの短い期間の審議に花井卓蔵が直接加わったという形跡はない。大正八年の第四一議会提出を射程に入れての急ピッチの立案作業であったことから、恐らくは平沼が花井の一任を取りつけるかたちで上記のような立案作業が進められたものであろう。[79]花井は約一年後の議会審議において、自説の立法二分論を主張して法案の欠陥を指摘し、さらには修正動議まで出しているが、他方で「少年法ハ其沿革ノ上ニ於テ制定セザルベカラザル関係ガアリマス、……遺憾ノ点ガアリマスケレドモ、今日之ヲ抛擲シ去ルノ不利ナルニ比シテ優レルヲ思フ[80]」と述べて法成立そのものには与しているところを見ると、「第二次成案」の脱稿自体には合意したものと思われる。

⑵　第二次成案の構造

ここではひとまず、第一次成案（谷田案）との対比という観点に絞って第二次成案の基本的特徴を検討しておく。

①　少年の管轄権と起訴便宜主義――〝責任あっての保護〟

(イ)　かつて激論の交わされた審判所の少年に対する管轄権については、二七条に次のような審判権除外規定が登場している。

第二七条　左ニ記載シタル者ハ裁判所又ハ検事ヨリ送致ヲ受ケタル場合ヲ除ク外少年審判所ノ審判ニ付セス
一　大審院ノ特別権限ニ属スル罪ヲ犯シタルモノ
二　死刑、無期又ハ短期三年以上ノ懲役若クハ禁錮ニ該ル可キ罪ヲ犯シタル者
三　一六歳以上ニシテ罪ヲ犯シタル者
四　刑事手続ニ依リ審理中ノ者

本規定の建前からいえば、一六歳以上の犯罪少年と重罪少年は、裁判所または検事が少年審判所へ送致しない限り少年用の特別刑事手続（法案五八条〜六七条）によって審理される。ここでの刑事手続は、審判所の行う仮処分等の保護的手続を伴って行われる（六〇条以下）から純然たる成人の刑事手続とは質的に相当異なった手続であるが、代刑特別処分は伴っていない。審判所は、検事から送致された犯罪少年と、その余の通告ルートからの認知非行少年を一括して審理する。これは、虞犯・触法少年のみを対象にする審判所手続の下で「保護ノ精神ヲ失ハサルコトニ努メントシ」、これを裁判所の犯罪少年の手続にまで押し広げようとした谷田の当初の構想、および大正三年一二月一八日案一六条「第四条、第五条第一項、第六条及ヒ第八条ノ処分ハ少年審判所之ヲ為ス」からすれば、かなり大きな審判所の位置づけの変更である。数ヵ月後に山岡万之助によって起案される「少年法案理由（案）」は、これについて「公益上刑事手続ニ依リ之ヲ訴追スルヤ否ヤヲ先ツ司法機関ヲシテ判断セシメ其必要ナキ場合ニ於テ始メテ少年審判所ノ保護処分ニ付スルヲ以テ事宜ニ適スルモノトナセリ[81]」と述べて、重罪・年長少年に対する検察官の起訴便宜主義を当然の前提とした審理機関として少年審判所を把握している。ここに見られる審判所の管轄権除外規定をもって、

谷田第一案に「刑罰主義の面から大幅な修正が加えられた」[82]ものと評し得るかどうかには、谷田第一案がそもそも犯罪少年の起訴を前提に組み立てられていることからいってむろん問題がある。但し、「第四条乃至第六条ニ記載シタル未成年者ハ左ニ掲クル者ヲ除ク外少年審判所ノ審判ニ付ス」として検事の公訴権を大きく制限した谷田第二案(一八条・六一条)と第二次成案二七条を対比させてみた場合に、これが責任主義の原理を一つの建前として法案の前面に押し出したものであることは否定できない。山岡はこの修正を、「従来の応報的見地」からの「制限」が当初の原案に対してこの時期になって入って来たものと、語っている。

しかしながら、第二次成案を全体として見た場合、これを単なる旧刑法・刑訴法的意味での刑罰主義への後退とは断じ難いものがある。というのも、二七条の相対的審判権除外規定は、実は五八条「検事少年ニ対スル刑事事件ニ付キ第三条第一項ノ処分ヲ為スヲ相当ト思料シタルトキハ事件ヲ少年審判所ニ送致ス可シ」とワンセットになってはじめて意味を持つものとなっており、こちらの条項では、少年の年齢・罪責を問わず検事の「思料」を媒介にして保護手続への事件送致が逆に明文で義務づけられているからである。二七条を相対的審判権除外原則(その意味での相対的責任主義)の表明と呼ぶとすれば、五八条は逆に手続上の保護主義の表明と言ってもあながち誤りではない。かかる意味での手続上の保護主義が「今日ハ検事ニ於テ可成不起訴処分ニ付シ監督者ニ委スルノ方針ヲ採レリ」という大正二年の平沼の発言(前出一二〇頁)の延長線上にあることは言うまでもない。換言すれば第二次成案は、重罪・年長少年といえども、「不起訴」のハードルをクリアーする限りにおいては、むしろ、虞犯・触法少年を念頭において構想された少年審判所の「保護」手続に乗せられるべきものと考えたのである。

ちなみに、司法大臣尾崎行雄は大正三年五月の司法官会同席上においてすでに、

「起訴猶予の処分は……情状を精査攷覈して及ぶ限り之を行ふべし、起訴以外に適当なる膺懲勧戒の道を講ずることを為さず、……徒らに科刑を求むるが如きは刑政の本旨にあらずと信ず」

「不良少年に関する研究は世界の風潮にして時勢の帰趨なり、犯罪を其萌芽に芟除するに非ざれば遂に斧鉞を用ゐざるべからずの虞あればなり、今や我国に於ても其の取締に緊切なる法律を立案せむとす[83]」（傍点筆者）

と訓示していた。この訓示を受けた形で出された法務局長通牒（六月二七日、検事正宛[84]）は、「未成年者ニ対スル微罪不検挙事件」を成人に対するそれとは区別されたカテゴリーとして取り扱うことを命じている。

この慣行は、法案審議再開時の大正七年には、泉二新熊をして「微罪不起訴の主義大に拡張せられ、殊に未成年犯罪者に対して此の方針の実行せらるることを忘るべからず」と言わしむるまでに成長していた[85]。つまり、第二次成案五八条の検事による審判所送致義務は、少年に対する「適当なる膺懲勧戒の道」の制度化に他ならなかった。

時間を敢えて法成立後のデータにまで拡げて敷衍すれば、この手続上の保護主義の原理は、やがて次のような起訴猶予裁量権行使の基準として通牒の上で明示されることになる。

「少年法及矯正院法実施相成候ニ付テハ、同法ノ精神ニ鑑ミ……刑務所ニ収容シテ刑ノ執行ヲ為スニアラサレハ到底改悛セシムルノ見込ナキ者ト認メタル者、又ハ一般警戒ノ為メ刑ノ執行ヲ為スヘキモノト認メタル者ノミヲ起訴シ……其他ノ事件ハ不起訴処分ニ付シ何レモ少年審判所ノ処分ニ委スル様致度此段通牒候也[86]」（傍点筆者）

実質的に言えば、これは、責任主義に対する保護主義の側からの「制限」と保護処分の励行を意味する。つまり、重罪・年長少年に関する責任主義を実体法上の建前としては維持しつつ、他方でこれを手続面での保護主義によって実質的に制約し、両者のバランスを起訴猶予裁量権の合理的行使によって維持するというこの枠組こそ、旧少年法全体を特徴づける基本構造であった。

(ロ)　少年法案そのものには終始反対の立場を貫いた留岡幸助が大正元年に行った講演の中には次のような一節がある。

「不良少年の中には是非司法権発動の下に処分しなければならないのがあります。……不良少年が不良行為を行つた時それが極めて微罪であれば、検事が情状の憐れむべきものとの見解の下に起訴することを中止して、暫く警察官の監視に付するといふ出格の取計をするのです。無論是等の場合には検事と警察官が能く腹を合わせて居ないといけませんが、大抵の悪い少年でも、非常な恩典に感激して以後の不良行為が根絶してしまふ実例が尠くないのであります[87]。」（傍点筆者）

けだし、尾崎行雄のいう「膺懲勧戒」の心理的メカニズムを鮮やかに物語るものと言ってよい。我々はここで、大正三年の主査委員会審議において「検事ノ起訴権」が何故にかくも大きな争点であり得たかを理解し得る。刑事訴訟法一般の問題をひとまずさておき視野を少年司法のレベルに限ってみた場合、「検事ノ起訴権」とは、単に権限の所在を示す概念というよりは、責任と保護を範疇的に二分せず、両者を相補的なものとして捉えることから生まれてくる両義性を、事例に応じて捌くための鍵概念であった。谷田第二案（「小供ハ罪人ニ非ズ」）の審判所中心主義や花井の少年審判法純化論（「朝ニ少年法的保護ニ当リタニ刑法的保護ニ任スルカ如キハ混同ノ弊アルノミナラス到底行ハレス」）が、どちらかといえば、刑罰か然らずんば保護かの二分思考によって基礎づけられるものであったとすれば、第二次成案で登場した、この〈科刑―膺懲勧戒〉型の手続構造を特徴づけるのは、責任と保護に関する「鬼面仏心」的二面思考と呼ぶにふさわしいものである。平たく言えば、ここでは「小供」といえども「罪人」たりうる存在である。しかし同時に、有責犯罪少年もまた、一定の条件が満たされる限りでは「膺懲勧戒」の対象であり、「及ぶ限り」の「出格の取計」の受け得る存在である。両者の分類は「責任」と「保護」を局面に応じて合理的に使い分けることによってなされるが、一歩ふみ込んで言えばこの〝使い分け〟は、「大人」（責任）と「小供」（依存・保護）の区別が範疇的なものというよりはむしろ関係的なものとして観念される我が国の「社会の事情」（穂積陳重）の下ではじめて可能になったものであった[88]。かかる「鬼面仏心」的手続を採用することによって、旧少年法は花井卓蔵の立法二分論はもとより、谷田第二案に見出されるパレンス・パトリエ寄りの思考とも、いわば袂を分かつことになったのである。

②　少年年齢

少年年齢は二〇歳から一八歳に下げられた。あわせて、死刑の禁止年齢も犯時一八歳未満から一六歳未満に下げられた（七条）。この点では鈴木喜三郎（司法次官在任大正三年～一〇年）の影響力が大きかった。鈴木は大正二年の「主義綱領」審議の中で、「上ハ一八歳位ヲ可トス、一九歳二十歳ノ者ヲ区別スル格別ノ理由ナキモ、先ツ数ヘ年二十歳ナラハ此法ノ支配ニテハ不足ナリ、監獄ニ投スル方目的ヲ達スヘシ」という少数説を展開しており、第四二議会での法案提出説明に当たっても、「我国ハ一八歳ト申セハ、数ヘ年二十歳ト云フコトニナルカラ、先ツ其位ノ限度ノ者マデハ保護ヲヤラナケレバナラヌト云フ趣旨カラ、一八歳ノ主義ヲ採ツタ次第デアリマス[89]」と述べている。また、残存資料（第二次成案）に見える平沼騏一郎自身の手による朱書きには、「実例ニ徴シ、十八年以上ノ者ハ兇暴ナル者アリ、之ヲ少年法ニ依リ処理スルハ不適当ナリ、又外国立法例ハ多ク十八年又ハ十六年未満トセリ、故ニ未定年者トセスシテ十八歳未満トス[90]」とあるところからみて、鈴木・平沼ラインでの責任主義の重視が、谷田案の修正をもたらしたといってよかろう。

③　参与制度

今一つの大きな変更点は、谷田案三九条・四二条が設けていた参与制度が、九月二七日案の時点ではずされたことである。参与制度については、起案者の谷田自身が起案に先立つ時点で、「委員制度ハ至極可ナルモ実際上日本ニ於テハ果シテ真面目ニ行ハルルヤ否ハ疑問ナリ」と小山温の主張に疑問を呈し、鈴木も委員制度に消極的な発言をしていた。大正七年の立案作業再開後、当初のこの議論が再燃したものと思われるが、より積極的な理由としては、「参与ヲ置クノ制ヲ廃止シタルハ、少年審判ハソノ道ニ堪能ナル者ヲシテ迅速ニ終了セシムルノ要アリ、参与ノ制ハ之ニ副ハス、外国ノ陪審制度ヲ採用スル国ニテモ参与ノ制ヲ採ラス[91]」という審判手続の把握が審議の主流となったからであろう。

④　国選付添人制度

参与制度不採用との関連で興味深いのは、九月二七日案から第二次成案に至る過程で、「審判ヲ開始スル場合ニ於テハ本人ハ附添人ヲ附スルコトヲ得」（九月二七日案四三条）が、「審判ヲ開始スル場合ニ於テハ本人ノ為メ附添人ヲ附スルコトヲ得」（第二次成案四三条）と修正され、審判所の職権による、いわゆる裁量的国選付添人制度が新たに設けられたことである（残存記録の朱書きの動きから見て、谷田案における名称「補佐人」は審議再開直後に附添人に変えられた）。また、これとの関連で三三条「少年審判所ハ調査ノ為メ必要ナル証人及ヒ鑑定人ヲ訊問スルコトヲ得」（第二次成案三三条）という証人・鑑定人制度が設けられた。

この国選付添人および証人・鑑定人制度新設の理由は明示されてはいないが、「少年法案理由」（大正一一年）が審判手続の性格を、「保護処分ハ……自由ナル処分ヲナス行政ト同シカラス、……少年ノ保護ヲ目的トスルモノナレトモ人身ノ自由ニ関係ヲ有スルモノナルヲ以テ法ノ縄準ニ従ヒ処分ヲ為スヲ要ス、……少年審判所ハ法ヲ離レテ便宜ノ処置ヲ為スコトヲ許ササルモノナリ」[92]と把握しているところから見て、事実認定が困難な事案の審判にあたって手続の公正の観点からの配慮を払おうとしたものと解される。この規定は議会提出法案四二条にそのまま定着するが、右に述べたような意味で、旧少年法は手続の一切を審判官の合目的裁量に委ねたものではなかった。

⑤　裁判所における送致

最後に注意しておくべきは、六五条に裁判所の裁量による少年の審判所への送致制度が（検事の抗告権と共に）設けられたことである。大正三年の論議は、裁判官に代刑保護処分を認めようという谷田の手続構造はこれを拒否したが、谷田案がねらいとしていた裁判と審判の連続志向性自体はここに一定の限度でなお維持されたといってよい。

三　議会提出法案まで

(1)　概　観

第二次成案と大正九年二月の議会提出案[93]を比較してみると、第二次成案で組み立てられた法の基本構造自体にはもはや大きな変化は見られない。大正七年暮れから大正九年二月までのこの時期は、司法省内部で一応完成した法案が内務省をはじめとする外部の意見との接触の中で次第にリファインされていく過程である。

司法当局は大正八年二月二四日印刷の「第三次成案」（取調委員会総会提出案、前出注(70)）を作成するにあたって計六回の正式の「第二次不良少年ニ関スル法律案主査委員会」を開き、これを受けた法律取調委員会総会は、泉二の回顧によれば、取調委員会案（前出注(71)）の完成までに計一三回の審議を行っている[94]。多くはテクニカルな修正とはいえ、とりわけ第三次成案から取調委員会案に至る間のこきざみな修正にはかなり重要な論点を含む部分がある。

しかし、目下接し得るこの間の立法資料としては、取調委員会の議事進行を伝える「少年法総会決議要旨[95]」と取調委員会での修正部分を活版にした「少年法修正案[96]」が残存しているにとどまり、就中二つの委員会の審議録は発見されていない。この間の消息の詳細を明らかにする作業は資料発掘後の将来に委ねることにして、以下では、第三次成案から議会提出案までの主だった条文の動きをひろいながら、内務省との攻防を点描しておく。

(2)　第三次成案（二月二四日印刷案）

六回も主査委員会を開いたわりには、第二次成案と第三次成案の間にさほどの変動はない。委員会では、前記第二次成案における谷田案からの変更点が個別に確認・審議され、これに若干の修正を加えたものが第三次成案として定着したものとみてよい。修正点の主なものを列挙すれば、

① 第二次成案七条の刑の緩和の程度（年齢）が若干緩められた。これは花井卓蔵が自説を強く主張したためと思われる（七条[97]）。

② 谷田案以来第二次成案まで維持されていた絶対的不定期刑は相対的不定期刑にとってかわられた（八条）。

③ 従来「特別処分」ないし「処分」の名で呼ばれてきた法案三条一項の用語に、はじめて「保護処分」の語があてられた（三条）。

④ 無期刑の際の仮出獄までの期間が五年から七年に延長されるとともに、仮出獄者に対する保護観察を定めていた谷田案一五条が復活した（一一条）。

⑤ 前項で触れた審判権除外規定が絶対的除外規定と相対的除外規定に分割された（二八〜三〇条）。

⑥ 審判所から検事への送致手続に「検事ノ意見ヲ聴キ」が加えられ、手続全体の上で検事の占める主宰者的性格が明らかにされた（四八条二項、五九条）。

⑦　少年の寺院等への委託費給付の規定および少年からの費用徴収の規定が設けられた（六一条・六二条）。等である。

この第三次成案は、大正八年二月二四日付けではじめて活版印刷に付され、取調委員会審議用に準備されるとともに、内務省に対しても同案の非公式の打診が行われた。

（3）　法律取調委員会案

「少年法総会決議要旨」は取調委員会審議のかなり早い時期の中間的なメモと思われるが、法案の名称が「後廻」としてこの時点でもなお未定となっている点が眼をひく。「少年法修正案」（大正八年六月二九日）は、委員会の実質審議が一応終了したところでの修正部分を委員会内に明示するために活版にしたものと思われるが、この修正内容を整理した上で印刷したものが法律取調委員会案である。以下に記す若干の点を除けば修正内容にはテクニカルなものが多いので、ここでは、変更点の確認は読者に委ね、主要な新設条項を三点だけひろって検討を加えておく。

①　軍関係少年の適用除外

三条に、一八歳未満の軍人志願兵および陸軍幼年学校生徒等（「陸軍刑法八条・九条、海軍刑法八条・九条ニ掲ケタル者」）に対する少年法の適用を――刑事処分における緩和特例等数ヵ条を除いて――すべて除外する旨の規定が新設された。期日は不明であるが、取調委員会審議中に陸軍および海軍担当部局より、「第三条　陸軍ノ現役ニ在ル者及幼年学校等ニ在ル者ニ付テハ適用スルヲ得サルヘシ(98)」からはじまるかなり詳細な意見が提出されて居り、これを受けた委員会は煩を避けて、右の数ヵ条以外の条項の適用除外を決めたものと思われる。議会審議の中で豊島直道は、一八歳未満の軍関係者は「矢張厳重ナル規律ノ下ニ在ル以上ハ、少年審判所ノ審判ト云フヤウナモノニ依ツテ、極ク柔カイ保護処分ノヤウナモノヲ以テシテハ適当デナイ」からであるとこの適用除外の理由を述べている。

② 「保護処分」と「刑事処分」

谷田案以来第三次成案まで、「未成年者の処分」または「少年の処分」として一章にまとめられていた処分規定が、ここに至って第二章「保護処分」（四条〜七条）と第三章「刑事処分」（八条〜一五条）に分割された。「保護」と「刑罰」という我が国の少年法上の範疇が法案の編成の上ではじめて確立されたことになる。ところでこの分割までの一連の立案過程をあらためて回顧してみると、谷田をはじめとする立案当事者達は立法の当初から、審判所の行う保護処分と刑法上の緩和規定あるいは仮出獄中の少年保護司の観察等を、敢えて一括して「少年の処分」として取り扱って来た。また、立案作業再開後の少年の刑事手続の審議にあたっても、審判所手続の大幅な準用という谷田案の基本線そのものは崩されなかった。第三次成案審議中の資料には、保護と刑罰の両者を合わせて「第二章　少年の保護処分」という単一の名称で分類しようとした形跡すら見られる。[99] こうした立案経過を勘案すると、旧少年法は、保護と刑罰（ひいては少年と成人）の関係を――少なくも花井卓蔵や感化教育主義者におけるような意味では―― distinctive に区別せず、むしろ両者を相補的なものとして（谷田案の検討にあたって用いた用語で言えば両者を〝機能的連続性〟の観点から）把握しようとしたと言い得る。

③ 虞犯介入の謙抑主義

取調委員会案において最も注目すべき規定の新設は、「第五八条　刑罰法令ニ触ルル行為ヲ為ス虞アル少年ニ対シ前三条（継続処分―筆者注）ノ処分ヲ為ス場合ニ於テ適当ナル親権者、後見人、戸主其ノ他ノ保護者アルトキハ其ノ承諾ヲ経ヘシ」であろう。「少年法総会決議要旨」には、決議事項として「此場合（継続処分―筆者注）ニ犯罪ノ虞アル者ニ対スル処分ヲ為ストキハ親権者ノ同意ヲ得ルコトトトシ、広ク規定スルヤ否起草委員ニ於テ熟考ノコト[100]」とある。この動議がいかなる論議の下に提出され、あるいはいかなる議論が展開されたのかは甚だ興味深いところであるが、審議経過を伝える大正八年五月二三日の法律新聞が刑事訴訟法改正審議の報道と並んで、「少年法案も余りに個人主義に偏し我国固有の家族制度を破壊するが如き法条あり」として審議の難航を伝えているのは、取調委員会案のこの虞犯少年処分条項をめぐる論議をさすものと解して間違いない。ここでの「個人主義に偏し」とは、いわば躾けの失敗を意味する虞犯・不良少年に対して、国家がアメリカ型の〝児童の保護を受ける権利〟の観点から家庭教育に強制的に介入することは家族の有機的団体性を破壊する、という趣旨の法案批判に他ならない。

周知のように、アメリカのパレンス・パトリエ型少年裁判所制度は、何よりもまず、急速な産業化の中で寄る辺ない少年をつなぎとめるべき共同体を失った中西部の都市の街にあふれる不良・虞犯少年に向かって、国が親代わりの強制力（リーガル・パターナリズム）の手をのばすという運動からはじまり、ここに育まれた「革新主義」的理念をエネルギーとして発展した。「浅草公園ニ彷徨スル不良少年ニシテ保護者モナク之ヲ放任スルハ犯罪ニ陥ルカ如キモノ」（谷田三郎(101)）が大正期の我が国に存在したことは言うまでもないが、彼我の状況は著しく異なる。鈴木喜三郎はこの取調委員会案五八条（議会提出法案五五条）の趣旨を、第四三議会で次のように過不足なく説明している。

「刑罰法令ニ觸レタモノデアルナラバ……保護者ノ承諾ノ有無ニ拘ラズ、此処分ヲ為スコトガデキマスケレドモガ、行為ヲ為スノ虞アルニ止マル少年ニ就キマシテハ、無暗ニ家庭ニ立入ルベキモノデアリマセヌカラ、保護者ノ承諾アル場合ニ限ツテ、此保護処分ヲ為スコトニ致シマシテ、徹頭徹尾、案ノ精神ハ妄リニ家庭教育ニ踏込ンデ、強制的ニ少年ヲ保護スルト云フ趣意デハナイノデアル、勿論子ヲ愛シマスルハ親ニ如クモノハナイノデアル、併ナガラ親無ク、保護者無ク、又他ニ適当ノ教育ヲ與ヘル者ノ無イ、寄ル辺ナキ者ニシテ不良性ヲ帯ビタモノデアルナラバ、国家ガ之ヲ愛撫スルト云フコトハ、国家ノ任務デアルノデアリマスカラ、其精神ニ基イテ此法案ガ出来テ居ルノデアリマス(102)」

右の鈴木の答弁のポイントは、社会過程における家族的中間集団のもつ「保護」機能に対して法が介入する場合の補充的・謙抑的役割を強調・堅持する、という一点に集約される。鈴木のこの答弁とほぼ同じ時期に谷田三郎は本条につき、「是は他国の立法に例のない所である。本法案が右の制限（保護者承諾条項）を設けた事由は、我国に於ける特別の親子関係殊に親子主従の情誼を斟酌したものに他ならぬ[103]」とも述べている（傍点筆者）。

取調委員会法案五八条が新設された背景には、感化法関係者からの法案への反発をはじめとして他にもいくつかの理由が推定可能である。しかし根本的には、右の鈴木や谷田の説明にみられるように、我が国における家族的中間集団の強さ（敢えて言えばナチュラルパターナリズムの強さ）が、アメリカ型の法・国家による強制的パターナリズムの介入を嫌った、というのが取調委員会法案五八条新設の理由であった。

見方をかえて言えば、我が国における「親子主従の情誼」は、世紀末のアメリカ中西部におけるような大量の不良・虞犯少年を街に放出させることなく、明治後期から大正前期の産業化の波を乗り切っていた。その意味で取調委員会法案五八条は〝パレンス・パトリエの換骨奪胎的吸収〟という旧少年法の起草過程の特質をきわめてよく映し出す条項であった。

ちなみに、大正一二年に開設された東京少年審判所の統計によれば、大正一二年から昭和七年までの少年総受理件数六万一、〇一〇人の内、虞犯による受理件数は九七〇人（内、保護処分件数六七三人）であった[104]。二〇世紀初頭、イリノイ少年裁判所の不良・虞犯少年事件数は全事件数の半数を超えていたというが[105]、これは、比較を超えた彼我のコントラストをデータ面から示すものと言ってよい。

(4)　内務省との攻防

法律取調委員会案を完成させた司法省は、法文の技術的手直し作業を続行する一方で、内務省との本格的な折衝に入った。

「本案ニハ同意シ難シ」とする前述の大正八年二月段階の内務省返答（案）（前出注(75)）はその理由としてすでに、①内務省自身が現在総合的な「少年保護法ノ制定」を調査研究中であること、②感化法上の地方長官の権限と少年審判官の権限との調整が必要であること、③審判官に区裁判所等の判事をもって充てる審判所の組織構成は「裁判所ニ対スル我邦ノ伝統的社会心理」から見て少年の心理を傷害する危険が高いこと、を挙げていた。この論争が水面下で行われているさなか、取調委員会審議も後期に入った大正八年六月一五日の法律新聞は、「同法案（少年法案―筆者注）は普く欧米各国の法令を比較参照し我国情に適応すべく慎重に起草せられたれば、先づ完壁に近きものと云ふを得べく……従来知事の手心によりて不良少年を収容し来りし感化院は新制度の実施と共に全部廃止の事に決定せし由」（「幼年裁判法脱稿」）という、刺激的なリーク記事を掲げた。積年の内務・司法論争の再燃である。

九月から一〇月にかけての内務省の反対意見は概ね上記①②③の法案批判の繰り返しであるが、九月二七日付けの回答案では、さらに、(イ)少年年齢を「一二歳以上」と明示すること、(ロ)虞犯少年の管轄および感化院送致規定を削除すること、という二点の修正要求が出されている[106]。また、一〇月三〇日起案の「内務省意見[107]」では、上記の審判所の組織・構成への批判と併せて、少年法の対象少年を一四歳以上の犯罪少年にのみ限定すべし、という要求が出されている[108]。「裁判所デ取調ブルヨリ、暖イ親切ノ考デ良キ方ニ導クト云フ側デ、初メカラ取扱ツタ方ガ宜イカト思フ……不慣ナルモノデアル、感化シテ良イ方ニ導クト云フ方ノ暖イ考ヲ以テヤツタ方ガ宜クハナイカト思フ」（床次竹二郎）という明治四一年の内務型パターナリズムは、床次を内務大臣にいただく大正八年に至ってむしろ力を得ていたと評してよいかも知れない。

内務省は少年法案への対抗法案として、諮問機関である救済事業調査会の議を経た「児童保護委員法案[109]」を一二月二三日公表し、これを議会に提出する構えをみせた。本案は、「市町村ノ児童保護ニ関スル事務」として、「不良児、浮浪児、犯罪児ノ保護教養ニ関スルコト」(三条四号)を含んでいたが、これに対しては、司法省側が次のような意見を繰り出して「児童保護委員法案」の阻止にまわった。

「本案第三条四号ニ掲クル犯罪児ノ保護教養ハ少年法ノミニ依ルヘク不良児、浮浪児ニ付テモ大多数少年法ノ適用ヲ生スヘキヲ以テ斯ル者ハ之ヲ市町村長ノ管掌ニ属セシムヘキモノニ非ス[110]」

このつばぜりあいの中で、司法・内務間の妥協が全くなされなかった訳ではない。司法当局は、取調委員会法案二二条の「少年審判官ハ……判事ヲ以テ之ニ充テ」を「少年審判官ハ判事ヲシテ兼ネシムルコトヲ得」に改め、「判事ニ限ラス加フルニ児童心理ニ通暁スル者、児童保護ニ関シ経験ヲ有スル教職員、社会事業家等ヲ添加セシムルヲ要ス」という内務省側の要望(前出注(107))を許容し得る形に妥協したが、虞犯・触法の除外その他の修正要求には応ぜずこれを突っぱねた。最終的に、条文の若干の技術的整理・削除が行われ、議会提出法案[111]は全文七四条の法案として完成した[112]。

原敬(司法大臣兼任)は、その指導力で内務省側の抵抗を閣議で封じた模様であるが、これは、明治四一年感化法改正の際に当時の内務大臣原自身が司法大臣松田正久を押し切って以来の奇しき因縁であった。

(63) 少年法案(『大正少年法(上)』四二〇頁)。

(64) 不良少年ニ関スル法律案主査委員会決議項目（『大正少年法㊤』四一四頁）。
(65)「不良少年ニ関スル法律案」起草委員立案経過報告（『大正少年法㊤』四三六頁）。
(66) 前出注(39) 座談会二三頁。
(67) 泉二新熊「少年裁判所制度を論ず」慈善八編三号二三頁（一九一七）。
(68) 三井誠「検察官の起訴猶予裁量(二)――その歴史的および実証的研究」法学協会雑誌九一巻七号五四頁（一九七四）。ちなみに大正三年三月穂積陳重は、少年法を「刑事訴訟法ノ枝葉ノ如クシテ慎重ニ調査スル」べきものという当局の理解を明言している（『大正少年法㊤』三一一頁）。
(69) 少年法案（『大正少年法㊤』四三〇頁）。
(70) 少年法案（『大正少年法㊤』四三七頁）。
(71) 少年法案（『大正少年法㊤』四五七頁）。
(72) 三谷太一郎『近代日本の司法権と政党』一六七頁（一九八〇）。
(73) 前出注(51) 小河「採否如何」八頁。
(74) 前出注(39) 座談会九頁。
(75) 少年法案ニ関スル返答（案）（『大正少年法㊤』四四四頁）。
(76) 少年法案（『大正少年法㊤』四二〇頁）。
(77) 前出注(39) 座談会二三頁。
(78) 少年法案（『大正少年法㊤』四二五頁）。
(79) 大正七年一〇月一八日の法律新聞「少年法調査」には、「明年度に於ては多額の経費を要せざる程度にて本法の実施を為さんとの意嚮にて既成の法案に改訂を加えて来第四一議会に提出すべく目下少年法起草準備委員会を開き調査しつつある」との記事がある。
(80) 第四二帝国議会衆議院少年法案外一件委員会議録第八回（『大正少年法㊤』六一三―六一四頁）。

(81) 少年法案理由（案）（『大正少年㊤』四七四頁）。
(82) 守屋・前出注（3）九二頁。
(83) 司法大臣官房秘書課『司法大臣訓示演説集』一一八・一二〇頁（一九三二）。
(84) 大正三年六月二七日刑甲一八二号法務局長通牒、司法省民刑局『訓令刑事先例彙纂続編』六七頁（一九一四）。
(85) 泉二新熊「世界大戦と犯罪及社会的保護事業」社会と救済二巻五号六頁（一九一八）。
(86) 大正一二年一月二七日刑事局長通牒、東京外四地方裁判所検事正宛、日本少年保護協会『司法保護法規類聚』八七頁（一九三三）。
(87) 牧野虎次編『留岡幸助君古稀記念集』四九三頁（一九三三）。
(88) ちなみに筆者の理解によれば、司法官たる検事が反面で教育者でもあり得るような、ここに見られる一種の「構造」は、明治・大正期の産物というよりはむしろ、〈内済〉―〈表沙汰〉の二面的紛争処理に象徴される幕藩体制下の法と国制に遡って考えられるべき日本法の基本的特徴である。
(89) 第四二帝国議会衆議院少年法案外一件委員会議録第一回（『大正少年法㊤』五二二頁）。
(90) 国立国会図書館憲政資料室所蔵「平沼騏一郎文書」中「少年法案（大正七年一二月一〇日）」朱書き。
(91) 同前平沼文書中少年法案朱書き。
(92) 少年法案理由（『大正少年法㊦』九三一頁）。
(93) 少年法案（『大正少年法㊤』四九九頁）。
(94) 穂積陳重「少年法案に関する報告」、及び前出注（39）座談会二四頁。
(95) 少年法総会決議要旨（『大正少年法㊤』四四七頁）。
(96) 少年法修正案（『大正少年法㊤』四四九頁）。
(97) 残存資料の朱書きからみると、主査委員会に花井卓蔵は出席してはいるが、大正三年時のような、法案の構造自体に対する積極的批判をここで展開したあとはうかがわれない。

(98) 前出注（90）平沼文書中「少年法案ノ規定ニ付―陸軍省」「少年法案意見―海軍省」（整理番号197-3, 197-4）。
(99) 同前「少年法案」朱書き。
(100) 前出注（95）決議要旨（『大正少年法㊤』四四九頁）。
(101) 前出注（42）特別委員会日誌第二回（『大正少年法㊤』三一八頁）。
(102) 第四三帝国議会衆議院少年法案外一件委員会議録第二回（『大正少年法㊦』六四〇頁）。
(103) 前出注（31）谷田二四頁。
(104) 東京少年審判所『少年保護統計』一〇頁（一九三二）。
(105) 前出注（17）Platt, at 140.
(106) 少年法案ニ関スル件回答（案）（『大正少年法㊤』四九四頁）。
(107) なお『東京少年審判所十年史』二七頁によれば、この内務省意見は、正式には一二月二日付けで司法次官宛に回付された模様である。
(108) 少年法案ニ関スル意見（案）（『大正少年法㊤』四九五―四九六頁）。
(109) 児童保護委員法案（『大正少年法㊤』四九八頁）。
(110) 児童保護委員法案ニ対スル司法省意見（『大正少年法㊤』四九九頁）。
(111) 少年法案（『大正少年法㊤』四九九頁以下）。
(112) 議会提出法案は法律取調委員会案と比べて、条文数で五ヵ条の減となっている。多くは技術的修正であるが、削除された条文の中に、谷田案以来おかれてきた、審判開始後の不処分決定とその通知義務に関する規定（取調委員会案五九条）が含まれている。少年の法的地位の安定という点からみて重要な修正であるが、削除理由は不明である。

「両法案はかくも鄭重な手続を経、練りに練って書き上げられたのであるから、一瀉千里の有様で議会を通過すること疑いなしと見られた。しかし、そうもいかなかった。好事魔多しの類であろう[113]。」

四　審議過程――保護とデュー・プロセス

一　概観――審議および成立の経過

三度の議会での法案流産の末、大正一〇年六月司法省保護課長に就任して四度目の正直のためのいわば切込み隊長の役を務めた宮城長五郎は、後の回想でこう書いている。

四回にわたった少年法案審議・成立過程をおおざっぱに概観してみると、まず大正九年二月、第四二議会に上程された法案は、八回の委員会審議を経て衆議院は通過したが、普通選挙法案に対する原の抜打ち解散によって貴族院で未審議に終わった。司法当局は同年七月の第四三特別議会に、法案を裁判所構成法案（法官停年法案）とともに緊急法案として提出したが、やはり貴族院での抵抗に遭遇して会期切迫して両法案とも流産する。特別議会法案提出に先立つ六月、山岡万之助は全国感化院長協議会（内務省）に出向いて、〝法案の精神に充分に諸君の了解を得たい〟旨の講演を行っているが、感化院関係者の反応は議論百出で芳しくなかった。

大正一〇年二月の第四四議会貴族院審議においては、感化教育主義的法案批判のボルテージはさらに高まり、――裁判所構成法はどうにか通過したものの――出席した「司法、内務、文部の三省が、少年を中心とし三巴となって、所管争いをなすがごとき有様[114]」で、この時は会期を大きく残したまま、少年法案はいわゆる握りつぶしとなった。この背景には後述するように、議会審議に先立って、内務省諮問機関の社会事業調査会が少年法のための特別委員会を組織して法案の批判を行うとともに修正案を作成し、各大臣への建議を準備するという反撃に出たことが大きく影響していた。

こうした経過を受けて司法当局は、原敬暗殺（大正一〇年一一月）直後の第四五議会では、右特別委員会決議を考慮した上で内務省との再度の事前折衝に臨み、少年審判所設置規模をさしあたり東京・大阪の二ヵ所に限定する、予算規模を当初の四〇〇万円から五〇万円に縮小するという戦線後退を条件に内務省との合意を成立させる。

司法・内務の事前協議に床次竹二郎（内務大臣・社会事業調査会長）が出席することを聞いた宮城長五郎は、「この絶好の機会にいちかばちか片付けてしまえ……万全を望むな、寧ろ玉砕しろ」との決意で臨み、虞犯・触法少年の少年法からの除外を要求した田子一民（内務省社会局長心得）に対して、一四歳未満の少年については譲歩してもよいが、虞犯の方は、「実際問題としては、この程度の不良少年に迄審判所の手は延びまいとは思ふが……これを除外すれば審判所の手にかかった少年は皆犯罪少年であるとの烙印が押され、社会から相手にされなくなる」、「虞ある少年に付ては少年保護事業の実施を思い切っても譲歩はできない[115]」と反撃し、逆に田子一民を押し切ったという。この協議の結果、最後の妥協案として法案二八条二項に、山内確三郎（司法次官）の筆による「一四才ニ満タサル者ハ地方長官ヨリ送致ヲ受ケタル場合ヲ除クノ外少年審判所ノ審判ニ付セス」が挿入された。

大正一一年三月の貴族院委員会はそれでも六回の審議を行い、五項目の付帯条件をつけて三月二〇日ようやく法案を可決した。明治四一年の議会で小山温が「完全ナル感化法ガ出来ル」と発言した時から起算すれば一四年を経過していた[116]。

このように審議を紛糾・長期化させたことの最大の原因は、すでに見てきた通り、明治四一年の花井・床次論争に遡るイデオロギー論争であり、なかんずく、不良少年の管轄権をめぐる感化院・内務省側の執拗な抵抗にあった。とりわけこの時期貴族院を中心として、当時の平沼を筆頭とする司法部の〝政治的・道徳的拡大〟には反感が高まっており、これが「司法の介入・進出に対して保護教育主義を守れ」という感化院関係者の主張と結びついて審議を難航させたのである。

法案への反論はしかし、単に〝感化教育主義を守れ〟という批判であったばかりではない。とりわけ、第四三・四四議会の衆議院委員会で法曹議員から提出された法案批判は、感化主義とはむしろ全く逆の〝立憲主義的デュー・プロセス〟からの批判とも呼ぶべきものであり、法案を阻止する力は持たなかったものの、その論理の鋭さは感化主義的批判を上回るものですらあった。

このように二方面から繰り出された法案批判は、議会審議全体を通して法案の理解をかなりわかりにくいものにしたふしがある。そして、このわかりにくさは、責任主義と保護主義を複合的なものとして追求してきた少年法案の構造そのものに起因していた。

以下では議論の反復の多い四回の審議の内容をクロノジカルに追うことは避け、法案批判をその主旋律である感化教育主義と副旋律とも言うべき立憲主義的デュー・プロセスの二点から整理しつつ、この二つの批判に立案当局者がどう反論・対応したのかを紹介するという手順で、審議の全体像と大正少年法そのものの持つ特質を明らかにすることにしたいと思う。

二　感化教育主義的批判

(1)　論争の構図

「今度此法案ガ出来テ、司法省ガ手伝ヲスル……譬ヘテ言ッテミレバ、賽ノ河原ノ悪少年ガ殖エテ地蔵サンバカリデハ仕様ガナイカラ閻魔ノ庁カラ手伝ニ来タ、斯ウ云フコトニナル[117]」、「児童……不良少年ト云フモノハ、即チ先ツ大体賽ノ河原ノモノデアル、云換ヘテ見レバ地蔵菩薩ノ管内ニ在ルモノデアル、之ヲ閻魔ノ庁カラ援兵ヲ頼ンデ押ヘ付ケルト云フコトハ成ベクシタクナイコトデアル[118]」（高田早苗）

というのが、一口に言って〝司法省による少年法案〟への感化教育主義的批判であった。法案は、その立法理由に確かに「保護教養」を立法目的として掲げている。また、鈴木喜三郎は、高田早苗の右の法案批判に答える中で、審判手続の情景を次のような表現で描写してもいる。

「取調ヲスルト申シマシタ所ガ、差向キデ、所謂家庭的ニ、親父ガ自分ノ息子ノ悪イコトヲ取調ベテ訓戒ヲ与ヘルヤウナ意味デ是ハヤッテ行カウ……調ベ所ト云ッテモ、詰リ差向ヒデ、所謂膝組ニ談合ト云フヤウナ調子デヤッテ行カウ、頭デモ一ツ撫デテヤッテ、坊ヤソンナ悪イコトヲスルナヨト云フ……サウ云フ愛ノ一点張リデ教養シテ行カウト思フノデアリマス[119]」

しかし、右の説明は、法案中の保護手続の部分を鈴木一流のレトリックで切り取ってみたものにすぎない。全体としてみれば、少年法はまず年長少年・重罪少年に関する検事の起訴権を軸にした刑事政策立法であり、また「少年審判所ハ……法ニ従ヒテ保護処分ヲ為ス点ニ於テ寧ロ司法官庁ニ類似シタル性質ヲ有スルモノ」と位置づけられている。

しかも、矯正院は立案過程での用語を用いれば、「強制教育」を行うための、感化院とは異なった拘禁施設である。感化教育主義側からみれば、これが少年処遇を「懲治主義の昔日に逆転するもの」と解されたのも、事の然らしむるところであった。審議はかくして、法案のもつ刑罰と教育（責任主義とパターナリズム）の複合的性格に対するイデオロギー批判という形で進行した。

（2）　小河滋次郎「非少年法案論」と荒川五郎

議会の外から法案審議にまずゆさぶりをかけたイデオローグは、ここでも小河滋次郎であった。大正九年一月一〇日大阪での救済事業研究会で小河は「非少年法案論」と題する講演を行い、これを『救済研究』誌に掲載して冊子八〇〇部を作った上、武田慎治郎（大阪府立修徳館感化院長）の手を通して第四二議会審議の開始前に議会関係者を中心に配布した。[120]すなわち、

「教育行為は、刑罰とか懲戒とか其他総て処分と見做すべき行為と全く其の性質を異にするものであって、如何なる場合に於ても決して相提携し折衷し若くは混同し得べきものでない。若し強て之が提携を求め、折衷若くは混同を計らんとするが為には、其の結果、啻に教育の働きを無効有害に終らしむるのみならず、併せてまた所謂処分行為なるものの本領をも滅却するに至らしめざるを得ぬ。……然るに今新たに少年裁判制度を我国に採用せんとするが如きは、失敗の歴史に鑑みて廃止断行以来、未だ幾ばくもなき我が旧刑法時代に於ける懲治処分なるものの再興を試みんとするに異ならず[121]」

というのが小河の少年法案批判の骨格である。審議を開始した第四二議会の衆議院委員会で、小河のこの刑罰と教育の二分論に共鳴して教育の視点から執拗な法案批判の論陣を張ったのは荒川五郎であった。

「少年ト云フモノハ大人ノ細イモノヂヤナイ……子供─少年ナルモノハ、成年トハ全ク違ヒタルモノデアル……然ルニ此法ニ於テハ少年ヲ審判所トシテ其所ヘ呼出ス、サウシテソレニ相当ノ処分ヲスル」

「此案ニハ保護処分刑事処分トアルガ、処分ト教養トハ根本的ニ於テ相違ガアルノデアリマス、……処分ト云ヘバ或一定ノ責任アル行為ニ対スル制裁デアル、或一定ノ責任アル行為ニ対スル制裁デアリトスレバ、少年ナル者ニ対シ一ノ人格ヲ認メテ、責任ヲ認メテ居ル訳デアリマス、然ルニ少年ハ責任能力ノ無イ者デアリマス、其責任能力ノ無イ少年ニ対シテ制裁ヲ科スル即チ処分ノ対象トシテ取扱フト云フコトハ、第一根本ニ於テ矛盾ガアル」

「少年ハ飽マデ温情ヲ以テ教育若クハ救済ヲナス、即チ其者ノ性情ヲ引立テ抽キ出シテ、其者ノ中ニ存スルモノヲ発達サセ、作リ上ゲルコトデナケレバナラヌ、外カラ強制シテ処分スルト云フコトデハ教養ト云フコトハ断ジテ行ハルベキモノデハナイ[122]」

「少年法案ノ精神ハ、不良少年ノ保護教育ヲスル所デアルト云フノデアリマスガ、然ルニ少年法ノ執ル所ノ仕事ハ処分デアル、……而シテ教育ト云ヘバ誘導的デ、『エヂケーション』ト云フ語ハ引キ出スト云フコトデアル、……処分ハ圧迫強制スルノデアリマス、其処分ノ方法ヲ以テ、全ク性質ノ反スル開発誘導ヲ本旨トスル教育ヲスルト云フコトハ、根本的ニ相容レヌヤウニ考ヘマス[123]」

荒川がここで展開した法案批判は、小河の刑罰・教育二分論に呼応しているだけではなく、当時の大正期の教育界全体が吸収しつつあった二〇世紀初頭のアメリカの革新主義教育論の響きをそのまま伝えている。小河滋次郎の法案批判の用語で言えば、これは「『少年の世紀なり』と称せらるる今の時代」の一つの表現そのものであった。

(3)　花井卓蔵の批判

「少年法ハ其沿革ノ上ニ於テ制定セザルベカラザルモノガアリマス」として、法案の可決そのものには異を唱えなかった花井卓蔵の法案批判（第四二議会）は、ここでも、「米国ニ於ケル小供裁判所」がある意味で我が国で如何にナイーヴに受けとめられたかを示す一つのデータであった。第四二議会委員会で、花井は法案起草過程で葬られた自らの「少年審判法」と「少年刑事処分法」の立法二分論に拠る法案批判を繰り返すとともに、次のような自らの少年法論を展開した。

「少年法ハ一種ノ教育法デアリマス、而シテ裁判ヲ離レテ教育的ニ不良少年ノ心ヲ矯正シテヤルノガ本意デアル、此間犯シタル犯罪ニ対シテ責任ヲ取ルノデナク、……此教育法ニ依ツテ心身ヲ矯メ直サナケレバナラヌノデアル」
「如何ナル場合ニ於テモ裁判所ニ於テハ少年審判所ハ開カヌノデアルト云フ答ヲ確《（ママ）》的ニシテ戴キタイト思フ、……裁判所ニ引ツ張リ出シテ、罪人ト列ベテ少年ノ審判所ヲスルト云フコトニナツタナラバ、少年法ノ精神ノ破壊ニナルノデアリマス」

花井は続ける。

「私ハ附添ニ弁護士ガアルトイフコトモ衷心ニハ好マナイノデアリマス、検事、判事、裁判所、弁護士ト云フヤウナ、犯罪ニ関スル観念ヲ少年ノ頭ニ刻マシメルヤウナ事ハ、教育主義ノ少年法ノ精神デナイ[124]」

右の主張は、かつての論敵床次竹二郎の花井への反論「懲罰若クハ裁判ト云フヨリハ、教育ヲスル訓育ヲスルト云フ考ヲ重ク取ツタ法ガ良イヤウニ考ヘマス」と実質的には紙一重ほどしか異なっていない。かつて、床次の教育主義に対して「人身ノ自由ヲ束縛シ……強制的ニ保護シテ往クト云フコトハ……其処分ハ……裁判上ノ働キニ待タナケレバナラヌ」と激しい論難を加え、谷田案四一条の補佐人規定に関して大正三年には「弁護士ハ加フルヲ可トス」と述べていた花井の論旨から言えば、第四二議会委員会審議での彼のこの論調は、かなりの程度小河滋次郎寄りに重点を移動させている。この重点移動の背景にはあるいは、立案作業の後期に司法部内で一種独断専行的に行われた急ピッチの立案作業が花井に出番を与えなかったことへの反感があったかも知れない。ともあれ、「裁判権主義」者花井卓蔵が穂積講演を機に発酵させた「特別ナル裁判所」における「保護」の実質は、つきつめて言えば、感化教育主義における「家庭的温情」とさほどへだたったものではなかったと言わねばならない。

第四二議会衆議院委員会審議で正面から打ち出された、右の小河、荒川、花井に代表される教育主義的法案批判は、以後の貴族院審議において増幅され、少年法案の即時成立・全面施行を阻む最大のイデオロギーとなった。

(4)　「社会事業調査会特別委員会報告書」

①　論争が最も激化したのは、大正一〇年二月の第四四議会貴族院審議であった。大正一〇年一月一三日、内務省は諮問機関の救済事業調査会を、権限を強化した「社会事業調査会」へと改組し、冒頭の審議議題として少年法・矯正院法の調査を諮問した。設置された「特別調査委員会」は、衆議院審議開始にタイミングを合わせて一月二一日から連日の集中審議を行い、二七日には「少年法案及矯正院法案に関する社会事業調査会特別委員報告書」(125)を「少年法修正案」を含む各大臣宛の「建議書（案）」と併せてとりまとめた。

この諮問動議の確たる背景は不明であるが、すでに新聞等で取り上げられはじめていた法案に対する批判的な社会的雰囲気に乗った内務省側の巻返しであったことは間違いなかろう。小河滋次郎はこの特別委員会の設置を知って、「天なる哉、命なる哉」と奮い立ったという。特別委員は窪田静太郎（行政裁判所評定官）、松田源治（内務省参事官）、松村真一郎（法制局部長）、赤司鷹一郎（文部省学務局長）、谷田三郎（司法省監獄局長）、それに小河滋次郎と留岡幸助の七名であった。ちなみに、委員長を務めた窪田は明治三三年感化法制定当時の内務省地方局担当参事官である。感化法・感化院制度を担って来た巨頭達による谷田三郎つるし上げの構図と言ってもよい。

とりまとめられた「報告書」と「建議書（案）」は、前項で紹介した感化・教育主義的法案批判に立脚した法案修正によって審判所の保護処分を制限し、不良少年処遇の主役としての感化法の地位を確保しようとするもので、司法的介入から「保護主義を守れ」という長年のキャンペーンのサマリーとさえ評してよいものである。

「少年は保護教育の対象とすべきもので、刑罰若は之に類したる処分の対象とする事は不適当である。不良行為の原因は最も多く家庭的温情の欠陥による。……少年法案は司法官憲の監督の下に少年を処置せんとするもので、児童処置の原則に反する。」

という報告書の一節は、殆ど小河の「非少年法案論」のリフレインである。「修正案」の箇条は多岐にわたっているが、主要論点は、(イ)虞犯少年および触法少年の管轄を少年法の対象から除外すること、(ロ)犯罪少年の審判を行う場合にも、少年審判所は訓戒・誓約・矯正院送致を除いてその処遇決定をすべて内務省系の地方行政機関に委ねること、の二点であった。

② 「報告書」と「建議書（案）」が議会審議に与えたインパクトは存外に大きかった。貴族院審議には、内務大臣床次竹二郎（社会事業調査会長）はもとより松田源治、赤司鷹一郎も政府委員として出席していた。議論の紛糾は必然であった。なかんずく大浦事件（大正四年）当時の警視総監として司法部との確執をつぶさに経験していた伊沢

多喜男は、「少年ト云フモノハ保護教養ノ目的デアルノダ、犯罪人刑罰ノ目的ニスルノデハナイノデアル」と司法次官鈴木喜三郎にかみつき、法案の虞犯・触法・管轄については、「犯罪ニ対シテ無能力ナル少年ヲ入レテ見タリ、御隣リノ方ノ畑へ手ヲ出スト云フ形ガ見エル」[126]と、法案を徹底的にこきおろした。出席を求められた内務省政府委員も右の批判に呼応して、「感化上ニ於キマシテハ人ノ愛情ノ牆ヲ築ク方ガ宜シイヤウニ考へマス」[127]（田子一民）、「先ヅ二口門ガ開イタ訳デアリマスカラ……内務省ニ立帰ツテドウカト云フト、是マデ通リ十分感化法デ益々ヤツテ行ク積リデアリマス」（床次竹二郎）[128]と答弁して、明治四一年以来連綿と続けられてきた政府部内の意見不統一を意図的なまでに露呈させた。

内務省側からの「報告書」のリークによるものと思われる東京朝日新聞記事「少年法案の根本的欠点」は、「報告書」の内容を概略紹介した上で、

「少年保護機関に刑罰的分子の存することは最も忌むべきことにして、之を防がんが為には先づ少年の保護処分を行ふべき機関を全然司法省の所管より分離し、其を純然たる行政官憲に属せしめねばならぬ。……少年法案が全々改造せれら、以て司法省の所管より離脱せんことを希望してやまない」[129]

という趣旨の論陣を張っている。「保護主義を守れ」のこうした大合唱の前に、三月二七日までの会期を一ヵ月も残して法案が「握りつぶし」となったのもむべなるかなであった。

(5)　立案当局の対応

「保護主義を守れ」という右の論調は、理論的系譜と概念枠組から見る限り革新主義アメリカの教育的処遇思想に

端を発するものである。そしてすでに見たようにこれは、我が国における「親心」の感受性の伝統が、いかに敏感に世紀末欧米のパターナリズムに拠る社会改革運動に呼応したかを指し示すものでもあった。

感化教育主義からのこうした執拗な攻撃に対して、では、司法当局はどう反論したのか。ここでは①感化院的開放処遇の是非、②行政処分主義の二点について、当局者側の対応を一、二ピックアップしておこう。

① 感化院型処遇への反論は、つまるところ、強制の契機を棚上げした感化法の開放処遇は、犯罪少年の矯正に対しては実効性をもたない（「感化法ニ依リテ実際救治ハ出来居ラス」平沼騏一郎）という一点に集約される。

第四四議会衆議院および貴族院での豊島直通（刑事局長）の論理を用いて言えばこうである。現在の約一万五、〇〇〇人の一八歳未満の犯罪少年の内、公訴提起者はおよそ三、〇〇〇人にとどまるが、一万二、〇〇〇人の起訴猶予少年を皆感化院に収容することには殆ど現実性がない。やったところで、不良性の強い者はすぐ逃走してしまう。すなわち、豊島によれば、

「今日ハ少年ニ対シテハ刑罰デハイケナイ、……保護教養デナケレバイカヌト云フコトハ認メテ居リマス、併シ其保護教養モ、何等権力ノ無イモノデハ余リ役ニ立タナイ、極ク温順ナル犯罪少年デナケレバ、ドウモ其効ハ無イノデアリマス」[130]

「結局権威ノアル保護処分トイフモノガ今日ノ行政官庁デハ十分出来マセヌ……ドウシテモ斯ウイフ官庁ノ保護処分トイフモノハ専門ノモノヲ用ヒテ、サウシテ権威ヲ持タシテ、保護教養ニハ幾分カ自由ヲモ制限スルトイフ風ニヤラナケレバナラヌ」[131]

ちなみに、司法省側の報告による累積感化院退院者数二、四六五人の内、逃走者は七九一人を占めている。[132] このデ

ータの提示の中に、感化法型オプティミズム（「愛は高き牆壁にまさる」）への強い批判が含まれていることは言うまでもない。山岡万之助は言う。

「感化院ニ於テ万事カ尽セマスナラバ無論矯正院ハ要ラヌノデアリマス、……家庭ニ居ラズシテ浮浪スル者ガ家庭ト同等ナル設備ニ居ル訳ガナイ、……是非共療治ノ出来ル中ニ今一ツノ施設ヲ拵ヘテ監獄入ヲシナイヤウニ、其施設デ更ニ最善ノ努力ヲ致ス、斯ウ云フ訳デアリマス」[133]

感化教育主義的オプティミズムへの批判を含んだ豊島や山岡の右の論旨を、最もわかり易く且つ一言で表現したのは第四四議会の鈴木喜三郎の次のような少年観である。

「教育ノ一点張バカリデ以テカラニ能ク矯正ガ出来マシテ、不良少年ト云フモノガ出来ナイヤウニナリマスレバ、誠ニ国家ノ為ニ喜ブベク、又其個人ノ為ニ賀スベキコトデアルノデゴザイマスガ、ドウモ活キタ社会ハ理論バカリデハ参ラズ、俗ニ申ス浜ノ真砂ハ尽キテモ世ニ盗人ノ種ハ尽キヌト申ス通リデアリマ〔ス〕」[134]

鈴木のこの「浜ノ真砂」発言は、「頭デモ一ツ撫デテヤツテ、坊ヤソンナ悪イコトヲスルナヨト云フ、サウ云フ愛ノ一点張リデ教養シテ行カウト思フノデアリマス」という、彼の高田早苗への答弁（前出一六七頁）の文脈の中で行われたものである。ここに見られる両義的なスタンスが、かつて「監獄官吏ハ同情ノ念カナケレハナラヌ」と論じる一方で、「アマヤカストアマヘルノデアル」という過剰なパターナリズム批判を行った明治四一年の小山温のそれを、法立案の基本線として継承するものであったことは言うまでもない。

②　四回にわたった議会審議の基調音は、あくまでも「保護・教養」であった。立案当局と言えども、「今日ハ少年ニ対シテハ……保護教養デナケレバイカヌ、併シ」（前掲豊島）という立脚点から審議に対応した。したがって、立案当局が責任主義の観点を押し出して感化教育主義に正面から反論するという構図自体は審議過程を通して見られない。しかし、当局の側に花井・床次論争以来貫流し続けてきた〝行政処分主義に対する司法審査の必要〟という観点が消失してしまっていた訳ではない。審議の紛糾がピークに達した大正一〇年に谷田三郎は小河滋次郎の「非少年法案論」を意識しつつ次のように論じている。

「〔法案〕反対論者は、諸外国で裁判制度を行ふて居るのは沿革に囚はれた旧式の方法で、我国が感化院収容処分に付て行政命令主義を採りつつあるのは最も進歩した理想的制度であるかのやうに吹聴するが……諸外国が裁判制度を採つたのは民人の権利を重じ、審査の公正と処分の適実を期するからであって、之を以て旧式の行方であると誹るのは立憲法治国の通義を無視する放論なりと謂はざるを得ない[135]」

谷田のここでの〝立憲法治国の通義〟をほぼ同じ時期の泉二新熊の言い回しで敷衍すれば、次のようになる。

「こつちが親切にやるのだから宜いではないかといふて、何でも彼でも世話をするといふことは迷惑であります。だから其目的はよくても、手段が悪ければ目的は破壊されるのであります。……親の権利を侵害し、子供の自由を害するといふ問題であるから、目的は保護だからどうでもいいではないかという理屈は通らぬ。それには矢張り法律の思想のある人がやるといふことが必要である[136]」

ここに見られる谷田や泉二の論理は、「アマヤカストアマヘルノデアル」という小山温の心理学的なレベルでのパターナリズム批判を、個人の自律とデュー・プロセスという法学的な枠組によって翻訳しなおしたものと言って差支えない。

そして、少年法案が遭遇した今一方の論敵こそ、衆議院委員会での法曹議員を中心としたこのデュー・プロセスによる法案批判であった。少年法案審議は、保護とデュー・プロセスという正反対の方向からの両面攻撃をかわしつつ進むという宿命を負っていた。

三　デュー・プロセス的批判

(1)　裁判を受ける権利

裁判所にあらざる少年審判所が憲法二四条の裁判を受ける権利を侵害しないかという議論は、衆議院の横山金太郎(第四二回)、永屋茂(第四三回)、清瀬一郎(第四四回)から提起された論点であった。永屋茂は言う。

「一寸御尋ネシマスガ、憲法第二四条ノ『法律ニ定メタル裁判ヲ受クル権利ヲ奪ハル、コトナシ』ト云フ規定ガアル、……サウシマスト其事件ハ裁判所ニ依ツテ司法的ノ裁判ヲセラルルノデナクシテ、行政官庁タル少年審判所ニ於テ処分ヲ受クルト云フコトニナリマスノデ、形ノ上ニ於テ憲法ニ違反スルコトハナイカト云フヤウナ疑ヒヲ持チマスノデアリマス」

「若シ御説明ノ如ク犯罪ヲ構成シナガラ、刑罰ヲ科スルヨリ保護処分ヲスル方ガ宜シイト云フノデ送致セラルル場合ガアリトスレバ、其事件ハ明ニ憲法ノ所謂刑事事件トシテ移シ裁判所ヘ送ル罪人トシテ取扱フベキモノデアル、サウスレバ法律ニ定ムル裁判官ヲシテ裁判セシメナケレバナラヌヤウニ存ジマス」
「私ハ一方ニ於テハ憲法ノ精神ヲ尊重シタイ、一方ニ於テハ此少年法ト云フモノヲ謳歌スルノデアリマスカラ、其矛盾ハ調和シテ見タイト考ヘマス[137]」

これに対する、司法省側の審判所合憲論は、保護処分は実質的に行政的側面を色濃くもつもので刑事事件ではなく、また少年のための利益処分であるから憲法問題は生じない、という反論に尽きた。永屋のデュー・プロセス的批判を徹底させたのは、英国留学から帰国間もない清瀬一郎であった。

「御説明（「少年法案理由書」―筆者注）ヲ昨晩モ数回読ミマシタガ、ドウモ分ラナイ、分ラナイ筈デ、是ハ少年審判所ト云フモノヲ、司法権ト行政権ノ中間物ダト云フ風ニ云ハレテ居リマスガ、中間物ト云フ事ハ一体アル筈デナイ、……何故起案者ハ、少年審判官ヲ、最後ニ審判スル人ダケハ矢張司法官タル資格ヲ有ツタ者カラ採ルト云フ制度ヲ御採用ニナラナカツタカ、……自由ヲ剥奪スルトカ、此等ノ事ヲスルコトハ、ドウシタツテ是ハ源ヲ司法組織ニ組マヌト云フト、行政組織デハイカヌト云フ疑ガ出来ルノデアル、……矯正院ハ子供ノ監獄、内実ハ同一デアル、名前ニ拘束サレテハイカヌ」
「民権ニ重大ナル関係ノアルモノハ、特別担当ノ役人ニ裁判セシムルトイフ事ガ、今日ノ法治思想、憲法思想デアリマシテ、……憲法ノアル国ハ必ズサウデアル、然ルニ日本ガ審判所ヲ設ケテ処罰セントスルハ、ドウイフ差支ガアリマスカ」
「何故ニ我国デハ司法官ニ扱ハシメナイカ、何カ事情ガアルカ[138]」

右の質問に対する山岡万之助の、「我国民ハドウモ昔白州ヘ呼出サレテ、土下座ヲシテ叱リ飛バサレテ居リマシタノデ」、裁判所を恐れるこうした伝統と訣別する意味もあって「審判所」にしたのだという答弁に対して、清瀬はさらに次のような激しい論難を加えた。

「ソレハ奇怪ナ事ヲ聴クモノデアリマス、……行政組織ニシタ所ガ、乱暴ナ人デアッテ、酔払ッテ『コラッ』ト言ヘバ、ソレハ恐レルニ相違ナイ、左様ナル関係ニ於テ、今日ノ組織ニ阿ルガ為メニ、或ハ人民ノ誤解ヲ益々助長スルガ如キ少年審判所ヲ拵ヘテ、行政組織ニシタト云フナラバ、私ハ鼓ヲ鳴ラシテ責メネバナラヌ、デ私ハ其御説明ニハ全然賛意ヲ表スルコトハ出来ヌノデアリマス」

〝審判官だけはなぜ判事にしなかったか〟の理由が、実は内務省の強い異議に対して司法省側が妥協した結果であることは先に見た通りであるが、右の法案批判は、犯罪少年を取り扱う準司法的行政機関としての少年審判所という「各国ニ殆ド例ノ無イ」「全ク一種独特ノモノ」（谷田三郎）であるこの制度が、そもそも極めて微妙なバランスの上に成立したものであったことを裏書きするものであった。谷田もまた、清瀬の論難に対して一応は、

「私共モ個人ト致シテハ清瀬サンノ説ノ通リニ、裁判所ニ於キマシテ、裁判官ガ此処置ヲ執ルト云フコトガ、論理的ニハ一番正確ナモノト思フ、ドウシテモ能ク論理ヲ貫クノニハ、其説ニ勝ルモノハナイト思ヒマスル」（傍点筆者）

と述べた上で、

「亜米利加辺リハ御承知ノ通リ皆司法行政ノ合ノ子ノヤウナモノデヤッテ居ル、裁判ト申シマスルモノノ、行政事務デヤッテ居ルノデ、『チルドレンコート』ナドハ、斯ウ云フ風ナ意味ニ於キマシテハ、司法裁判ノ合ノ子ト申シテ、然ルベキモ

ノデアラウト私共ハ解釈致スノデアリマス(139)」

と述べて、「中間物」が決して特殊なものでないばかりか、質的にはむしろ合理的・普遍的なものであることを力説した。

(2)　不服申立制度の是非

少年法案が二二条に審判官の回避規定を置くのみで、除斥、忌避ないしは抗告の制度を敢えて設けなかった点も、デュープロセス的批判のターゲットになった。北井破治目は言う。

「処分ガ間違ツタ時分ニハ、此取消ナリ何ナリスルノ規定ヲ設クルガ必要デナイカ、審判官ガドンナニ老練デアリマシテモ、……間違ノ無イコトハナイ、屹度間違フ、……ヤツタ人ガ自ラ改メルコトハ中々容易ニ求メ難イ、利害関係アル親ナリ兄弟ナリカラ、其事ハ主張スルコトヲ此規定ノ中ニ設ケテ置キタイト思ヒマスガ、当局ノ御考ハ如何デアルカ(140)」

また、鮎川盛貞によれば、

「此第二項（四二条―筆者注）ニ『弁護人ハ何時ニテモ前項ノ決定ニ対シ抗告ヲナスコトヲ得』トシテ弁護人ノ主張スベキ権利ヲ挿入シテ戴キタイ」、「審判官ガ神デアレバ格別、人デアル以上ハ矢張制度ハ確立シテ置キタイノデス(141)」

ということになる。

谷田や山岡はこれらの批判に対して、この批判にはもっともなものがあり、「本案ヲ考慮スルニ就テ、最モ争ヒマ

シタ一点デアリマス」と前置きしつつ、

①結局審判所の保護処分は「特別ノ知識経験」と「特別専門ノ教育」のある審判官の専門裁量性にかかるのであって、「司法官庁ニ抗告ヲセサルト云フヤウナ事ハ、適々《（ママ）》玄人ノ専門家ノ処分ヲ素人ガ詮議シテ是非ヲ判断スル」ことで「木ニ竹ヲ接イダヤウナモノ」になる、

②「結局審判官保護司ト云フ者ハ、寧ロ柔カナ者デ、普通ノ権利義務ト云フ観念ハ避ケテシマツテ温情ニ信頼スルト云フコトヲ主義ト致シマシテ、不服ノ途ヲ設ケナカツタ[142]」

と答弁した。

これは、少年審判はパレンス・パトリエ機能であって上訴にはなじまないというアメリカ少年裁判所の論理と同一の論拠に立つものである。不服申立の是非という右の論点に関しては、すでに大正三年の立案段階で、審判回避規定をめぐって概略次のようなやりとりが交わされていたことがここでは想起される。

泉二「審判官ハ少年ノ利益ヲ保護スルヲ本旨トスル故本條ノ規定（回避のみの規定—筆者注）ニテモ十分ナリト信ス」

花井「抗告ハ許スヤ」

谷田「抗告ノ規定ナシ、然シ回避セサル如キ場合ニハ抗告ヲ許スモ不可ナカルヘシ」

＊

倉富「処分ノ変更ヲ許セハ可ナルモ然ラサレハ抗告ノ途ヲ開カサルヘカラス」

横田「回避ヲ必要トセハ忌避モ必要ニアラスヤ」

谷田「忌避ハ水臭シ、此位ニテ可ナリト考ヘタリ」

＊

小山「何人カ抗告スルヤ」

谷田「検事及保護者ナラン」

小山「抗告ノ如キ鹿爪ラシキ事ハ如何ニヤ」

倉富「自分モ成ヘク設ケサル様ニシタシ[143]」

ここには、凡そ洋の東西を問わず少年審判制度が直面する本質的問題が、一種の試行錯誤の議論の中で展開されていることがわかる。「普通ノ権利義務ト云フ観念」の「鹿爪ラシサ」を加重していけばいくほど、いわばこれと反比例する形で「保護」に本来内在している有機的関係が滅殺されていく（「水臭シ」）、という力学がここにはある。右の構造は少年司法一般の中核に存在する普遍的な特質であり、その限りで「審判に対しては特別の救済手段を設けないこと……の一半の理由は審判が人格的接触に依る感化を目標とするものであつて斯かる人格的感化に於ては権利闘争の余地なからしむることを適当とする[144]」という法二二条の把握は、決して我が国だけのものではない。そして、ここに含まれているところの、「保護」と「普通ノ権利義務」のディレンマをどう解くかという問いこそ、法立案者に与えられた「苦心名状すべからざる」課題（穂積陳重）に他ならなかった。

感化教育主義の眼からは「閻魔ノ庁カラ援兵」としてやって来た〃権利義務の亡者〃と映った少年法案も、立ち入ってみれば、「保護ノ精神ヲ失ハサルルコト」（谷田三郎）を感化法のそれとは一味違った意味で貫くものであったのであり、またそれ故にこそ、法案は北井や鮎川の批判にも遭遇したのである。

(3)　虞犯制度の是非

すでに触れたように、法案は虞犯少年の取扱いに対してかなりの謙抑性を示したが、それでも虞犯概念自体に対する法曹議員からのデュー・プロセス的批判を免れなかった。第四三議会委員会で永井作次や黒住成章はこもごも次のように述べている。

「〔法案第四条ハ〕如何ナル情況ニアルノガ、刑罰法令ニ触ル、行為ヲ為ス虞アル少年ト見ルカ見ナイカト云フ、重大ナ事実問題ガ含ンデ居リマス、……若シ誤ツテ此認定ヲスルヤウナコトガアリマスレバ……却テ其少年ヲ保護セズシテ、殺スコトノ結果ヲ生スルコトニナル(145)」（永井）

「刑罰法令ニ触ルル行為ヲ為ス虞アル云々、是ハ今永井君カラ御尋ノ通リデアル、言葉ハ簡単デアリマスガ此事実ヲ認定スル所ノ標準ガ無イカラ極メテ困難ダラウト思ヒマス、……之ニ就テノ認定ノ標準ガ無イ、殆ド手加減デアル、之ニ対シテ救済方法ガ無イト云フコトヲ云ハレタガ、是ハ同感デアル(146)」（黒住）

右の論点を最もシャープに取り出して、法案の全面批判の論陣を張ったのは、ここでも第四四議会における清瀬一郎であった。清瀬は言う。

「兎モ角犯罪ヲシタル者ハ別トシテ、犯罪ノ虞アル者、ソレヲ腕力デ連レテ来ルト云フコトヲ法律デ定メルト云フコトハ、ドウデアリマセウカ……初カラ人権蹂躙ヲシナケレバナラヌト云フ疑ノアル法律ハ、ドウデアリマセウカ(147)」

「憲法ノ二箇条ト刑事訴訟法ノ令状ノ効力ガ、我国民ノ大憲章『ハビヤスコルパス』デアリマス、……犯罪人デナイ所ノ、犯罪ノ虞ノアル者ヲ、令状ヲ持タズニ逮捕同行スルト云フ事ハ、日本ノ今日ノ法治主義ニ合スルカドウカ、初メカラ不良少年ハ国家ニ害ヲ為スモノデアルト云フ頭ヲ以テ引張ルガ、ソレハ不良少年タルコトガ極ッタ上ノ話デ、逮捕スル瞬間ニ於テハ善良少年カモシレナイ、……是ハ弊害ガアルノミナラズ、我国ノ憲法並ニ刑事訴訟法ニ依ッテ、人権ニ関スル根本ヲ揺カス法則デアラウト思ヒマス[148]」

清瀬は結局次のように法案反対論を結んだ。

「私ノ意見ハ通ラヌコトハ承知デゴザイマスガ、私ハ此少年法、矯正院法、全部反対デアリマス、否決スベシト云フ意見デアリマス、……犯罪ノ虞アルト云フダケデ、誰カガ投書デモスル、ソレヲ事実ヲ待タズシテ引張ッテ来ルト云フコトハ、如何ニモ私ハ人権ノ上ニ遺憾ト思ヒマスガ、ソレ故ニ反対デアリマス[149]」

(4)　デュー・プロセス的批判の意味

清瀬一郎はしかし、「人権」という鍵概念が、「保護」関係そのものをいやおうなく解体してゆく性格を構造的に有していることへの洞察を、殆ど持ってはいなかったように見える。樋口秀雄はこれを「法律家諸君」の「人間ノ万事ヲ司法ニ依ッテ極メルト云フヤウナ、司法万能主義」と揶揄した。眼を転じてみれば、虞犯問題に限らず、清瀬の右の主張に見られる個人主義とデュー・プロセスの論理は、一九世紀中期以後勃興して来たアメリカのパレンス・パトリエにとっての最大の「躓きの石」であった。例えば、一八七〇年に州によるパレンス・パトリエ的保護を違憲と判示してシカゴの少年院自体を閉鎖に追い込んだイリノイ州最高裁の、いわゆるオコーネル対ターナー事件判決におけるA・ソルントン判事の次の一節は、洋の東西を越えて清瀬の「人権」の主張に呼応している。

「Bill of Rights は『すべての人間は、自明の理として自由かつ独立しており、一定の譲りわたすことのできない生来の権利を持っており、その中には生命、自由および幸福追求が含まれている』と宣言している。……犯罪者でさえ、due process of law 抜きには有罪を宣告され拘禁されることはない。……適切な親の配慮の欠損とか無知とか怠惰とか不良行為とかは、環境不遇（misfortune）ではあっても犯罪ではない。……何故に子供だからといって、環境不遇という科の故のみをもって、due process of law 抜きに自由を奪われなければならないのか。……少年の拘禁を認めた法規が憲法の規定に抵触する以上、我々はそのように宣言せねばならない。[150]」（傍点筆者）

そして、オコーネル判決から丁度一世紀後のゴールト判決（一九六七年[151]）は、清瀬一郎やソルントン判事と同じデュー・プロセスの論理をもって、「普通ノ権利義務トイフ観念ヲ避ケ」てしまっていたアリゾナ州のパレンス・パトリエ少年手続に違憲の判断を下した。連邦最高裁判事フォータスの主観的意図を超えて、これが、その後のアメリカにおける滔々たる〝保護主義の没落[152]〟の決定的な引き金になったことは、今日すでによく知られている。つまり、虞犯制度に限らず少年審判手続の全体にわたって清瀬型のデュー・プロセスの主張に拠って「能ク論理ヲ貫ク」（谷田）限り、この批判は遂には「保護・教養」そのものの否定にまでたどりつくという構造が少年司法には内在しているのである。そして、この思考は、教育と刑罰を「決して相提携し折衷し若くは混同し得べきものでない」とする小河滋次郎的二分思考がやはり少年司法否定論にたどりつくのと、丁度メダルの裏表の関係に立つものであった。

(5)　立案当局の対応

清瀬に代表されるデュー・プロセス的批判は、少年法案にとってはいわば背後から現れた敵であった。この憲法論的批判に対して当局者はどう対応したのか。山岡は言う。

「此法律ハ審判官ヲ信ジ、審判官ガ最モ適当ナル審判ヲシテ行ク、……結局幼年審判ハ人格ノ問題デアリマス、審判官モ人格ヲ以テシ、又審判ヲ受ケル所ノ者モ人格ニ対シテ処置ヲ受ケルノデアリマシテ、個々ノ行為ニ対シテ責任ヲドウ云フコトハナイ(153)」

谷田の表現を用いて、山岡の右の主張を敷衍すれば、次のようになる。

「此案デハ国家社会ガ少年ノ親ニナリ、社会ガ少年ノ危険ナルモノハ之ヲ自分ノ子トシテ相当ナ手当ヲスル、悪人ト見ズシテ、自分ノ子供ト見ルノガ本案ノ大趣旨デゴザイマス」

「此案デハ審判官ハ裁判官デハアリマスガ其実国カラ委託ヲ受ケタ親ノヤウナモノデアリマス」

「此案ガ大精神トシテ居ル少年審判所ナリ、少年審判官ト云フモノハ、子供ノ利益ヲ十分図ッテヤッテ居ルモノデア〔ル〕……カラ、之ニ信頼シテ寧ロ不服ノ申立トカ訴願ノ方法ハ設ケナイ方ガ宜カロウト云フ考デ、現行感化法一三条（感化法一三条――筆者注）ハ襲ハナカッタ次第デアリマス(154)」

山岡や谷田がここで用いている少年審判の「大趣旨」・「大精神」とはしかし、ほかならぬパレンス・パトリエの保護主義の論理そのままではないか。鈴木も豊島も、この同じ論法を以て〝立憲主義的批判〟に応戦した。いわば彼らは、前面の敵をたたくにあたって背後の敵の論理を用い、背後の敵を回避すべく前面の敵の論理を以てしたのである。法立案者達にとってこれは、単なるレトリックないし詭弁というよりはむしろ、「一面ニ於テ保護処分ヲ規定シ他面ニ於テハ刑事処分ヲ規定シ……以テ刑罰法令ニ触ルル行為ヲナシ又ハ刑罰法令ニ触ルル行為ヲ為ス虞アル少年ヲ教養」せんとする法案の両義的性格（「少年法案理由」）の然らしむるところであった。〃本法案は教育と刑罰の混同ではないか〃という第四二議会審議における花井卓蔵の法案批判に対する山岡万之助の次の答弁は、右の消息を端的に物語るものである。

「犯罪ニ接近シテ居ル事柄ヲ為シタ、其少年ダケニ対シテ必要ナル処置ヲ講ジ、此処置ヲ講ズルコトガ一面ニハ保護処分トナリ、一面ニハ刑事処分トナルノデアル、左様ニ申ス外ハ無イト存ジテ居リマス[155]」（傍点筆者）

ちなみに、この両義的・二面的特質は、単に鬼面仏心の「検事の起訴便宜主義」の過程のみならず、法案の全域を貫く一つの構造であった。例えば、谷田は先に触れた少年審判所の「中間物」的性格の説明において、「保護処分に関する事務を以て通常裁判所の所管事項に属するものと見ることを得るや否、是亦法理上大なる疑問の存する所」という認識の下に、法案の立案過程のダイナミズムを次のように回顧している。

「法律取調委員会ニ於キマシテハ、……現在ノ諸外国ノ風潮等モ能ク考ヘマシテ……是ハ真中ヲ行クガ宜シイ、純然タル司法裁判デモイカヌ、又純然タル行政裁判デモイカヌカラ、ソコデ以テ真中ノ道ヲ行クコトニシヤウト云フノデ此案ガ成立ッタノデアリマス[156]」

つまり、ここでの少年手続における「司法」と「教育」——ひいては責任主義とパターナリズム——という論理的に相反する二つの契機は、〈少年手続〉という一つの実体を構成している二面性に他ならないものであって、両者はいずれも他を圧倒して自らを純化することのできない相互規定的関係に立つものであった。「非少年法案論」を以て法案の成立阻止に執念を燃やし遂に敗れた小河滋次郎は、公布された少年法・矯正院法の両義的性格を「監獄と学校の混血児、教育と刑罰の合成金」と呼んでこれを痛罵した。(157) しかし、少年手続・保護処分の本質を如実に物語るこの「合成金」的構造こそ、「必罰主義」と「感化教育主義」のはざまで徐々に自らの骨格を形成した大正一一年少年法が包含する二面思考によってもたらされたところの、その制度的特質に他ならなかった。

(113) 宮城長五郎「楽屋噺少年法実施秘譚――反古の見直し（一）」保護時報第二〇巻六号四〇頁（一九三六）。
(114) 同前宮城四二頁。
(115) 同前宮城四七頁。
(116) 少年法との同時施行を前提にして審議が進められ、起訴便宜主義（絶対的任意主義）の明文化を果たした改正刑事訴訟法案（明治四一年一二月一一日審議開始）が貴族院委員会を通過したのは、少年法案可決から三日後の大正一一年三月二二日であった。
(117) 第四三帝国議会貴族院少年法案外一件特別委員会議事速記録第二号（大正少年法(下)』七二八頁）。
(118) 同前委員会議事速記録第四号（『大正少年法(下)』七六〇頁）。
(119) 同前委員会議事速記録第二号（『大正少年法(下)』七三七頁）。
(120) 武田慎治郎「故小河博士を追憶して」感化教育五号一〇二頁（一九二五）。
(121) 小河滋次郎「非少年法案論」（『大正少年法(下)』一一六二頁）。
(122) 第四二帝国議会衆議院少年法案外一件委員会議録第八回（『大正少年法(上)』六一〇―六一一頁）。
(123) 第四五帝国議会衆議院少年法案外一件委員会議録第二回（『大正少年法(下)』九八〇頁）。

(124) 第四二帝国議会衆議院少年法案外一件委員会議録第七回（『大正少年法㊤』六〇四―六〇六頁）。
(125) 少年法案及矯正院法案に関する特別調査委員会報告書（『大正少年法㊦』一一七八頁以下）。
(126) 第四四帝国議会貴族院少年法外一件特別委員会議事速記録第三号（『大正少年法㊦』九〇一頁）。
(127) 同前委員会議事速記録第三号（『大正少年法㊦』八九三頁）。
(128) 同前委員会議事速記録第三号（『大正少年法㊦』八九九頁）。
(129) 東京朝日新聞大正一〇年二月二五日。
ちなみにここでの「社会事業調査会報告書・建議書（案）」は、各大臣への正式提出の直前に握りつぶされた模様である。そして、調査会審議に任命委員として加わった谷田三郎は、突如、六月一日付で大阪控訴院長へ配転（任判事）となり、少年法制定の表舞台から姿を消している（後任監獄局長山岡万之助）。大正少年法成立史における隠されたエピソードと言うべきだろう。
(130) 第四四帝国議会衆議院少年法案外一件委員会議録第一回（『大正少年法㊦』七八七頁）。
(131) 第四四帝国議会貴族院少年法案外一件特別委員会議事速記録第一号（『大正少年法㊦』八六八頁）。
(132) 第四三帝国議会衆議院少年法案外一件委員会議録第二回（『大正少年法㊦』六五三頁）。
(133) 第四四帝国議会衆議院少年法案外一件委員会議録第一回（『大正少年法㊦』七九七―七九八頁）。
(134) 前出注（117）議事速記録第二号（『大正少年法㊦』七三八頁）。
(135) 前出注（44）谷田一一頁。
(136) 泉二新熊「少年法と保護事業」輔成会会報五巻六号一六頁（一九二一）。
(137) 第四三帝国議会衆議院少年法案外一件委員会議録第三回（『大正少年法㊦』六五五―六五七頁）。
(138) 第四四帝国議会衆議院少年法案外一件委員会議録第二回（『大正少年法㊦』八〇一―八〇七頁）。
(139) 同前委員会議録第二回（『大正少年法㊦』八〇九頁）。
(140) 第四三帝国議会衆議院少年法案外一件委員会議録第三回（『大正少年法㊦』六六七頁）。

(141) 第四三帝国議会衆議院少年法案外一件委員会議録第四回（『大正少年法㊦』七〇三―七〇四頁）。
(142) 同前委員会議録第三回（『大正少年法㊦』六六九頁）。
(143) 不良少年ニ関スル法律案特別委員会日誌第七回（『大正少年法㊤』三八五頁）。
(144) 森山武一郎『少年法』（新法律学全集）六七頁（一九三八）。
(145) 第四三帝国議会衆議院少年法案外一件委員会議録第二回（『大正少年法㊦』六四六頁）。
(146) 同前委員会議録第二回（『大正少年法㊦』六四八頁）。
(147) 第四四帝国議会衆議院少年法案外一件委員会議録第一回（『大正少年法㊦』七九〇頁）。
(148) 同前委員会議録第二回（『大正少年法㊦』八〇〇頁）。
(149) 同前委員会議録第二回（『大正少年法㊦』八二五―八二六頁）。
(150) People ex rel. O'Connell vs. Turner, 55Ill ; 280 8 Am Rep. 645 (1870).
(151) In re Gault, 378 U. S. I (1967)
(152) M. Guggenheim, Juvenile Justice and the Rehabilitative Ideal, in Criminal Justice, Winter, 27 (1987), F. A. Allen, The Decline of the Rehabilitative Ideal, Yale Univ. Press (1981).
(153) 第四三帝国議会衆議院少年法案外一件委員会議録第三回（『大正少年法㊦』六六一頁）。
(154) 同前委員会議録第四回（『大正少年法㊦』六九〇―六九一頁）。
(155) 第四二帝国議会衆議院少年法案外一件委員会議録第七回（『大正少年法㊤』六〇五頁）。
(156) 第四四帝国議会衆議院少年法案外一件委員会議録第二回（『大正少年法㊦』八〇九頁）。
(157) 小河滋次郎「少年保護問題に就いて」社会事業研究一一巻六号六頁（一九二三）。

結　び

大正六年一月、法立案審議再開を前にして泉二新熊は、

「宜なるかな彼の有名なる瑞典女流教育家エルレン・ケイ（Ellen Key）が二十世紀を『児童の世紀』と称したるや。……少年裁判所の制度は今や議論の時期を脱して、実行急施を貴ぶべきの時期に到達したり。……少年裁判所は北米合衆国に起源を有す、即ち一八九九年に市俄古及ロードアイランドに設置せられたる、少年裁判所（Juvenile Court）は本制度実施の嚆矢たり(158)。」

と書いている。

世界を席捲しはじめていたこのような社会的・思想史的文脈の中で「アメリカ型パレンス・パトリエにどう向きあい、どう答えるか」――これが明治四一年感化法改正を契機に具体化した少年法の立案作業に投げかけられた問いであった。本章で引用した立案・審議過程の立法資料が物語っているのは、大正一一年少年法の構造がアメリカ法の革新主義の影響を強く受けながらも、同時にパレンス・パトリエの哲学との格闘の中でこれを吸収するとともに換骨奪胎する、という複雑な過程を通して形成されたという事実である。成立した大正少年法の特徴を、すでに試みた検討をふまえて、大正三年の谷田案との対比でここでいま一度スケッチし直してみよう。

(1)　谷田は二つの少年法構想を持っていたが、全件送致主義に近い「審判所主義」を「刑法ノ例外ニ非ズシテ全ク

特別法トナリ本来ノ趣旨トハ異ナルコトトナル」と判断して、犯罪少年に関しては責任主義をともかくも維持しつつ裁判所による代刑特別処分の選択権を認める手続構造を、第一案として提出した。谷田や泉二は、「検事ノ起訴権」との関係では第二案の「善キ審判官」を前面に出して争ったが、「全ク特別法」となる審判所主義は少なくも我が国の刑事司法の体系全体からみて整合的でないと立案の起点で考えたのである。

審議再開後の大正七年秋においても谷田第二案は浮上することなく、いわんや花井卓蔵の少年審判法純化論も採用されなかった。先に述べたところに従って言えば、これは責任と保護を二分せず、むしろ両者の相補性を基本にして審判所制度と保護処分の体系を組み立てるという問題意識がかなり早い時期から立案当局者によって抱かれていたことによる。端的に言えば、旧少年法は谷田第一案を検事の起訴権・送致裁量権の組入れによって修正したものであった。

(2)　谷田案が一つのねらいとしていた審判手続と刑事手続の機能的連続志向性は、かなりの程度で維持された。すなわち、裁判官に代刑的特別処分選択裁量権を与えるという谷田構想は、「検事ノ起訴権」の前に姿を消したが、刑事訴追にあたっての少年保護司による人格調査（六四条）、審判手続上の仮処分の公判手続における利用（六六条）、附添人の選任、少年保護司・保護者・附添人の審判出席・意見陳述権規定の公判手続への準用（七三条）等の一連の少年法上の刑事手続規定は、いずれも当初の谷田案からあったものである。これにはさらに、裁判所からの審判所への少年の送致制度が加えられた。

全体として見れば旧少年法上の保護と刑罰の区別は、谷田原案と比べれば相対的に明確化されておりその限りでの責任主義の強調がみられるが、仮処分制度の公判手続への導入や保護司・保護者の手続への関与は、明らかに第六章「裁判所ノ刑事手続」全体が「保護・教養」を取り込んだ少年用の特別手続であることを示している。

(3)　「差向キデ、所謂家庭的ニ親父ガ自分ノ息子ノ悪イコトヲ取調べテ訓戒ヲ与ヘルヤウナ意味デ是ハヤツテ行カウ」と鈴木喜三郎をして言わしめた審判所手続条項は谷田案において三〇条を数え、国選付添人制度・仮処分制度を設けるとともに保護処分の執行方法につき詳細な規定を置いていた。立案審議再開後、ここには重罪・年長少年の審判権除外規定、虞犯継続処分の承諾条項等の新たな構成部分がつけ加えられたものの、谷田案の原型は殆ど維持されて成案にまで至っている。当時調査されたものの記録として残されている欧米諸国の保護処分制度に比べると、相当に詳細かつ丹念な手続が組み立てられていると言ってよい。山岡万之助が、「各国幼年法ノ形」には「幼年刑事裁判所ト云フモノガ基本デ、ソレガ拡張サレテ保護処分ガ付加ハツタノガ多イノデス、所ガ此案ハ保護処分ガ全ク根底ヲ為シテ、刑事処分ノ方ガ付加ハツテ居ル訳デス」[159]と自負しているのはあながち誤りではない。

すなわち、大正一一年少年法は保護処分をもって「根底」をなすものと把握すると同時に、(「一面ニ於イテ保護処分ヲ規定シ他面ニ於テハ刑事処分ヲ規定シ……以テ刑罰法令ニ触ルル行為ヲ為シ又ハ刑罰法令ニ触ルル行為ヲ為ス虞アル少年ヲ教養シテ順良ナル国民タラシメントス」という先に引いた少年法案理由冒頭のフレーズに典型的に見出されるように)審判手続との機能的連続性をもつ「刑事処分」をも、少年の「教養」にとっての不可欠の手段と考えたのである。

(4)　責任と保護の相補的複合として描き出され得る右のような大正一一年少年法の基本姿勢を、ここで端的に〝刑罰主義優先の思想〟[160]と評し得るや否やは——今日の眼から見ても——一つの大きな問題である。

パレンス・パトリエ少年司法は、一九世紀中期以降のアメリカにおける家族の急速な解体と寄る辺を失った児童の激増への一つの対応であった。一八九九年イリノイ少年裁判所法は、犯罪少年を、法が対象とする不良・虞犯少年と同質のものと見做して、裁判所の強制的な福祉的・親権代行的管轄権の中に一括して取り込むことによって成立した。「小供ハ罪人ニ非ラズ」はその論理的帰結であった。この管轄権内を一歩出れば、そこはピューリタン的オートノミーと「責任」の支配する寒風の世界であった。つまりアメリカ精神史の上では、パレンス・パトリエや「保護」の観念自体が、どちらかと言えば異端の系譜に属するものなのであり、現に、連邦憲法修正条項は今なお「社会権」の規定を有していない。

大正一一年少年法はしかし、虞犯少年処分の保護者承諾条項（法五五条）に典型的に見出されるように、むしろ、法発動以前の社会の有機的過程の中に、不良・虞犯少年に対する一定の「保護」のメカニズムが「親子主従の情誼」（谷田三郎）として現実に機能していることを基盤として成立したものである。法立案の鍵となった犯罪少年に対する刑訴法上の「検事ノ起訴権」（及び「送致義務」──少年法二七条・六二条）における鬼面仏心的構造も、手続の上でのリーガリスティックな（その意味での責任主義的な）関係が、容易にこの「情誼」の人間関係の下で「保護」へと切り換えられ得るという社会的・心理的条件を基礎にしてはじめて可能になったものと言ってよい。

少なくも右の一点において、彼我の少年司法を支える法社会学的構造の間には対照的とも言うべき開きがある。両者を単に論理のレベルでのみ比較することには、問題の実質を見誤る危険がある。けだし、〝刑罰主義の優位〟という大正一一年少年法に対する評価は、世紀末アメリカ社会を基盤に生成したパレンス・パトリエ少年司法の論理的視角から見る限りにおいてのみ、かろうじて可能なものであったと言わねばならない。

（5）　現行少年法案が議会に提出された直後の昭和二三年六月二四日、法案にGHQサイドからの承認（approval）を出すにあたって民間情報局（CIS）と公衆衛生福祉局（PH&W）との間に生じていた新法をめぐる鋭い対立を、法案三条二項の妥協案を出すことで調停することに成功した立法部（LS）のH・マイヤースは、そのメモランダムの中で大正一一年少年法についての概略次のような手続の描写を行っている。

「今日に至るまで、〔日本の〕非行少年の取扱いのシステムは複雑きわまりないものであった。少年達は半官半民の司法保護協会の手で矯正の為の福祉機関に送るか地裁検事局へ送るかを決められた。検事局では検事が少年を犯罪者として取扱うべきかどうかを決めるのである。……重罪を犯した少年は地方裁判所の公判に付せられるが、軽罪の場合には、いわゆる〝少年審判所〟(Shonen Shinpansho）に送致される。この〝少年審判所〟は司法機関の一部ではまったくなく、実際には検事局のプロベーション的部門であった。」

「このシステムの欠陥は、司法保護協会に対する検事の監督がないこと、少年を収容する諸施設やホームに対する監督が不十分であること、そして、検事によってなされる決定に対するチェックが欠けていることであった。これらの欠陥は、今回の法律と犯罪者予防更生法（Offender Prevention and Rehabilitation Act）によってとりのぞかれることになるだろう。[161]」

また、現行少年法の立案・制定にあたって、ＣＩＳ／ＰＳＤ側の担当者として最も大きな影響力を行使したことで知られるＢ・Ｇ・ルイスは、法施行直前の昭和二三年一一月三〇日の記者会見でこうも述べている。

「司法省内に設置されていたいわゆる少年審判所（Juvenile Court）は、実際には、一種の検事局のプロベーション部門にすぎなかった。一九四九年一月以降は、家庭裁判所少年部は、家事部とならんで、刑事法管轄ならぬ非刑事的・衡平法的〔パレンス・パトリエ〕管轄権を備えたところの、日本における下級審裁判所の一つとなるだろう。[162]」（以上〔　〕内は筆者）

マイヤースやルイスの右のような日本法の理解がどこまで正鵠を射たものであったかの評価はすでに本稿の射程を超える問題である。また子細に見れば、現行少年法の立案過程は必ずしも、しばしば説かれるようなルイスの提案にはじまるＣＩＳ／ＰＳＤと司法省の間のやりとりによる単線的な過程であった訳ではない。[163]しかし、これらの点をひとまずさて措くとすれば、マイヤースやルイスの右の発言が、旧法手続上の〝複雑きわまりなさ〟を新法が清算して全事件を家庭裁判所に集中するとともに、審判においても手続の一切を「善キ審判官」に委ねる「全件送致主義」を採用した時点の消息を鮮明に物語るものであったことは明らかである。

これが我が少年法のパレンス・パトリエとの二度目の、しかも正面からの出会いであったことは言うまでもない。そして、現行少年法をめぐる昭和四〇年代以降の熾烈な論議は、つまるところ、右の全件送致主義に象徴されるパレンス・パトリエ型の理念に（時改まった局面において）どう向き合うかという、古くて新しい主題をめぐって再燃した論争に他ならなかった。

右のような歴史的・比較法的文脈を視野に入れて考えた場合、本章で追跡して来た大正一一年少年法の立法資料は、今日の問題を我が国の少年法史の起点に立ち返って考え直してみるための貴重なデータたる意義を、いまなお失っていない。

(158) 泉二新熊「少年裁判所制度を論ず」慈善八編三号二一一・二一二頁（一九一七）。
(159) 第四二議会衆議院少年法案外一件委員会議録第三回（『大正少年法(上)』五五〇頁）。
(160) 前出注（3）守屋一六一頁。
(161) H. Meyers, Legal Section/Legislation & Justice Div., Memorandum for the Record, Subject : Bill for the Amendment of the Juvenile Law, 24. June 1948, GHQ/SCAP RECORDS, Sheet No. LS-10406.（国立国会図書館憲政資料室蔵）
(162) Remarks of Burdett G. Lewis, Chief Prison Administrator, PSD, CIS, G-2, SCAP, Radio Tokyo Press Conference, 30 November 1948, Subject : Status of New Family Court, Juvenile Division, in GHQ/SCAP RECORDS, Sheet No. LS-10095.（同前）

(163) 現在参照可能なGHQ側の第一次資料から推す限り、B・G・ルイスの昭和二二年二月二六日の「少年法改正意見」(法務省刑事局『少年法及び少年院法の制定関係資料集』三四頁)は、PH&Wの支持の下に用意されつつあった児童福祉法案に対するGHQ監獄部門サイドからの対抗案という側面をもって出されたものである。本文でふれたマイヤースによる両者の間の妥協案(法三条二項―少年法・児童福祉法調停条項)の作成には、旧少年法が第四五議会に提出されるに先立って行われた司法・内務の協議の中で山内確三郎による妥協案として出された修正条項作成(法二八条二項―本書一六五頁参照)を彷彿とさせるものがある。

第Ⅱ部　大正一一年少年法の定着過程

第4章　大正少年法の施行と「司法保護」の観念
――宮城長五郎の場合

はしがき

(1)　大正一一年少年法は、アメリカ法の影響を強く受けた「内務的」感化法の明治三三年以来の伝統に対して、明治末年に起草を開始した後発の「司法的」少年法が挑戦し、四度にわたる議会論争の後に、両者いたみ分けの妥協の末からくも成立した法律であった。両者の間にあったのは、一面では少年の保護・教養をめぐる権限争いであるが、より本質的には、犯罪・非行少年における保護と責任の位置関係をどう把握するかをめぐる根本的な対立である。アメリカ法パレンス・パトリエの流れを汲む感化法的思考が、「保護教育ト留置所ノ看守トハ両立セサル（モノ）」（池田千年―兵庫感化院土山学園長）という二分的なパターナリズム原理に立脚していたのに対して、少年法の側には、責任と保護を相互補完的に把握する〝責任主義によって制御されたパターナリズム（保護主義）〟ともいうべき特質が存在していた。この思考の相異が「倶に天を載かず」という両者の対立を生み出したのである。

(2)　長年にわたる右の論争史の中で無視し得ないのが、大正一〇年から一五年にかけて、司法省官房保護課長の任にあって少年法の議会通過とその施行実務に事実上の全責任を負った宮城長五郎の足跡である。着任の当初から、宮城は感化法的思考との鍔ぜり合いの中で新少年法の理論と実務をうち立て定着させるという課題を担っていた。この実務作業の過程で彼は、昭和一〇年代にはなばなしく登場してくる「司法保護」概念を脳裏に発酵させ、昭和一七年の死に至るまで司法保護法制の全域に大きな影響力を発揮することとなる。けだし、大正少年法の歴史的全体像を把握する為には、彼の果たした役割の理解を避けて通ることができない。当時の論争史的背景と彼自身の気質の影響もあって、宮城の発言全体は一種の〝問題発見的〟な鋭さを帯びており、とりわけ感化法型パレンス・パトリエ思考への批判をストレートに打ち出すことによって、大正少年法の基本構造をいわば直截に物語るものとなった。

以下、宮城の活動の伏線となった第四四、四五議会での内務・司法間の確執をいったんスケッチした上で、その少年法論と司法保護論を、宮城の発言と彼が起案に携わった実務資料によって検討することが本稿の課題である。

一　「全国施行」の挫折

一　「社会事業調査会報告書・少年法修正案」の投げかけた波紋

別稿〈本書第3章〉でも触れたように、大正一〇年の第四四議会貴族院委員会における少年法案の握りつぶしをもたらしたのは、舞台裏で進行していた内務省社会事業調査会特別委員会審議であった。委員会は衆議院委員会審議開始前日の一月二七日、完成した「少年法案及矯正院法案に関する特別委員会報告書」及び「建議書案・少年法修正案」[1]を調査会長床次竹二郎宛に提出しているが、リークを受けた二月二五日の東京朝日新聞は次のように論じている。

「少年法案は目下貴族院に送付せられ委員会に於て審議中なるが、同案に対しては議会の内外に於て多くの反対意見が存するように思はれる。而して是等の反対論の趣旨は要するに、不良少年の如きものを改善せしむるには純然たる教化主義に依るべきものにして、刑罰主義を以て之に臨むべきではない。故に司法省をして少年の保護処分を為さしむるが如きは少年保護の本旨に反すると言ふものである。……社会事業調査会の如きは特別委員会を開きて少年法案を修正し、之を政府に建議せんとする意見ありとさえ言はれておる。……近代の理想は少年を以て保護教育の対象にして刑罰又は之と類似する処分の対象にあらずとする以上、少年を司法省の管轄に属する少年審判所及び矯正院に招致することは決して望ましいことではない。[2]」（傍点著者）

ここに掲げられた「近代の理想」＝「刑罰にあらずして保護」の主義が、社会事業調査会審議をリードした小河滋次郎・留岡幸助をはじめとする感化法の父祖達のものであったことは言うまでもない。とりわけ大正八年末以来、「非少年法案論」によって少年法案断固阻止の論陣を張っていた小河滋次郎にしてみれば、この調査会における「少年法修正案」の作成は、司法省型の少年法案を葬り去ることはできないまでも徹底してこれを骨抜きにできる絶好のチャンスであった。「不良少年ノ処遇ハ縦令刑辟ニ触レタル者ニ対スル場合ト雖、保護教育ノ趣旨ニ依ルヘク処罰ノ趣旨ニ依ラサルハ斯学ノ定論ナリ」にはじまる「建議書」は、小河のリーダーシップの下に作成された同年一月八日の「大阪救済事業研究会意見書[3]」の法案反対論をほぼそのまま敷衍して、肉付けしたものと言ってよい。

議会の内外に広がったこうした保護主義擁護の大合唱を受けて、貴族院委員会は会期三〇日間を残して審議未了のまま法案を握りつぶした。三度目の廃案である。この前後の消息を回顧して、宮城は、「誤想防衛での反対だが、既に内務大臣を動かし、勅令で出来た社会事業調査会までが反対することになって仕舞ったのには弱った[4]」と書いた。

二　「限地施行」への後退

土俵ぎわに追いつめられた少年法案を前にして、司法当局は戦線の立て直しを余儀なくされた。法案の生みの親谷田三郎監獄局長の更迭（大阪控訴院長へ転出）、後任局長への山岡万之助の昇格、そして参事官宮城長五郎の保護課長昇格、という人事の大幅な入替えが行われたのは大正一〇年の六月である。

「如何に打開すべきかに付、私は想を練り、先輩同輩の意見をも問ひつつ猶取調べを進めて見た[5]」という宮城の口振りから推すと、鈴木（喜三郎）・山岡・宮城を中心とする司法当局は、社会事業調査会「少年法修正案」を手がかりにして、内務省との妥協による法案成立への道を執拗に模索したようである。そして「報告書」「修正案」の公式の大臣提出の中止といわば見合いの形で煮つめられたと思われる妥協案の一つが、法案二八条二項の追加による触法少年に対する地方長官の先議権規定であり、いま一つが予算レベルでの施行規模の縮小（「限地施行」）であった。四五議会審議における司法次官山内確三郎の限地施行に関する答弁は次のようである。

「両案ハ現下ノ状勢デハ極メテ急ヲ要スル事デアリマス……而シテ今回ハ更ニ予算ヲ組ンデ直ニ実行シタイト云フ考デ、此案ヲ出シタ次第デアリマス。実行ノ範囲ニ付テモ一言申上ゲテ置キタイノハ、国費ノ関係モアリ、諸般ノ準備ノ関係モアルト云フノデ、色々衆議院ニ於キマシテモ貴族院ニ於キマシテモ御議論ガアッタノデアリマス。著々其目的ヲ達シタイト云フ趣旨ニ於キマシテ、全国一斉ニ之ヲ置クト云フ趣旨ハ之ヲ改メテ、主要ノ都市ニ先ヅ之ヲ置イテ、其充実ヲ十分ノ努力ヲ致シタイノガ政府ノ考デアリマスル。[6]」

また、ここでのいきさつを山岡は、「是非ともこの法案を成立せしめたいという所から、……内務省、文部省との関係も調節致しまして、それから議会に臨んだ訳であります。そういうような次第で、この四五議会に於きましては予算は五四万円、施行地域は東京と大阪、斯ういうことで予算を伴って出ましたから……遂にこの法案の成立を見るに至ったのであります[7]。」と回顧している。前年の四四議会時点での当局公表の予算規模が、全国五一ヵ所（地方裁判所所在地）での審判所開設と七ヵ所の矯正院開設を含む総計四三〇万円であったことに鑑みれば、これは名を取って実を捨てるに似た戦線の大きな後退であった。司法当局は「全国施行」をひとまず犠牲にして、とにもかくにも保護処分制度を二ヵ所の審判所によって進水させるという選択を余儀なくされたのである。法成立を目前にした大正一一年二月一三日、内務省側の「実際全国ニ適用スルニ至ルベキ最終年度」如何、に関する照会への山内確三郎の回答「今後久シカラスシテ全国ニ施行スヘキ見込[8]」の一文には、後退戦の無念さが滲んでいる。この日以来「少年法全国施行」は、少年司法関係者の悲願となり、二〇年にわたってその情熱を絶えずかき立てる標語となった。

だが一方で、大正一二年一月、「限地施行」といわば脇を固めてスタートした少年法の施行実務の作業は、その過程で、少年保護と釈放者・猶予者保護を統一的に把握しうる概念「司法保護」を生み出す事になった。この概念はやがて昭和初期から戦後初期にかけての我が国の刑事政策全般をリードする制度概念へと成長するが、その原型は絶えず少年法に求められ続けた。宮城の言葉を借りれば、「少年法は司法保護の模範法[9]」となったのである。節を改めて、宮城の思考の代表的部分を、彼の少年法論を中心に検討しよう。

（1）社会事業調査会「少年法案及矯正院法案に関する特別委員報告書」（『大正少年法(下)』一一七八頁以下）。
（2）東京朝日新聞大正一〇年二月二五日「少年法案の根本的欠点」。
（3）大阪毎日新聞大正一〇年一月九日「少年法案反対決議―大阪府救済事業研究会」。

（4）宮城長五郎「楽屋話少年法実施秘譚――反古の見直し（二）」保護時報二〇巻六号四六頁（一九三六）。
（5）同前宮城四五頁。
（6）第四五議会衆議院少年法案外一件委員会議録第一回（『大正少年法㊦』九七〇頁）。
（7）山岡万之助「少年法制定事情を語る」少年保護一巻四号一一頁（一九三六）。
（8）少年法施行期日等ニ関スル回答（『大正少年法㊦』九二三頁）。但し、審判所制度を前提にしない刑事処分・刑事手続の特則部分（法第三章、第六章）は、大正一二年一月から全国一律に施行された。
（9）宮城長五郎「司法保護事業国営論（三）」保護時報一四巻一二号四頁（一九三〇）。

二　司法保護の観念（一）――「寛厳互存」と「改悛ノ情」

一「寛厳互存」

その眼力と気先の鋭さを次官鈴木喜三郎に買われて官房保護課長の任に就いた宮城長五郎にとって、大正一〇年夏から一一年にかけての内務省・社会事業調査会型思考との対決は、「司法保護」概念をその脳裏に発酵させる格好の機会となったようである。内務当局との妥協の方途を探っていた当時の彼の社会事業調査会批判には次のようなものがある。

「特別委員会の委員長は……かかる官庁（司法省）が主として社会政策社会事業に関するところの保護処分を加ふるのは適当でない。……（仮に）少年審判所が犯罪少年に対し、保護処分を加ふることは猶忍び得るとするも、刑事責任能力なき一四才未満の少年及刑罰法令に触るる行為をなす虞ある少年にまで保護処分を加ふるが如きは断じて不都合であると報告した趣である。待善人宜寛、待悪人宜厳、庸衆之人、當寛厳互存（善人を待つに宜しく寛たるべし、悪人を待つに宜しく厳たるべし、衆を庸するの人は、まさに寛厳互存たるべし）と言ふことが進歩した刑事政策の妙諦であることを毫も承知して居ない様な申し分であるから批判の限りではないが、これに依り両法案に対する社会事業調査会の攻撃点と理由とが判明したのは幸いであった。而して、その攻撃点が少年法案では寧ろ長所となって居るのであるから正に正面衝突の形である。[10]」（傍点及びかっこ内は筆者）

かくして宮城は、内務当局との事前折衝にあたって、触法少年の地方長官の先議権については妥協したものの、「虞ある少年に付ては少年保護事業の実施を思い切っても譲歩はできない[11]」と頑張り、法案の構造そのものに関する限りは殆ど無傷でこれを成立にこぎつけた。保護か刑罰かの二者択一的な保護主義に対する批判を意味するここでの「寛厳互存」を、宮城の表現によって改めて敷衍すれば次のようになる。

「少年なりとの一事を以て保護するのは司法保護ではない。単純なる慈善救済である。……少年なりの一事を以て悪人に対し徒に慈善救済を施さんとするが如きは寧ろ狂人の沙汰と謂ふべきである。少年なりと雖も不良なるの場合に於ては直に善良なる吾人の敵と直覚せざるを得ない。……敵は到底吾人と両立し得ない。……而して敵を味方と為すに威力を以てすることを要することあり、恩愛を以てすることを要することがあるのである。……敵の如何により威力を用ゆるに適する者もあるから、少年保護事業を律する根本法たる少年法に於ては、一面保護処分に関する規定を為し、一面刑事処分に関する規定をも為した次第である。左れば少年法は、少年が不良なりとの一事を以て之に慈善救済を加ふることを命ずるが如き単純なる法律ではない。……少年法の根本精神は大慈大悲博愛であるも、その適用については恩慈となり仁義となり地獄極楽となり、コーラン剣となるのである。[12]」（傍点筆者）

ここにはすでに、「慈善救済」（福祉）の枠組で展開して来た留岡幸助・原胤昭以来の内務的保護とは区別された、「司法保護」の明確な自己意識が現われている。宮城によれば、「司法保護」は一の社会事業ではあるが、同時に刑事責任を背景にした「特殊の社会事業[13]」である。それは犯罪の防遏に資するものでなくてはならず、したがって保護と責任を範疇的に切り離したところで保護を一面的に強調する社会事業調査会型の思考は、彼にとっては「狂気の沙汰」と映る。保護と責任はむしろ相互補完的な二つの契機として一つの体系の中に「寛厳互存」しなければならない。かかる意味合いにおいて「刑事政策的保護をば、慈善救済の行政的保護と区別する為、司法保護と名付けたことになる（傍点原文のまま）[14]」と、宮城は後に記しているが、「司法保護」概念を宮城がはじめて公式に用いたのは少年法施行後間もない大正一二年四月の一文「司法保護の眼目[15]」であった。ここには「慈善救済」に対する次のような宮城一流の軽妙なイデオロギー批判がある。

「人を保護することはたとい其の人が悪人であった場合でも、吾人はこれによりて良心に本能的満足を感ずるものである。人の保護は慈善救済の概念に一致するものである。しかし本能的満足を得る為めに徒にこれを保護し、其の結果として数多の悪人を世に生み出すような結果を来した時は、その保護は断じて司法保護ではない。」

では、「本能的満足」による「慈善救済」と、「寛厳互存」による「司法保護」を分かつ主要なメルクマールは、宮城においては具体的にはいかなるものと観念されたのだろうか。

二「改悛ノ情」・「改悛セシムルノ見込」

(イ)「寛厳互存」を可能にし、かつ、保護を展開せしむる鍵概念として宮城が着目したのは「改悛」という対象者の主観的要素であった。宮城の理解によれば、「保護」は一定の人間関係・信頼関係を基盤にして成り立つ。この関係を成立させうるのが対象者の「改悛ノ情」に他ならない。その意味で「改悛ノ情」は本人の「保護適格性」の条件である。右の点を無視して犯罪者を無差別に保護の客体として扱うことは、「利なしと断言せざるも、その利は少、害は大なるものあることを恐れなければならない[16]」と宮城は主張する。

「司法保護の対象となるものは、改悛した犯罪人に限らねばならない。従って保護着手の当初においては、それが果して改悛者なるや否やを確定しなければならない。而して、改悛者であった以上は、犯罪人たることを忘れ、満腹の信頼を措いて保護の方法を講じなければならない。……信頼し得ざる犯罪人を、雇人として人に薦るが如きは、信義誠実を魂とする司法保護の精神に反するものである[17]。」

右の一節はどちらかと言えば成人を念頭においたもので、少年の場合には後に見るように「改悛セシムルノ見込」がキーワードとなるが、着眼の基本が全く同一であることは彼の次の少年保護論からもわかる。

「委託不適者の起る場合は、総じて、不良少年に関係する当局が、少年を監獄に送ることを極度に嫌って居るところから出て来るのである。……真に保護に適する少年に対してのみ微温的ならざる保護を徹底して加え、保護に適しない少年は断然監獄に送るの覚悟がなくてはならない。然り而して、始めて、保護処分が各個の不良少年に対して適正に行はるることになるのである[18]。」

「改悛」を以て保護適格性判断の尺度とした宮城の右の思考は、後年の森山武市郎の評価によれば、「当時は殆どすべての人が、司法保護事業は慈善事業なりと解して居った時代」に問題の所在を的確に見抜いた「卓見」であった[19]。言うまでもなく「改悛ノ情（状）」という法概念自体は、明治四一年の新刑法二八条の仮出獄規定以来の歴史を持つものである。だが、宮城の「卓見」は、少年法施行実務と免囚保護実務の遂行の過程で生じた「内務的」保護思考との格闘の中から、「改悛」と「保護」との内的関連を再発見しこれを組織化したことにあった。「改悛ノ情」に本来含まれている対象者の依存を引き出し、これを本人の「社会同化」へのバネとして、一定の人間関係の中で保護・誘掖を加えること――これが宮城の保護論の眼目であった。「不良少年にはスウェート・ピー型の者ばかりではない、色々の型があるのである。その型に適せざる所へこれを置くときは、恩が仇になるのである」[20]。これは、〝依存あるところに保護を、自立あるところに責任をあらしめよ〟とも評すべき、人間心理に対する宮城の洞察と言ってよい。

では「寛厳」の選別の指標となる「改悛」は、少年司法の場合そもそもどのような制度的局面で、いかなる形で現われるのであろうか。ここでは、明治四〇年の新刑法とともに徐々に実務慣行上定型化されつつあった未成年者に対する起訴猶予・保護的措置の実務資料を通して、「改悛ノ情」の構造を探ってみよう。

(ロ)　検事の起訴猶予裁量を軸にした未成年者に対する保護実務の定型を示すものとして今日残存しているものに、明治四五年三月広島控訴院管内で出された次のような訓令がある。

「微罪若クハ微罪ニ非スト雖モ本人ノ性行家庭ノ状況罪質等ニ於テ本人ニ自新改悛ノ見込アリ再犯ノ虞ナキモノト認メラルル者ハ総テ之カ起訴ヲ猶予スヘキコト予テ屢次訓令致置候処猶ホ一層之ヲ励行シ本人ヲ訓戒スルニ方リテハ可相成其父母

若クハ親族ヲ列席セシメ且連署ノ受書ヲ徴セラル可シ[21]」

「本人ヲ訓戒スル」にあたって本人から出される誓約書及び「父母若クハ親族」の受書はこの訓令に添付されてはいないが、本書第2章（七四頁）で先に検討した文案のモデルは、右訓令に対応するものとしてこの時期に全国的に定型化されたものと内容的に同一と見てよいであろう。「此度悪い事を致し申訳ありませぬ」にはじまるこの誓約書は、「御情」によって「一時」御許し下さった事に対する少年の謝意をのべるとともに、今後は検事の「御教えを守って決して悪い事は致しませぬ」という誓いを詳らかにしたものである。

右の明治四五年の訓令と誓約書の中には、宮城の主張にかかる「改悛ノ情」と「保護」を関係づけていた実務的慣行の構造がほぼ過不足なく現われている。誓約書の文面からも明らかなように、「改悛ノ見込」・「改悛ノ情」は保護が展開するための要件である。だが、これは単なる善悪の認容にとどまるものではない。むしろ検事との間に形成された人間関係を媒体にして表出される、本人の謝罪の感情（「申訳ありませぬ」）をその本体としたものである。ここでの検事は、「訴追官」と「保護者」という、論理的には相反する二つの役割を、状況に応じて切り換えるべき存在として登場している。宮城の言葉を借りれば「今の検事は鬼では務まらないのである。……刑事政策が義の一元に非ずして、仁の他の一元を之に加味するに至った以上、検事の職務は菩薩の心で行かなければ務まらないのである[22]」。このような〈鬼面仏心〉型の人間関係の中で表出される謝罪の感情こそ「改悛ノ情」であり、従って「保護の端緒」となるものであった[23]。

(ハ)　本稿の視角から見逃すことのできないのは、ここでの責任と保護の関係である。ここでは少年の責任は一時棚上げされてはいるが解除されてはおらず、刑による威嚇という責任主義の建前は維持されている。だが、この威嚇それ自体は善悪の認容を強要することはできても、「保護の端緒」としての「改悛」を引き出すことはできない。少年の側に「改悛ノ情」が生まれるのは、検事の側にある「菩薩」の側面と少年との間に、ある種の「情誼」を伴う人間関係が成立することによってである。この人間関係の成立を通して、論理的には矛盾する責任と保護が相互補完的に作用するものとなる。これを〈責任あっての保護〉〈保護あっての責任〉の二面思考と評してもよい。そして、かかる相補性についての認識と評価の相違こそは、「保護教育ト留置所ノ看守トハ両立セサルモノ」という感化法的パターナリズムと大正少年法の保護哲学を分かつ分水嶺に他ならなかったのである。

(10) 宮城・前出注（4）四五頁。
(11) 同前四七頁。
(12) 宮城長五郎「少年法釈義（三）」輔成会々報一〇巻四号二四頁（一九二五）。
(13) 宮城長五郎「新聞記事を借りて司法保護を説く」保護時報二一巻八号一一頁（一九三七）。
(14) 宮城長五郎「少年保護協会並帝国更新会の設立——反古の見直し（三）」保護時報二〇巻号三四頁（一九三六）。
(15) 宮城長五郎「司法保護の眼目」輔成会々報七巻四号三頁（一九二三）。
(16) 宮城長五郎「畏し御内帑金御下賜の御沙汰——反古の見直し（二）」保護時報二〇巻七号二七頁（一九三六）。
(17) 宮城・前出注（13）一四頁。
(18) 宮城長五郎「楽屋噺・少年教化団体の三態様——反古の見直し（五）」保護時報二一巻一〇号二四頁（一九三六）。
(19) 森山武市郎「先覚者としての宮城閣下」少年保護七巻八号九頁（一九四二）。
　ちなみに宮城の主張した保護適格性基準としての「改悛ノ情」は、昭和一四年に成立する司法保護事業法の施行規則第四条に「保護ノ要否ヲ定ムルニ當リテハ特ニ本人ノ改悛ノ程度、心身ノ状況及生活能力ヲ参酌スベシ」として実定的に明文化されるに至る（『司法保護事業年鑑　昭和一三年昭和一四年』四九頁）。

(20) 宮城長五郎「スウェート・ピーの森」感化教育一七巻一六五頁（一九三〇）。
(21) 岡本吾市『起訴猶予処分、留保処分、刑の執行猶予の教育学的考察』司法研究一九輯二五頁（一九三五）。
(22) 宮城長五郎「少年法釈義〔一二〕」輔成会々報一三巻一号付三〇八頁（一九二九）。
(23) むろんここに表出される「改悛ノ情」は、いわゆる戦略的謝罪（徳岡秀雄）の要素を含む場合も多かったに違いない。しかしながらここで重要なのは、〈訴追官―被疑者〉関係を〈保護者―被保護者〉関係に切り換える事のできる社会心理学的実体が広く存在したという事実そのものである。
たとえば留岡幸助は大正三年の講演で、未成年者に対する起訴猶予の慣行についてふれ、「是等の場合には検事と警察官が能く腹を合わせて居ないといけませんが、大抵の悪い少年でも、非常な温典に感激して以後の不良行為が根絶してしまふ実例が少くないのであります」という心理的ダイナミズムについて述べている（牧野虎次郎編『留岡幸助君古稀記念論集』四九三頁（一九三三）、傍点筆者）。

三　司法保護の観念（二）――「検察官の送致」と「少年保護司の観察」

一　法六二条による送致

(イ)　法六二条は、「検事少年ニ対スル刑事事件ニ付第四条ノ処分ヲ為スヲ適当ト思料シタルトキハ事件ヲ少年審判所ニ送致スベシ」と検事の裁量的審判所送致義務を規定した。この規定が、同年（大正一一年）に議会を通過した改正刑事訴訟法二七九条の起訴便宜主義とワンセットになったものであったことはあらためて言うまでもない。

検事の起訴権と送致義務の運用のために、宮城が刑事局長林頼三郎との合議の上で出した刑訴法二七九条・少年法六二条のガイドラインは、一つにはここでも「改悛ノ見込」であった。これを示す大正一二年一月の通牒は次のようである。

「少年法及矯正院法実施相成候ニ付テハ、同法ノ精神ニ鑑ミ……死刑又ハ自由刑ニ該ルヘキ罪ヲ犯シタル少年ニ付テハ、刑務所ニ収容シテ刑ノ執行ヲ為スニアラサレハ到底改悛セシムルノ見込ナキモノト認メタル者、又ハ一般警戒ノ為メ刑ノ執行ヲ為スヘキモノト認メタル者ノミヲ起訴シ……其他ノ事件ハ不起訴処分ニ付シ何レモ少年審判所ノ処分ニ委スル様致度此段及通牒候也」(24)

右通牒によれば、審判所送致を控えて公訴を提起すべき事件は、㋑保護処分では「到底改悛セシムルノ見込」のない者、㋺一般警戒（予防）上科刑を必要とする者、㋩その他酒造法違反、印紙税法違反等の罰金・科料に該る事件であるが、これ以外のものについては極力審判所に送致して保護処分に付すべきことが、「同法の精神」（保護主義）の下で督励されている。ここでは前記誓約書に見られるような「改悛ノ情」の表出までは必要とされてはいないが、「改悛セシムルノ見込」が窺える限り検事は審判所送致をなすべきものとされている。その限りで、宮城のこのガイドラインは、「寛厳互存」の枠組の中で審判所による保護処分を最大限伸長させ、公訴・科刑を必要最小限の場合に限定しようという保護主義的意図（「同法ノ精神」）に出たものであった。(25) そしてこのように要件を絞った公訴提起の後に進められる保護的措置をもり込んだ刑事手続と少年行刑もまた、宮城においては「威力を以ってする」「教養」の手段と観念されたのである。(26) 右の通牒に平仄をあわせる形で、各地の少年刑務所では、いわば「保護・教養」に特化された少年の行刑実務が着手されている。

(ロ)　ここでは、時間的前後を一旦棚上げして、右の、宮城によって引かれた刑訴法二七九条・少年法六二条のガイドラインが、その後二〇年間の審判所送致実務の中でどう現われたかを統計によって概観しておこう。

〈起訴―審判所送致〉の比率を正確に知るためには、各審判所管轄区域内の裁判所検事局における少年の起訴数が必要であるが、これに類する統計は目下のところ全く見当らない。しかも審判所は以下の表（二一七頁）に見る通りさみだれ的に拡張されており、〈起訴―送致〉比率のメドは結局、昭和一七年の少年法「全国施行」時の全国統計によってはかる他はない。ここでは、『検事統計年報』にクロノロジカルな全国統計が残されている第一審刑法犯有罪少年数を基礎にして、若干の関連統計をもとに全国施行時の推定〈起訴―送致〉率を概算しておくことにしたい。

以下の表は、明治四二年以降の第一審刑法犯有罪少年数、大正一二年以後の六二条による審判所送致人員数、検事局内起訴猶予人員数（全国）、少年審判所受理総数、保護処分総数を一覧表に作成したものである。[27] これによれば、刑法犯全有罪者中に占める少年の比率の減少は、大正一二年の法施行時に目立った変化（一・八%→一・〇%）が見られるが、その後はおおむね〇・六%から〇・八%の間を推移している。しかし控訴院別の記録が部分的に残存している名古屋、福岡、広島の、各少年審判所開設直後における送致裁判所側での第一審有罪少年数を前年度の少年数と比較して見ると、名古屋（昭和九年）で五一人減の二〇人、[28] 福岡（昭和一四年）で二二人減の六五人、[29] 広島（昭和一六年）で二三人減の七三人[30]と科刑人員がいずれも大幅に減少しており、審判所開設を機に保護処分制度が活発に動き出した様子がよくわかる。

さて、問題の「全国施行」時（昭和一七年）の〈起訴―送致〉の比率である。この年の第一審刑法犯有罪少年数は表に見るように八一七人である。これと並ぶ特別法犯有罪少年数の正式統計は今日残存していない。唯一、司法者保護局編『司法保護事業年鑑』が昭和一二年～一四年の「少年刑事処分罪名別表」として、かなり詳細な数値を刑法犯少年・特別法犯少年に分けて公表している。[31] ここでは三年間の刑法犯と特別法犯人員数の各合計はそれぞれ二五四一人、四七七人となっており、特別法犯少年は刑法犯少年の一八・八％である。仮に三年後にこの比率が大きく変らなかったと前提して推定数をとると、昭和一七年度の特別法犯少年数は一五四人となり、従って全有罪少年推定数は九七一人という結果が出る。同年に法七一条によって裁判所から少年審判所へ送致された少年数は四人であった。ちなみに同年の第一審裁判所の有罪率は九九・八％であるので、[32] これを基礎に積算すると推定起訴少年数は九七七人となる。むろんこれは推定値であるが、当時の少年取扱いの全体の流れから見て、実数がこれと大きく隔っていたとは考えにくい。

以上を要するに、「全国施行」時の〈起訴―送致〉の比率は概算で九七七対二四四三三人となり、これに検事局内起訴猶予・微罪処分少年数九一五八人を合算すると、おおむね検事局全取扱事件の凡そ二・八％が起訴されたと推定してよかろう。[33]

(ハ)　「全国施行」を目前にした昭和一六年、東京少年審判所長藤原末作は、少年法の眼目と年来の実務慣行について、「(少年には) 適当な保護指導をして、善良な少年に仕上げようと言ふのが、同法の重《ママ》なる目標であります。そして保護処分を致しましても如何にしても治る見込がないとか、犯した犯罪の性質が社会的に見てよくない、懲戒の意味において保護処分に止むべきでないと言ふ様な者に対してのみ、刑事処分をすることになっているのであります」と述べた上、「少年法としては保護処分が主で刑事処分は従たる関係にある」ことを強調している。[34]

藤原末作の右の発言が、「同法ノ精神ニ鑑ミ」刑事処分の必要最少化と保護処分の活発な運用・成長を狙った大正一二年の宮城長五郎のガイドラインを、二〇年後の時点で正確に継承するものであったことは言うまでもない。〈保護は責任の建前を必要とする〉という大正少年法における責任と保護との相補的構造は、二〇年を経て、対審判所送致人員数比で三％未満の起訴率によって支えられた寛厳互存型の保護主義の展開という形で現われたといってよい。

摘要／年次	第一審刑法犯有罪少年数（全国）	有罪者全体に対する％	少年法62条による少年審判所送致人員数（管轄区内検事局）	検事局内起訴猶予・微罪処分少年数（全国）	少年審判所受理人員総数	保護処分総数	少年審判所の開設・拡張経過
明治42	4,248	4.6					
大正 4	2,705	2.8					
〃11	1,481	1.8					
〃12	828	1.0	3,276	11,278	10,451	1,658 (1,828)	〈少年法（限地）施行〉　東京・大阪・少年審判所開設
〃13	959	1.0	5,361	11,713	11,865	3,271 (3,607)	
〃14	919	0.9	6,778	13,565	14,967	4,154 (4,748)	
〃15	903	0.9	7,072	14,011	15,974	4,885 (5,299)	
昭和 2	849	0.8	6,914	13,500	14,048	4,803 (5,468)	
〃 3	733	0.8	6,116	13,105	12,844	4,605 (4,959)	
〃 4	887	0.9	6,598	13,876	12,906	4,636 (5,329)	
〃 5	712	0.7	6,316	14,920	13,457	4,528 (5,038)	
〃 6	656	0.6	6,529	15,898	13,764	4,647 (4,982)	
〃 7	857	0.9	6,974	16,872	14,204	4,984 (5,372)	
〃 8	876	0.8	7,588	17,139	16,967	5,306 (5,677)	
〃 9	842	0.7	10,202	16,249	24,715	7,326 (6,339)	名古屋少年審判所開設
〃10	849	0.7	9,495	15,205	22,589	7,158 (5,968)	
〃11	837	0.7	9,933	14,686	22,216	7,682 (6,498)	東京少年審判所区域拡張
〃12	865	0.8	10,749	14,359	20,362	8,626 (7,361)	
〃13	852	0.8	13,300	13,027	25,821	9,064 (7,703)	福岡少年裁判所開設
〃14	756	0.7	12,520	11,668	22,447	9,110 (9,042)	
〃15	742	0.6	13,107	12,361	21,674	10,188 (10,107)	
〃16	699	0.6	18,456	16,637	26,014	15,105 (15,536)	広島少年審判所開設　東京・大阪・名古屋区域拡張
〃17	817	0.8	24,433	9,158	31,216	22,380 (23,631)	札幌・仙台少年審判所開設。残り12県に各審判所区域拡張〈少年法全国施行〉

（　）内は併科された処分数

二　少年保護司の観察

(イ)　宮城が、参事官岩村通世（のち保護課長）、司法属前田偉男、小谷二郎の補助を受けて書き下した「少年保護司執務心得」[35]を司法省訓令として発したのは法施行と同時の大正一二年一月一日であった。ここでの宮城の保護司像は次のようなものである。

「少年保護司ハ……常ニ公平無私親切丁寧ヲ旨トシ能ク秘密ヲ守リ徒ニ人ノ名誉ヲ毀損セサルコトニ注意シ……観察ヲ為スニハ善良ナル師友トシテ少年ヲ指導訓諭シ之ニ不断ノ援助ヲ與ヘ其ノ性格ノ矯正境遇ノ改善以テ其ノ職責ヲ完フスルコトニ努ムヘク、而シテ其ノ職務ヲ行フニ付テハ特ニ左ノ事項ヲ心得ヘシ。」

少年保護司による観察制度を少年法のアキレス腱と見た宮城は、審判所専任保護司の他に、地域的処遇を専らとする嘱託保護司のネットワークを張りめぐらすことに力を注いだ[36]。彼がここで描いた保護司の第一の役割は「善良なる師友」「観世音菩薩」というどちらかと言えば母性的イメージのそれである。宮城の念頭にまずあったのは、旧来の警察官による威嚇的な行状視察から、「保護観察」をはっきりと脱皮させることであった。右訓令中に掲げられた一七項目にわたる詳細な注意事項には、今日にまで継承されて来ている保護観察実務上の要点がほぼ余すところなく登場している。宮城は言う。

「観察は……保護監督であるから、これを為す者とこれを受ける者との関係は、上下命令服従の間柄であってはならない。その間柄は複雑で師友の関係であらねばならない。[37]」「権威を濫りに振ふことは一般役人にも禁物であるが少年保護司には特に禁物である。……権威は心の裡に深く蔵して苟くも必要あるにあらざれば之を表面に顕出してはならない」[38]

すなわち、「改悛ノ情」の項（二〇九頁以下）でも触れたように、対象者の心理に含まれている依存を引き出し、「師友の関係」の中でこれを望ましい方向へ保護・育成することこそが保護観察の第一の任務でなければならない。

(ロ)　母性的役割を前面に押し出した宮城の保護司像はしかし、子細に見るとここでも「寛厳互存」の二面性をおびたものであった。何よりもまず法文上、保護司は、少年の同行権（三六条）審判出席・意見陳述権（四三条、四四条）を有し、実質的には保護処分の取消変更に大きな影響力を行使する存在である。その意味で観察少年に同情を寄せるのみでは善良なる師友ではない。宮城はつづけて述べている。

「若夫れ善良なる師友としての指導訓諭鼓舞奨励援助に（少年が）従ふことなからんか、処分の取消変更且刑罰の利剣が厳として活躍するのである。……保護司には同情と言ふことが必要であるが之れと同様に決断と言ふことも必要である。……利剣の一閃は誰しも欲する所ではない。乍併少年を矯正し境遇を改善し不良少年の簇出を防止する為必要なるときは已むを得ない所である。……

慈愛には寛恕を必要とするも、正義を無視したる寛恕は最大なる慈愛ではない。正義と寛恕と相俟って互に完成せしむることに因って最大なる慈愛が実現し得るのである。……仁義の両道が刑事政策の方便である」[39]。

そして宮城の指摘によれば社会事業調査会の少年保護論の最大の誤謬は「此の如き（保護司の）職務と感化教育とは両立し難い」として、仁と義を截然と区別したところにあった。彼によれば「砂糖の味は塩に依らなければならないものである。塩が砂糖の真味を引き出す方便であることを忘れてはならない。[40]」

「責任」を範疇的に切り離したところに成り立つ「保護主義」は、ここでも宮城の採るところではなかったのである。[41]

(24) 司法省刑事局長通牒刑第五四四号、大正一二年一月二七日「不起訴処分ニ付スヘキ少年犯罪事件ニ関スル件」『司法保護法規類聚』八七頁。

(25) ちなみに「一般警戒」の必要上、審判所送致から少年を除外して起訴すべき場合の宮城の論拠は次のようなものであった。「保護に適するの一事を以て之に甘露を供するときは他の少年の之に模倣することが多いのである。犯罪の減少を期することを得ない所以である。故に此の場合惨酷なりと雖も個人より社会を大切なるものと見、之を防衛する必要上一慈他生の理法で止むを得ないのである。」(「少年法釈義（三）」輔成会々報一〇巻四号二五頁)。

(26) この点は「少年法案理由」(大正一一年)が「刑事処分」をも少年の「教養」の手段と明言していたことからもわかる。また、法第六四条、六六条にみられる「保護手続」の「刑事手続」への組み入れには二分論的思考からは導き出しにくい芸の細かさがある。

(27) 第一審刑法犯有罪少年数は各年次の『刑事統計年報』から抜萃し、その余の統計は森山武市郎「少年保護制度の運用に関する諸問題」(『少年保護論集』七三頁以下)及び安形静男「司法保護事業の進展」(犯罪と非行一〇七号)を参照した。

(28) 昭和九年名古屋控訴院検事局管内刑事事件表一〇九―一一三頁。

(29) 昭和一四年長崎控訴院検事局管内刑事事件表一三七―一四一頁。

(30) 昭和一六年広島控訴院検事局管内刑事事件表一九七頁(いずれも法務図書館所蔵)。

(31) 『司法保護事業年鑑昭和一三年一四年』三二〇―三二二頁。

(32) 『検察統計一〇〇年』六〇頁。

(33) この比率は同年の成人を含む全被疑者に対する起訴率四五・二％(『検察統計一〇〇年』一二三頁)の約一六分の一であ

る。また、この全取扱少年数に対する少年審判所送致率は七〇・七％となる。

(34) 藤原末作「管轄区域拡張について――東京少年審判所管轄」少年保護六巻二号六頁（一九四一）。少年法を、〝寛厳互存〟を組み込んだ「保護」立法と捉えることは、藤原の発言を見るまでもなく、当時の一般的理解であった。刑事責任の所在を手続きの前提として認めることは、法自体が刑罰主義的（punitive）であることと必ずしも同義ではない。これが「刑罰主義優先の思想」と映るのは、あくまで、保護を責任とは相容れざる対概念として二分論的に把握するパレンス・パトリエ型の視角（「小供ハ罪人ニ非ズ小供ハ罪人タル能ハズ」）から見た場合においてなのである。問題はひとえに、保護と責任の関係をどう把握するかにかかっている。

(35) 司法省訓令保第五号、大正一二年一月一日『司法保護法規類聚』七九頁。

(36) 宮城長五郎「嘱託少年保護司の出来るまで――反古の見直し（四）」保護時報二〇巻九号二六頁以下（一九三六）。

(37) 宮城長五郎「司法保護事業国営論（二）」保護時報一四巻一一号八頁（一九三〇）。

(38) 宮城長五郎「少年法釈義（八）」輔成会々報一一巻三号付一一六頁（一九二七）。

(39) 同前一三七―一三八頁。

(40) 同前一三九頁。

(41) 責任を保護・救済におき替える「治療主義」は、一九世紀後期以降の西欧ヒューマニズムを風靡した「新刑罰学」（穂積陳重）に源を発している。そしてこれに対する古典主義的批判もまた激しかったことはよく知られている。ここでは宮城の「正義と寛恕」の相補的把握と同型の特徴をもつC・S・ルイスのThe Humanitarian Theory of Punishmentの一節を、東西の比較の意味で掲げておこう。

「ヒューマニズムの刑罰理論はあわれみ（mercy）という外観を伴っているが、これは全くの虚偽である。……あわれみは正義を和らげ、若くはあわれみと正義は相会し口づけする、というのが我々の古典的な考え方だった。

あわれみの本質は赦すという行為にある。そして赦しはその本質において、当事者の側の罪意識とつぐないの意識を含んでいる。もし犯罪がたんに治療を要する病気であって処罰に値する罪でないのならば、罪が赦されることはあり得ない。……ヒューマニズム理論は正義を一方的に退けて、これにあわれみを置きかえようとする。……だが正義と切り離されたあわれみは残酷なものに育つ。これは重要な逆説である。……あわれみは、正義という岩の裂け目で育つ時にはじめて花を咲かせる。だが、ただのヒューマニズムの沼地に移し替えられると人食い草（man-eating weed）になってしまう。」（C. S. Lewis, First and Second Things, Collins Paperbacks, at 105, 1985）

むすび

(1)　翻って見れば、大正少年法の立法過程は、明治四一年六月に小山温（司法省監獄局長）によってなされた感化法批判、「併シナカラ、其哀憐同情トイフコトハ譬ヘテ申サハ厳父カ其児ニ対スルモノテナクテハナラヌ。愚母カ其寵児ニ対スルモノテアッテハナラヌノテアル。老牛舐犢ノ愛トイフ愛テアッテハナラヌノテアル。[42]」を実質的な起点として開始され、この立法作業の末に姿を現わした新法案に対して、感化法・パレンス・パトリエ型の理想主義が激しい反撃を加えるという構図で展開した一つのドラマであった。「厳父慈母」の二面的保護か、「小供ハ罪人ニアラズ、小供ハ罪人タル能ハズ[43]」の「母性的情熱[44]」による保護か、という一種の法文化論的な対立は大正少年法史全体を貫く縦糸である。

宮城長五郎は、右の対立が一つのピークに達した大正一〇年に、二面思考に拠る少年法の産婆役兼乳母役として登場した司法省側の切り札であった。その「寛厳互存」が、小山温の「厳父慈母」を宮城一流の表現で引き継ぐものであったことは言うまでもない。

(2)　宮城が官房保護課長の座を退いて大審院検事に転出したのは大正一五年三月である。大審院転出の内示を受けた時、宮城は「自分は保護事業に生涯を捧げたい。一生奏任の課長でけっこうだ」とごねて、次官林頼三郎に音を上げさせ、結局、「愛児と強いて引離されるような寂寥の心[45]」で司法省を去ったと言う[46]。

彼の在任期間のこの四年九ヵ月はしかし、少年法・司法保護の実務的基礎が意欲的な試行錯誤のうちに蓄積され固められた時期であった。個々の詳細に立ち入る余裕はないが、少年保護団体の育成、審判所外郭団体の「少年保護協会」の設立、様々の啓蒙活動と、宮城は八面六臂の活動を行っている。「限地施行」という足かせにも拘らず、名古屋少年審判所が開設されるまでの一〇年間に、少年保護実務が極めて順調に展開し、受理数、保護処分数ともに急成長を遂げ得たのはこの時期に宮城が捉えた礎石に負うところが大きい[47]。

(3)　法施行後もなお水面下で続けられた内務的感化法とのジャブの出し合いが再度表面化したのは、昭和八年二月の第六四議会に、少年教護法案（改正感化法案）が感化院長達の手による議員立法として姿を現わし、攻守ところを変えての立法論議を少年法に対して挑んだ時であった。法施行から数えて丁度一〇年目の春である。

この議会は、懸案の名古屋少年審判所開設予算が通過し、少年法全国施行への新たな展望がようやく開けた議会であった。また、宮城の影響を強く受けた「司法保護法案」が司法保護関係者の手による議員立法として提案され、はじめて衆議院を通過したのもこの第六四議会であった。「司法保護」概念が、実定法上の制度概念として登場した一つの画期であったと言ってよい。

昭和八年を転機に、少年法は――「司法保護」という枠組の展開に合わせて――、「全国施行」にむけたその足どりを速め始める。昭和一七年にかけてのこの後半期の歩みを追跡することを別の課題として、大正少年法の基本構造を宮城長五郎の思考を中心に探ることを試みた本稿をひとまずここで擱筆することとしたい。

(42)　小山温訓示、明治四一年六月二九日「刑務所長会同席上ニ於ケル訓示演述注意事項集」二三〇頁（『大正少年法(下)』一一四〇頁所収）。「老牛舐犢ノ愛」とは、老いた親が子を舐めるように溺愛してスポイルすることの比喩。
(43)　穂積陳重「米国ニ於ケル小供裁判所」法学協会雑誌二五巻九号一二六四頁（一九〇七）。
(44)　松尾浩也「アメリカ合衆国における少年裁判所運動の発展——日本への影響を中心に」家庭裁判月報二六巻六号三頁（一九七四）。
(45)　都筑亀峰『宮城長五郎小伝』五八頁（一九四五）。
(46)　後に宮城は「保護事業を管掌するに至って、夜明かししていた者が曙光に接したような思いがした」（『法律善と法律悪』五頁）と書いているが、彼はここで見出した自分の天職を、保護課を離れた後にも一人の保護事業家（帝国更新会会長）として追い続けた。
(47)　『東京少年審判所十年史』（財団法人日本少年保護協会、昭和一〇年）は、右の消息の全般をよく伝えている。

第5章　昭和八年少年教護法の成立とその周辺
――「行政処分」による親権介入の是非

はしがき

(1)　我が国の児童福祉法は二七条四項に「第一項第三号又は第二項の措置（継続的委託及び施設入所措置―筆者注）は、児童に親権を行う者……又は後見人があるときは、……その親権を行う者又は後見人の意に反して、これをとることができない。」という、いわゆる保護者の任意主義の原則を掲げている。これは「保護者に監護させることが不適当」な児童であって、ここでの「不良行為をなし、又はなす虞のある児童」（法二五条、四四条）の教護院（現行児童自立支援施設、以下同じ）入所にあたっても適用されるべき原則であり、ここでの「不良行為」とは、「ひろく反社会的もしくは反倫理的行為をいうのであって、盗み、覚醒剤の吸引などの刑法や特別法に触れる行為、家出、喫煙、飲酒などの犯罪の前段階ともいえる行為等をいう[1]」とされている。

右の任意主義の例外をなすものは二八条に設けられた強制入所・入院制度であるが、これは、保護者が「その児童を虐待し、著しくその監護を怠り、その他保護者に監護させることが著しく当該児童の福祉を害する場合」という例外的な類型に限定して、児童相談所に家裁の承認を前提にした強制措置権限を与えたものである。つまり、我が児童福祉法は、不良少年の教護院収容にあたって、親権介入に対する一種の〝謙抑主義〟とも言うべき姿勢でのぞんでいるということができる。

(2)　一方、児童福祉法と対をなすところの少年法は、三条に虞犯少年制度をおいており、虞犯事由として四種類の不良少年（広義）の類型をかかげている。ひらたく言えばこちらも親がしつけに失敗して手を焼いている少年である（虞犯性という少年法上の概念の吟味はひとまずここでは措く）。しかし少年法においては、虞犯少年に限らず保護処分手続に乗せられた少年の保護者（親権者・後見人）に対して、法は児童福祉法のような謙抑主義の姿勢をとっていない。少年法二四条によって、当該非行少年の教護院送致・少年院送致決定がなされた場合、少年法の通常の理解からいって送致決定は直ちに親をも拘束する。

(3)　児童福祉法と少年法の右のような相違はいくつかの問題を発生させる。具体的にいえば、児童福祉法によって教護院に入所させられた児童について、収容後に親がその同意を明示的に撤回して引きとりを求めた場合、教護院は任意主義の原則上収容を継続できない。しかし少年法による保護処分（教護院送致）の場合、通説に従って決定自体に親権に対する積極的な制約が含まれていると解した場合、送致後の少年をめぐっては、児童福祉法の親権に対する謙抑主義と少年法の強制処分主義とが衝突するという奇妙な事態が生じる。というのも、児童福祉法は少年法二四条の保護処分によって教護院送致された非行少年の取扱いを、通常の入所措置（児童福祉法二七条一項三号）による不良少年の取扱いとは区別していないからである。ここからは「教護院送致決定自体によって、親権に対する制約を認めなければ、教護院送致決定は実効性を持たなくなってしまう[2]」という〝不合理〟が少年法実務の上では指摘されることになる。さらに、教護院が（わずかな例外を除いて）拘禁設備を持たない開放処遇制をその理念として採用していることは、右の〝不合理〟を加重し、結果として、虞犯少年に限らず家庭裁判所に非行少年一般の教護院送致をためらわせる原因となっている。[3]

児童福祉法上の不良少年と少年法上の非行少年は、概念の上でこそ一定の区別が可能ではあるが、少なくも虞犯・触法少年について言えば、両者は実質的には多くの点で重なり合う対象群である。にも拘らず、児童福祉法と少年法は、〝親権者の意思〟に対して何故にこのような異なったスタンスをとっているのだろうか。これは〝福祉政策〟と〝刑事政策〟というしばしば用いられる範疇論だけでは片づかない問題である。

(4)　このような幾つかの問に導かれて不良・非行少年の施設収容に関する我が国の法制度の歴史を遡ってゆくと、右に見られる両法の交錯が明治後期に端を発する感化法と少年法との長い論争に根をもつものである事、そして昭和八年の少年教護法の成立が、両者の論争に一応の折り合いをつけた一つの画期をなすものであったという事実、さらには、ここでつけられた一応の折り合いと深部でのきしみ合いが、戦後改革の中で微妙に変形されつつも今日に至るまでひきつがれて来ているという事実につきあたる。この論争史の過程を一たん整理してみることなしには、児童福祉法と少年法の今日の錯綜した関係を把握し直すことは困難である。

昭和八年少年教護法の成立をめぐる「内務的」感化法と「司法的」少年法の対立と攻防のドラマを、その争点の一つであった〝行政処分による親権介入の是非〟という主題を縦糸にしながら追跡することが本稿の課題である。

（1）厚生省児童家庭局編『改訂児童福祉法等の解説』二八六頁（一九九一）。
（2）大塚正之「教護院送致に関する諸問題」家庭裁判月報四三巻三号四九頁（一九九一）。
（3）平成四年度の統計によれば、少年法二四条一項三号による少年院送致件数が四四四〇人（うち虞犯少年二〇〇人）であるのに対して、一項二号による養護施設・教護院送致件数は二九二人（うち虞犯少年九二人）にとどまっている（最高裁判所事務総局編『司法統計年報４少年編』二四頁（一九九三））。

一　「行政権主義」対「裁判権主義」

一　感化法の制定と改正

(1)　「行政処分」と親権

明治三三年の感化法の制定の事情について、当時内務省監獄局長として立案責任者の地位にあった大久保利武は、昭和五年の〝感化法施行三〇年〟にあたって、次のように当時を回顧している。

「監獄内の懲戒場に未成年を〔裁判所の手で〕収容して感化を施すことは懲罰主義に流れていけない(4)」、「是等の行政的欠陥と不備を補わんが為に、裁判所の手続に依らず、行政処分を以て、不良少年を入院せしむる強制執行の法を設けて以て、普く不良少年を保護教育して、……犯罪を未然に防ぎ社会の安寧と幸福とを増進せんとするのが感化法制定の理由であって且つ精神とする所であった(5)」

大久保の言う右の「保護教育」の精神の背景には、当時の不論罪少年に対する司法実務と行刑実務が、責任主義・必罰主義に傾斜する余りかえって少年たちの「罪悪を誘致する」弊があり、この弊害を除くためには少なくとも刑事責任のない不良少年に対しては司法機関による取扱いを避けて、行政機関の手による親権代行的な「感化主義」に基づく新制度が必要だ、という小河滋次郎や井上友一をはじめとする当時の内務省中堅官僚によって抱かれはじめていたパターナリスティックな理想主義があった。不良少年処遇におけるこの理想主義の気運が留岡幸助〔巣鴨家庭学校長、内務省警察監獄学校教授）によってつぶさに紹介された、一九世紀後期のアメリカにおける革新主義的パレンス・パトリエの息吹きに強く影響されたものであったことは既に別稿（本書第Ⅰ部）で指摘した通りである。議会答弁を一手に引きうけた小河滋次郎は、

「感化院ノ方ハ成ルヘク家庭組織ニシテ、所謂献身的ニ児童ト寝食ヲ同シクシテ世話ヲスルト云フ種類ノ人間ニ委セルコトニ努メタイ考テアリマス」、「其教師ハ夫婦者デアッテ、所謂家族的ノ世話ノ出来ルヤウナ、内外共ニ夫婦デ世話ノ出来ルヤウナ者ニ致シタイ考デアリマス」(6)

と、いわゆる「夫婦小舎制（cottage system）」による感化教育の理想を語っている。

さて、「行政処分」を組み込んで成立した感化法五条の対象少年規定は次のようなものであった。

「第五条　感化院ニハ左ノ一ニ該当スル者ヲ入院セシム
一、地方長官ニ於テ満八歳以上十六歳未満ノ者之ニ対スル適当ノ親権ヲ行フ者若ハ適当ノ後見人ナクシテ遊蕩又ハ乞丐ヲ為シ若ハ悪交アリト認メタル者
二、懲治場留置ノ言渡ヲ受ケタル幼者
三、裁判所ノ許可ヲ経テ懲戒場ニ入ルヘキ者」

つまり本条一号によれば、いいいい不適当な親権行使の下での問題行為の存在が地方長官の手で少年の強制収容を行い得る要件である。法八条はまた、感化院長に親権を与えるとともに「在院者ノ父母又ハ後見人ハ在院者及仮退院者ニ対シ

親権又ハ後見ヲ行フコトヲ得ス」と明文で「父母」の親権を奪っている。これは〃感化院長が法律で在院者の父母となる〃パレンス・パトリエ的理想の表現でもあった。

(2)　花井・床次論争

(イ)　行政処分による親権介入の是非という右の主題が本格的に論議されるに至ったのは明治四一年の感化法第一次改正においてであった。明治四〇年の新刑法が懲治場制度を廃止すると共に刑事責任年齢の下限を一二歳から一四歳に引き上げた為、従来の懲治場留置少年・一四歳未満触法少年を収容する代替施設として感化院を整備する必要が生じ、これと同時に、対象少年の枠を拡げる法改正が必要となったからである。

小河滋次郎はこの時期すでに、監獄の司法省への移管とともに内務省をはなれていたが、府県課長として地方行政全般に頭角をあらわしていた井上友一が改正案作成のイニシアティヴをとった。少年年齢を一八歳に引き上げた改正感化法は第五条で次のように規定して、「不良行為」という現行児童福祉法にまでひきつがれて来ている概念の下に対象少年の範囲を拡げるとともに、強制入院制度とあわせて親権者による出願入院制度を二号に新設した。

「第五条　感化院ニハ左ノ各号ノ一ニ該当スル者ヲ入院セシム
一、満八歳以上十八未満ノ者ニシテ不良行為ヲ為シ又ハ不良行為ヲ為スノ虞アリ且適当ニ親権ヲ行フモノナク地方長官ニ於テ入院ヲ必要ト認メタル者
二、十八歳未満ノ者ニシテ親権者又ハ後見人ヨリ入院ヲ出願シ地方長官ニ於テ其ノ必要ヲ認メタル者
三、裁判所ノ許可ヲ経テ懲戒場ニ入ルヘキ者」

簡単な規定ではあるが、モデルとしたイギリス法の色彩の残っていた旧法に比べると、「虞」、「適当ニ」、「必要ヲ認メタル」等の裁量的概念が多用されている。そして、ここでの「適当ニ」の是非がやがて昭和八年の少年教護法の性格を決する鍵概念となる。

しかし、刑法改正とともに、新たな〝刑事政策〟への展望を持ちはじめていた司法当局の内部にはこの時期すでに、内務省によるパレンス・パトリエ型感化院処遇に対する鋭い批判が生まれつつあった。留岡や小河の指導の下に我が国に定着した感化院は、「愛は高き障壁にまさる」(7)の理想をその標語に掲げて拘禁処遇を一切拒け、感化院からの逃走を「無断退場」と呼んだが、司法関係者の目には、かかる少年処遇は「愚母ガ其寵児ニ対スルモノ」と映じたからである。この批判は直ちに法による親権代行をかくも容易にしている感化法五条の行政処分制度批判へとはねかえった。法案の議会提出にあたって、監獄局長小山温は、「感化法は行政処分で親権を喪失させることになって居る。此根本問題を改正するのでなくては同意はできない」(8)と正面から抵抗したという。内務大臣原敬は「事急を要する」として司法大臣松田正久を押し切ったが、これは、少年教護法制定に至る内務・司法間の長い論争の幕開けであった。

(ロ)　いまひとつの感化法案批判は、むしろアメリカのパレンス・パトリエを念頭において「新立法」の必要を議会審議で力説した花井卓蔵による「裁判権主義」である。

「感化法カ行政権ヲ以テ親権ノ喪失ヲ定メルトキ、理屈上ノ根拠ハ何処ニナルノデセウ」、「感化法ヲ(ママ)子供ヲ教育スル主義テ出来テ居ルト云フコトハ能ク分ッテ居リマスカ、問ハサウテナイ、如何ナル場合ニ於テモ、親権ノ喪失ヲ宣告スルニハ、裁判ノ手ニ拠ラナケレハナラヌト云フコトニ民法カ認メテ居ルノヲ、行政権カ感化院ニ収容サレルモノノ親ニ限ッテハ、実質上喪失ノ宣言ヲナスト同一ナルコトヲスルノハ、理屈上如何ナル根拠カアルカトイフ問テアリマス」(9)

ここから繰り出された花井の「裁判権主義」は、感化院的処遇そのものの批判というよりは、感化法がアメリカの少年裁判所法等に比べて余りに単純かつ素朴であるという着眼に動機づけられたものではあったが、司法省の手による少年法の起案を促す導火線としてすでに十分な迫力に満ちていた。花井の右の批判に対して内務省地方局長床次竹二郎は、民法と感化法の抵触問題を回避しつつ、次のような〝感化教育主義の理想〟によって鋭くこれに反撃した。

「吾々ハ之ヲ行政上ノ手続ニスルガ、却テ進歩シタ主義デハナイカト思フノデアリマス、裁判所デ取調ブルヨリ、暖イ親切ノ考デ良キ方ニ導クトイウ側デ、初メカラ取扱ツタ方ガ宜イカト思フノデ、初メカラ罪ガアルナイ不都合ノモノデアルト云フ観念ヲ以テスルヨリ、不憫ナモノデアル、感化シテ良イ方ニ導クト云フ方ノ暖イ考ヲ以テヤツタ方ガ宜クハナイカト思フノデス(10)」

二　感化院制度の定着――「父母に辞職なし」

右のような「裁判権主義」を強調した委員長花井卓蔵は、衆議院本会議での報告で、

「委員会ニ於キマシテハ本案ノ改正ヲ以テ甚ダ満足致サヌノデアリマス、……本案ニ対シマシテハ永久的ノ立法トハ見ズシテ一時的ノ立法トシテ仮リニ之ヲ可決スルト云フ次第ニ立至ツタノデアリマス」

と述べた。また小山温は、同議会の別の委員会答弁の中で、感化法改正を「応急仕事」とも論評している。しかし内

務省・感化院関係者にとって、むろんこれは「一時的ノ立法」でも「応急仕事」でもなかった。出願入院制度を念頭においた井上友一による次の説明は先の床次の感化主義的パターナリズム（「感化シテ良イ方ニ導クト云フ方ノ暖イ考」）がどのような手続の下に我が国の社会で具体化されるべきかを物語る一つの例証である。

「出来ルナラバ警察官ガ直ニ子供ヲ捉ヘテ収容スルト云フヤウナ監獄ヘ入ルヤウナ手続ヲ成ルベク避ケタイトイウ考デ、院長タル人ガ町村長ヲ訪ネマシテ、其父兄ノ家庭ニ入リマシテ、懇々ト父兄ニ説諭シテ普通ノ塾ニ入レルガ如キ手続ヲ取リマシテ、之ヲ収容イタシマシテ、サウシテ之ヲ親切ニ教ヘテ自然ノ中ニ之ヲ感化シヤウ、不良少年ノ多クヲ調ベテ見マスト、多クハ父母ガナイカ或イハ両親ノ中何レカ一人缺ケタ者ガ事実多イノデゴザイマス、之ヲ感化スルニハ校長タル者、即チ院長タル者ハマルデ父母ノ如キ考デヤラナケレバナラヌト云フコトデ、自分ノ寝室ニマデ入レテ子供ヲ感化シテ居ル者ガ多イ[11]、サウ云フ有様デアリマス」（傍点筆者）

つまり、ここでの出願入院制度とは、民法が西欧法をモデルとして規定した懲戒場入所制度ではない。不良行為を発見した町村吏や警察官がいきなり強制収容を行うのではなく、まずは親に積極的に働きかけて指導・説得を行い、「懇々ト……説諭」の末、可能な限り二号の「出願」をさせることこそが「暖イ親切ノ考デ良キ方ニ導ク」やり方である、といのが牧民官井上友一の基本的な着眼点であった。

右のような感化法の改正を機に、内務省は「感化救済事業」に本腰を入れ、法施行後三年にして私立代用感化院を含めると全国の殆んどに感化院の成立を見た。七年後の大正三年には全国の感化院数五一、収容者数は二〇〇〇名を超えている。井上は留岡幸助の実務的助言の下に感化救済事業講習会、感化院長会議を組織して感化教育思想の普及に力を注ぎ、「自分ノ寝室ニマデ入レテ子供ヲ感化」するようないわゆる「熱心家」の養成に努めた。

最も初期の「熱心家」の一人として有名な感化院長に早崎春香がいる。早崎は、小河滋次郎の指導の下に浦和監獄典獄として川越分監（幼年監）における「同寝」「同浴」「同食」の感化院型処遇を実践躬行した人物として知られるが、司法部中枢の鋭い批判を浴びて明治四二年に典獄を退き、兵庫県立感化院土山学園長に転じた。その後一〇年間を早崎は徹底した家族舎制処遇の充実に打ち込んだが、大正四年県会の予算削減から院の運営に行きづまって県当局に辞表を出した。しかし中央でこれを聞いた井上友一は「父母に辞職なし」の一言を以て早崎の辞意を翻意させるとともに、早崎バックアップの為の兵庫県への「テコ入れ」を行ったという。[12] 当時の感化救済事業を支えたパターナリスティックな情熱の一端を物語るエピソードと言ってよい。

(4) 感化教育一八号三四一頁（一九三〇）。
(5) 人道二九二号六頁（一九三〇）。
(6) 第一四帝国議会衆議院感化法案審査特別委員会速記録第一号（『大正少年法㊤』八九―九〇頁）。
(7) 留岡幸助『家庭学校』五一頁（警声社、一九〇〇）。
(8) 相田良雄『少年教護法沿革史資料』一六―一七頁（筆稿複写版矯正図書館所蔵、一九四七）。
(9) 第二四帝国議会衆議院感化法中改正委員会議録第三回（『大正少年法㊤』一三八頁）。
(10) 第二四帝国議会衆議院感化法中改正委員会議録第四回（『大正少年法㊤』一五五頁）。
(11) 第二四帝国議会貴族院感化法中改正法律案特別委員会議事速記録第二号（『大正少年法㊤』一九八頁）。
(12) 重松一義『少年懲戒教育史』五〇一頁（一九七六）。

二　少年法の制定と感化法

一　少年法立案

(1)　司法当局の手によって明治四四年九月の刑事訴訟法改正主査委員会を直接の起点に開始された少年法の立案作業は、「感化法ニ依リテ実際救治ハ出来居ラス……要スルニ感化法ハ一時ノ急ヲ救フ目的ニテ出来居ルナリ」(平沼騏一郎)という課題意識の下にすすめられた。大正三年末に一時中断した立案作業が再開される直前の大正六年、立案者の一人泉二新熊は次のように書いて感化法の行政処分主義を正面から批判している。

「強制教育法の性質を有する我感化法が感化院送致の処分を主として地方長官に委したるが如きは、文明諸国の多数立法例より脱線したるものにして正当に非ず、少年感化上の処分は一大重大問題なり、鄭重なる裁判に依ることを要す、我感化法は之を改正して完成を期せざるべからず。……大勢は既に定まれり実例は既に裏書を為したり。(13)」

(2)　大正八年、立案作業を終えて姿を現した「少年法案」の持つ責任主義的契機が、明治四一年以来「自分ノ寝室ニマデ入レテ子供ヲ感化スル」〝親心〟の理想を走り続けて来た感化院関係者にとっては、不良少年処遇を再び「微治主義の昔日に逆転するもの(14)」と映ったのは当然であった。感化法の生みの親小河滋次郎は「少年法案」を「少年保護の名の下に反って律法的に少年虐待の実を敢てせんとするもの(15)」と痛罵して法案成立断固阻止―感化法死守の論陣を張った。

二　少年法の構造と感化法第二次改正

(1)　小河滋次郎とパレンス・パトリエ

小河は「少年法案」を批判する二つの論文の中で、自らの立論の基礎に据えたアメリカ少年裁判所について次のような描写を行っている。

ⓐ「チルドレンコートの出発点とする所は、『少年又は青年の教育は対象たるべくして如何なる場合にも刑罰の目的物として措置せらるべきものに非ず、偶々彼に法律上の犯行あるも、是を以て彼を犯罪者なりと認むるは即ち非也。……』と言うにあって存す。……リンゼー判事曰く、法律の前に盗児たるべきものも、余輩の眼に映ずる所は迷へる不幸児たるに外ならずと。(16)」

ⓑ「国家は児童に対して恰も心ある親が其の子を扱ふが如くに之を措置するの当然の義務を有す。」、「少年判事（は）……名は判事とか裁判官とか謂ふと雖も、実は親権者たり保護者たり後見人たり教育者たるの職務を兼有する大親分の如きものである。……現に少年判事として有名あるリンゼーの如きは、三百代言程の法律上の知識をも有しておらぬ人である。(17)」

少年に対する非責任主義的パターナリズム（「小供ハ罪人ニ非ラズ(18)」）と合目的的裁量による積極的な親権への介入という右の二つの契機は、アメリカのパレンス・パトリエ少年司法の基本的特質をなすものであった。その意味で小河の右の描写は正鵠を射ている。すなわち、非行少年と要保護少年（孤児・浮浪児）の質的同一性に着目しこれを一括してパレンス・パトリエ管轄権の内に収めた一八九九年イリノイ少年裁判所法はその二一条で、裁判所手続の基本原理（Construction of the Court）を次のようにうたっていた。

「この法律は以下の目的を実現するために柔軟かつ自由に（liberally）解釈さるべきものである。すなわち、本法によって少年に与えられる保護、委託、監護及びしつけは、実の親によって与えられるはずであったところのものに最大限近づかなければならない[19]。」

この条項のエッセンスは、パレンス・パトリエの福祉理念を提示するとともに、少年裁判所の手続をコモンローの厳格さから解放して判事に対する広汎な合目的性の裁量権を与えているところにある。「三百代言程の知識をも有しておらぬ」判事の依拠すべき尺度は、唯一〝子の最善の利益[20]〟であった。司法作用の形式性はここでは行政的な合目的的裁量性へと「社会化」されているのであり、その意味で小河が、

「其の実体は全く一つの学校であり、家塾であり、保護所であり、また一の温き『ファミリールーム』であ（る）。……何人も之れに『コート』の各を冠せしむるの甚だ不適当なりの感を同じうすることであろう」、「我が感化法唯一の精華とも云ふべき行政処分の大原則は、独り飽くまで之を擁護すべきのみならず、進んで大いに之が本領を発揮するに至らしめんことを切望せざるを得ず。」

と論じたのは、たんなる牽強付会ではなかった。

(2)　虞犯介入の謙抑性

我が「少年法案」はしかし、右にみたパレンス・パトリエ少年司法の特質をいずれも微妙な形で回避するものであった。「少年法案理由」は、審判所と保護処分の法的性格についてのべている。

「保護処分ハ……法ノ範囲内ニ於テ国民福利ヲ増進スル為メ自由ナル処分ヲナス行政ト同シカラス、……社会ノ保安ト共ニ該処分ヲ受クル少年ノ保護ヲ目的トスルモノナレトモ人身ノ自由ニ関係ヲ有スルモノナルヲ以テ法ノ縄準ニ従ヒ処分ヲ為スヲ要ス」、「少年審判所ハ法ヲ離レテ便宜ノ処置ヲ為スコトヲ許ササルモノナリ(21)」

即ち少年審判所は組織法の上でこそ司法省内の準司法的行政機関として位置づけられたものの、作用法的にみれば、パレンス・パトリエ少年司法に与えられたような意味での少年に対する無限定なパターナリズムを拒けると同時に、これと裏腹の関係において、「親権者たり、保護者たり教育者たるの職務」に対してもまた、一定の距離をとるスタンスを採用した。このことも最もよく物語っているのが、法五五条におかれた次のような虞犯少年処分保護者承諾条項と矯正院法一一条である。

「少年法第五五条　刑罰法令ニ触ルル行為ヲ為ス虞アル少年ニ対シ前三条ノ処分〔継続処分〕ヲ為ス場合ニ於テ適当ナル親権者、後見人、戸主其ノ他ノ保護者アルトキハ其ノ承諾ヲ経ヘシ」

「矯正院法第一一条　矯正院長ハ已ムコトヲ得サル事由アル場合ニ於テハ少年審判所ノ許可ヲ受ケ……親権者又ハ後見人ノ職務ニ属スル行為ヲ為スコトヲ得」（傍点筆者）

右の二箇条は、不良少年に対する親代わりの強制介入を制度の建前として感化院長に親権を与えるとともに、明文で実の「父母」の親権を奪っている感化法五条・八条とは明確なコントラストをなすものである。そして「少年法案理由」によれば、審判所が強制介入をなしうる場合の――いわば〝不適当ナル〟――親権者とは、後の児童虐待防止法に登場してくる「虐待」の要件と殆ど同一の、これまたごく例外的な類型[22]に限定されるべきものであった。

このようにしてみると、明治四一年の花井・床次論争に端を発し、「少年感化上の処分は重大問題となり、丁重なる裁判に依ることを要す」（前掲泉二）としばしば主張された「裁判権主義」の実質は、たんなる主憲主義的デュー・プロセスという形式論理によってのみ支えられるというよりは、法の親権代行的介入に対する〝謙抑主義〟の実質論（「子を見るに親に如かず」――花井卓蔵）によって裏打ちされる特質を持つものであったことがわかる。第四三議会衆議院委員会での、鈴木喜三郎（司法次官）による次の法案説明の一節は、この謙抑主義が少年法を感化法から分かつ一つの重要な指標であったことを端的に物語っている。

「刑罰法令ニ触レタモノデアルナラバ……保護者ノ承諾ノ有無ニ拘ラズ、此処分ヲ為スコトガ出来マスケレドモガ《ママ》、行為ヲ為スノ虞アルニ止マル少年ニ就キマシテハ、無暗ニ家庭ニ立入ルベキモノデアリマセヌカラ、保護者ノ承諾アル場合ニ限ツテ、此保護処分ヲ為スコトニ致シマシテ、徹頭徹尾、案ノ精神ハ妄リニ家庭教育ニ踏ミ込ンデ、強制的ニ少年ヲ保護スルトイフ趣意デハナイノデアル、勿論子ヲ愛シマスルハ親ニ如クモノハナイノデアル、併シナガラ親無ク保護者ナク又他ニ適当ノ教育ヲ与ヘル者ノ無イ、寄ル辺ナキ者ニシテ不良性ヲ帯ビタモノデアルナラバ、国家ガ之ヲ愛撫スルト云フコトハ、国家ノ任務デアルノデアリマス[23]」（傍点筆者）

大正一一年少年法が「子供ハ罪人ニ非ラズ」の非責任主義的パレンス・パトリエ理念を直輸入したものでなかったことは既に別稿〈第Ⅰ部〉で論じたのでここでは立ち入らないが、「父兄ノ家庭ニ入リマシテ、懇々ト父兄ニ説諭シテ」という先の井上友一の発言に見られるパターナリズムの積極性とここでの鈴木の謙抑主義を対比すれば明らかなように、少年法は、いわば二重の意味で〝責任主義によって制御されたパターナリズム〟という構造をもっていた。「父母に辞職なし」は、その意味ではむしろ少年法にふさわしい標語であった。

(3)　感化法第二次改正

小河をはじめとする感化法関係者の激しい抵抗（「保護主義を守れ」）にあって、少年法案は三度の流産の末、さしあたりの少年審判所設置規模を東京、大阪に限定するとともに、年齢区分の上で感化法とのすみわけをはかった二八条二項「十四歳ニ満タサル者ハ地方長官ヨリ送致ヲ受ケタル場合ヲ除クノ外少年審判所ノ審判ニ付セス」の挿入を行うことによって大正一一年にようやく成立した。これに先立って、内務省側は少年法の管轄を一四歳以上の犯罪少年に限定して虞犯・触法少年の取扱いを感化法に委ねることを司法当局に強く要求したが、「虞ある少年に付ては少年保護事業の実施を思い切っても譲歩はできない」と臍を固めて協議にのぞんだ司法省保護課長宮城長五郎に逆におし切られた。宮城によれば、二八条二項は抽象的には触法少年に対する審判所の審判権を留保しつつ、具体的には「感化院の存立を少年法が確保したことになる妙案(24)」であった。しかしながら、この協議の結果、感化法は強制入院の対象となる少年年齢を一八歳から一四歳に切り下げることを余儀なくされるとともに、少年審判所からの送致少年をも入院対象者に加えることになった（感化法第二次改正）。少年法がその保護処分のメニューの中にすでに感化院送致を掲げていたからである。

感化院はかくして、地方長官の裁量に基づく強制入院施設（一号）、親権者の出願に基づく一八歳未満の少年の強制入院施設（二号）、民法上の懲戒施設（三号）、少年法上の保護処分執行機関（四号）という極めて複雑な性格をもった矯正教育機関として存続することになった[25]。しかし、〝行政処分で親権を喪失させることの是非〟という積年の「根本問題」は解決されずに残されたばかりか、附則には「第五条第一号ニ規定スル地方長官ノ権限ハ少年法ニ依ル保護処分ノ実施セラレサル地区ニ限リ仍従前ノ例ニ依ル」という極めて変則的な経過規定が設けられた。

少年法の方からみれば、これは実を捨てて名を取った「限定つきの勝利」である。これを機に司法省は「今後久シカラスシテ全国ニ施行スヘキ見込」という少年法全国施行のゴールを設定するとともに、官房保護課を中心にする「司法保護」事業の拡充に本格的に力を注ぎはじめた。

一方内務省は、第一次大戦後の各国における社会立法の興隆の波に乗って、大正八年を前後として、すでに総合的な「児童保護立法」を制定する作業に乗り出していた。母子扶助、被虐待児保護、そして不良児保護がその各論的メニューである。大正一五年三月、社会局保護課長富田愛次郎は書いている。

「近時児童保護の趨勢は漸く刑政の範囲より遠ざかり保護的教育的傾向を示して来た。私的救護より公的保護に、収容救助より家庭保護に、更に恩恵より権利へと進展しつつある。即ち近時の児童保護立法は社会国家の基礎をなす次代の市民たり国民たる児童に対する国家の保護政策を確立し、児童の福利事業を統制することがこの目的であらねばならぬ[26]。」

富田のこの発想は、一九二〇年代における国際的規模でのリーガル・パターナリズムの開花をよく反映している。つまり、積年の内務・司法間の不良少年処遇をめぐるパターナリズムと責任主義の間の対立は、少年法の制定によって緩和されるというよりはむしろ深まりつつあった。そして昭和八年の少年教護法案の提出と法案をめぐる攻防は両者の右の確執が先鋭な形で顕在化した一つのスポットであった。節を改めて検討しよう。

(13) 泉二新熊「少年裁判所制度を論ず」社会と救済八編三号二三頁（一九一七）。泉二は法案の審議中、ここでの趣旨をさらに敷衍して、「こっちが親切にやるのだから宜いではないかといふて、何でも何でも世話をするといふことは迷惑であります。……親の権利を害し、子供の自由を害するという問題であるから、目的が保護だからどうでも宜いではないかという理屈は通らぬ」と感化法型のパターナリズムをたたいている（泉二新熊「少年法と教護事業」輔成会会報大正一〇年六月号一六頁（一九二一））。
(14) 前出注（8）相田二〇頁。
(15) 小河滋次郎「誌料餘屑」救済研究八巻一号八三頁（一九二〇）。
(16) 小河滋次郎「少年裁判所の採否如何」救済研究三巻二号一三頁、三号一八頁（一九一五）。
(17) 小河滋次郎「非少年法案論」救済研究八巻一号二八頁（一九二〇）。
(18) 穂積陳重「米国ニ於ケル小供裁判所」法学協会雑誌二五巻九号一二五八頁（一九〇七）。
(19) An Act to regulate the treatment and control of dependent, neglected and delinquent children, §21, Laws of Illinois, 137 (1899). 本書巻末資料④参照。
(20) H. H. Hart (ed.), Juvenile Court Laws in the United States, 5, 129 (1910).
(21) 少年法案理由（『大正少年法㊦』九三一頁）。
(22) 同前九四二頁、「少年ヲ虐待シ又ハ乞丐若クハ興行ニ使役シ其他教養上有害ナルコトニ従ハシムル者」ということに示された類型は、昭和八年の児童虐待防止法二条、及び七条が掲げる要件をほぼ先取りしている（児童福祉法研究会編『児童福祉法成立資料集成』上巻二一二頁（一九八八））。
(23) 第四三帝国議会衆議院少年法外一件委員会議録第二回（『大正少年法㊦』六四〇頁）。
(24) 宮城長五郎「楽屋噺少年法実施秘譚——反固の見直し（一）」保護時報二〇巻六号四七頁（一九三六）。

(25)　明治四一年改正による第五条と対比させるため、大正一一年の第二次改正による第五条を以下に掲げておく。

第五条　感化院ニハ左ノ各号ノ一ニ該当スル者ヲ入院セシム

一　満八歳以上十四歳未満ノ者ニシテ不良行為ヲ為シ又ハ不良行為ヲ為スノ虞アリ且適当ニ親権ヲ行フモノナク地方長官ニ於テ入院ヲ必要ト認メタル者

二　十八歳未満ノ者ニシテ親権者又ハ後見人ヨリ入院ヲ出願シ地方長官ニ於テ其ノ必要ヲ認メタル者

三　裁判所ノ許可ヲ経テ懲戒場ニ入ルヘキ者

四　少年審判所ヨリ送致セラレタル者

(26)　富田愛次郎「児童保護法の制定に直面して」社会事業九巻一二号九五六頁（一九二五）。

三　感化法全面改正――「少年教護法案」の成立

一　「改正感化法案要綱」と感化法発布三〇年

(1)　感化法全面改正の第一のステップは、内務大臣の諮問機関である社会事業調査会に対してなされた大正一五年九月の次のような諮問第四号である。

「不良少年漸増ノ現状ニ鑑ミ感化法改正ノ要アリト認ム　之ニ関シ其ノ会ノ意見ヲ求ム

大正十五年九月二十九日

内務大臣　浜口　雄幸

〈説明〉

近時社会状態の変化に伴ひ不良少年漸次増加の傾向にあるに拘らず感化事業の現状は現行感化法の不備に伴ひ少年保護の

普及徹底を期すること困難なるものあり、依て現行法を適当に改正し入院前の早期発見、院内、院外に於ける教養保護の充実、私設感化院の監督助成、各種社会事業との連絡等に付ても其の方法を確立するの緊要なるを認む、之等に関し各位の意見を求む(27)。」

ここには「司法保護」とは一線を画した「社会政策」の見地から、不良少年対策に自らとりくもうとする内務当局の姿勢が現われている。諮問を受けた調査会は、穂積重遠、末弘厳太郎、留岡幸助、添田敬一郎他七名からなる特別委員会を設置して同年一〇月と一一月に五回の審査を行い、幹事富田愛次郎提出の参考案をもとにしてとりまとめた「改正感化法案要綱(28)」を社会事業調査会の決議にかけ、翌昭和二年正式の答申として内務大臣あて提出した。殆ど正式の法案と呼んでも遜色ない体裁を整えたこの「法案要綱」は三年後に感化院長達の手で起案される「少年教護法案」の〝原液〟となる。

「法案要綱」は、(i)道府県に、感化事務に携わる「児童保護員」を設置すること、(ii)地方長官の「行政処分権」および対象少年の年齢については感化法五条を継承すること、(iii)感化院入院処分の他に民間の保護団体・私人への委託処分と児童保護委員による監督付託処分といういわゆる〝社会内処遇制度〟を新設すること、(iv)感化法一〇条にいう不良少年の発見・具申義務者を学校長、児童保護委員に拡張して「早期発見」のネットワークを拡大すること、(v)感化院在院（または退院）者に小学校教科修了の認定をなしうる権限を地方長官に与えること、(vi)「一時保護」の制度を設けさらには「処分決定の適正を期する為将来児童の鑑別機関を設置」すること、等をその骨子として掲げている。一口に言って、これは不良少年を対象とした「近時の児童保護立法」（富田愛次郎）への感化法のモデルチェンジである。この構想が、小河滋次郎の「非少年法案論」によってすでにその輪郭を与えられていたところの、少年に対するリーガル・パターナリズムの理想を、我が国の「行政処分主義」を維持しながら具体化し拡大せんとするものであったことは言うまでもない。またこれが、元来「感化法ニ依リテ実際救治ハ出来居ラス」という基本認識から少年法の立案を開始し、少年審判所全国施行を「司法保護」の主要課題に据えていた司法当局にどのように受けとめられたかも想像に難くない。

（2）すぐにも実行に移されるかに見えた「法案要綱」の法案化と議会提出は結局なされなかった。内務当局があらためて感化法全面改正への意欲を見せたのは、昭和四年一〇月に開かれた第八回全国感化院長会議及び感化教育会総会においてである。翌年の「感化法発布三〇年」をひかえて院長会議は内務当局との間で感化法実施についての改善事項に関する詳細にわたる討議を行ったが、これをうけて社会局社会部長大野緑一郎は、「社会局トシテモ……三十年ヲ機会ニ感化事業ノ立直シヲヤルツモリデ居ル」[29]とその決意を公にした。昭和五年三月一〇日の施行記念日を期して社会局が刊行した『感化事業回顧三十年』はその冒頭に「児童は保護教育の対象であって、懲罰の対象ではないことを明確ならしむるに至ったことは、真に本制度の一大貢献である」[30]という、明治四一年以来の感化教育主義を称揚する一文を掲げ、同日内務大臣安達建蔵はラジオ講演を通して〝懲罰にあらずして保護教育を〟の理念を語るとともに、感化法全面改正の方向を明確にさし示す発言を行った。

右のようなエネルギーを投入して感化法改正の気運を盛り上げつつ水面下で続けられた内務当局の法案提出作業を阻止するのに決定的であったのが、司法省内に蓄積されていた、感化法に対する処遇及び手続の両面にわたる反撥であったことはいうまでもない。三年後の少年教護法案議会審議において司法省刑事局長木村尚達は次のようにのべて、司法当局が内務省側の度重なる感化法改正案の提出交渉に対して拒絶のサインを出しつづけていたことを明らかにしている。

「先任者ノ伝フル所ニ依リマスルト、二三回内務省ヨリノ非公式ノ改正ノ御交渉ニ接シテ居ルヨウデアリマスガ、其ノ際ニモ今ノ親権及自由保障ニ関スル点ニ付テ、兎ニ角司法省ノ意見ガ必シモ内務省ノ方ノ意見ト合致スル迄行カナカツタヤウナ状況ニ聞イテ居リマス(31)」

二　少年教護法の起案と提出

(1)　「三田一野会」

右にみたような感化法全面改正の気運と、それにも拘らず膠着状態に陥っていた内務省の法改正実務の現状を背景にして、感化法改正は小河や井上によって培養され成長した感化院長会議のイニシアティヴによって進められることになった。とりわけ小河滋次郎の大阪府嘱託の時期にその薫陶を受けた関西感化院長協議会（愛知以西二府六県感化院長協議会）のメンバーには、感化法に賭けた小河の遺業を継承せんとする使命感が強烈であった。協議会はすでに昭和二年一〇月の第六回会議で、感化法改正問題に特別にとり組む「常設委員」として田中藤左衛門（京都淇陽学校長）、武田慎治郎（大阪武田塾主）、熊野隆治（大阪修徳館長）、池田千年（兵庫土山学園長）を選出している(32)。大正末年から昭和初年にかけての当時の感化院長会議録を概観すると、司法・内務両当局に対する彼らの次のような鬱勃とした不満が伝わっている。

「少年法ヲ適用スレバ不良少年ハ増加スルト小河博士ガ云ハレタガソノ通リニナツタ」（武田慎治郎）、「我等ノ努力ガ足ラナカツタ為メ日本ノ輿論ガ少年法ヲ成立セシメタ」（池田千年）、「従来建議セシ問題少ナカラズト雖モ今以テ実現セルモ

ノ殆ドナク之ガ実現促進ノ方法ナキカ」（滝本助造）

残存資料から推すと、昭和五年島根で開催された関西感化院長会議は自らの手による感化法改正案起案を決議してこれを常設委員に託し、武田慎治郎ら四名（日本感化教育会関西支部）は、この小委員会を「三田一野会」と称して法案の起案と議会提出のシナリオ作成に従事した。法文起草の筆をとったのは、かつて大正九年の少年法案審議に際して小河滋次郎の「非少年法案論」の議会関係者への配布の任にたずさわった「熱心家」として知られ[33]、かつ「法律学校の出身者であり長く警察官の職に在った」武田慎治郎であった。彼らは、この作業のかたわら、大正九年〜一一年の少年法案審議時に法案批判を展開した衆議院議員荒川五郎（民政党）を訪ねて交渉に努め、議員立法提出の任務を承諾させている[34]。熊野隆治は後の回想の中で次のように書いている。

「何とかして本省の提案が当然であり、かく希望していたがどうもその実現が困難な見通がついた。忘れもしない昭和五年十月十四日、比叡山延暦寺で委員会を開いた。そしていよいよ民間提出して荒川五郎氏に依頼するより外途なしと決意し、その必成を山上清澄の気にうたれつつ厳粛に誓った。そしてその月、島根に於ける関西の議長会に報告して、十月十日《ママ》荒川五郎氏を広島に訪問した[35]。」

武田の筆になる「少年教護法案私案」は関係者の意見を勘案して修正され、最終的には滋賀淡海学園で行われた昭和七年の第一一回関西感化院長協議会で他府県の代表をも集めて合同審議され確定される。実行委員の武田達が「多年の計画に係る感化法改正問題も滋賀県に於ける感化院長協議会の決定に基づき実行委員の上京を為すことに決したり」[36]として東京での法案議会提出運動に着手したのは昭和七年一〇月二五日であった。荒川は政友会の山下谷次ほか議員六六名の連名の下に一二月二七日に法案を第六四議会に提出した。

司法省との協議が膠着している間にいわば足もとから起ったこの「少年教護法案」の提出に、内務省当局は一種のとまどいを見せたようである。内務省はこの時すでに「児童虐待防止法案」を六四議会に提出ずみであり、荒川の表現を用いれば「他省の意嚮を気兼ねしてか聊か左顧右《（ママ）》眄以て依達傍観の態度」[37]をとった。もっとも、富田愛次郎（社会局部長）、丹羽七郎（内務次官）をはじめとする社会局中枢は法案提出に先立って武田らと頻繁に接触しており、この議員立法の提出を内務省による次年度の法案提出につなげたいという意思は強く持っていた[38]。そしてこれが、六四議会のどたん場での司法省との妥協への内務省のエネルギーになる。

(2)　法案の特徴――小河滋次郎の遺業

(イ)　提出された「少年教護法案」[39]の内容は、二、三の制度的・財政的な教護院の強化条項を除けば昭和二年の「改正感化法案要綱」と、その骨格において概ね変わるところはない。

むしろ法案に特徴的なのは、これが少年法との対抗意識を鮮明にしたいくつかの修正を、「法案要綱」に対して加えている点である。すなわち法案はその八条において、教護院入院の対象少年から、「要綱」には掲げられていた少年審判所からの送致少年を削除するとともに、「要綱」及び感化法九条の「感化院長ハ命令ノ定ムル所ニ依リ在院者ニ対シ必要ナル検束ヲ加フルコトヲ得」をとり去っている。これは、感化法を「愛は高き障壁にまさる」のパターナリズムによる保護立法として純化したいという感化院長達の念願の現われであった。感化院内に少年審判所からの送致少年に対して「特ニ区画シタル場所」（拘禁施設）を設けること、の当否をめぐる池田千年の次のような激しい反撥は右の消息を端的に物語るものである。

「感化院長協議会ニテ区画シタル場所ヲ〔感化院内に〕設クルヲ好マズトノ説一致シタルハ……保護教育ト留置所ノ看守トハ両立セサルヲ極論シタルモノニシテ、若シ両方ヲ強ラルルナラバ看守ノ事務ハ責任ヲ負ヒタクナシ、願ハクバ保護教育ヲ完フシタトノ熱烈ナル希望ノ現レナリ(40)」(傍点及び〔　〕内は筆者)

かつて小山温は感化院長達を前にした明治四一年の講演の中で「感化事業と監獄とは兄弟である……此兄弟は仲よくしなければならぬ(41)」と論じたが、院長達からすれば監獄は「兄弟」どころか〝アカの他人〟であった。審判所からの送致少年を排除した上で法案はさらに、感化法第二次改正にあたって附則におかれていた経過規定(前出二四一頁)をアレンジした「少年法ニ依ル保護処分ノ実施セラレザル地区ニ於テハ前項ノ年齢ヲ十八歳トス」という規定を一条二項に据えた。一種の少年法封じ込め対策である。

(ロ)　注目すべきなのは、「少年教護」という法案の名称である。すでに小河滋次郎は、「感化教育を必要とするの真原因は行為に非ずして状態なり……『感化』なる文字の如きも亦た今日となってはその極めて不適当なるを知るべし(42)」と論じ、また、地元大阪の警察部刑事課内に「教護係」という部門の新設を助言したという(43)。「非少年法案論」の中で小河はこうも論じている。

「少年保護司の名はあっても、実は即ち下級巡視員ぐらいの働きを為し得るのが関の山で、如何ぞ能く彼れに少年教護の権威及び能力を要望することが出来やう(44)」

「業ヲ先生ノ後遺ニ承ケ」て感化法改正にとり組んだ武田愼治郎や池田千年が、日本感化教育会関西支部の機関紙として「少年教護時報」を発刊したのは昭和六年であった。

以上を総合すると、「少年教護」の法案名称は、小河滋次郎の「非少年法案論」の用語法を念頭におきながら関西感化院長協議会の実務に携った武田ら四名（三田一野会）の合議の中から生み出され、昭和五年一〇月の島根感化院長会議段階で既に確定されていたものと思われる。少年法案成立阻止に精魂をふりしぼった小河は法成立三年後の大正一四年に没していたが、「我等ノ努力ガ足ラナカッタ為メ日本ノ輿論ガ少年法ヲ成立セシメタ」という思いを心中に発酵させていた武田や池田達にとって、少年教護法案の提出は少年法案に挑んで遂に敗れた小河滋次郎の衣鉢を継ぐ雪辱戦であった(45)。

(27)『戦前期社会事業史料集成』一七巻六八―六九頁（一九八五）。
(28) 同前史料集成七一頁。
(29) 感化教育一六号一三五頁（一九二九）。
(30) 内務省社会局『感化事業回顧三十年』一頁（一九三〇）。
(31) 第六四帝国議会貴族院六大都市ニ特別市制実施ニ関スル法律案特別委員会議事速記録第二号六頁。
(32) 感化教育一一号一七二頁（一九二八）。
(33) 武田愼治郎「故小河博士を追憶して」感化教育五号一〇二頁（一九二四）。
(34) 荒川五郎「少年教護法成立の経過について」感化法改正期成同名会『少年教護法顛末録』一頁（一九三五）。
(35) 熊野隆治「少年教護法議会上程の当時を回想し将来の日本教護に及ぶ」児童保護一三巻一〇号二〇頁（一九四三）。
(36) 武田愼治郎「感化法改正運動日誌」武田きし『武田愼治郎記念誌』一九五頁（一九四一年―私家版矯正図書館所蔵）。

(37) 前出注 (34) 荒川二頁。
(38) 相田良雄「ロボットとなるの記」児童保護三巻一二号三二頁（一九三三）。
(39) 法案全文につき参照、第六四帝国議会衆議院議事速記録第八号少年教護法案第一読会一三三頁。
(40) 池田千年「感化法改正案」（大正九年七月八日内務省地方局長添田敬一郎宛書簡付属文書、国立公文書館所蔵旧内務省執務関係書類「児童養護教護院一般」分類番号三A・一二―三・一〇五所収）。
(41) 小山温「監獄行政と感化事業」内務省地方局『感化救済事業講演集上巻』一〇六頁（一九〇九）（『大正少年法(下)』一一五五頁）。
(42) 小河滋次郎「何をか感化教育と謂ふ」救済研究五巻四号三一頁（一九一七）。
(43) 菊地俊諦「教護概念の確立」社会事業研究二五巻八号二四頁（一九三七）。
(44) 前出注（17）小河三四頁。
(45) 少年教護法の議会通過直後に、彼らが日本感化教育会関西支部代表の名で京都法然院の小河滋次郎の墓前に詣でて報告し読み上げた「祭文」の一節は次のようである。

「　　　　祭文
故岳洋小河先生、感化遷善幾春秋人亦乏シカラズト雖道ヲ仰イデ晴雲ノ懐ヲ抱カシメ伏而令徳ノ永泯ヲ傷マシムルモノ博士小河滋次郎先生ヲ其人トナス。不才我等業ヲ先生ノ後遺ニ承ケテ憮然トシテ感アリ、偶々第六十四帝国議会ハ通議一過少年教護法案ヲ児童福利ノ業ニ寄セ挙国ノ熱讃又之ニ鍾ル当事者我等ノ欣懐ニ亦過グルモノナシ。……（中略）…
…吾等今日親シク邱側ニ侍シテ松杉ヲ仰ゲハ痛慕ノ思ヒ切ニ禁ズル能ハズ、稚々タル辛苦又何ヲカ言ハン、希クハ先生吾等が微衷ヲ汲ミ以テ瞑シ賜ハンコトヲ謹ンデ奏ス。
昭和八年四月一九日　日本感化教育会関西支部代表　武田慎治郎　田中藤左英門　西村源太郎」（少年教護時報六輯七頁〔一九三三〕）

小河の薫陶が彼らにとっていかに深いものであったかを窺わしめる一文であるとともに、これは「児童福利（福祉）」

という観念は戦後改革の下で新たに登場したところの時代を画する鍵概念である、という俗説を覆す一つの例証でもある。

四　第六四議会における少年教護法案の審議

一　衆議院委員会審議と修正

(1)「司法省方面は之を以て少年法施行上に妨げありとして、反対せらるるであろうと想像され、此法律案は到底今期の議会は通過しないであろうと思われた。」

相田良雄（感化法改正期成同盟会長）は、法案提出時の見通しを、昭和八年の暮右のような一文で回顧した。[46] 衆議院少年教護法案委員会は、第一回目の委員会審議を昭和八年二月一日に行って荒川五郎の提案理由を中心に若干の質疑を交したものの、一七日に至るまで他の法案審議に時間を費し、少年教護法案をとりあげていない。ようやく開かれた第二回目の審議に出席した丹羽七郎は次のように述べて「左顧右眄以て依違傍観の態度」をきめ込んだ。

「荒川君カラ御話ノアリマシタ通リ、吾々ハ何ラ同意ヲシテ居ルトカ、相談ヲシテ居ルトカ云フヤウナコトハ一切ナイノデアリマス、……十分ニ提案者ノ御意志ヲ承リ、御審議ノ模様ヲ拝見シタル上、態度ヲ定メタイト考ヘテ居ルヤウナ次第デアリマス[47]」

司法政務次官八並武治は「不幸ニ致シマシテ〔少年法の方も〕窮乏ノ際デアルカラト云フコトデ、名古屋ダケハ認メラレマシテ、本年度ノ予算ニ載ツテ居ル」とのべて、言外に少年教護法への経費計上などは論議の沙汰ではないことをにおわせている。

三回目の審議に、司法大臣小山松吉とともに出席した司法省保護課長秋山要は、少年法の方からいえばそもそも当然削除されて然るべき感化法の附則を冒頭の一条二項にもってくるような教護法案の非常識を突き、大臣小山松吉の方は、行政処分によって少年と親の自由を制約する感化法は現状でも「穏当ナラザル」問題があるにも拘らず、今回の少年教護法は「感化ト云フ領域ヲ超エテ居ル」、「改正スル必要ガアリマスナラバ、感化法ノ現行ノ範囲内ニ於テ十分ナル御改正ヲ為サレバ宜イ[48]」とのべて、間接的ながら内務省の「法案要綱」の理論的足場自体を一蹴した。

(2)　司法省委員による断固反対のままずるずると進行するかに見えた委員会審議の流れを変えたのは提案者荒川五郎自身である。荒川は三回目の審議の後、委員長牧野賤男を説いて、当日出席の委員ほぼ全員と菊地俊諦（国立武蔵野学園長）、武田慎治郎をはじめとする七名の感化院長との合同会食会を行い、武田等をして今回の少年教護法案の実質的必要を直訴させるという積極策に出た。ひきつづき、荒川は、牧野を伴って内務・司法両大臣を訪ね感化院長達に陳情させる場まで設定した[49]。委員長牧野はこの昼食会を機に法案の修正による通過に対して積極的な議事進行を推し進めはじめる。手はじめに牧野は、司法・内務各政府委員を含めた「打合せ会」を行って、ともかくも司法省委員の反論を汲んだ修正動議を第六回目の審議で荒川に提出させ、これをふまえた修正法案を作成する「小委員会」の設置を提案した。いささか強引な牧野の議事進行に、内務側政府委員富田愛次郎は「発言シナイト云フコトハ同意ヲシタト云フ意味デハアリマセヌカラ、其点ダケハ留保致シマス[50]」とここでも「左顧右眄」のポーズを貫いている。

(3)　第七回目の審議に提出された小委員会報告書の「少年教護法案修正条項[51]」は法案の持っていた少年法に対する攻撃的な部分を削ぎ落して前述の一条二項を感化法同様に附則へもどすとともに、八条一項四号に対象少年として

「少年審判所ヨリ送致セラレタル者」を復活した。問題の八条における地方長官の権限は基本的に維持されているが、原案の「教護ノ必要アリト認メタル者」という裁量権を明示する文言が削除されているのには、小委員会が「司法省ノ意ノ存スル所」を何とか参酌しようとした跡が窺われる。この修正案の提出を機に委員会の大勢は反司法的保護主義の方向に傾きはじめた。

「ドウカ司法省ニ於キマシテハ……法理的ノ大前提カラ割リ出シテ、サウシテ其大前提ノ網ニ掛カルカ掛カラヌカト云フヤウナコトデ御審議下サラナイデ、ドウシテ不良ナル青少年ヲ感化教護スルコトガ出来ルカ……斯ウ云フ実際的ノ立場カラ本法ヲ御攻究下サイマスヤウニ(52)」

という山枡儀重の発言には、かつて少年法案審議において少年法の成立を三回にわたって阻んだ保護主義擁護の大合唱を髣髴とさせるものがある。こうした保護主義的雰囲気と牧野の思い切った議事進行を前にして、司法政務次官八並武治は「根本ノ考ニ於テ、マダマダ研究ノ余地アリト司法省トシテハ考エテ居ルノデアリマス……此際、賛否ノ意見ヲ留保シタイト考エマス」とのべてあっさりと土俵を下りた。貴族院委員会で本格的に争うという構えである。法案の通過を絶望視していた相田良雄は、修正法案が衆議院で可決された時「上京委員と共に感極って泣いた」という。

二　貴族院委員会審議と再修正――法案の成立と「適当ニ」の削除

(1)　「此教護法案ノ精神ト致シマスル所ノ、趣旨ト致シマスル所ハ感化法ノ改正ニ付テ、政府ニ於キマシテ考究イタシテ居リマス所ト大体一致イタシテ居ルノデアリマス、……本法案ノ趣旨ト致シマス所ハ極メテ適切ナリト考ヘラレルノデアリマスルガ、右申シマシタヤウニ尚ホ考究ヲ致サナケレバナラヌヤウニ考ヘテ居ル点ガ一二残ツテ居ルヤウナ状態ニナツテ居リマス[53]」

丹羽七郎は、貴族院委員会冒頭の意見陳述で右のようにのべて衆議院での「左顧右眄」のスタンスを微妙に変えた。「明年度の議会」を睨んでの発言であったに違いない。しかしこの丹羽の右の発言がなされた時、法案の送付以来すでに空白の一〇日余りが経過しており、六四議会は会期をあと五日残すのみになっていた。そして司法省側は、ここを先途と「猛然として反対意志を表示」（前出注(38)相田二三頁）する反抗に転じた。刑事局長木村尚達の反対論の要点を引用すれば次の通りである。

(a)　「先ズ、現行感化院法モ今度ノ救護《(ママ)》法案モ、共ニ親権ニ関スル制限ガ、地方長官ノ自由裁量ニ依ツテ決セラレルト云フ点デアリマス、……適当ニ親権ヲ行フテ居ルカ、居ラヌカ、又適当ニ後見ヲ行ウテ居ルカ、居ラヌカト云フ点ノ決定権ガ、行政官タル地方長官ニ任ネラレテ居リマス」

(b)　「現行少年法ガ採ツテ居リマスヤウナ手続、犯罪少年ハ別デアリマスガ、犯罪ノ虞アル少年……ニ対シマシテハ、〔少年法は〕只今私ガ申シ上ゲマシタヤウナ点ニ付テ、可ナリ控ヘ目ノ態度ヲ採リ、又其手続ニ付テモ頗ル詳細ナ規定ヲ設ケマシテ、親権ノ保護及人権擁護ノ上ニ於テ十二分ノ注意ヲ払ツテ居ルノデアリマス、ソコデ今少年法ト感化院法《(ママ)》ト竝ベテ見マスレバ、一ハ親権及自由保障ニ付テ非常ニ鄭重ナ取扱ヲシ、他ノ方面ニ於テハ只今ノヤウナ多少考ヘサセルヤウナ方法ヲ採ツテ居ルノデアリマス」

(c)　「兎ニ角其根本ノ点ニ付テ解決ノツイテ居ナイ法案ダト見マスレバ、何トシテモ此法案ニ対シテ御賛成申シ上ゲル訳ニ行カナイ[54]」（傍点及び〔　〕筆者）

右の木村の答弁は、「控へ目ノ態度」の逆を行く感化法的思考への司法省サイドの積年の批判を過不足なく語って余すところがない。明治四一年の小山温の舞台裏での抵抗（前出二三一頁）は四半世紀を経て、ほぼそのままの形で表舞台の議会審議の場に再現された。

司法省の側に立って「其根本ノ点ニ付テ解決」をつけようとする限り、感化院入院の決定を少年審判所に専属させる法改正を行う他はない。しかし、「之ヲ行政上ノ手続ニスルガ、却ッテ進歩シタ主義デハナイカ」（床次竹二郎）という思考を継承して、児童虐待防止法の提出をはじめとする「近時の児童保護立法」（富田愛次郎）の整備を推し進めてきた内務省側に、一四歳未満の不良少年の行政処分権を手放す意志はなかった。論理的に見る限り、歩み寄りの余地は始めからなかったのである。

(2)　審議の流れに思わぬ転調をもたらしたのは、皮肉なことに法案成立阻止のダメ押しをすべく登場した大臣小山松吉の発言であった。会期余すところわずか三日の三月二二日、小山は、(a)地方長官による入院決定は懲戒場入所を裁判所の決定にかからしめている民法八八二条と矛盾する、(b)少年鑑別機関というのは性格不明で問題がある、(c)少年教護委員をおくというのは「少年法デヤル行為ヲ感化法デヤラウト云フ」ことで再考を要する、等々の個別的かつ多岐にわたった法案の全面批判を展開した。[55] 何を措いても法案を流してしまいたいという意図が滲み出た反対答弁である。しかしこれがある意味で藪蛇となった。松村義一は言う。

「若シモ斯ウ云フ御意見ガアッタトシタナラバ、何故ニ衆議院ノ委員会デ御説明ニナラナカッタノデアリマセウカ……一ツノ議会デ以ッテ同ジコトヲ述ベナイト云フコトハ甚ダ議員ガ事ヲ審議スル上ニ於テ、非常ナ悪イ結果ヲ生ジマスト思ヒマス」[56]

「非常ナ不愉快ヲ感ズルノデス、……忌憚ナク申上ゲマスナラバ、司法大臣ノ態度ハ憲政ニ反スルモノト申サナケレバナラヌ、……ドウモ御話ニナルコトガ、我々ノ本当ニ首肯スベキ理由ニナラヌ、……何等カ之ニ対スル反対ノ隠レタル理由ガアルノデハアルマイカト云フコトヲ、ドウモ疑ハザルヲ得ヌノデアリマス」[57]

松村のこの小山松吉批判の底流にはむろん、貴族院委員会でも徐々に広がりつつあった保護主義的雰囲気と、〃道徳的〃司法部への年来の反感があった。有無を言わさぬ姿勢の小山の法案批判がこの反感に火をつけたのである。岡田文治は方向を変え、言わば搦手から丹羽七郎に向って、昭和二年の「法案要綱」を法案として提案できなかった「其辺ノ事情ヲ伺ヒタイ」と問い、内務省は本気で「少年教護法案ノ成立ヲ熱心ニ御希望ニナッテ居ルノデアリマスカ」と切り込んだ。岡喜七郎はさらに、岡田の質問にたたみかける形で、「御主管ノ省トシテハソンナ大切ナモノヲ、コンナ好イ機会ガアルノニ、マア一口デ言エバ抛ッテ置カレタト云フコトハ、誠ニ私ハ遺憾ニ考ヘル」と矛先をあえて内務省にむけた。岡田や岡の質問に対する丹羽の解答は次の単純な言明に尽きた。

「内務省ノ関シマスル限リニ於キマシテハ、此案ガ成立シテ大体差支ナイノデアリマス」、「我々ト致シマシテハ協議ヲ遂ゲツツ今日ニ至ッタヤウナ次第デアリマス」[58]

委員会全体の空気が〃いい加減で司法省は折れろ〃にここで一気にたかまったとしても不思議ではない。

「実ニ憂慮ニ堪エヌト思フノ余リ私共ハ出来得ルナラバ何トカ俄カ修正デモ、司法省ノ意ノアル所モ出来レバ御修正ニナリシ《ママ》テデモ之ヲ一ツ法案トシテ成立ツヤウニシタイ[59]」（岡喜七郎）

審議の潮はこうして、急転直下、とっくにデッドロックに乗り上げている内務・司法間の対立を貴族院委員会が強引に調整するという方向で流れ出した。議長役に徹していた大久保利武がここで、委員会二度目の懇談会を提案する。明治三三年感化法制定時の内務省監獄局長をふり出しに、その後も各地で感化院の設置に務め、不遇の小河滋次郎を大阪府嘱託にむかえて関西の感化事業を育てた牧民官大久保が、どたん場で力を出す場面が訪れたと言ってもよい。翌日の委員会は延々四時間をこえる速記なしの懇談会に切りかえられ、ここで逐条にわたった内務・司法のギリギリの綱引きと妥協が行われた。この修正案作成に大久保がいかに精魂を傾けたかは、「連日司法大臣又政府委員ニ向ッテ質疑応答ヲ重ネ（タ）」という、貴族院本会議でのくどいまでのその報告の口調からもわかる。

(3)　第六四議会会期最終日の昭和八年三月二五日、内務大臣山本達雄の、「私モ此案ノ成立ヲ望ミマス」という言質をとった上で提出された岡喜七郎修正動議による法案（貴族院修正案）の再修正箇所は、実質的修正にわたるものだけでも約二〇ヵ所にのぼった[60]。少年鑑別機関は教護院内に任意に設置される一種の診断機関に変わり、法案の一つの目玉であった院外処遇、すなわち私設・家庭への地方長官による委託制度は削除された。親権代位行使の内実を与えられていた教護委員による「監督」は「観察」におきかえられ、退院者にまで及び得る地方長官の保護監督制度は感化院での仮退院制度へと切りかえられた。一口に言って、不良少年の社会内処遇に広く深く法の網の目をのばそうとした「児童保護立法」のパターナリズムは各所でその〝牙〟を抜かれている。修正法案は同日再度衆議院に回付され、第六四議会の最終法案として成立した[61]。

原案からのトーンダウンを勘案しても、この少年教護法案の成立は、それ自体として見れば、「行政処分の大原則」を維持しつつ感化法をモデルチェンジすることに成功した〈感化院長―内務省側〉の勝利と言ってよい。つめ腹を切らされた形の司法省側は貴族院委員会の最後の質問に対して小山松吉を登場させず、わずかに八並武治に「私トシテハ同意スベキ立場ニ居リマスルノデ、異存ハ無イノデアリマス」と答弁させただけであった。

(4) にも拘らずである。法案の修正箇所を少し距離をおいて点検してみると、原案から抜かれた〝牙〟の中には、実は明治四一年以来の論争の核心に竿さすところの――その意味で昭和八年少年教護法の意義と評価にかかわる――重大な修正が一点含まれていた事がわかる。

すなわち、本稿で追跡してきた感化法五条に該当する少年教護法八条一項は次のように規定している。

「第八条　地方長官ハ左記各号ノ一ニ該当スル者アルトキハ之ヲ少年教護院ニ入院セシムベシ
一　少年ニシテ親権又ハ後見ヲ行フモノナキ者
二　少年ニシテ親権者又ハ後見人ヨリ入院ノ出願アリタル者
三　少年審判所ヨリ送致セラレタル者
四　裁判所ノ許可ヲ得テ懲戒場ニ入ルベキ者」

ちなみに少年の定義は一条で「十四歳ニ満タサル者ニシテ不良行為ヲ為シ又ハ不良行為ヲ為ス虞アル者」と定められている。旧法五条（前出二四三頁）と新法八条・一条を比較対象すれば明らかであるが、まずここでは旧法にあった〝入院の必要の是非〟の裁量権の明示規定がはずされると共に、親権者による出願入院少年の年齢が一四歳未満に切り下げられている。

最大のポイントはしかし、旧法五条一号の「適当ニ親権ヲ行フモノ」の「適当ニ」が新法八条一項一号から削除されていることであった。この八条の規定を素直に文理解釈する限り、地方長官の強制処分権はたしかに一四歳未満の孤児又は保護者所在不明の放浪少年には及び得る。しかし保護者が存在しており、かつ保護者が二号による出願入院を拒絶する場合には、もはや一号によって少年を強制入院させることが出来ない(62)。法成立後、社会局保護課事務官として法の施行実務に携った灘尾弘吉は、自らの主管する法律であるにも拘らず「『適当に』を削った理由は親権行使の適不適を裁判官に非る地方長官の認定に委ねることに法律家的不安を感ずるに出でたものではないかと思ふけれども、……此の改正は架空の理論によって実際を無視した嫌がある(63)」とのべてこの「適当ニ」の削除を論難した。

感化法はたしかに明治四一年の第一次改正以来、「父兄ノ家庭ニ入リマシテ、懇々ト父兄ニ説諭シテ」（井上友一）少年を入院させる出願入院制度を発達させて来てはいた。統計を見ると、昭和七年一一月段階の全国感化院入院者数六七三人（同年度）のうち、「命令ニ依ルモノ」（一号処分）が一九四人、「出願ニ依ルモノ」（二号処分）が四七九人で、純粋の強制入院は約三分の一である(64)。このことはしかし、一号による親子関係への強制介入措置が三三年間の感化法実務を支えるアキレス腱であったことをいささかも否定するものではない。「適当ニ」の削除によって、「親権者ノ有無ニ拘ラズ同条該当ノモノハ地方長官ニ於テ其ノ必要ヲ認ムレバ強制入院ヲ執行スルモ差支ナシ(65)」という旧感化法の構造はここに大きく変化することを余儀なくされた。

(5)　少年法五五条と関連させて考えれば問題はより明らかになる。すでに述べたように少年法五五条は、「虐待」に近接する例外的な類型を除いては、虞犯少年に対する収容処分の是非を親の「承諾」にかからしめたが、ここに少年教護法もまた、孤児・浮浪児を典型とするいわば虐待類似の例外的事例を除いては、不良少年の教護院入院を親の

「出願」にかからしめることになった[66]。司法省の視角から見れば、法による親子関係への強制介入の「型」（「無暗ニ家庭ニ立入ルモノデアリマセヌ」の謙抑主義）という点に関する限り両者の平仄はともかくもここにそろったのである。「適当ニ」の三字の削除は、内務的保護主義に大きく傾いた終盤の貴族院委員会の合議の中で、司法当局が放った強烈なクロスカウンターであった。

「適当ニ」の削除が、感化院関係者の「児童福利ノ業」への情熱に与えたショックは存外に大きかったようである。再修正法案が衆議院を通過した三月二五日夕刻の様子は熊野隆治によれば次のようであった。

「興奮に満ちた荒川氏が入室するや、自分は思はず馳せて彼の手を握った。そのはづみに萬年筆が飛んだ。何たる感激の場面であったろうか。……漸く冷静を取り戻して決議になった法律案を開いて見た。アッと驚いて、自分の先づ発見したのは第八条第一項第一号に『適当ニ』の文字の脱して居ることであった。……でも今となっては何とも仕方はない。此時既に我等の脳裏には第二の改正の必要がこの刹那から起ったのであった[67]。」

指揮官の任を務めた武田慎治郎はまた、「これは内務司法の必死的妥協案だったらしい。悲しい哉吾々は其の妥協会に臨むことを得なかった[68]」と門外の将の悲哀を嘆いている。相田良雄は後に、我が国の少年教護事業の不振の原因の一つは、「少年教護法の制定に際し……『適当ニ』の三字を削除せられたこと[69]」とまで極論したが、関係者の多くもまたこれを「改悪」であるとし、あるいは「一大恨《（ママ）》事たるを免がれない[70]」と論評することをはばからなかった。

「行政処分」による親権への積極的な強制介入によって「愛は高き障壁にまさる」の理想の実現をめざした感化法は、法の基本的姿勢に関わる右の一点において、〝責任主義によって制御されたパターナリズム〟に拠る大正一一年少年法の堅塁を遂に抜くことが出来なかったのである。

(46) 前出注（38）相田三一頁。
(47) 第六四帝国議会衆議院少年教護法案委員会議録第三回四頁。
(48) 同前委員会議録第五回六頁。
(49) 前出注（36）武田二〇三頁。
(50) 第六四帝国議会衆議院少年教護法案委員会議録第九回五頁。
(51) 同前委員会議録第一一回一頁。
(52) 同前委員会議録第一一回四頁。
(53) 第六四帝国議会貴族院六大都市ニ特別市制実施ニ関スル法律案特別委員会議事速記録第二号一頁、二頁。
(54) 同前議事速記録第二号二頁、三頁、七頁。
(55) 同前議事速記録第三号一—二頁。
(56) 同前議事速記録第三号二—三頁。
(57) 同前議事速記録第四号四頁。
(58) 同前議事速記録第四号七—八頁。
(59) 同前議事速記録第四号八頁。
(60) 修正法案の全文につき参照、第六四帝国議会衆議院議事速記録第三一号九一六頁少年教護法案。
(61) 成立した少年教護法案及び大久保の本会議報告につき、参照、第六四帝国議会貴族院議事速記録第二三号二七七頁、四一一頁以下。
(62) 杉田三郎「少年教護法——質疑応答——」児童保護五巻八号六号頁（一九三五）。
(63) 灘尾弘吉「少年保護法に就て」法律時報五巻六号一一頁（一九三三）。

(64)「生徒ノ移動状況」(統計) 菊地俊諦『少年教護法資料』一九三三年所収 (矯正図書館所蔵)。
(65)「感化法ニ関スル質疑ノ件通牒」(内務省保護課回答) 児童保護三巻二号一八頁 (一九三三)。
(66) 但し、スタートした少年教護法の実務の現場においては、問題になった少年について「親権及後見を行ふ者極力調査致し候へ共結局当該者無き事判明致し候に付き少年教護法第十三条に依り此段具申候也」といった具申書面を形式上教護委員に提出させ、これを根拠に八条一項一号の強制処分を機械的に発動するという脱法スレスレの慣行 (「教護委員がさう認めればそれで宜い」) が地方によっては生まれたようである (「少年教護法實施滿一周年記念座談會」児童保護五巻一〇・一一号二八頁 (一九三五))。しかし、これは法自体が親権への強制介入に関して新たにとった謙抑主義的姿勢とは自ら別個の問題である。
(67) 前出注 (35) 熊野二二一―二二三頁。
(68) 武田慎治郎「少年教護法最後の場面」(感化法改正期成同盟会ガリ版刷広報文書、国立教護院武蔵野学院所蔵)。
(69) 前出注 (38) 相田五六頁。
(70) 生江孝之「我国児童保護事業の発展過程とその動向 (其の二)」社会事業三〇巻六号二〇頁 (一九四七)。

むすび

熊野隆治の〝脳裏に起った第二の改正〟(「適当ニ」の復活) のチャンスが訪れたのはGHQ改革の下で昭和二一年前期から着手された児童福祉法制定の過程においてであった。昭和一六年以降武蔵野学園長の任についていた熊野は、昭和二一年、自らの少年教護法全面改正案 (少年保護法案) を早々に発表した。児童福祉法案の立案自体が、まず彼ら感化院長達のイニシアティヴによって方向を与えられ、教護法の〝骨格〟を基礎にしてこれに肉づけを行うというプロセスの中で進行したものであったことは銘記されておいてよい事実である。教護法のこの骨格は昭和二一年一一月三〇日の厚生省「児童保護法要綱案」[71]の段階に至るまではっきりと残っている。ここでの強制措置の対象となる少年（児童）に、「保護者の監護の適当でないもの」が組み入れられていたことはいうまでもない（同「要綱案」第八及び第十、四―五）。厚生省内で起案に携わった松崎芳伸（社会局事務官）の一二月三日の日誌には「少年教護院長会議。三年ぶりに開かれたるもの。児童保護法要綱案は院長諸子に好評」とある。教護院長会議が児童福祉法成立に与えた影響力の大きさがうかがわれる一節である。

しかし教護院長会議と厚生省（旧内務省社会局）が捲土重来の情熱を燃やしたこの「第二の改正」は遂に実現しなかった。都道府県知事の裁量による少年の強制収容を認めた「児童福祉法案」（昭和二二年六月二日案）二六条は、七月（四日～一四日）の法制局審議を終って見ると、二箇条に分割され全面的に組み立てなおされていた。本稿冒頭で引いた一節の原型「前項第三号の措置は、児童に親権者がある時は、その親権者の意に反して、これをとることができない」が七月二一日案二五条の二項には挿入され、一方でこれに対する例外的類型として、(旧)児童虐待防止法二条の文言が二六条にそのまま復活している。[72]強制措置は虐待及び虐待類似の場合にのみ許容されるという昭和八年の法のスタンスは維持されたのである。不良少年取扱いをめぐる内務・司法の確執は、法制局という舞台を借りてGHQ改革下になお持続していたといってよい。

だが、一年後に議会を通過する我が新少年法はもはや旧法五五条に相当する虞犯処分保護者承諾条項を持っていなかった。これが、「保護を受ける権利」（B・G・ルイス）を嚮導概念とするパレンス・パトリエモデルを、新法が（少なくもその〝型〟としては）採用したことから生まれた歴史の皮肉であったことは改めてここで言うまでもない。

＊

児童福祉法と新少年法の不良・非行少年制度は、パレンス・パトリエ司法モデルの受容の下に、昭和八年の少年教護法と少年法のバランスをやや変形させた形で、それなりに戦後法制の中に定着した。〃行政処分による親権介入の是非〃という歴史的論争それ自体はひとまず過去のものとなったと言ってよい。しかし、論争の背後に存在していた家族観と少年観をめぐる対立は、たとえば本稿冒頭（二二六頁）に例示したような両法のきしみ合い（又は「不合理」）に典型的に見出されるように、我が国の未成年者保護法における一つの通奏低音として今なお響きつづけている。「保護教育ト留置所ノ看守トハ両立セサル（もの）」（池田千年）という感化法型の二分的思考と、保護とオートノミーをむしろ相補的なものとして把握する少年法的思考との対立をどう把握すべきか、が本稿でスケッチした論争の中心問題であった。

アメリカにおける〃パレンス・パトリエの没落(73)〃が一種黙示録的な荒涼たる様相を示しつつある今日、ここでの理論的主題そのものは、彼我に共通する課題としてあらためて問われつつあるのではないか、というのが本稿で指摘したかった一つの論点である。

(71) 児童福祉法研究会編『児童福祉法成立資料集成』上巻五二八頁（一九八八）。
(72) 同前『児童福祉法成立資料集成』下巻八二六頁。
(73) F. A. Allen, The Decline of the Rehabilitative Ideal, Yale Univ. Press (1981).

第Ⅲ部　昭和二三年少年法の制定と少年法の歴史的展開

第6章　昭和二三年少年法の制定とパレンス・パトリエ

はしがき

昭和二三年七月二五日、第二回国会を通過した「改正少年法案」は、改正作業を指導したB・ルイスやE・モーラーの理解によれば、日本法がパレンス・パトリエ理念を初めて受容した画期的な法案たるべきものであった。法案の起草がピークにさしかかっていた昭和二三年四月、モーラーは東京での講演で次のように述べている。

「少年裁判所の少年に対する根本目的は厚生〔福祉〕であります。……少年裁判所はいかなる意味においても刑事裁判所であってはならず、その手続も刑事裁判所に似ていてはならぬ。国の親（パレンス・パトリエ）の気持を基とせねばならぬ。従ってその管轄は刑事裁判所よりはずっと広く、不良少年だけではなく、放任された少年、要扶助少年、貧窮少年の処置を含んでいます。(1)」

後述するように、国会に上程された改正少年法案は、立法過程で生じたハプニングもあって、ルイス達が考えた「少年裁判所法案」とはならなかったが、送致・審判過程から検察官の裁量的関与を一切排除する手続を採用したことは、少年法制全体にアメリカ型の非刑事的パレンス・パトリエ法の色彩を付与し、その結果、「刑罰主義優先の思想」に立っていた旧法は「保護主義優先の思想」による新法へと切りかえられた、という刑罰と保護の二項対立的な少年法の歴史像が戦後の少年法理解の中に定着することになった。

このような二項対立的な歴史理解にはしかし、立ち入って見ると検討を要する問題がいくつか含まれている。何よりもまず、成立した昭和二三年法は、法の編成と立法目的の点に限って言えば保護処分と刑事処分に両翼を張る大正一一年法のスタイルを継承したものであって、射程を保護処分に絞った一元的な少年審判法ではなかった。また、歴史的に見れば、大正一一年法は、明治三三年（一九〇〇年）の感化法の制定以来、一方でアメリカ法のパレンス・パトリエを貪欲に吸収しつつ、しかし他方でこれを日本社会に適合的に換骨奪胎する努力の中で成立した、寛厳互存型保護主義（ないし選択的責任主義）とも呼ぶべき法体系であった。つまり大正少年法の内部には、アメリカ法の歴史経験が咀嚼された形でその基幹部分に取り込まれていたのであり、この事実を度外視して、ルイスやモーラーの啓蒙主義的な立場だけを前面に押し出して昭和二三年の「新少年法」を語ることには、一つ間違えば、一周遅れのリレーのランナーをトップランナーと見誤る危険が伴っている。

こうした局面で何よりも必要とされるのは、昭和二三年（及び二四年）改正法の成立過程の個々の事実とそこで生じた事象の意味を、一次資料に即して実証的に検討する作業であろう。もっとも、当時の立法資料のうちには今日なお一般に開示されていない部分があり、時には旧法の場合以上にその成立過程に不透明なところが少なくない。さしあたりここでは、入手可能なデーターの範囲内で接近を試みた法成立過程に関するスケッチを[2]、若干のアレンジを加えた上で収録しておくことにしたい。

（1）E・モーラー「少年裁判所法のあり方」司法保護昭和二三年五月号一頁。
（2）森田明「現行少年法の制定とパレンス・パトリエ」『未成年者保護法と現代社会――保護と自律のあいだ』二四三―二六八頁（一九九九）。

一　「少年法改正草案」まで――宮城構想の完成過程

（1）　昭和一七年（一九四二年）一一月以降、戦時財政の下での予算・定員の削減によって弱体化するばかりか、一八年に始まった戦時錬成計画によって戦時下の「変容」を余儀なくされていた少年保護制度が蘇生するチャンスは、皮肉なことに昭和二〇年八月の敗戦とともに訪れた。

昭和二〇年九月に予算要求のため司法省当局内部で作成された説明書原案「戦後再建ノ為メ少年保護ノ充実徹底ニ要スル経費」には、「少年審判所ヲ増設スルコト（既設七ノ審判所ノ所在地ヲ除ク全国ノ地方裁判所所在地ニ置クモノトス、増設四二）」という記載が見える。[3] これは、昭和二一年末にいったんは司法省の省議を通った少年審判所全国設置の予算計画が、思想検察制度拡充の動きのあおりを受けて頓挫して以来、実に一八年ぶりの全国設置の予算要求であった。そして、わずか七ヵ所の審判所設置による〝全国施行〟（昭和一七年）を達成するだけで二〇年を要したものが、二一年度予算では一気に八ヵ所の少年審判所増設（静岡、長野、京都、高松、金沢、松江、熊本、秋田）が認められたのである。

二一年六月には、この審判所拡充と連動する形で、一七年以降消滅していた保護行政の中央機構が官房保護課として復活し、いわゆる保護三法（少年法、矯正院法、司法保護事業法）の改正を手始めとする「司法保護」の再建に取り組み始める。翌二二年には、さらに三ヵ所の少年審判所（前橋、神戸、旭川）の増設が認められ、全国で一八の審判所、一二の矯正院、約一八〇の少年保護団体という体制が新たに整った。かつて宮城長五郎が大正末年に「大審判所主義」の名で描いた少年保護制度の青写真[4]が、二〇余年を経て現実のものとなったのである。

終戦直後の国家財政の疲弊を考えれば、ある意味でこれは驚くべき展開である。存外見落とされがちであるが、昭和二四年一月からスタートする新少年法の下での家庭裁判所の実務的基礎は、この宮城構想の戦後的完成過程の中で培われたものである[5]。

(2)　官房保護課がまず取り組んだのは、第一回国会で審議中の新憲法との関係で保護三法を改正する必要ありやという課題であった。関係者の間では司法保護事業法二条に見られる「臣民ノ本分ヲ恪守セシムル為……本人ヲ輔導スルモノトス」といった国家主義的なニュアンスの払拭が当面の作業として念頭におかれていたようである。作業は全国の裁判所・司法保護関係機関に対して、保護三法のうち「憲法改正に伴って改めるべき事項その他此の際改正を可とする事項」に関する意見照会を行うという手順で進められ、その結果少年法に関しては、「新憲法案と抵触して改正を必要とする点は比較的少ないが、過去の経験に照し……この際ある程度の改正を行うことが適当である[6]」という結論に達した。起案作業が開始されたのは昭和二一年一一月下旬であり、当局は一二月上旬には「少年法改正要綱案」を脱稿している。この「要綱案」は、司法保護関係法諮問委員会（財団法人司法保護協会内設置）の審議を経て「少年法改正草案[7]」として完成する。諮問委員会審議を伝える資料によれば、ここでは少年審判所の法的性格、不服申立制度と人権保障、少年年齢といった、いずれも大正三年――一一年の法制定過程で問題となった少年法固有のデリケートな主題が理論的吟味にかけられている[8]。（一年後の二二年一二月一五日、ルイス「未完成提案」の交付を受けた立案当局が、憲法論のレヴェルでは比較的柔軟にＧＨＱ案に対応したのは、この諮問委員会審議に負うところが大きいもののように思われる。)

(3)　「改正草案」の特徴を二点に分けてスケッチしておこう。

(イ)　この法案は、犯罪少年と虞犯・触法少年を対象とし（四条）、検事の起訴権・審判所送致義務（三九条）を蝶番にして保護と刑罰の双方へ両翼を広げるとともに、準司法的行政機関としての少年審判所（二五条・二六条）を保護処分決定機関に据えるという点で、大正少年法の構造をそのまま維持したものである。但し第一条には、「この法律は、犯罪性のある少年に対し、仁愛の精神に基づき、これに適応する保護処分又は刑事処分をなして、これを健全な社会人に育成することを目的とする」という目的条項が新たに掲げられている。法案はまた、少年年齢の二〇歳への引上げ（二条）、少年考査官制度の新設（三二条）等の小幅の改正を大正少年法に加え、大審院の特別権限に属する罪の管轄除外規定を廃止して、法案に「日本国憲法のもとに新たな粧いを与え（る）」（松尾浩也）ことに気を配っている。少年年齢の引上げと少年考査官制度の新設は、「全国施行」を前にして開かれた昭和一六年五月の第一六回「少年審判所長、保護観察所長、矯正院長会同」の際、司法大臣の諮問への「答申書」の中で公式に提案されていた事項であり[9]、とりわけ年齢引き上げ問題は、昭和初期以来、実務の一線が強く抱いていた要改正事項であった[10]。いずれも「過去の経験に照らし……改正を可とする点」として拾い上げられたものであろう。端的に言って「改正草案」は、大正少年法を新時代に即して洗練し、かつ拡充せんとしたモデルチェンジの草案であった[11]。これが二〇数年を経てようやく現実化した少年審判所の増設・拡充とタイアップするものであったことは言うまでもない。

(ロ)　注意を要するのは、右に引いた第一条の目的条項の立法事実である。「改正草案」が大正少年法の拡充案であるという視角から改めて立法史を振返ってみると、この第一条が実は大正一一年二月の「少年法案理由」の一節、「本案（ハ）……一面ニ於テ保護処分ヲ規定シ他面ニ於テハ刑事処分ヲ規定シ……以テ刑罰法令ニ触ルル行為ヲ為シ又ハ刑罰法令ニ触ルル行為ヲ為ス虞アル少年ヲ教養シテ順良ナル国民タラシメントス」[12]（傍点筆者）の条文化であることがわかる。

幾分時代がかった響きを持つ「少年ヲ教養シテ順良ナル国民タラシメントス」が、「改正草案」においては、「〔少年を〕健全な社会人に育成することを目的とする」（〔　〕内筆者）というニューモードをとって第一条に据えられたのである。「順良ナル国民」と「健全な社会人」の間のアクセントの違いを別にすれば、両者は〝保護処分と刑事処分の二本立てによって、非行少年の再社会化・更生（rehabilitation）を達成する〟というメッセージにおいて同一である。「教養」と「育成」の両概念はいずれも保護と刑罰（責任）を統合する位置にある。右の消息は、「改正草案」とワンセットで進められた司法保護事業法の「施行令試案」の第一条〔保護の基調〕が、「〔対象者を〕……健全な自主独立の人として社会に融合させるため、仁愛の精神に基づいて、誠実な努力が行われる」[13]（〔　〕内筆者）という、少年法案一条と同一の用語法によって組み立てられていることからもわかる。ここに現れた「〔少年を〕健全な社会人に育成する」という目的概念は、後述するように昭和二三年四月の「少年裁判所法第一次案」第一条では、「少年の健全な育成を期し」という幾分圧縮された語順をとって再登場することになるが、さしあたりここでは、「育成」の概念が「少年法案理由」中の「教養」に由来するところの、非行少年の再社会化を意味する鍵概念であったことを押さえておけば足りる。

（3）大坪与一『更生保護の生成』九〇頁（日本更生保護協会、一九九七）。
（4）鈴木賀一郎『東京少年審判所十年史』三四九頁（日本少年保護協会東京支部、一九三五）。
（5）京都少年審判所長を経て初代の最高裁家庭局長を務めた宇田川潤四郎（判事）は当時を回顧して次のように述べてい

る。

「少年審判所は、昭和二三年（一九四八年）当時は全国に一八ケ所あったが、その多くは終戦後に新設せられ、規模はまことに小さかったのであるが、その責任者である少年審判所長は、おおむね四〇歳前後の比較的少壮の判検事出身者であって、家庭裁判所調査官に当たる少年保護司も、三〇歳前後の若人が大部分を占めていた故か、まことに積極的な活気に充ちた官庁で、しかも当時は今と異なった意味で重大な社会問題であった少年問題を真っ向に取り組んでいた。」（宇田川潤四郎『家裁の窓から』二一三頁〔法律文化社、一九六九〕）。

現行法下の少年審判はここでの少年審判所（「子供のために心配する心配所」＝内丸廉）の情熱と実務をほぼそっくりそのまま引き継ぐことによって展開する。変化したのは、少年審判が、かつては刑事手続に付された少年をすべて抱え込んだ結果生じたところの、もはや「全く純粋ではあり得ない」（平野龍一）という客観的現実であった。

（6）柏木千秋「少年法のできるまで」刑政七〇巻一号二〇頁（一九五八）（以下、柏木「できるまで」と略称）。当時の保護課は、課長柳川真文の下に池田浩三、梅田孝久、大坪与一が各担当責任者のポストにあり、柏木千秋（判事）は、一一月下旬の起案開始と合わせて、少年法・矯正院法立案担当事務官としてここに加わった。

（7）法務省刑事局『少年法及び少年院法の制定関係資料集』一四頁以下（一九七〇）（以下、『資料集』と略称）。

（8）「司法保護」昭和二二年一月号二頁。

（9）司法大臣官房保護課編『少年審判所長・保護観察所長・矯正院長会同議事録』（司法保護資料第二七）一頁（一九四二）（矯正協会編『少年矯正の近代的展開』四七八頁〔矯正協会、一九八四〕所収）。

（10）前田偉男「回顧十年」前出注（4）『東京少年審判所十年史』三四八頁。

（11）柏木「できるまで」二二頁は、「もともと旧少年法の中には新憲法に抵触するような規定は含まれていなかったので、右の第一次案は要するに部分的改正であっ（た）」と述べている。

（12）少年法案理由（『大正少年法㊦』九二四頁）。

（13）大坪・前出注（3）二五〇頁。

二　ルイス「少年法改正意見」と保護課の抵抗

(1)　「少年法改正草案」は、昭和二二年（一九四七年）一月七日、前年の秋に着任し活動を開始していたＰＳＤ／ＰＢ（公安部・行刑班）主任のＢ・ルイスに提出された。保護三法改正とＧＨＱ改革が正面から接触した嚆矢である。[14]ルイスは「改正草案」に対して承認を与えなかった。対案としてルイスから提示されたのが二月二六日の「少年法改正意見」[15]である。「改正意見」は、①少年法は少年の「保護を受ける権利」の保障を目的とすべきこと、②少年事件は juvenile court の非刑事的な専属的管轄権の下におかれ、したがって検察官の先議権は認められないこと、③ juvenile court は少年を刑事裁判所へ移送する裁量権を持つが、一六歳未満の少年の移送は認められないこと、④ juvenile court は少年の福祉を害する成人に対する一定の管轄権を有することの四点からなっている。

①の「保護を受ける権利」が、別稿でペンシルヴァニア最高裁フィッシャー判決を素材にして検討したように[16]、パレンス・パトリエ的介入を正当化する鍵概念であり、親の保護に欠ける遺棄少年・要扶助少年に対する広範な管轄権を前提とするものであったことは明らかである。また、②―④は、全米プロベーション協会の一九四三年版「標準少年裁判所法」の三条、六条、七条をパラフレーズしたものであった。[17] juvenile court（少年裁判所）の設置とその広範な専属的管轄権というルイス「改正意見」にもられたこの構想が、犯罪少年と触法・虞犯少年に対象を限定しつつ、準司法的行政機関としての少年審判所制度と検察官の起訴権・審判所送致義務を中核に組み立てられていた大正少年法に対する正面からの挑戦であったこと、そしてこのことが「旧少年法の部分的改正でこと足りるものと思っていた当局にとって非常な驚きであった[18]」ことは言うまでもない。かつて、パレンス・パトリエを思想的に継承した「内

務的」感化法との対決を通して自らを形成したわが少年法は、ここで二度目の、しかもより直接的なパレンス・パトリエ理念からの挑戦に遭遇したのである。官房保護課はかくして、ルイス「改正意見」後の一〇ヵ月間、ルイスに対する反論と抵抗に全力を挙げることになる。

(2)　保護課がまず行ったのは、検察官の先議権の廃止（ルイス意見②）と移送年齢の制限（ルイス意見③）に関する全面的な反論書の提出である[19]。反論書はいう。

「刑罰と保護処分と何れが相当かを検事が決定し、検事が不起訴にして少年審判所に送致した事件についてのみ保護処分を加えるということは、決して、刑罰を保護処分より優先させる趣旨ではない。寧ろ、少年に対しては保護処分の方を優先させるべきであるということは、少年法の施行以来通牒訓令等によってしばしば強調されたところであり、実務上にもこの精神が尊重されていることは、前述の統計が示す通りである。」

ここに言われる「通牒訓令等」による保護処分の励行が、大正一二年一月の刑事局長通牒（刑第五四四号[20]——本書二一四頁）における保護主義の精神の明示と公訴を提起すべき事案の限定を起点に展開した「寛厳互存」型保護主義の実務慣行を指していること、なかんずく「少年法としては保護処分が主で刑事処分は従たる関係にある」という藤原末作（東京少年審判所長）の定式化[21]を意味していることは明らかである。この実務の運用が、先に検討した〈鬼面仏心〉型の二面思考によって可能になったものであることもあえて言うまでもない。しかしながらこの点こそは、〈少年裁判所における純化された保護管轄と waiver 手続を経た後の成人と同一の刑事責任〉というパレンス・パトリエ理念に立脚したルイスの眼からは、最も了解困難な部分であったに違いない[22]。右の点で想起されるのは、検事の起訴権・送致義務という立法論上の主題が、大正少年法の立案・審議がその起点においてまず越えなければならない最大の課題であったという事実であろう。「今日検事ハ其見込ヲ以テ起訴猶予処分ヲ為シ居レリ、依テ本問ノ場合ニ於テモ検事ニ取捨ヲ許シテ可ナラン」という倉富勇三郎の異議と、これに対する「必スシモ検事ヲ信セサルニ非サルモ於善キ審判官ニ属セシムルヲ可ナリト思フ」という谷田三郎の反論との間の大正三年段階での対立[23]には熾烈なものがあり、これが前者の線で落着するまでには、なお三年余りの年月を要したのである。

反論書はまた、一六歳未満少年の刑事手続への移送禁止について次のように述べている。

「これは、一六歳未満の少年に対しては絶対に刑罰を科さないことであって、つまり刑事責任年齢を一六歳以上に定めたことになるわけである。……我が国においては、一四歳を刑事責任年齢と定めて約四〇年に及び、その間、この点について少しも世間から非難をうけ、又実務上不都合を感ずるようなことはないのであって、このことはこの刑事責任年齢が国民にとって適当であることを意味するであろう。従って、今、これを直ちに一六歳に引き上げることは、我が国の実情に照して、妥当でないと思われる。」

(3)　保護課が行った第二の反論は、少年審判所の合憲性と合理性に関する主張「現在の少年審判所をして保護処分を行わせることのよしあしについて[24]」である。ルイス「改正意見」に「司法省としては全く意外な少年裁判所設置が含まれている[25]」ことにどう対応すべきか、「ルイス案にある juvenile court というのを文字通り裁判所にすべきか、それとも従来通り司法省所管の少年審判所にしておくべきか[26]」は、「改正意見」を受け取った当局者にとって、検事の先議権問題に勝るとも劣らぬ大問題であった。

「少年裁判所は新憲法の下で〔児童福祉の全体を〕統合する機関たるべきである」[27]（〔 〕内筆者）という構想を持っていたルイスの眼には、「検事局のプロベーション部門[28]」にすぎない少年審判所は違憲の存在と映った。この論点がどのようにして保護課に伝えられたのかは不明であるが、第二反論書は「現在の少年審判所が保護処分を行うことは憲法違反ではなく適当な制度である」という見出しの下に、「憲法第一二条、第一三条等によれば、法律で規定する限り、行政官庁でも自由を拘束しうることを認めている」こと、行政執行法、精神病者監置法、伝染病予防法等にその実例があること、「保護処分は少年の利益のために行われるものであり、又審判官は判事、検事、弁護士等から採用され、処分決定の手続は慎重である」ことを挙げて審判所の合憲性を強調している。これらの諸点は、昭和二一年秋の「少年法改正草案」の起草にあたって、少年法上「新憲法案と抵触して改正を必要とする点は比較的少ない」という結論を下した時点で、すでに吟味にかけられた論点であったと思われる。

保護課が最も強く反論したのはむしろ、少年審判所制度そのものの持つ合理性にあった。すなわち、保護処分とその執行の「両者を別個の系統に分属せしめることは非効率的で又不適当である」こと、また「保護団体の監督や矯正院の管理は何等裁判的性格を持たない全くの行政事務であるから、これを裁判所に移すことは適当でない」こと、つまりは「少年審判所を裁判所にすることは、制度の本質に鑑み不適当である」ことがその論拠である。

すでに検討したように、少年審判所制度は元来、「人身の自由」に仕える「立憲法治国の通義」（谷田三郎）の枠内にぎりぎりでとどまりつつ保護処分の行政的・教育的柔軟性を追求する、という極めてデリケートなバランスの上に成り立った制度であった。清瀬一郎の「中間物と云ふ事は一体ある筈でない」、「自由を剥奪するとか、此等の事をすることは、どうしたって是は源を司法組織に組まぬと云ふと、行政組織ではいかぬと云ふ疑が出来るのである[29]」という激しい論難はこの「中間的性格」に向けられていた。「純然たる司法裁判でもいかぬ、又純然たる行政裁判でもいかぬから、そこで以て真中の道を行くことにしやうと云ふので此案が成立ったのであります[30]」という谷田三郎の清瀬に対する懸命の答弁は、四半世紀後のルイスに対する保護課の第二反論書の一節、「保護処分は、司法省の監督系統に属しながら而も裁判所に順ずる性格を持った特殊の機構である現在の少年審判所をしてこれを行わせるのが最も適当である[31]」にそのまま呼応している。

以上を要するに、ルイス「改正意見」によって――検事の先議権であれ少年審判所の性格であれ――かつて大正少年法が越えねばならなかった理論的諸課題が、改めて一つ一つわが司法部につきつけられたのである。

(4)　二つの反論書を提出した二二年夏から秋にかけて、保護課はＰＳＤに対する口頭による説明・説得工作を精力的に行ったようである。交渉の任にあたった保護課長柳川真文は「少年に対する審判とその保護の実施とは、別個の官庁においてなされるべきものではなく、同一官庁においてなされるべきものである」という持論の下にルイスに対して「縷々その必要性を説」いたと言う[32]。だが、保護課の抵抗と説得はＰＳＤとルイスを納得させるところとはならなかった。昭和二二年七月二二日の大坪与一の「斜雨苑日誌」には次のような記事が見える。

「今日柳川課長が公安課の法律顧問モーラー博士に質問に行ったところ、モーラー博士は少年法（現行）は憲法違反だと信ずると答えたとのことである。予想されていたことが確かめられたわけだが、課長は当分現行法の建前で行くという[33]。」

抵抗の挫折を決定的にしたのは、一一月一七日に制定公布された法務庁設置法の附則第一五条の二項・三項に、少年保護団体の廃止と合わせて「少年裁判所によって保護処分を受けた少年」という文言が、ＧＳ／ＬＳ（政治部・法務班）のマイヤースの指導の下に挿入されたことであった。前記「斜雨苑日誌」は、一一月一三日の最後の抵抗の模様を次のように記している。

「柳川課長がルイス博士と面会したるところ、法務庁所管保護事務の範囲に関する一昨日の要望はすでに確定せるＧＳの意見にして、変更の余地なく、ただ施行期日について考慮を求むるの余地あるのみという。[34]」

少年裁判所設置は決定的なものとなり、大正少年法の拡充と展開という二一年春以来の路線はここで崩れた。「さきの提案〔ルイス「改正意見」〕に副った少年法の全面的改正が全く避け難いものとなった[35]」（〔　〕内筆者）のである。

(14) ＧＨＱ／ＰＳＤは、昭和二二年二月の時点で司法当局に対して、一六歳未満の少年に対する刑事罰の禁止を含む三点にわたる「少年法修正提案」（『資料集』一二頁）を提示している。但しその後ルイス「改正意見」までの一年間は、ほとんど介入を行っていない。

(15)『資料集』三四頁。

(16) 森田明「青少年の人権とパターナリズム――アメリカ少年司法の場合」ジュリスト八八四号一五八頁（一九八七）。

(17) A STANDARD JUVENILE COURT ACT. Suggested Draft, Prepared by a Committee of the National Probation Association 1943. 邦訳として「アメリカ標準少年裁判所法（一九四三年改訂版）」家裁月報五〇巻九号二七六頁以下（一九九八）。

「標準裁判所法」の六条には、「少年が一六歳以上で、成人が犯したならば重罪（felony）となるような罪で訴追された場合には、裁判所は十分な調査を遂げた後、その管轄権を留保するか、あるいは当該の犯罪に対する成人の裁判管轄権を有する裁判所の刑事手続に少年を移送することを自らの裁量で決定することができる。但し、一六歳に満たない少年についてはかかる決定をしてはならない」（Ch. 12）とあるが、これはルイス「改正意見③」とほとんど同文である。

(18) 柏木「できるまで」二一頁。

(19)「少年法の草案に対するルイス博士の提案についての意見」（『資料集』三六頁）。

(20) 司法省刑事局長通牒刑第五四四号　大正一二年一月二七日「不起訴処分ニ付スヘキ少年犯罪事件ニ関スル件」『司法保護法規類聚』八七頁（一九三三）。

(21) 参照本書二一六頁。ちなみに、保護課によるこの意見書で引かれている犯罪事件の起訴率約一〇%、審判所送致率八六%という運用実績は、先に算出した昭和一七年度の二・八%、約七一%という推定数よりかなり上昇しているが、これは戦時末期、ないしは敗戦後の動乱期に拡充された審判所制度の下でのデータによるものと思われる。

(22) GHQとルイスが検察官を手続から強く排斥した理由として、内藤文質（判事）は後に次のように述べている。「検察官というのは、罪のある人間を糾弾するのが本当の仕事であって、閻魔さまと仏さまの仕事を両方やるというのはこれはむりだと、簡単にいえねばね。そういう思想がむこうにはあるわけなのです。」（座談会「少年法五〇年を回顧して」ケース研究一九七一年四号二一頁）。けだし、パレンス・パトリエ少年司法の〈仏面仏心〉的特質を一面から物語るものと言ってよい。

(23) 参照本書第3章一三七頁（『大正少年法㊤』二八頁）。

(24)『資料集』四一頁。

(25) 内藤文質「新少年法立案の経過」家裁月報五巻八号四八頁（一九五三）（以下、内藤「経過」と略称）。

(26) 柏木千秋「少年法の位置づけについて」刑法雑誌一八巻四号二一三頁（一九七二）。

(27) Burdett G. Lewis, Civil Intelligence Section, G2, PSD, APO 500, 16. January 1947 GHQ/SCAP RECORD, Sheet No. GII-02357.（国立国会図書館蔵）

(28) Remarks of Burdett G. Lewis, Chief Prison Administration, PSD. CIS, G-2, SCAP, Radio Press Conference, 30 November 1948, Subject: Status of New Family Court, Jevenile Division, GHQ/SCAP RECORD, Sheet No.LS-10095.（国立国会図書館蔵）

(29) 第四四議会衆議院少年法案外一件委員会議録第二回（『大正少年法(下)』八〇二頁）。
(30) 同前委員会議録第二回（『大正少年法(下)』八〇九頁）。
(31) 『資料集』四三頁。
(32) 永井寿吉「回顧録」家裁月報五巻八号七二頁（一九五三）。
(33) 大坪・前出注（3）三二六頁。
(34) 大坪・前出注（3）三二七頁。
(35) 柏木「できるまで」二一一頁。ちなみに、ルイス「少年法改正意見」に関する保護課の抵抗が行われた昭和二二年夏のことと思われるが、起案担当者の柏木千秋は保護課長柳川真文の命を受けて、大正少年法の実質的起案者の一人泉二新熊を訪問し、ルイス「改正意見」の評価についての意見を求めた。泉二は当時公職追放令を受けて枢密顧問官を辞し野に下って弁護士業務に従事していたが、ルイス案に目を通した後、柏木の予想に反しひとこと、「基本的には結構じゃないか」と返答したという。大正二年から三年にかけて、草創期のアメリカ法をリアルタイムで参照しつつ日本法の起案作業に携わった泉二ならではのニュアンスに富んだ返答であるが、この時の泉二の脳裏に、かつてアメリカ法をモデルとして起案した大正三年「谷田第二案」の〝審判所中心主義〟（本書第3章一三四、一三七頁）が去来したことは想像に難くない。（右の泉二発言は、平成一〇年秋に筆者が行った柏木千秋教授からの聞きとりによるものである。）

三　ルイス「少年裁判所法に関する示唆案」と法案の起草

(1)　法務庁設置法附則が確定した昭和二二年一一月の時点で、ルイスは保護課に対して、「改正意見」を具体化したものを資料として提出することを約束したようである。一二月一五日に交付された一三節までの「日本の少年裁判所法に関する示唆案・未完成草案[36]」の末尾には次のような一文が付されている。

「司法省が提案した少年法の改正に対する我々の修正意見に関して、何かお役に立つ資料を諸君に差し上げるという約束を果たすために、新憲法に要求《（ママ）》するような司法組織の一部として設立せらるべき新しい少年裁判所に関する未完成の草案を交付する。この裁判所に『扶助を要する児童』（a dependent child）に対する裁判権を与えるのが適当であるかどうかについては、目下ＳＣＡＰの間に意見が分れている。[37]」

この「未完成草案」では「改正意見」にあった「保護を受ける権利」という抽象的な目的規定は姿を消し、代わりに、非行少年（delinquent）、遺棄少年（neglected）、要扶助少年（dependent）の三区分の下に、アメリカ法に倣った広範な〃保護を受けるべき児童・少年〃の諸類型が具体的に列挙されている。草案はまた、婚姻外に出生した児童の父の決定や離婚に際しての「児童の監護若しくは保護に関するすべての訴訟」の裁判権を規定しており、これを見るとアメリカの少年裁判所がまさに、「家族の分解」に即応した〃児童福祉裁判所〃であったこと、不良・遺棄・要扶助少年を対象にして生成した管轄権の中に犯罪少年を取り込んだものであったことがよくわかる。第一二節、「事件を審理する場所は決して刑事裁判所と類似したものであってはならず、判事はすべての関係人と同一の会議用テーブルに着席して事件を主宰する」の文言は、少年裁判所創成期の論者の一節「子どもは子どもとして取り扱われなければならない。……国の手による parental authority（親の権威・権限）が、刑事的な力に代わって行使されなければならない[38]」に呼応している。

この草案は、一三節までということもあって「不明な点が極めて多く、ことにこれを日本の法制と調和せしめつつ纏めて行くには異常な困難を伴うようなもの[39]」であった。保護課スタッフはこの「未完成草案」とルイスの先の

「改正意見」を斟酌して、GHQ側の要求のデッドラインとして、①司法組織の一部としての少年「裁判所」の設置と②一六歳未満の少年に対する保護的（非刑事的）取扱いの二点を読み取ったようである。ここでの折り合いをつけた法案を早急に立案し、ルイスの承認を得た上で二三年二月末の第二回国会に提出することが、法務庁への組織替えを目前にした官房保護課の当面の方針であった。この方針の下、急ピッチで起案・提出されたのが、一月二〇日の「少年法第三改正草案[40]」である。

(2)　「第三改正草案」は右のラインに添って、従来の少年審判所を「裁判所法の規定により設けられた地方裁判所」（一〇条）として位置づけ、これを「保護処分」を行う専属官庁とするとともに、四条で「一六歳以上で、死刑又は無期刑にあたる罪を犯した少年は、……これを刑事処分に付することが出来る」と規定して、検事の訴追裁量権を重罪・年長少年に限定しつつ維持している。また、対象少年は犯罪少年と虞犯・触法少年に絞られており、ルイス「未完成草案」における非行少年と遺棄少年の類型は、一〇項目の虞犯事由へと「切り替え[41]」られて五条に列挙されている。

つまり「第三改正草案」は、全体の力点を「保護」にシフトさせ、審判所を裁判所とする一方で、対象を犯罪・虞犯少年に限定して保護と刑罰に両翼を張り、両者の振り分けは検察官に委ねるという従来の法の骨格を維持した法案であった。言わば二一年「少年法改正草案」の――ギリギリ一杯での――ルイス法的修正版である。

ところで、ルイス「未完成草案」にも大正少年法にも含まれていないものとしてここに登場しているのが、六ヵ条からなる抗告制度の新設である。不服申立制度の是非は、大正少年法立案の当初から重要課題の一つとして意識され、議会審議の中でも立憲主義・デュープロセス的批判の側からしばしば取り上げられたところの[42]、これまた、〈保護〉と〈人権〉が交錯するデリケートな論点であった。ここでの問題意識は、昭和初期の実務担当者にも「保護処分の中には少年の自由を拘束する処分がある。異議の申立といふことに付ても相当考慮の必要はなかったのであらうか[43]」という（感化法一三条を念頭においた）行政不服申立制度の是非という形で引き継がれ、昭和二一年一一月の「司法保護関係法諮問委員会」においても吟味の対象になっている。こうした微妙な歴史的経緯から推すと、審判所の「裁判所」への組織替えが決定された後には、「憲法問題について、最高裁判所の裁断を受ける道を開いておくことは、憲法上の要請である[44]」という司法制度論上の論拠から、とるものもとりあえず、旧法立案期以来意識されていた不服申立型の抗告制度が新たに起案され「第三改正草案」に組み込まれることになったものと思われる[45]。

（3）　だが、ルイスは「少年法第三改正草案」に対しても承認を与えなかった。「諸君はあわてる必要はない。自分の方で用意してやる案を翻訳すればよいのだ[46]」、「当方でそのまま日本の法律になるような提案を手渡すから、あせらずに待て[47]」という拒絶回答の後間もない昭和二三年（一九四八年）二月六日、「第三改正草案」への対案として当局に交付されたのが先の「未完成草案」を含む「日本の少年裁判所法に関する示唆案」のフルテキストであった。

一年前の「少年法改正草案」をともかくも「未完成草案」の線で修正した「第三改正草案」をルイスがはねつけた理由は定かではない。ルイスを含めてGHQ全体の改革方針が少年の刑事責任という観念をそもそも含まない、保護に純化された少年裁判所法の制定にあったことは、少年の管轄権に関してルイスやモーラーと対立していたPHW（公衆衛生福祉部）のD・V・ウィルソンのメモランダム[48]一つをとっても明らかである。この角度から「第三改正草案」を見た場合、法案は四条の刑事処分規定と検事の振り分け権のみならず、第五章には一六ヵ条にわたる刑事処分の特則を設けた、言わば不純物の混じった法案であった。交付された「示唆案」の第二〇節には、先に引いた一九四三年全米「標準少年裁判所法」第六条[49]と同一の、裁判所による移送（transfer, waiver）の規定が登場している。少年裁判所の非刑事的性格が各所で協調されており、少年の刑事責任という観念は、この枠組みの下では少年裁判所法の言わば〝外〟の成人世界にある。

ともあれ、この「示唆案」は、「博士の言動から判断して殆ど動かし難いもののように見えた[50]」。「示唆案」交付から一〇日後の二月一六日、法務庁の発足とともに官房保護課は解散し、立法作業は少年矯正局立法部に引き継がれた。二二年二月以来の「抵抗」戦の指揮官柳川真文は責任者の地位を下りた。

(4)　ここに至って立法当局は、「第三改正草案」までの〝少年法の改正〟という枠組みを断念し、刑事処分を含まないアメリカ法型に純化された〝少年裁判所法の制定〟という全く新たなスタンスでの立案作業に立ち向かうことになる。「〔ルイス〕提案は相当に決定的なものであり、それをむやみに変更することは極めて困難な実情にある[51]」という立案担当者による当時の記録は、「パレンス・パトリエ理念を基礎とした管轄権を持つ衡平法裁判所[52]」創設に対するGHQ側の断固たる意志と、日本側の「少年法」改正の断念を今日に伝えている。当時を回顧した記録には次のような簡略な記述があるのみである。

「同年二月六日、少年裁判所法の完成提案が交付されたので、矯正局では、直ちに少年裁判所法と少年刑事事件特別処理法とを並行立案することになった。少年刑事事件特別処理法というのは、少年裁判所法に組み入れられない少年の刑事事件に関する規定を特別の単行法として立案しようとしたものである[53]。」

翻って見ればこの「並行立案」は、かつて大正三年から一〇年の時点で「刑事裁判ニアラサルモノノ中ニ刑事手続ヲ規定スルハ不可ナリ」「少年法ハ一種ノ教育法デアリマス」という論拠に立って法案の「行政及び刑事法の混合法」的性格を批判し、「少年審判法」と「少年刑事処分法」の立法二分論を説いた花井卓蔵の主張[54]が、四半世紀を経て現実のものとなったことを意味していた。けだし立法二分論は、わが国がパレンス・パトリエ理念を真正面から受け止めた場合の論理的帰結なのである。

二ヵ月後の昭和二三年四月五日付でＰＳＤに提出された「少年裁判所法第一次案」[55]には、法案とルイス「示唆案」との内容的同一性を示す逐条の対照表が付されており、「(ルイス案を)むやみに変更することは極めて困難」と見た立案当局が、「示唆案」との乖離を避けるべくいかに細心の注意を払ったかがうかがわれる。

ここでは、対象少年の範囲は「示唆案」の非行少年・遺棄少年の類型をおおむね取り入れた八種類を列挙する「パレンス・パトリエ理念を基礎にした管轄権」方式(三条)が採用されている。刑事関係の規定はすべて排除されており、法案二五条は、felony(重罪)の場合の移送規定を「死刑又は無期若しくは禁錮にあたる罪を犯した一六歳以上の少年」という枠組みで受け止めた。二、三の変更点を別とすれば、これはルイス「示唆案」の忠実な継受ともいうべき法案である。但し法案は、示唆案にはない不服申立型の抗告制度を「第三改正草案」から引き継ぐとともに、第一条の目的条項では、前年の「少年法改正草案」第一条を受ける形で「少年の健全な育成を期し」と規定しており、少年年齢は示唆案(二一歳未満)とは異なって二〇歳未満となっている。「示唆案」第一三節にあった家事事件の管轄権は採用されていない。これらはいずれも示唆案の基本構造とは矛盾しない範囲での立法部による修正であり、とりわけ家事事件の管轄除外について、当局は相当に明確な意志を持っていたようである。

一ヵ月後の五月五日、この法案に若干の技術的修正を加えた「少年裁判所法第二次案」が、一足遅れで完成したと思われる「少年刑事事件特別処理法第一次案」とワンセットの形でＧＨＱに提出された[56]。「特別処理法」には、検察官送致後の起訴強制規定をはじめとする「少年の刑事事件」関係規定が大づかみな形で姿を現している。かつて花井卓蔵の主張した「少年審判法」と「少年刑事処分法」の立法二分論の文字通りの具体化であった。

（36）『資料集』六一頁、このSuggested Juvenile Court Code of Japanは第一三節までのもので、若干の修正を加えたフルテキスト二四節が、翌年二月六日に再交付された。ここでは便宜上、前者を「未完成草案」後者を「示唆案」として表示する。

（37）『資料集』七四頁、ルイスのこの添付書簡からは、ＧＨＱ内部のＰＨＷとＰＳＤの間で少年裁判所の管轄権をめぐる対立が生じていたことがわかる。この消息をうかがわせるデータとして、ＰＨＷのＤ・Ｖ・ウィルソンによる昭和二二年八月七日付の次のようなメモランダムが残されている。

「少年裁判所の管轄について（中略）

二、日本の少年裁判所にふさわしい管轄権を考える際には以下の前提が適切と思われる。

a、少年裁判所はコモンロー上の刑事裁判所ではない。少年裁判所が、パレンス・パトリエ理念を基礎とした管轄権を持つ衡平法裁判所であることはすでに確立されたものとなっている。少年裁判所が、刑事裁判所でないということの原理は、日本の少年司法制度の改革にあたっても堅持されるべき原理である。

b、少年裁判所の管轄権は非行（delinquent）少年および一定の範囲での遺棄（neglected）少年に限られるべきである。

c、少年裁判所は要扶助（dependent）少年に対する管轄権を与えられるべきではない。

三、非行少年・遺棄少年・要扶助少年に対する国のサーヴィスは、司法機関である裁判所によって提供されるべきものではない。裁判所が、少年たちに必要とされるサーヴィスを提供する任務に十分対応できるかどうかには疑わしいものがある。（後略）」

(Memorandum for the Record, Juvenile Court Jurisdiction, 7 Aug. 1947 by Donald v. Wilson, Public Health & Welfare Section, GHQ/SCAP RECORD, Sheet No. LS-10095—国立国会図書館蔵).

（38）T. D. Harley, Development of the Juvenile Court Idea. in S. J. Barrows, Childlen's Court in the United States : Their Orgin, Development, and Results, at8 (1904).

(39) 柏木「できるまで」二二頁。
(40) 『資料集』四五頁、ちなみに「第二次改正草案」にあたる法案は今日発見されていない。
(41) 柏木「できるまで」二三頁に、「少年裁判所をあくまで非行少年及び虞犯少年を取り扱う『刑事的』裁判所として構成する方針を堅持し、右二種の〔遺棄・要扶助〕少年に関する部分はこれをいわば『骨抜き』として虞犯少年の要件に切り替え（むしろすり替え）てしまうことにした」（〔　〕内筆者）とあるのは、この第三改正草案の時点を指すものであろう。後の「少年裁判所法案」では、この「切り替え」は行われていない。
(42) 参照本書第3章一八〇頁以下。
(43) 秋山要「少年保護制度管見」前出注（4）『東京少年審判所十年史』三〇三頁。秋山は昭和七年三月から昭和九年三月まで司法省官房保護課長の任にあり、名古屋少年審判所新設（昭和八年一一月）を実現させたいわば少年法中興の責任者であった。
(44) 柏木「できるまで」二四頁。
(45) もっともここでの抗告制度の新設によって「保護処分が抗告制度に果して親和し得るのか」という長年にわたる本質論的問題意識が、わが国の少年司法実務から消滅してしまったわけではなかったようである。この点につき、最高裁判所家庭局『少年法概説』（昭和二六年一月家庭裁判資料一四号）二頁および七頁を参照。
(46) 柏木「できるまで」二二頁。
(47) 内藤「経過」四八頁。
(48) 前出注（37）参照。
(49) 前出注（17）参照。
(50) 柏木「できるまで」二二頁。
(51) 『資料集』八六頁。
(52) 前出注（37）参照。

(53) 内藤「経過」四九頁。

(54) 本書第1章四六頁、第3章一三九頁。

(55)『資料集』八六頁。

(56)『資料集』九八頁。ちなみに柏木「できるまで」二三頁は、「並行立案」の消息につき、次のように述べている。

「この案〔少年裁判所法第一次案〕はGHQの『示唆案』に従って『少年裁判所法案』となっていたのであるが、少年裁判所の組織・権限の他、保護処分の手続、成人の刑事事件、少年の刑事事件を含んでおり、名称と内容との間に甚だしい不調和が存在しているということであった。かくして少年の刑事処分の部分を別に『少年刑事事件特別処理法』(仮称)として二本建にすることも考慮されたのであるが、結局少年裁判所の組織・権限の部分だけを裁判所法の中に込み入れ、最初からの線に戻って少年法の改正で行くことになった。」(〔　〕内筆者)

この記述は、現行少年法制定過程の叙述として多くの文献にそのまま採用されている(例えば矯正協会編『少年矯正の近代的展開』七一二頁〔矯正協会、一九八四〕、波床昌則「新旧少年法の成立過程におけるアメリカ少年法の影響」司法研修所論集二巻四一六頁〔一九九七〕等を参照)。

しかしながら、柏木による右の経過記述には混乱がある。本文中で指摘したように、「少年裁判所法第一次案」は、ルイス「示唆案」との〝対照表〟つきで作成された純然たる少年裁判所法(少年審判法)であって、「少年の刑事事件」関連規定は一切含まれていない。また「第一次案」(四月五日案)と「第二次案」(五月五日案)の条文を比較して見れば直ちに判明するように、両者の間には若干の技術的修正を除けばほとんど変化は生じていない。けだし、「二本建」(柏木)ないし「並行立案」(内藤)の作業は、二月六日のルイス「示唆案」の断固たる提示がもたらした論理的要請であり、この時点での立法のゴールそのものであって、「名称と内容」との不調和から生じた単なる技術的要請によるものではなかった。この立法方針に変更の必要が――いわば外在的に――生じたのは、法案の議会提出三週間前の五月二二日であり、しかもその限度で、ルイス「少年裁判所法に関する示唆案」は少年の刑事責任を法の射程内におさめる日本型の「少年法案」へと引き寄せられたのである。

四　議会提出法案の完成――断絶と連続

(1)　単一の「少年審判法」として――その限りでアメリカの非刑事的パレンス・パトリエ少年司法を忠実に継受する形で――成立するかに見えた少年裁判所法制定作業の流れは、昭和二三年五月下旬に至って予想外の展開を見せた。「家庭裁判所」の新設決定に伴う立法方針の再度の変更である。二つの異なった方向からの力学がここには競合していた。

第一は、少年裁判所独立論に触発された最高裁判所民事部を中心とする家事審判所独立論の隆起、すなわち「少年審判所と家事審判所とは、地方裁判所に対する関係において同様であるから、前者が独立しながら後者が独立しないというのはおかしい(57)」という強力な主張である。第二には、法務庁矯正局が少年裁判所法案の起草において「示唆案」にあった一定の家事事件の管轄を排除した点に関して、ルイスから法案修正の「強い提案」が申し入れられたことである。ルイスのこの異議に対して、立法部は「我が国では、家事事件は民事事件であって、民事裁判所のみがその裁判権を持つべきものである(58)」という従来からの論拠を繰り返してこれを拒否した。その結果両者は「真っ向から意見の対立を見るに至った」と言う。

このような状況の中で、五月二一日にGHQ当局が日本側に提起したものが「家事・少年一緒にして『家庭裁判所』を作ったらどうか(59)」という一種の妥協・折衷案であった。法務庁当局は、家事事件管轄に関するルイスの強い異議・提案を考慮してGHQ提案に同調することになり、最高裁も家事審判所独立のために両者の合同に同意した結果、翌二二日には言わば瓢箪から駒が出たような形で、「創設を予定されていた少年裁判所と当時の家事審判所とを合わせて、家庭裁判所を創設する」[60]ことが正式に決定される。この間わずか数日の出来事であった。そして右の決定の結果、二月六日のルイス「示唆案」以降不動のものであった「少年裁判所法」の制定という立法方針は棄てられ、刑事規定を取り込んだ「少年法」の改正という「第三改正草案」の枠組みが再度復活することになったのである。

(2) 何故に「少年裁判所法」制定の断念が、花井卓蔵型の(立法二分論に拠る)「少年審判法」の制定に結びつかず、「少年法」の改正となったのかを示す資料はなお発見されていない。立案当局にとって「第三改正草案」の枠組みの復活は、むしろ歓迎すべきものであったに違いない。一方、ルイスの眼から見た場合、新法の名称が Juvenile Law となることはやむをえない事の成り行きであり、裁判所の「非刑事的、衡平法的」管轄権と手続構造の部分で当初の目的が達せられた以上、この Juvenile Law の中に付加的に「少年の刑事事件」の章が含まれることにはあるいはさほどの抵抗感がなかったのかもしれない。

決定後に急遽とりまとめられたと見られる五月二五日付の未完成の「少年法案」[61]には、現行少年法の配列と条項が――保護処分の効力規定(現行法四六条)の部分までであるが――ほぼそのままの形で姿を現している。但し、重要問題である対象少年の管轄としては、八種類の少年類型を掲げる「少年裁判所法第一次・第二次案」の列挙方式がなおそのまま用いられており、「第三改正草案」の虞犯概念は復活していない。また法案一条は、「この法律は、少年の健全な育成を期し、非行のある少年又は保護者から放任されている少年に対して……保護処分を行うとともに、少年……の刑事事件について特別の措置を講ずることを目的とする」と規定している。

この五月二五日案から六月一六日の議会提出法案[62]までの最終場面での立法経過は目下のところ基礎資料が公にされていないのでフォローすることができない。ここでは法案の基本骨格に関わる問題として一点だけ、議会提出法案三条の「虞犯」概念によって管轄権を犯罪・準犯罪少年に限定することが最終的に確定したのは、舞台裏で続いていた

ＰＳＤ（ルイス）とＰＨＷ（ウイルソン）の間の意見対立が、ＬＳのマイヤースの妥協案とルイスの譲歩によって調整された六月一〇日（法案の閣議提出四日前）に至ってのことであったことを指摘しておきたい[63]。日本側立案担当者の胸中に当初から抱かれていたところの、「少年裁判所をあくまで非行少年及び虞犯少年を取り扱う『刑事的』裁判所として構成する方針[64]」（柏木千秋）は、家庭裁判所新設とＧＨＱ内部での意見対立・調整という全くの外発的事件を介して、いわば歴史の僥倖のうちに成就されたのである。

(3)　管轄権の犯罪・準犯罪事案への限定と並んで、本稿の観点から注目に値するのは、右に掲げた法一条の構造である。ここでの「少年の健全な育成を期し」が、昭和二二年一月の「少年法改正草案」一条に端を発し、二三年四月の「少年裁判所法第一次案」一条を経て姿を現したものであることは先に見た通りである。「健全な育成」（少年の再社会化・更生）というパターナリズム理念は、ここでは「三つの分野[65]」をカヴァーする目的概念であり、少年に即して言えば——二二年一月の「改正草案」の項でも触れたように——保護と刑罰を統合的に把握するための鍵概念である。ＧＨＱに提出された議会提出法案一条の次の訳文は、幾分わかりにくい邦文（現行法一条）よりも鮮やかに右の構造を物語っている。

Article 1. The object of this law is, for the purpose of guaranteeing the sound upbringing of juveniles, *to exercise protective disposition* relating to the character correction and environmental adjustment of delinquent juveniles *and also to take special measures against the criminal cases* of such juveniles and those adults who are harmful to the welfare of juveniles[66]. （イタリック部分は筆者）

保護処分（protective disposition）と刑事処分（special measures against the criminal cases）は、ここでは二つながらに「健全な育成」目的の達成手段・構成要素の位置にある。つまり、法一条の目的条項の観点から見る限り、議会提出法案はアメリカ型「少年裁判所法案」の〝家庭裁判所版〟ではなかった。ここでの目的条項の構造それ自体は、花井卓蔵の「少年審判法」の主張を退けて保護と刑罰を「教養」理念の下に二面的関係のうちに位置づけた大正少年法の構造[67]を、昭和二二年「改正草案」における実定化を経由して継承したものと言ってよい。けだし、「健全な育成」は、少年の刑事責任を排斥する概念ではなくしてむしろこれを包摂する概念なのである。

（4）　改めてアメリカ法に目を転じて見れば、インフォーマルな審理方式の下での非刑事的な保護処分優先主義というルイス「示唆案」の手続構造は、「本法は以下の目的のために柔軟かつ自由に解釈されるべきものである。すなわち、本法によって子どもに与えられる保護、委託、監護及びしつけは、実の親によって与えられるはずであったところのものに最大限近づかなければならない」というイリノイ少年裁判所法二一条[68]からも容易に理解されるように、遺棄・要扶助少年を中心とする広範な年少問題児童・少年群に対する福祉的パレンス・パトリエ管轄権を基盤として生成したものであった。非刑事的な保護理念の手続上の優位（少年の dependence の際立った強調）は、この広範な福祉的管轄権を前提にして初めて可能となる。換言すれば、世紀転換期のアメリカ少年裁判所は、これらの年少問題児童・少年群とその非刑事的取扱い方式の中に、全犯罪少年をいわば強引に取り込んだのである[69]。

かかる観点から見た場合、「少年裁判所法」から「少年法」への立法方針の再転換の中から生まれたわが新少年法案は、一方でルイス「示唆案」のパレンス・パトリエ型手続構造を忠実に実定化すると同時に、他方で対象少年の管轄を犯罪・準犯罪に限定して保護と刑罰を両睨みする大正少年法の「刑事的」枠組みを堅持するという、一種の〝離れ業〟を敢行したものであったことがわかる。この複合的な構造の中には、ある種の〝断絶と連続のジレンマ〟とも言うべきものが含まれている。〃断絶〃の側から見れば、法一条の保護と刑罰の両翼構造はもとより、二〇条の「検察官への送致」以後に展開する刑事手続自体が必要悪的な夾雑物となるが、〃連続〃の側から見れば、対象を犯罪・準犯罪に絞った「刑事的」管轄権に立脚する法案の手続構造が、保護の一面的優位によって組み立てられていることこそが問題なのである。これを日本法の展開過程に即して言えば、「内務的」感化法と「司法的」少年法の対立という大正少年法史の全過程を貫いていた確執は、昭和二三年少年法案の中に新たな形で構造化されたのである。

昭和二三年（一九四八年）六月一六日に第二回国会に提出された新少年法案（「少年法を改正する法律案」）は、三条二項の児童福祉機関の先議権に関する小幅の修正を加えた上で成立し、七月一五日に公布された。二二年二月にルイス「少年法改正意見」が提示されて以来、疾風怒濤の一年半の後であった。

(57) 最高裁判所事務総局、家庭局「家庭裁判所十年の歩み」家裁月報一一巻一号一三頁（一九五九）。
(58) 同前「十年の歩み」一四頁、および宇田川潤四郎・前出注（5）二〇九頁。
(59) 森田宗一「少年裁判所(案)から家庭裁判所へ」ジュリスト九三八号五四頁（一九八九）。
(60) 前出注（57）一六頁。
(61) 『資料集』一二〇頁。
(62) 『資料集』一四九頁。
(63) ＰＳＤとＰＨＷの間に対象少年の管轄をめぐる対立があったことは、ルイス「示唆案」末尾の一節や前出注（37）のウィルソンメモランダムからもわかるが、六月一〇日付で作成されたマイヤースのメモランダム（少年法最終法案のための合意事項）によれば、六月九日、マイヤースはＰＨＷのウィルソンおよびＰＳＤのルイスと個別に会見し、前日（八日）に合意を見た妥協案の線に添って、三条一項二号の四種類の非行少年については「その行為が少年の環境又は性格に照らして、将来刑法の違反を引き起こしかねない場合（if his action are such that they are likely to lead the juvenile to commit a violation of any criminal law）に限って家庭裁判所の管轄権に服する」という枠組みで両者の意見対立を調整することに成功している。同メモランダムには、「右の同意・修正事項は、署名者のマイヤース自身が法務庁当局者との協議の上最終法案にもり込む予定」とある。（H. Meyers, Memorandum for the Record, Bill for Amendment of Juvenile Law : Agreements Reached to Amend Latest Draft, 10 June 1948, GHQ/SCAP RECORDS, Sheet No. LS-10095 国立国会図書館蔵）。

ともあれ、ＰＳＤとＰＨＷのここでの合意によって、ルイス「示唆案」における広範な「非刑事的・衡平法的管轄権」は言わば最小限にまで切りつめられた。ルイスの主観的意図を越えて、新少年法は、もっぱら犯罪・準犯罪少年を取り扱う刑事政策立法という大正少年法の基本骨格を維持することになったのである。

(64) 前出注（41）柏木論文参照。

(65) 平場安治『少年法〔新版〕』八頁、四二二頁（有斐閣、一九八七）。

(66) The Bill for Amendment of Juvenile Law, GHQ/SCAP RECORD, Sheet No. LS-10092（国立国会図書館蔵）。

(67) この論点をめぐる大正九年の花井卓蔵と山岡万之助のやりとりにつき、『大正少年法㊤』五九頁〈本書第3章〉を参照。

(68) An Act to Regulate the Treatment and Control of Dependent, Neglected and Delinquent Children, Law of Illinois 1899. ちなみにこの条文は、ルイス「示唆案」の原型とされた一九四三年全米「標準少年裁判所法」の三二条にもそのままの形で引き継がれている。

(69) この論点を抜きにすると、犯罪少年に対するパレンス・パトリエを批判したゴールト判決以降の今日に至るアメリカ少年裁判所が、少年手続の保護主義からの離脱と刑事化を昂進させるのとほぼ平行して、年少児童の虐待・遺棄手続を裁判所内部に別個に創設して来ているという、アメリカ未成年者保護法に特有の制度的ダイナミズムを見落としてしまうことになる。虐待・遺棄手続を支配する理念は、かなりの変容を受けてはいるものの今日依然として〝国による親代わり〟のそれである。

むすび

右に見たように昭和二三年改正少年法は、その目的条項に関するかぎり大正一一年少年法の二面的構造を継承して、保護と刑罰をともに「健全な育成」理念の達成手段として位置づけた。対象を犯罪・準犯罪少年に絞ったうえ、保護と刑罰を「健全育成」というパターナリズム理念の中に取り込んだこの新少年法が、刑事法一般から範疇的に遮断された二者択一的構造に拠るアメリカ型の「少年裁判所法」とはもはや同一には論じられない性格を持つものであることは明らかである。しかしながら我々はここで、大正少年法の二面的構造が、少年の保護と責任を一定の質的連続性を持ったものとして把握することによって具体化されていたことを改めて想起すべきであろう。すなわち、第3章でも検討したように、旧法の刑事手続の章は、一方で少年の公判前社会調査を義務づけ、（六四条）審判手続上の仮処分制度を刑事手続に取り込む（六六条）とともに、他方で、少年審判手続規定の主要部分の公判手続への準用を制度化する（七三条）ことによって、――換言すれば保護的に特化された少年刑事手続の創出によって――保護事件と刑事事件の「機能的連続志向性」をはかっていた。この延長線上に、少年刑務所の行刑教育の場面では、成人処遇からは明確に区別された少年に固有の矯正教育理念が前面に掲げられたのである。(70)

だが、少年の保護と刑罰をめぐる右の問題は、改正少年法においてどのように位置づけられたのか。

端的に言って、〈少年の保護〉と〈成人の刑罰〉を二元的に対置させるパレンス・パトリエ少年司法の影響下で改正作業が一気呵成に進められたことは、右の本質問題を掘り下げる余裕を立案担当者に与えなかったように見える。新法の刑事手続の章（法第四章第二節）は、末尾の第五〇条に「少年に対する刑事事件の審理は、第九条〔社会調査〕

の趣旨に従ってこれを行わなければならない」という簡略な訓示規定を掲げるにとどめ、審判手続と刑事手続の相互乗り入れについては一切沈黙を守った。

「健全な育成」理念の下で少年固有の刑事責任の観念をいかに取り扱うべきかという改正少年法の立法目的に関わる中心問題は、[71]いわば白地のまま新法の理論と実務に委ねられたのである。

(70) 以下に掲げるのは、大正一一年の姫路少年刑務所の設置に合わせて定められた少年の教育にあたる職員の心得事項（少年教化綱要）全一七条の冒頭部分である。ここにはほとんどパレンス・パトリエ的教育刑とも呼ぶべきわが国の少年刑の保護・教育理念が鮮明にあらわれている。

少年教化綱要

一、少年者ハ家庭ノ不良、教育ノ欠乏、怠慢、放侈、不規律、不清潔等ノ為今日ノ境遇ニ陥リタルモノニシテ、之ヲ矯正スルニハ之ノ種欠点ヲ補フニアリトス

二、彼ラニ接スルニハ愛情ト親切トヲ旨トシ、吏員一同ハ之カ父兄タリ、又家庭教師タルノ覚悟ナカルヘカラス

三、彼ラノ悪習非行ハ悪マスシテコレヲ憐ミ、其墜落シタル原因ニツキ同情ヲ以テ救済スヘシ

（中略）

十六、彼ラハ寛ニ失スレハ狃レテ増長シ、厳ニ失スレハ萎縮ス。寛厳宜シキヲ得心服敬従スル所アラシムヘシ

（『少年矯正の近代的展開』六〇四頁〔矯正教会、一九八四〕）

(71) この主題に鍬を入れた数少ない論稿の一つに、圓井正夫『少年保護事件と少年刑事事件との関係』（司法研究報告書第六輯〔一九五四〕）がある。

第7章　少年法の歴史的展開

――〈児童福祉政策的保護〉と〈刑事政策的保護〉の確執

はしがき

明治三三年（一九〇〇年）二月に感化法（明治三三年法律三七号）が帝国議会を通過して、我が国における児童・少年法制の本格的な整備が着手されて以来、ちょうど一〇〇年が経過した。

ここで、一世紀間にわたる我が少年法の生成と展開を改めて眺めわたして見ると、我々はこの過程が、児童・少年法をめぐる二つの制度理解がおりなす対立と相克の歴史であったことに気づかされる。世紀末に誕生したアメリカのパレンス・パトリエ少年裁判所をモデルにして、少年法を刑罰から遮断された教育・福祉の法秩序として純化しようとする〈児童福祉政策的保護〉の立場に対して、保護と刑罰を少年法を支える不可欠の二面的な構成要素として把握し保護処分の可及的な適用によって少年の再社会化をめざす〈刑事政策的保護〉の理念が対立し、両者が〝倶に天を戴かず〟の確執と論争を繰りひろげるという構図がこれである。

この対立は、敗戦に至る迄の世紀前半期にあっては、明治三三年感化法と大正一一年少年法の間のイデオロギー的確執として展開し、昭和二二年末の児童福祉法の成立に至るまで継続した。そして、ここでの対立の構図そのものは、アメリカ法の影響を強く受けた昭和二三年少年法の制定を通して、いわば少年法の内部に新たな形で構造化され、戦後の「少年法改正論争」に接続するという運命を持つものであった。換言すればパレンス・パトリエ型の教育主義と刑事政策的保護思想の間の格闘は、一世紀間にわたって日本の少年法を貫流して来た基本的争点なのである。ともすると戦前と戦後に分断されて理解されがちなこの論争史を、ここではむしろ一つの主題の展開と変奏のドラマとして、できるだけ一次資料に語らせる形で概観しつつ、我が少年法史上における二つの保護理念[1]の意味を考えることが本稿の課題である。

(1) 本稿では、ここでの二つの〈保護〉理念を、それぞれ次の制度モデルを念頭においた分析のための「理念型」として用いる。すなわち〈児童福祉政策的保護〉が、一定年齢以下の要保護児童・犯罪行為少年に対しては純一に保護・教育的な処遇を追求して、手続の内部においては刑事責任の追求を認めない制度モデルを指すのに対して、〈刑事政策的保護〉とは、刑事責任が認められる犯罪少年に対する成人からは区別された少年固有の刑事責任追求の可能性を前提とした上で、しかし同時に、手続の内部で事案に即した保護的処遇を選択的かつ可及的に追求する制度モデルを指すものである。

一　小河滋次郎の教育主義と大正一一年少年法

一　「非少年法案論」と少年法「限地施行」

(1)　大正九年一月、ちょうど第四二回帝国議会で少年法案の審議が開始されようとしていた時期にあわせて、小河滋次郎は『救済研究』誌上に「非少年法案論」を発表して「少年法案」に対する批判の論陣を張るとともに、次のようにのべて法案成立断固阻止の狼煙をあげた。

「所謂少年法案なるものの実質は如何に、曰く一言を以て之を覆へば、少年保護の名の下に反って律法的に少年虐待の実を敢えてせんとするもの也、少年保護の時代要求を裏切りするところの悪立法たるに過ぎず。我が至重の国宝ともいふべき幾十万若くは幾百万の可憐の児童をこの危機より救ふの道、唯だ夫れ帝国議会が、少年法案を迎へて、一撃の下に之を粉砕し了はるの快挙に出づるの態度にあって存す(2)」。

小河が〝律法的な少年虐待〟という過激な反発をここで示したのは、少年法案が犯罪・準犯罪少年を対象として保護と刑罰に両翼を張る「刑事政策的保護」立法であったからである。「不良少年の処遇は従令犯罪少年に対する場合と雖、保護教育の趣旨に依るべく処罰の趣旨に依るべきものでない」、「然るに少年法案は〔刑事〕司法官憲の監督の下に少年を処置せんとするもので、児童処置の原則に反する(3)」という教育主義の少年観と少年制度理解は、明治三〇年代のアメリカ・パレンス・パトリエ少年制度との接触以来、小河がその理論と実務において力を傾けてきた哲学であった。「少年法案」の登場は、この小河の指導の下に育まれた感化法・感化院制度とその処遇を危機に陥れるものと解されたのである。

明治三三年（一九〇〇年）四月、盟友留岡幸助の紹介状を携えてシカゴにイリノイ少年裁判所の創設の父の一人Ｈ・Ｈ・ハートを訪ね、前年に発足したばかりの少年裁判所の審理や矯正施設などのアメリカ・パレンス・パトリエの新鮮な息吹きに触れた小河滋次郎は、「此度の米国旅行は感化事業の研究の上に大利益を得たることを歓び申候(4)」という感動を日本へ書き送った。明治三〇年代後半に小河の指導の下に展開した少年監・懲治場における〝感化院型処遇〟の実験[5]は、この明治三三年以来の小河の精力的なパレンス・パトリエの哲学の吸収の中から生まれたものであった。

だが、明治四五年に起草が着手され、大正前期に姿を現わした司法省の「少年法案」は、明治三〇年代のパレンス・パトリエ型教育主義のストレートな導入への懐疑の上に立って、むしろこれを日本社会に適合するよう換骨奪胎することを意図した、いわば小河イズムの批判の上に成り立った法案であった。[6]小河が〝教育主義の理想〟を掲げてこれに立ちむかったのはことの自然なりゆきであったと言ってよい。

アメリカ・パレンス・パトリエの児童・少年処遇を感化法という行政法的枠組の上に継受することを理想と考えた小河は、日本における「少年裁判所」の設立そのものに対して懐疑的であり、したがって「非少年法案論」もその姉妹編である「少年裁判所の採否如何」も、アメリカの「チルドレンコート」を日本に導入することを意図した立法論ではない。むしろ、「チルドレンコート」の背後にあるパレンス・パトリエの非刑事的教育主義によって、我が「少年法案」の前提にある責任主義的契機そのものを正面からたたき、これにゆさぶりをかけることこそが小河のライトモチーフであった。二度の現地視察をふまえているだけに、小河のパレンス・パトリエ少年裁判所の把握は正確である。要点をいくつか引用しよう。

①　「チルドレンコートの出発点とする所は、『少年又は青年は教育の対象たるべくして如何なる場合にも刑罰の目的物として措置せらるべきものに非ず、偶々彼に法律上の犯行あるも、是を以て彼を犯罪者なりと認むるは即ち非也。彼は犯罪者に非ずして、迷児なり、遺棄児なり、格段なる教養保護を必要とする所の不幸児也。教育と刑罰とは絶対に相両立する能はざるものに属す。……教育の意義と氷炭相容れざる刑事的裁判的警察的色彩又は臭味を帯ぶる所の形式手続を以て措置せ

んとするすらも尚之を峻拒する所なくんばあらず』と云ふにあって存す。国家は児童に対して恰も心ある親が其の子を扱ふが如くに之を措置するの当然の義務を有す。[7]」

②「ここに取扱はるる所の児童としては、独り犯罪又は犯罪の虞ありと云ふやうな者ばかりでなく、親の監督の不十分なるが為に単純なる遺棄状態にありと認むる者をも包括せしめておる。……唯だ喫煙したとか、……路頭で無邪気な悪戯を為したとか云ふやうな者も、謂ゆる『デペンデントチルドレン』なるものに属すと認めて少年裁判に付するの例にも乏しくない。[8]」

③「少年保護の目的となる所のものは行為に非ずして状態である。教養保護を必要とする遺棄の状態に在りと云《(ママ)》の事情が即ち是れである。犯罪又は不良行為を為したと云ふことは、唯だ此に因って少年の遺棄状態に在るの事情を推定する所の一の表徴《シンボル》たるに過ぎぬ。[9]」

④「リンゼー判事曰く、法律の前に盗児たるべきものも、余輩の眼に映ずる所は迷へる不幸児たるに外ならずと。[10]」

いずれも、当時のアメリカ少年裁判所を彩った理想と夢を鮮かに描き出して余すところがない。

(2)　第四二回帝国議会審議をめがけて小河が放った「非少年法案論」は、予想外の衝撃と波紋を議会審議で引き起した。「少年は飽まで温情を以て教育若しくは救済をなす、即ち其者の性情を引立て抽き出して、其者の中に存するものを発達させ、作り上げることでなければならぬ、外から強制して処分すると云ふことでは教養ということは断じて行はるべきものではない」（荒川五郎[11]）という小河論文に依拠した教育主義的批判が、四回の審議を通して繰り返し法案に投げかけられた。とりわけ貴族院では「不良少年といふものは、即ち先つ大体賽の河原のものである、云換へて見れば地蔵菩薩の管内にあるものである、之を閻魔の庁から援兵を頼んで押へつけると云ふことは成べくしたくないことである」（高田早苗[12]）といった、判事ベン・リンゼーばりの母性的感性に拠る法案批判が噴出し審議はしばしば膠着した。

第四四議会開会後の大正九年の一二月一五日、小河の主催する「大阪府社会事業研究会」例会は少年法案を集中的に取り上げて審議し、翌一〇年一月八日には法案を大幅に修正する建議書を採択する。これが翌日の大阪毎日新聞に報道されたことがきっかけとなって、内務省社会局は管下の社会事業調査会に対して、「少年法修正案」の審議・作成を諮問した。内務省ペースの総合的〝児童保護法〟制定を睨んで、少年法の骨抜きをねらったものと言ってよい。この社会事業調査会審議を、特別任命委員としてリードする役が小河にまわって来た。特別調査委員会設置を知った小河は「天なる哉、命なる哉」と奮い立ったという(13)。

一月二七日、急拠とりまとめられた社会事業調査会報告書「建議書案・少年法案修正案」は、その冒頭に小河の筆になったと思われる次のような一文を掲げている。

「不良少年ノ処遇ハ縦令刑辟ニ触レタル者ニ対スル場合ト雖、保護教育ノ趣旨ニ依ルヘク処罰ニ依ルヘカラサルコトハ斯学ノ定論ナリ、従テ之カ行政ハ漸ク刑政ノ系統ニ遠カリ、保護教育ノ系統ニ属スルニ至ルハ当然ノ趨向ナリトス。……不良少年保護ニ関スル事務ヲ挙ケテ一般児童保護ノ事務ヲ管掌スル行政庁ヨリ移シ、刑政ノ系統タル本法案ノ少年審判所ニ帰セシメムカ、是レ斯学ノ定論ニ反スル措置ニシテ、如期ハ到底為シ得ル所ニ非サルナリ(14)。」

引き続く「修正案」は、法案から虞犯・触法少年の管轄を除外するとともに審判所の保護処分を大幅に削除して、少年法案を殆ど骨抜きにしている。〝感化法死守〟にかけた小河の執念が滲み出た舞台裏の一幕と言ってよい。「特別調査委員報告書」のリークを受けた二月二五日の東京朝日新聞は、「近代の理想は少年を以て保護教育の対象にして刑罰又は之と類する処分の対象にあらずとする以上……」という小河イズムに乗った保護主義擁護のキャンペーンを張った。「司法の介入から保護主義を守れ」というこうした大合唱の中で、少年法案は第四四議会で三たび廃案となった。

(3)　土俵ぎわに追いつめられた少年法案を前にして、司法当局は戦線の立て直しを余儀なくされた。法案成立のためのいわば切り込み隊長として、山岡万之助のあとを襲って司法省保護課長に就任した宮城長五郎は、後にこの時期を回顧して、「誤想防衛での反対だが、既に内務大臣を動かし、内務大臣は総理大臣を動かし、勅命で出来た社会事業調査会までが〔法案に〕反対することになって仕舞ったのには弱った[15]」と書いた。

そして、宮城・山岡のコンビによる内務省および各方面との議会工作の中で、「建議書案・少年法修正案」の大臣提出の握りつぶしといわば見合いの形で煮つめられたと思われる妥協案の一つが、法案二八条二項の追加による触法少年に対する地方長官の先議権規定であり、いま一つが予算レベルでの施行規模の縮小であった。山岡は後年ここでの消息を、「是非ともこの法案を成立せしめたいという所から……内務省、文部省との関係も調整致しまして、それから議会に臨んだ訳であります。そういうような次第でこの四五議会に於きましては予算は五四万円、施行地域は東京と大阪、斯ういうことで予算を伴って出ましたから……遂にこの法案の成立を見るに至ったのであります[16]」と回顧している。

前年の第四四議会時点での当局公表の予算規模が、全国五一ヵ所の審判所開設と七ヵ所の矯正院開設を含む総計四三〇万円であったことに鑑みれば[17]、これは名を取って実を捨てるに似た戦線の後退である。司法当局は「全国施行」をひとまず犠牲にして、保護処分制度を二ヵ所の審判所でともかくも進水させるという「限地施行」の選択を余儀なくされた。

けだし、明治三三年の感化法施行と小河の訪米を機に日本の少年保護の一角に根をおろしたパレンス・パトリエの非刑事的教育主義のイデオロギーは、司法当局が一五年間をかけた起案作業ののち満を持して提出した「少年法案」を、「一撃の下に粉砕」（小河）することはできなかったものの、保護処分制度の「限地施行」にまでは追い込んだのである。

二　「内務的」感化法と「司法的」少年法の確執

(1)　少年法が施行された大正一一年一月から、敗戦後の児童福祉法が議会を通過するまでの二四年間は、感化法と少年法が相互に自らを主張してせめぎ合う確執の過程であった。本稿の鍵概念を用いて言えばこれは文字通り、〈児童福祉政策的保護〉と、〈刑事政策的保護〉の相克の歴史と言ってよい。

大正一一年から約五年間にわたって、官房保護課長として発足期の少年法の実務と理論をリードした宮城長五郎にとっての課題は、「社会事業調査会報告書」に典型的に見られた〈児童福祉政策的保護〉思考との対決を通して少年法のアイデンティティを明らかにする作業であった。この過程で生み出されたのが少年保護と釈放者・猶予者保護を統一的に把握する「司法保護」の概念である。宮城は次のように述べている。

「少年なりとの一事を以て保護するのは司法保護ではない、単純なる慈善救済である。……少年なりとの一事を以て悪人に対し徒に慈善救済を施さんとするが如きは、寧ろ狂人の沙汰と謂ふべきである。少年なりと雖も不良なるの場合に於いては直に善良なる吾人の敵と直覚せざるを得ない。……敵は到底吾人と両立し得ない。須らく味方と為して天下国家の隆盛を計り吾人の生活を安定せしむる必要がある。而して敵を味方と為すに威力を以てすることを要することあり、恩愛を以てすることを要することがあるのである。……敵の如何により威力を用ゆるに適する者もあるから、少年保護事業を律する根本法たる少年法に於いては、一面保護処分に関する規定を為し、一面刑事処分に関する規定をも為した次第である。左れば少年法は少年が不良なりとの一事を以て之に慈善救済を加ふることを命ずるが如き単純なる法律ではない。……少年法の根本精神は大慈悲博愛であるも、その適用に就いては恩慈となり仁義となり地獄極楽となり、コーラン剣となるのである。」[18]（傍点筆者）

宮城のここでの論旨を多少とも敷衍して言えば次のようになる。すなわち、アメリカ・パレンス・パトリエは「法律の前に盗児たるべきものも、余輩の眼に映ずる所は迷へる不幸児たるに他ならず」（B・リンゼー）の論理によって、犯罪少年と年少要保護児童（「不幸児」）を同一視し、これに対する「慈善救済」の制度を創り出した。しかし宮城によれば、この論理は犯罪少年と一般の要保護児童の間にある基本的な差異を見落としている。「人を保護することはたとひ其の人が悪人であった場合でも、吾人はこれによりて良心に本能的満足を感ずるものである。……しかし本能的満足を得る為に徒にこれを保護し、其結果として数多の悪人を世に生み出すような結果を来した時は、其の保護は断じて司法保護ではない[19]」。犯罪の防遏という固有の使命を持つ「司法保護」は「慈善救済」に吸収できない論理と構造を持っている、というのが宮城の主張であった[20]。アメリカ法型の保護と責任の二分論を退けて、両者を犯罪少年における相互補完的な二つの契機として把握した上、少年に固有の刑事処分と保護処分を事案の性質と類型に応じた形で選択するという鬼面仏心型の二面思考が、ここでの宮城の「司法保護」論の特質をなしている。

右の問題は、少年法五五条の、〝虞犯少年の継続的保護処分にあたっては保護者の承諾を必要とする〟という原則[21]の意味を考えるとより明らかになる。議会審議にあたって司法次官鈴木喜三郎は、本条の趣旨を「案の精神は妄りに家庭教育に踏込んで、強制的に少年を保護するという趣旨ではないのである。勿論子を愛しまするは親に如くものはないのである」[22]と答弁した。鈴木の答弁の前提にあったのは、要保護（虞犯）少年に対する法の保護介入（継続処分）は親の意に反してなされてはならず、これを強制処分を必要とする犯罪少年と同列の地位におくべきではない（家族への保護的介入は基本的には任意介入でなければならない）という国家法と家族に関する二元的秩序観である。少年法のこうした視角から見れば、「不良行為ヲ為シ……且適当ナル親権ヲ行フモノナク地方長官ニ於テ入院ヲ必要ト認メタル者」という包括的概念の下に、犯罪少年と要保護少年を区別することなく、少年に対する「慈善救済」的強制介入を認める感化法五条一項のパレンス・パトリエ型積極的保護主義は、家族の有機的団体性を破壊しかねないものと映った。〈児童福祉政策的保護〉と〈刑事政策的保護〉は、いわば二重の意味で峻別されるべきものと考えられたのである。

(2)　ここでの対立が立法の場面でより具体的な形で表面化したのは、昭和八年の少年教護法の制定をめぐる論議においてであった。

内務省は昭和二年、すでに久しく懸案となっていた感化法の改正を社会事業調査会に諮問し、これに応えて調査会は詳細な「改正感化法案要綱」[23]をとりまとめた。この「法案要綱」をたたき台にして、「感化」の名称を「少年教護」に改めたうえで議員立法として提案されたのが昭和八年の少年教護法案である。[24]法案の立案者はいずれも、かつて小河の薫陶を受けた感化院長達であった。

法案の内容は「適当ニ親権ヲ行フモノ」のない不良少年一般に対して、地方長官の権限で強制処分を行うという先に引いた感化法五条の構造を堅持しつつ、さらにこれを広く社会内処遇にまで拡大強化することによって、不良少年保護のイニシアティヴを少年法から奪還しようとするものであった。「少年教護」の名称をはじめとして、法案の各所に見られる少年法との対抗を意識した条項は、この法案の作成提出がパレンス・パトリエに依拠した小河滋次郎の遺業であることを物語っていた[25]。

「到底今期の議会は通過しないであろうと思われた」少年教護法案は、提案者荒川五郎の熱心な議会工作が功を奏して衆議院を通過する。ひきつづく貴族院審議において立案成立阻止のために司法省刑事局長木村尚達が行った答弁は次のようであった。

「現行少年法ガ採ッテ居リマスヤウナ手続、犯罪少年ハ別デアリマスガ、犯罪ノ虞アル少年……ニ対シマシテハ〔少年法は〕只今私ガ申シ上ゲマシタヤウナ点ニ付テ、可ナリ控ヘ目ノ態度ヲ採リ、又其手続ニ付テモ頗ル詳細ナ規定ヲ設ケマシテ、親権ノ保護及人権擁護ノ上ニ於テ十二分ノ注意ヲ払ッテ居ルノデアリマス、ソコデ今少年法感化院《ママ》法ト竝べテ見マスレバ、一ハ親権及自由保障ニ付テ非常ニ鄭重ナ取扱ヲシ、他ノ方面〔感化法及び少年教護法案〕ニ於テハ只今ノヤウナ多少考ヘサセルヤウナ方法ヲ採ッテ居ルノデアリマス。」「兎ニ角其根本ノ点ニ付テ解決ノツイテ居ナイ法案ダト見マスレバ、何トシテモ此法案ニ対シテ御賛成申シ上ゲル訳ニ行カナイ。[26]」（傍点及び〔　〕は筆者）

司法省のこうした抵抗にも拘らず、法案は、貴族院委員会の強い保護主義的雰囲気の中で、内務・司法両政府委員を交えた懇談会による大幅修正を加えた上でとにもかくにもこれを成立させるという経路をたどった。だが、この修正にあたっては、かなり大きな修正が司法省委員の主張により加えられた。すなわち合議の過程で、法案中の対象少年に関する文言「少年ニシテ適当ニ親権又ハ後見ヲ行フモノナキ者」（少年教護法案第八条）から「適当ニ」の三文字を削除するという司法省側の主張が容れられたのである。ここでの消息の詳細については別稿[27]の参照を乞う他はないが、右の修正によって、孤児・浮浪児以外の不良少年に対する親の意に反した強制介入は少くとも建前上は出来ないこととなり、不良少年の施設収容は原則として親の「出願」によってなされるべきものとなった。

多くの感化法関係者はこの「適当ニ」の削除を「一大恨事」と嘆いたが、法による親子関係への強制介入の「型」に関する限り、少年法と少年教護法（改正感化法）の平仄はともかくここでそろったことになる。「適当ニ」の三文字の削除は、少年教護法案の提出によって攻勢に出た感化教育主義に対して、司法省が審議の幕切れ近くで放ったクロスカウンターであった。

(2) 小河滋次郎「誌料餘屑」救済研究八巻一号八四頁（一九二一）。
(3) 社会事業調査会特別委員会「少年法案及矯正院法案に関する特別調査委員報告書」（『大正少年法(下)』一一八二頁）。
(4) 小河滋次郎『獄事談』八七五頁（東京書院、一九〇一）。
(5) 重松一義『少年懲戒教育史』三四七頁以下（第一法規、一九七六）。
(6) 立案過程の概要につき、本書第3章を参照。
(7) 小河滋次郎「少年裁判所の採否如何」救済研究三巻一二号一三一頁（一九一六）。
(8) 小河滋次郎「非少年法案論」救済研究八巻一号二七頁（一九二一）。
(9) 小河・前出注（8）論文一六頁。
(10) 小河・前出注（7）論文救済研究三巻一三号二七四頁。
(11) 第四二回帝国議会衆議院委員会議録第八回（『大正少年法(上)』六一一頁）。なお、本稿中の議事録からの引用は読みやすさを考慮して、司法省『少年法案矯正院法案帝国議会委員会速記』（一九二一）の平仮名文を用いてある。
(12) 第四三回帝国議会貴族院委員会速記録第四号（『大正少年法(下)』七六〇頁）。
(13) 武田愼治郎「故小河博士を追憶して」感化教育五号一〇三頁（一九二五）。

(14) 前出注（3）「特別調査委員報告書」（『大正少年法㊦』一一八六頁）。
(15) 宮城長五郎「楽屋話少年法実施秘譚――反古の見直し（一）」保護時報二〇巻六号四六頁（一九三六）。
(16) 山岡万之助「少年法制定事情を語る」少年保護一巻四号一一頁（一九三六）。
(17) 第四四回帝国議会貴族院議事速記録第八号鈴木喜三郎発言（『大正少年法㊦』八三六―八三七頁）。
(18) 宮城長五郎「少年法釈義（三）」輔成会々報一〇巻四号二三―二五頁（一九二五）。
(19) 宮城長五郎「司法保護の眼目」輔成会々報七巻四号三頁（一九二三）。
(20) 宮城の少年法論の詳細につき、参照本書第4章。
(21) 少年法第五十五条「刑罰法令ニ触ルル行為ヲ為スノ虞アル少年ニ対シ前三条ノ処分ヲ為ス場合ニ於テ適当ナル親権者、後見人、戸主其ノ他ノ保護者アルトキハ其ノ承諾ヲ経ヘシ」
(22) 第四三回帝国議会衆議院委員会議録第二回（『大正少年法㊦』六四〇頁）。
(23) 『戦前期社会事業史料集成』一七巻七一頁（日本図書センター、一九八五）。
(24) 第六四回帝国議会衆議院議事速記録第八号少年教護法案第一読会一一三頁。
(25) 本書第5章二四八頁参照。
(26) 第六四回帝国議会貴族院六大都市ニ特別市制実施ニ関スル法律案特別委員会議事速記録第二号三、七頁。
(27) 本書第5章二五八―二六一頁。

二　戦後改革期における児童福祉法と少年法

一　児童福祉法の成立

(1)　「児童保護法要綱案」の周辺

「少年教護法案」をめぐる攻防の中に見られた対立が再度表面化したのは、戦後のGHQ改革期における児童・少年保護立法の先陣を切った児童福祉法の制定過程においてである。少年教護法八条一項一号の「適当ニ」の削除によって司法省から煮え湯を飲まされたような敗北感を抱き続けていた厚生省（旧内務省社会局）と少年教護院関係者にとって、GHQのバックアップの下での児童保護立法制定の機運は、昭和二年の「改正感化法案要綱」以来の捲土重来のチャンスと思われた。昭和二一年一一月、厚生省社会局援護課でまとめられた「児童保護法要綱案」[28]は、こうした年来の関係者の願望をほぼそのまま盛り込んだ法案であった。

すなわち「要綱案」は、「児童及び社会の福祉の増進」の理念の下に、法の対象を一八歳未満の不良行為少年、保護者の監護の適当でない児童、および犯罪少年に大きく広げてこれに対する強制処分権を地方長官の権限の下に収めるとともに、犯罪少年の取扱いについては「検事は児童の犯罪につき……公訴を提起しないとき、その他必要を認めるときは……意見をつけてその児童を地方長官に送致しなければならない」と規定して、少年審判所を都道府県の「児童保護相談所」に吸収するという青写真を描いている。少年法上の審判所による保護処分制度は全て廃止され、矯正院は少年教護院にふりかえられている。端的に言ってこれは、かつて小河滋次郎が「非少年法案論」で念頭においた児童保護立法を絵にかいたような法案である。「要綱案」の諮問を受けた中央社会事業委員会審議を扱った毎日新聞は、二一年一二月一二日「浮浪児の一掃へ――厚生省保護法案を作成」の見出しでこの一元的な児童保護法制の構想を伝えた。

こうした構想に対して少年法を擁する司法省サイドからの強い反発が起らない方が不思議である。年明けの昭和二二年一月一〇日の東京タイムスは、「児童保護法は違憲立法だ！――厚生省の要綱案に司法省あげて反対」という見出しの長文の記事を掲げ、機関紙「司法保護」は、宮城長五郎の「慈善救済」と「司法保護」の峻別論を彷彿とさせる次のような要綱案批判を展開した。

「児童保護法案の如く犯罪少年の保護まで厚生事業として吸収することは、少年保護の刑事政策的原則に反するものである。[29]」「少年や児童の保護は、一口に保護とはいふが、その内容は質的にちがはねばならない。……保護・養育・療養のような一般的厚生処置と、不良性・犯罪性の除去を目的とする矯正教育とは……内容が一様ではない。少年保護のうち、現行少年法の下に実施している犯罪少年及び虞犯少年の保護は、犯罪性格の矯正・除去に主眼を置く保護の特殊分野であって、犯罪の防遏と云ふ全く刑事政策の必要に基くものである。[30]」

(2)　児童福祉法の成立――二元主義の確立

少年法関係者からの激しい反対にさらされた厚生省立案当局は、一元的な「児童保護法」構想を短期間のうちに断念したようである。この転換にあたっては、犯罪少年は少年法に委ね、同時に要保護・不良児という「暗い」方面ばかりではなくもっと「明るい」一般の児童を対象とした「福祉法」を制定すべし、という中央社会事業委員会の審議が大きく作用していた[31]。

起案担当の松崎芳伸の手による度重なる修正を経て進められた児童福祉法案の起草は、昭和二二年六月二日に一応の最終案に到達したが、この六月二日案はなお、「保護責任者に監護させることが不適当な児童」あるいは「少年審判所における保護処分を必要としない性行不良」の児童を、都道府県知事の命令で児童福祉施設に親権者の意向に拘らず強制的に収容することを認める感化法型の規定を有していた[32]。しかしながらこの条項は二二年七月の法制局審議を終ってみると、二箇条に分割され全面的に組み直されていた。

七月二一日案二五条二項には「前項第三号の（強制）措置は、児童に親権者があるときは、その親権者の意に反して、これをとることができない」という任意主義の原則が明示され（現行児童福祉法二七条四項）、他方で、この原則の例外として、刑事法に抵触する児童虐待と保護懈怠の場合に限り強制介入が許されるという二六条の文言が新設されている[33]。この強制介入措置にあたっては、「家事審判所の承認」を必要とするという修正がさらに加えられて現行児童福祉法二八条の原型が完成する。

我々はここで上記の児童福祉法の新たなスタンスが、大正一一年少年法五五条の背後にあった秩序観とほぼ同一のものであることに気づかされる。これを、要保護少年・児童に対する法の任意主義的・福祉的対応と、犯罪少年に対する刑事政策的対応の峻別という二元主義の確立と評してもよかろう。

翻ってみれば、アメリカのパレンス・パトリエ少年司法は、一九世紀末の、家族の分解の所産である街を徘徊する要保護・遺棄児童に対する「親代わり」の教育主義的管轄権の中に、全犯罪少年をいわば強引にとり込んだ結果誕生した強制的児童福祉裁判所制度であった。だが二〇世紀前期の日本にとって、アメリカ型の「家族の分解」は社会構造を異にした別の世界のできごとであり、とりわけ少年法の立案者にとっては犯罪少年と要保護児童の一元的管轄は無用の混乱を引き起しかねないものと考えられた[34]。パレンス・パトリエの教育・福祉主義の理想を吸収した感化法と、「司法保護」に自らを限定した少年法の間に生じた管轄と理念をめぐる対立点の一つは、このような日米の社会構造・家族構造の相違に根ざしていた。こうして見ると、昭和二二年七月二一日の児童福祉法案は、長年の確執の後に犯罪・準犯罪少年と要保護少年（孤児・浮浪児・遺棄児）の二元的な棲み分けをともかくも実現した、積年の論争の一つの到達点であったと言うことができる。

かかる歴史的観点から眺めてみた場合、この児童福祉法案が議会を通過した三日後の一二月一五日に、ＧＨＱのＢ・Ｇ・ルイスの手で、アメリカのパレンス・パトリエモデルに依拠した「日本の少年裁判所法に関する示唆案(35)」が司法省保護課の担当者に手渡されたということは、一つの歴史の皮肉であったと言わねばならない。

二　少年法改正――問題の再燃

(1)　ルイス「示唆案」とパレンス・パトリエ

Ｂ・Ｇ・ルイスの「日本の少年裁判所法に関する示唆案」は、別稿（第6章）ですでに検討したように、その対象として犯罪少年の他に遺棄少年・要扶助少年のみならず、非嫡出児童の父の決定や父母の離婚にあたっての「監護と保護に関するすべての訴訟」をとり込んだ一の強制的児童福祉裁判所法案であった(36)。法の理念は親の子に対する養育・しつけのそれであり、審理方式と手続構造は非刑事的な家庭的原理によって組み立てられている。「示唆案」第二〇節が規定する重罪少年の地方裁判所への移送手続（transfer ないし waiver）は、少年に対して――成人とは異なった――少年固有の刑事責任を問う大正一一年法型の制度ではなく、少年を少年裁判所管内から成人の峻烈な責任世界へといわば放擲する手続である。ルイスをはじめとするＧＨＱの関係者が、日本の児童福祉・少年矯正の「全体を統合する機関」として日本に移植することに情熱を燃やした「パレンス・パトリエ理念を基礎とした管轄権を持つ衡平法裁判所[37]」は、こうした一元的な構造を持ったアメリカ型のシステムであった。ＰＳＤ（公安部）内でルイスと共に日本当局に対する立法の指導の任にあたったＥ・モーラーは、「示唆案」の線に沿った「少年裁判所法案」の起草が終盤に入っていた昭和二三年春、「少年裁判所法のあり方」と題して嘱託少年保護司のための講演を行い、その中で次のように語っている。

「少年裁判所の少年に対する仕事の根本目的は厚生〔福祉〕であります。……強力な専門化された独立の少年裁判所を設置する最大の理由は、少年の将来、少年の厚生保護にあるのであります。少年裁判所の原理を考究した時、私は五つの根本原理を確立しました。それは、

(1) 少年裁判所は、法的処理が少年の名に於てであろうと、少年に対する義務を怠った成人の名に於てであろうと、国家の保護を必要とする少年の、あらゆる種類の事件を管轄する如く広範囲の管轄を持つこと。

(2) （略）

(3) 保護処分は各個人にピッタリあてはまったものであること。

(4) （略）

(5) 少年裁判所は如何なる意味に於ても刑事裁判所であってはならず、その手続も刑事裁判所に似ていてはならぬ。国の親の気持を基とせねばならぬこと。

従ってその管轄は刑事裁判所よりもずっと広く、不良少年だけでなく、放任された少年、要扶助少年、貧窮少年の処置を含んでいます。……私は不良少年という言葉を使ったが、犯罪少年という言葉を使っていないことに留意して頂きたいと思います。[38]」（傍点筆者）

四月五日付で法務庁少年矯正局立法部からＰＳＤに提出された「少年裁判所法第一次案」は、ルイス「示唆案」と上記のモーラーのガイドラインを忠実に具体化した法案であった。

⑵　アメリカ・パレンス・パトリエ少年司法のストレートな継承として推移するかに見えたこの少年裁判所法制定の流れはしかし、五月下旬に至って予想外の展開を見せた。「家庭裁判所」の新設決定に伴う立法方針の変更である。児童福祉立法と刑事的保護立法の二元的棲み分けを自明の前提として「少年裁判所をあくまで非行少年および虞犯少年を取り扱う『刑事的』裁判所として構成する方針[39]」を抱いていた少年矯正局立法部は、五月五日の「少年裁判所法第二次案」の提出後、ルイスから少年裁判所は「家事事件の一部」についても裁判権を持つべきであるという強い提案を受け、これと「真向うから意見の対立」を見るに至る。同時並行的に起っていた家事審判所の独立の主張が上の対立と複合する過程で、ＧＨＱ側が提案し時を移さず決定されたのが両審判所の合併による「家庭裁判所」の設置という新方針であった。

こうして単独の「少年裁判所法」制定という立法方針は棄てられ、「少年裁判所法第二次案」までに起案が終っていた「第三章　保護処分事件の手続」の部分を、保護と刑罰に両翼を張る「少年法案」の骨格の中に再度組み入れるという作業が、どたん場で行われる。最後まで懸案として残されていた管轄権問題も、六月一〇日に至って、意見が分れていたＰＳＤ（Ｂ・ルイス）とＰＨＷ（Ｄ・Ｖ・ウィルソン）の間に妥協が成立した結果、アメリカ法型の要扶助少年・遺棄少年の類型は大正一一年法以来の「虞犯」概念の中に切りつめられた。「非行少年および虞犯少年を取り扱う『刑事的』裁判所」の設立という日本側立法担当者の方針は、こうした紆余曲折を経てともかくも成就し、七月五日に議会を通過する改正少年法は、少なくともその「骨格」に関する限り、大正一一年法における刑事政策的保護立法のそれを継承することになったのである。[40]

(3)　アメリカのパレンス・パトリエ少年司法が、少くともイデオロギー的には、純一に教育主義的でパターナリスティックな性格を持ち得たのは、要扶助・遺棄少年を対象とする児童福祉管轄権と手続の中に犯罪少年を一括してとり込み、両者を福祉的「要保護性」というプリズムによって同一視したからである。アメリカ法の標準的解説書の著者H・ルーの言葉を用いれば、そこでは犯罪少年の審理の目的もまた「彼が遺棄少年や浮浪少年と同じような意味で、社会による保護と世話と後見の対象であるかどうかを発見すること」(41)にむけられていた。だが、法の対象を犯罪・準犯罪少年にしぼった場合には事情は大いに異ってくる。大正一一年法がそうであったように、そこで用いられる保護的処遇は、少くとも犯罪少年の場合、少年なりの刑事責任の存在を前提にした「保護」とならざるを得ず、手続構造のあり方もまた、刑事政策上の保護と責任との合理的バランスをどのようにして手続の内部で確保するかという制度的考慮を離れてはあり得ない。

こうして見ると、我々は、極めて錯綜した経緯の中で成立した新少年法の「骨格」と「手続」の間には、ある種のズレ（ないし不整合）が潜在的に生じていたことに気づかざるを得ない。新法そのものが、「非行少年および虞犯少年を扱う『刑事的』裁判所」（柏木千秋）という刑事政策的保護立法の「骨格」の上に、「いかなる意味に於ても……刑事裁判所に似ていてはならぬ」（E・モーラー）児童福祉政策的保護立法の「手続」をいわばそのまま接ぎ木した一の複合体だったからである。これを歴史的経過に即して言えば、昭和二二年一二月の児童福祉法の成立によって一担は決着したかに見えた「内務的」感化法と「司法的」少年法の積年の対立は、昭和二三年少年法の中に新たな形で構造化されたのである。その後の半世紀間を彩ることになった「少年法改正論争」は、ここでのズレの中から半ば必然的に生み出された論争であり、巨視的に見れば、大正初年以来の保護と責任の関係をめぐる確執の形を変えた再燃に他ならなかった。

（28）児童福祉法研究会編『児童福祉法成立資料集成（上）』五三七頁（ドメス出版、一九七八）。
（29）「司法保護関係法規改正協議会開催」司法保護昭和二三年一月号二頁。
（30）「なぜ少年法を我々は固守するのか」司法保護昭和二三年二月号一頁。
（31）とりわけ昭和二一年一二月一三日以降の社会事業委員会小委員会審議をリードした田中二郎、団藤重光両教授の意見がこの転換を大きく左右したようである（参照、厚生ジャーナル三巻五号（一九七二）座談会）。先に引いた大正一〇年の社会事業調査会報告書が、〝児童保護法〟からの〝少年法〟に対する攻撃であったのに対して、四半世紀後に後身の中央社会事業委員会が下した決断は、少年犯罪領域からの児童福祉の撤退であった。
（32）前出注（28）『児童福祉法成立資料集成（上）』五六五頁。
（33）同前六〇〇頁。
（34）大正少年法立案の起点における論議は、「犯罪傾向アル者迄ハ拡張スルモ可ナランカ憐ムヘキ者ヲ保護スル迄ヲ包含セシムルハ不能ナリ」（小山温）、「犯罪傾向ト云フハ区別困難ナリ犯罪丈ニ限リタシ」（鈴木喜三郎）とこもごも論じて、当初の決定は虞犯管轄そのものを退けている。法五五条の、虞犯事案への継続的保護処分を保護者の承諾を条件としてのみ認める規定（前出注（21）参照）は、虞犯介入に対するこのような当初からの謙抑的姿勢を引きついだものであった。
（35）法務省刑事局『少年法及び少年院法の制定関係資料集』六一頁（一九七〇）。
（36）本書第6章二八四頁。
（37）同前二八九頁。
（38）エドワード・モーラー「少年裁判所法のあり方」司法保護昭和二三年五月号一頁。
（39）柏木千秋「少年法のできるまで」刑政一〇巻一号二三頁（一九五八）。
（40）この間の消息につき、本書第6章二九三―二九四頁。
（41）H. H. Lou, Juvenile Court in the United States, 98, Chapel Hill : The University of North Carolina Press 1927.

三　昭和二三年少年法と「少年法改正論争」

一　パレンス・パトリエの理想

(1)　昭和二四年一月にスタートした新少年法の理論と実務は、当初からパレンス・パトリエ的教育主義のある種の精神的高揚を伴っていたように見える。第一義的にはこれは、新設の家庭裁判所がＧＨＱのバックアップの下に、アメリカ少年司法の精力的な研究と導入に大きな力を注いだ事による。試みに昭和二四年〜二六年の三ヵ年分の「家庭裁判月報」を繙いて見ると、少年法の制度論的問題を扱った論説三一点のうち一六点（五一％）までがアメリカ・イギリスの少年裁判所に関する紹介・研究記事であることに気づいて驚かされる。「この部分こそ家庭裁判所の運営について最も示唆に富むもの」という注記を付したＨ・Ｈ・ルー「少年裁判所における手続および審理の性質」[42]や、Ｃ・Ｌ・チュート「米国少年裁判所五〇年史」[43]が紙面をかざっており、「この論文中に示された事実及び論述の多くは、移せば現在我々の問題でもあり、我々はこの論文を我々のために書かれたものとして読むことができる」というチュート論文に付されたコメントは、発足期の家裁の実務がアメリカ・パレンス・パトリエの吸収に全力をあげてとり組んだ消息を物語っている。

新法発足時のパレンス・パトリエの理想の高揚を考えるあたっては、いまひとつ、この時期の実務と理論が、実質的には旧法下の少年審判官経験者のうちに養われていた教育主義的情熱によって支えられかつ推進されたという事実を見逃すことができない。京都少年審判所長から初代最高裁家庭局長に就任し、八年間にわたって草創期の家庭裁判所行政をリードした宇田川潤四郎（判事）が就任早々に全国家庭裁判所合同会同でのべた「局長説明」の次の一節は、かつてアメリカ法に触発されつつ制度化されたわが国の少年審判制度が、再度のアメリカ法の衝撃を受けとめるに足るパターナリスティックな情熱を蓄積していたことを伝えている。

「調査から始り、審判に至るまでの一貫する手続は、少年をどうすれば教化しうるかの手段、方法の発見であるとともに、調査及び審判自体が教育であり、教化であらねばなりません。従って少年審判に関与する職員は、自ら真摯な教育者としての自覚を持たなければならないと考えるのであります。(44)」

三ヵ月後の「家庭裁判所創設記念週間」で宇田川とともに講演台に立った穂積重遠（最高裁判事）は、旧法下の「少年審判所」が判事ベン・リンゼーの精神を受けて作られた〝アメリカからの舶来品〟であり、今回の「家庭裁判所の誕生」は「前からあったアメリカ舶来の少年審判所とその後にできた日本の国産といってもよい家事審判所、この二つが……手をつないで行かなければならぬということ」を意味するとのべて、新少年法がアメリカ・パレンス・パトリエとの二度目の出会いの所産であることを縷々説いた(45)。

(2)　宇田川と同様に少年審判所長のキャリアを持ち、新少年法の起案に携わった後最高裁に入って七年間にわたり少年司法行政を支えた内藤文質（判事）はこの頃、少年審判の機能と目的に関して次のようにのべている。

「家庭裁判所は……少年保護事件の審判を行ふことによって、治療保護について重要な機能を果しているが、この機能は他の機関と共同して行ふケース・ウワーク《（ママ）》の一環として理解すべきものである。すなわち、少年の治療保護とは一般的にいふならば、社会不適応な状態にある少年を発見し、本人の個性及び環境を調査研究し……これに対応して本人の能力および社会資源の活用による社会不適応性の除去の方法を判定し、これを実施する一連の活動をいふのである。[46]」

〝ケースワーク〟というキーワードは〝プロベーション〟と並んでアメリカ少年裁判所がその誕生以来、審判の非刑事的・教育的な作用を表現するにあたって用いてきた鍵概念であった。少年審判の対象と目的は特定の犯罪行為・非行の有無ではなく、社会的・心理的「不適応」を診断してそれに処方を与えるところにあるという把握は、パレンス・パトリエ少年司法の中核的理念の一つであり、そこでの「ケースワーク的に」ということは刑事裁判的であってはならないということと同義であった。このような審判理解から引き出された内藤文質のいわゆる要保護性対象説、すなわち「少年審判の客体は行為にあらずして行為者（人格）である[48]」という定式は、アメリカ法に対する当時の実務の鋭敏な反応であったと同時に、久しく我が少年審判所実務の中に蓄積されてきていた保護主義的情熱の表出でもあった。本稿の歴史的文脈から見た場合、この要保護対象説が、かつて「少年保護の目的となる所のものは行為に非ずして状態である」（本書三〇五頁）と論じた小河滋次郎の教育主義と呼応し合うものであったことは改めてここで言うまでもない。

このような二重の歴史的意味合いにおいて、新少年法発足期におけるパレンス・パトリエの法理は「少年法の指導理念として、いわば一世を風靡した[49]」のである。

二　法務省による法改正へのイニシアティヴ

(1)　少年年齢を二〇歳に引き上げるとともに、「検察官の少年問題に関する発言は不当である[50]」というルイスやモーラーのパレンス・パトリエ理念に立脚した非刑事化の主張に沿って、手続の全体から検察官の関与を全面的に排除した新少年法は、法務当局の視角から見れば「社会通念上大人に近い年長少年についてまで、全くこどもなみの保護処分優先主義が制度的にとられている」[51]という点で大いに問題を孕むものであった。新法は〝パレンス・パトリエの理想〟によって保護と刑罰のバランスを大きく崩しており、これは早急に是正されるべきものと観念されたからである。

法務当局が年長少年に対する検察官先議制度の復活へむけた法改正構想を初めて公にしたのが、適用年齢の制限の撤廃が迫った昭和二五年一二月であったことを考えると、この主題が戦後の少年法論争史上の最も根の深い問題であったことがよくわかる。こうして、保護と責任の関係をめぐる大正初年以来の二つの保護理念の間の確執は、戦後の「改正論争」においては、〝検察官の手続関与の是非〟という争点を軸にして展開されることになった。昭和二六年春、法務庁による法改正の動きに対して表明された各家庭裁判所の反対声明の中には次のようなものがある。

「先議権をみとめることはこの改正の大眼目を失うことであり少年法の精神を殺ぐものであって、新少年法の理想の達成、家庭裁判所の育成発展について熱誠を以て当っている職員の志気を阻喪させること著しいものがあり、この様な退行的改正意見は立法に許される妥協をこえたナンセンスである（札幌家裁）」。

「検察官先議権を容れることは少年の神の御子たる尊厳を忘れるものといわざるを得ませぬ（京都家裁）[52]」。

このような裁判所側のボルテージの高い反発は、少年審判所の実務を基礎にして生成し始めたばかりの家庭裁判所内に高揚した教育主義的情熱と、法務当局の刑事政策的主張との間に、わずか二、三年の間に大きな隔りが生じていたことを窺わしめる。

(2)　昭和三四年、刑事局に新設された青少年課スタッフを中心とした「少年法調査研究会」を設置して、「少年法改正」の為の準備作業に本格的に着手した法務当局は、昭和四一年「少年法改正に関する構想」を世に問い、翌年五月にアメリカ連邦最高裁で出されたJ・F・ゴールト判決のパレンス・パトリエ批判の追い風を受けて「構想」を補強しつつ、四五年六月には「少年法改正要綱」を法制審議会に諮問した。

検察官の手続関与について「構想」及び「要綱」が提示した改正案の枠組は、(1)一八歳以上の年長少年（青年）に関しては検察官による刑事的取扱いの道を開く（先議権又は公判請求）、(2)保護事件の審判にあたって検察官の意見陳述権ないし立会権を認める、(3)審判決定に対する検察官の抗告権を認める、の三点である。第一の論点が、先に見たように新法発足直後から提起されていた現行法の理念・枠組そのものに関わる問題であったとすれば、第二、第三は主として昭和三〇年代の法運営上の実務経験をふまえて登場して来た論点であった。

ちなみに、「改正要綱」は少年の権利保障を検察官関与と対の形で前面に押し出したため、審判手続を「構想」以上にリーガライズしているが、これは「要綱」がゴールト判決の強い影響の下に「適正手続」と「少年の権利」を強調することによってパレンス・パトリエ理念からの離脱をはかった結果であった。[53] 我が国の少年法制はここで、アメリカ法からの〝第三の衝撃〟を受けとめつつ前進することを余儀なくされたと言ってよい。「改正論争」の内容をクロノロジカルに追跡することは本稿の目的ではないので、以下、法制審議会審議の開始に至るまでの検察官関与をめぐる裁判所側の動きを追っておこう。

三　裁判実務における軌道修正

(1)　法務当局が法改正の準備にとり組んでいた昭和三〇年代に、裁判所の実務のレベルでは少年法の基本的性格と検察官の関与の理解をめぐるある種の軌道修正が徐々に起り始めていた。

翻ってみれば、新少年法の実務の基礎となった旧少年審判所のパターナリスティックな情熱が「純粋でありえたのは、検察官による選別を経た後であったから[54]」であった。だが年齢を引き上げ全件送致主義を採用した新少年法の少年審判は、重大事件や否認事件を含む事実認定困難事件の全てをかかえ込むことになった。審判の理念とは別に、審判を支える客観的現実が変化したのである。「現在の少年審判の理論と実務とは果して十分に斯かる誤判を防止する丈《ママ》の手続機能（Procedural Mechanics）を与えているであろうか[55]」という問いに導かれた本格的研究が、法成立後一〇年を経て指導的立場にある裁判官の手で公にされ始めたことは決して偶然ではない。審判の間口を広げた新少年法は、少年審判におけるいわゆる「司法機能」あるいは刑事訴訟法的側面を本格的に掘り下げること[56]を運命づけられていた。こうした動きとともに、審判手続における検察官の役割への着眼もまた鋭さを増した。

昭和三〇年代の「全国少年係裁判官会同要録」を繙いてみると、三一年の会同では、「少年の保護育成と治安維持との相対立する二つの要請」を調和するためには「検察官の公益代表者という立場はやはり家庭裁判所の司法的な機能という面において考えねばならないのではないか」「検察官の立会を立法化することはどうか[57]」という提案がなされ、以後、検察官の関与（立会・意見陳述と抗告）を是とする意見が国選付添人制度の新設提案とセットになって次第に裁判所実務家の間でのコンセンサスを獲得していったことがわかる。昭和三五年の「少年係裁判官会同」は「少年審判の構成について」というテーマを掲げてこの主題に正面からとり組んだが、検察官の関与をめぐって二〇庁から提出された意見・提案のうち「関与」に全面的に反対するものは二庁のみで、大多数は検察官の立会・抗告権の立法化に何らかの意味で肯定的な意見を表明している[58]。

(2)　こうした流れを受けて、昭和二四年の第一回会同以来、旧少年審判所審判官の経験をふまえて「少年係裁判官会同」の議論をフロアから絶えずリードして来た京都家裁の菊谷俵太郎（判事）は、昭和三六年の論文で次のようにのべた。

「少年審判の目的が前述の通り少年と社会の保護の融合調和を図るところにあるとすれば、この両面から主観の抑制が働くことが必要であって、現行少年法はこの一面の抑制のみを認めた跛行的立法であり、この際検察官にも抗告権を認めるよう立法措置を講じ、速かにこの跛行性を改むべきである。(59)」

菊谷によれば、アメリカ法とは異なって「わが国の現行少年法のように二十歳未満にまで適用年齢を拡張し、犯罪、触法、虞犯少年を対象となし、少年犯罪対策を目途とする立法」においては、「少年と社会の保護を調和的に達成すること」が必要であり、その点で現行法はバランスを欠いている。「少年審判本来の姿」を損わない限度で、公益的見地からの検察官の審判立会権と抗告権を認める必要がある。但し年長少年の検察官先議は「少年法の退歩」であって賛成し難い。

ここで菊谷が言う現行法の「跛行性」が、先に検討したところの、法制定過程で生じた「骨格」と「手続」の間のズレを指していることは明らかである。菊谷のこの提言は、五年後の昭和四一年に公表された最高裁判所の『少年法改正に関する意見』の次の定式の中にほぼそのままの形で具体化された。

「少年審判は、少年の健全な育成を基調としつつ社会の安全にも十分配慮を置く司法判断であるから、検察官の意見を十分に審判に反映させることが望ましい。したがって、検察官に対して、家庭裁判所の許可を受け審判の席に出席するなど適宜相当な方法により意見を陳述する機会を与えるのが相当である。」また「適正処理の制度的保障のために、検察官に不服申立権を認めるのが相当である。(60)」

そして、前記最高裁「意見」の翌年に家庭裁判月報誌上に発表された指導的論文において、旭川地裁の早川義郎（判事）は次のようにのべた。

「米国各州で少年裁判所の管轄とされている要扶助少年や放任少年は、わが国ではすべて児童福祉法に委ねられているのであり、少年法はもっぱら非行少年のみを対象としているのであるから、その保護も純福祉的なものではなく、刑事政策的な保護として理解されなければならない。つまり、少年保護においては、少年を保護するだけではなく、社会を少年の犯罪から守るという考慮要請が絶えず働いているのであり、……少年法においては、パレンス・パトリエの法理もかなりの変容を受け、刑事政策的な保護思想に置き換えられているといっても過言ではない。(61)」

ここには先の菊谷論文にもまして、少年法の〝刑事政策的保護立法〟としての自己理解が鮮明に現われている。以上を要するに、パレンス・パトリエ型教育主義の高揚期から一〇余年を経過した家庭裁判所の実務は、昭和三五年の「少年係裁判官会同」を過ぎる頃にはすでに、法制定過程で生じた「骨格」と「手続」の間のズレを、〝審判手続の保護的構造を損わない限度での検察官の関与〟という枠組によって再調整する構えを整えつつあったと言ってよい。

最高裁「意見」に定式化されたこの再調整の枠組はしかし、昭和二五年以来〝年長少年の先議権の回復〟を大前提にして、新少年法の審判構造を幾分対審化する方向で検討の俎上に乗せて来た法務省サイドの改正構想と衝突するものであった。

けだし、昭和四五年六月以降の法制審議会少年法部会審議において法務省と裁判所の間に生じた〝激しい対立〟は、いわば新法成立後一〇年間の時間差をおいて現れた二つの再調整モデルの間の対立に他ならなかった。

四　法改正作業の挫折と「教育主義」

(1)　法務省による、年長少年の刑事訴訟法的取扱いの導入（「青年層設置」）の提案に対する裁判所・弁護士委員側の断固たる反対の結果デッドロックに乗り上げた少年法部会審議が、法務省側の一歩後退によって、〝現行法の基本構造の範囲内での検察官の審判関与と少年の権利の強化〟といういわば裁判所側の〝再調整モデル〟の線に沿って具体的審議を開始したのは、昭和五〇年二月の第五〇回会議においてである。植松正部会長による所謂「部会長試案」一の7、8は、ほぼ先に引いた最高裁『少年法改正に関する意見』と同旨の職権主義的審判構造の枠内での検察官関与という枠組を掲げていた。

だが、この審議がすべり出した第五五回会議において、「試案一の7、8及び二については承服できない」として弁護士会推薦三委員から提出されたのが、検察官の審議関与、抗告権に全面的に反対する修正案「第一項の7、8を削除する」[62]である。弁護士委員による修正案の趣旨説明は次のようであった。

「刑罰権の実現を使命とする検察官の発言は、少年の責任の追及、社会からの隔離あるいは監視ということに向けられざるを得ず審判手続に異質な要素を導入するものであって、少年側との信頼関係の発展を不可能にし、少年の健全育成を放棄するものと言わざるを得ない。……責任追及と社会防衛を使命とする立場に立つ検察官が少年の育成について発言することになれば、それは権力による抑制の色彩が避けられず、かえって少年の成長を妨げるであろう。[63]」

この検察官排除論の前提にあるのは、「少年手続は、非行少年を保護教育するための福祉的手続であって……法益の剥奪を本質とする刑罰を科する刑事手続とは、根本的な相違がある。……教育的に手続が進められなければならないのは、少年手続の本質に根ざした要請である[64]」という、大正初年以来の〈保護〉と〈刑罰〉の二分思考に依拠した少年法理解である。この理解が、「検察官の少年問題に関する発言は不当である」（B・ルイス）、「如何なる意味に於ても……その手続〔は〕刑事裁判所に似ていてはならぬ」（E・モーラー）というパレンス・パトリエの理想を、四半世紀を経ていわば純粋な形で継承したものであることもまた、あえて言うまでもない。パレンス・パトリエの「教育主義」はこうしてふたたび、少年法の刑事政策的保護の自己理解の前に立ちはだかったのである。

(2)　第五九回会議で採決に付された弁護士三委員修正案は賛成三票のみで否決された。ここで生じた鋭い対立状況のモメンタムに従って、事態は弁護士会推薦委員・幹事五名の辞任にまで進展する。

弁護士委員抜きで審議を進めた少年法部会でまとめられた『中間報告[65]』は、昭和五二年六月の法制審議会「中間答申」としてともかくも結実した。だが、今日の眼から見ると、この「中間答申」に沿った法改正の具体性は、弁護士会推薦委員が辞任した時点ですでにかなり危いものになっていたように見える。法務省事務当局に委ねられた改正法案の完成と議会提出作業は、遂に現実のものとなることなく終ったのである。[66]

(3)　かつて新少年法発足期の制度運営の責任者を務め、この時期に至って弁護士会推薦の一人として法改正阻止の論陣を張った内藤文質（弁護士）は、委員辞任後間もなく次のように書いている。

「現行法はこうした教育の基本的な機能をふまえて少年の健全な育成の理念を掲げ、権力的要素を可及的に排除し、他者実現的な愛をもって運用にあたるべきものとして制定されたものと私は思う。」、「検察官は刑事訴追の職責を有し、その少年審判への関与は必ず権力による威嚇の教育にならざるを得ない。」、「少年法の理念は『少年の健全な育成』すなわち教育であり、その基本的機能は『人格』の育成であり、教師が……被教育者への『愛』に自信を持って当たらなければならないものである。(67)」

内藤のこの立論はむろん、直接的には昭和二三年少年法の発足期を彩った非刑事的パレンス・パトリエの理想に発するものである。（三二二頁参照）しかしながらこれを、明治後期以来の我が国の少年法史全体の文脈の中において見る時我々は、この立論が、「少年又は青年は教育の対象たるべくして如何なる場合にも刑罰の目的物として措置せらるべきものに非ず(68)」という二分論を掲げて刑事政策的保護立法たる少年法の前面に立ちはだかった、小河滋次郎の「教育主義」を純一に継承するものであることに気づかされる。

かつて、パレンス・パトリエというアメリカ型パターナリズムに対する鋭敏な感受性の中から生み出された大正少年法史上の「感化教育主義」は、大正一一年には少年法案を土俵ぎわまで追いつめ、保護処分「限地施行」を余儀なくさせる力を持っていた。そして、二度目のアメリカ法との出会いの中から再度隆起して来た戦後少年法史上の教育主義のイデオロギーもまた、新法の実務をふまえた刑事政策上のバランス回復と再調整作業を、昭和五二年の時点で実質的に挫折させるだけのエネルギーを有していた。

かかる意味で、〈児童福祉政策的保護〉理念と〈刑事政策的保護〉理念の対立と確執は、我が少年法史の全体を絶えず貫流し続けた基本的争点であった。

(42) ハーバート・ラウ（ルー）「少年裁判所における手続および審理の性質」（森田宗一訳）家月一巻七・八号一頁（一九四九）。
(43) C・L・チュート「米国少年裁判所五十年史」家月三巻五号一頁（一九五一）。
(44) 家月一巻一号七一頁（一九四九）。
(45) 穂積重遠「家庭裁判所の誕生」家月一巻四号三頁（一九四九）。
(46) 内藤文質「少年と家庭裁判所」家月二巻一号三八頁（一九五〇）。
(47) ハーバート・ラウ・前出注（42）二頁。
(48) 内藤文質「少年保護事件の概念について」警察学論集六巻五号八頁（一九五三）。
(49) 早川義郎「少年審判における非行事実と要保護性」家月一九巻四号六頁（一九六七）。ちなみに、昭和二六年に最高裁家庭局が公刊したはじめての実務解説書である『少年法概説』は、「少年法の目的とするところは第一条の最初に掲げられた『少年の健全な育成』ということにある。これは……〔少年法が〕児童福祉法と同一の精神と目的を持っていることを意味している」、「その手段として強制力を用いうる点が児童福祉法との相違点をなしている」（八―九頁）として、少年法を端的にパターナリズム原理による自由拘束の法秩序として位置づけており、家裁発足時の実務の指導理念が文字通りパレンス・パトリエのそれであったことを示している。
(50) 宇田川潤四郎『家裁の窓から』二〇九頁、二五五頁（法律文化社、一九六九）。
(51) 亀山継夫「少年法改正要綱の意図するもの」警察研究四一巻一一号三〇頁（一九七〇）。
(52) 家月三巻三号二八頁、三四頁（一九五一）。
(53) 青少年課長として「要綱」作成の責任者の地位にあった木村栄作（検事）は、昭和四七年の論文で、「わたくしは国親思想は、少年審判制度の基本理念ではあり得ないと考える。……少年法の法律制度としての基本理念は、刑事訴訟法と共通のもの、すなわち、適正手続であると考える」と言い切っている（木村栄作「少年法の理念――国親思想と適正手

続との関係」警察研究四三巻二号一六—一七頁（一九七二）。
(54) 平野龍一「少年審判と少年保護についての若干の問題——少年法改正『中間報告』に関連して——」『家庭裁判所論集』二八四—二八五頁（法曹会、一九八〇）。
(55) 沼部愛一『少年審判手続の諸問題』司法研究報告書第七輯第一号（一九五三）（はしがき）。
(56) 松尾浩也「少年法と適正手続」ジュリ四六四号三〇頁（一九七三）。
(57) 昭和三一年一一月開催『全国少年係裁判官会同要録』一一九頁（最高裁判所事務総局）。
(58) 昭和三五年一一月開催『全国少年係裁判官会同要録』七五頁以下（最高裁判所事務総局）。
(59) 菊谷俵太郎「少年法改正の問題点」家月一三巻六号一一頁（一九六一）。
(60) 最高裁判所事務総局『少年法改正に関する意見』五二—五三頁（一九六六）。
(61) 早川・前出注(49)論文六頁。ちなみにここでの「純福祉的」保護と「刑事政策的」保護との区別は、法の骨格の違いをひとまず別にすれば、大正一二年の宮城長五郎による「慈善救済」と「司法保護」の区別（前出三〇八—三〇九頁）にほぼ呼応している。
(62) 家月二八巻二号一八一頁（一九七五）。
(63) 家月二八巻三号一五七頁（一九七五）。
(64) 日本弁護士連合会『少年法改正要綱に関する意見』一二三頁（一九七二）。
(65) 最高裁判所事務総局家庭局「少年法改正に関する法制審議会少年法部会の審議経過と中間報告について」家月二九巻四号一頁（一九七七）。
(66) 昭和四五年、裁判所法案上の簡易裁判所の事物管轄権の訴訟額のひき上げを審議した衆議院法務委員会は、〝以後司法制度に関する改革・法改正を行うについては、法曹三者の意見を事前に調整した上で法案を提出すべし〟という附帯決議を行い、この趣旨に沿って昭和五〇年に「三者協議会」が設置された。だが「中間答申」に拠る少年法改正案がこの三者協議会での意見の合致を得られる可能性は全くと言っていい程なかった。

(67) 内藤文質「少年法改正の本質的問題」ジュリ六一〇号五四、五七、五八頁（一九七六)。
(68) 小河・前出注（7）論文一三一頁。

むすび

(1) 少年司法における「教育主義」は、世紀転換期のアメリカ・パレンス・パトリエ少年裁判所が生んだ二〇世紀の理想であった。しかし我々は今日、この「理想」が当のアメリカにおいて過去の物語になりつつあることを目撃している。一九六〇年代後期のゴールト判決に代表されるパターナリズム批判は逆方向への大きな振り子運動(Pendulum Swing)をひき起し、八〇年代には少年司法全体の刑罰司法化へと接続した。今日のアメリカ少年裁判所は、一方での transfer 制度の拡大による対象少年の管轄権縮小と他方での手続全体の法規化の中で、〝少年裁判所廃止論〟からの批判にさらされている。(69) パレンス・パトリエの〝夢〟が潰えたというだけではない。少年司法を法以前に支えるべきパターナリスティックな感受性そのものが社会から失われつつあると言ってもよい。

ともあれ、二一世紀に足を踏み入れつつある今日、アメリカと日本の少年司法の間の距離が、同一法系の制度とはもはや考えられない程に大きく広がっていることは、我が少年法における二〇条逆送人員数三一一人、逆送率〇・一九％(平成一一年度、但し一般保護事件)(70)という数字一つをとっても明らかである。ここで我々は、本稿で描写して来たところの、二つの保護思想の相克の構図を一旦離れて、日本法とアメリカ法との二度にわたる出会いの意味について改めて考えてみる必要に迫られる。

(2) 明治四〇年（一九〇七年）の穂積陳重の講演「米国ニ於ケル小供裁判所(71)」に多大の衝撃を受け、爾来アメリカ型少年裁判所法の熱烈な支持者として法案審議に加わった花井卓蔵は、「少年法は一種の教育法であります。……裁判を離れて教育的に不良少年の心を矯正してやるのが本意である(72)」と主張するかたわら次のように書いた。

「大にまれ小にまれ、犯人は皆憐むべきものである。而して就中憐むべきは少年犯である。……少年は未だ開かざるの花である。未だ熟せざるの果実である。(73)」

「どうしても特別なる機関を設けて深き同情と温かき慈愛の下に保護教育の制度を確立せねばならぬ。……国家は……仁慈道徳の念をもって犯人に対せねばならぬ。……殊に憐むべき少年に対して其様なくてはならぬ。(74)」

また、この花井発言と同じ頃、小河滋次郎の下僚として〝感化院型処遇〟で名を馳せた浦和監獄典獄の早崎春香は、「彼等児童は疑へばこそ鬼とも見えますが、信ずれば実に我子の仏とも見えますので、詰り信用すればする程善くなります」と説いて、「ふるさとは恋しかり、しかはあれど心にかかる稚子桜花」、「巣立ちたる数のひなとり帰り来て、親はと問はば君こたへてむ」といった〝親心〟の流露を示す多くの歌を詠んだ(75)。

花井や早崎に限らずこのような当時のパレンス・パトリエの日本への導入を担った人々が残した記録を読んでみると、我々は、彼らをつき動かしていたものがたんなる翻訳イデオロギーとしての〝パレンス・パトリエ〟ではなく、むしろこれに触発されたところの日本社会に伝統的な母性的な保護への感受性であったことにいやおうなく気づかされる。ここに抱かれた児童少年観・親子観を前提にして見れば、「アメリカにおいて少年裁判所が生まれるために必要であった国親の理論は、日本ではむしろ自明の理であった(76)」。アメリカ法のイデオロギーは、歴史的に蓄積されていたこの「自明の理」を近代法制に汲みあげるための言語と形式を提供したのである(77)。その最初の法形式が明治三三年（一九〇〇年）の感化法であった。

(3)　大正一一年少年法は、この感化法の実務と情熱を基盤にして、これを刑事制度の内部で造形し直したものであった。本稿で見たような確執を以後繰り広げることになる両者の間には、むろん人間観・制度観のレベルでの対立が生じた。たとえば、「少年なりとの一事を以て悪人に対し徒に慈善救済を施さんとするが如きは、寧ろ狂人の沙汰と謂ふべきである」という宮城長五郎の感化教育主義批判（本書三〇八頁）は、〈児童福祉政策的保護〉に対して〈刑事政策的保護〉思考が投げかけた最も鋭い批判のひとつであった。この批判は、今日なお十分に応えられてはいない。しかしながら、こうした理論的相違にも拘らず、少年法の保護処分制度を支えたエネルギーそれ自体は、感化法によって汲み上げられた日本社会の保護への感受性と異質のものではなかった。むしろこの感受性は、刑事的に制御されつつ少年法の中に流れこんだ。「少年法は何が生み出したかと云ふことである。これは有体に云えば感化法が生み出したものと云ふより外はない(78)」という、留岡幸助の盟友有馬四郎助の言葉はこの事実を端的に表現するものであったと言ってよい。〝啀み合いながら相互に補完し合う〟両者の固有の関係がここに生まれたのである。

(4)　少年法における保護の興隆を物語る典型例は、いうまでもなく少年審判所制度の展開である。大正少年法によって、「少年事件ハ其取調ハ可成温和ナル手続ヲ執リ保護ノ精神ヲ失ハサルコトニ努メントシ、於此刑事裁判所ハ不可ナリトシ(79)」て、裁判所とは別個に設けられた少年審判所は、事前の選別を経ることによって手続の対審化を回避し、花井卓蔵のいう「深き同情と温かき慈愛」を実践する「子供のために心配する心配所(80)」として、パレンス・パトリエの日本的摂取を体現するものとなった。戦後の新少年法の実務がこの四半世紀にわたる少年審判所実務の蓄積の上に展開して、再度のアメリカ・パレンス・パトリエの継受を推し進める母体となったことはすでに見た通りである。また、昭和四〇年代の少年法改正論争期に現われた「少年法手続が職権主義的審判構造をとっているのは、それが少年事件の教育主義の基本理念を活かすのに必要かつ適切なためである」[81]という最高裁のパターナリズム堅持のスタンスも、大正一二年に遡る少年審判所実務の伝統のうちにある。

以上を要するに、日本社会に歴史的に根を下ろした母性的保護への感受性は、二度にわたるアメリカ法との接触にあたってこれを貪欲に摂取するエネルギーとして働いたと同時に、今日の日本法がアメリカ法との距離を広げるにあたっての規定的な要因としても作用しつつあるといわねばならない。世紀転換期のパレンス・パトリエ少年裁判所が、アメリカ社会の精神的伝統からすればむしろ異端とも言うべき「国親の理論」をそのイデオロギーとして掲げ、やがて二〇世紀後期にはこれが失墜する道を歩んだという彼の地の消息を念頭に置いた場合、我が少年法が近い将来アメリカ法型の急角度の転回を遂げる可能性は殆どないように見える。

＊

昨今喧伝される「少年法改正」にむけられた批判には、「少年法案なるものの実質は如何に、曰く一言を以てこれを覆えば、少年保護の名の下に反つて律法的に少年虐待の実を敢えてせんとするもの也」という大正九年の小河滋次郎の法案批判（本書三〇三頁）を彷彿とさせる激しさがある。

しかし、本稿で追跡してきた我が少年法の歴史的歩みをもとにして考えてみた場合、今日の法改正への動きはつまるところ、昭和二三年の現行法制定にあたって生じた「骨格」と「手続」の間のズレを、我が国の〈刑事政策的保護〉の枠組に沿って多少とも再調整し、法のバランスを回復しようとする動きとして理解さるべきもののように思われる。

(69) 猪瀬愼一郎＝森田明「イリノイの少年裁判所を訪ねて」家月五〇巻三号一頁以下（一九九八）。
(70) 最高裁判所事務総局司法統計年報〔平成一一年版〕一八頁。

(71) 法協二五巻九号一二五八頁（一九〇七）。
(72) 第四二回帝国議会衆議院少年法案外一件委員会議録第七回（『大正少年法(上)』六〇四頁）。
(73) 花井卓蔵『刑法俗論』八五頁（博文館、一九一二）。
(74) 花井卓蔵「不良少年の救済策を講ぜよ」日本弁護士協会録事一六七号四二頁（一九一二）。
(75) 重松・前出注（5）四五七、四九九、五〇二頁。
(76) 所一彦「法的統制の役割——少年保護制度に関する日米の比較から」ジュリ増刊・現代の法理論一三九頁（一九七〇）。
(77) 参照本書第1章一九頁。
(78) 有馬四郎助「感化法実施三十年に就て」人道二九二号一九頁（一九三〇）。
(79) 法律取調委員会不良少年ニ関スル法律案主査委員会日誌第一回（『大正少年法(上)』三四八頁）。
(80) 内丸廉「遠路重任」家月五巻八号五三頁（一九五三）。
(81) 最高裁判所事務総局家庭局『少年法改正要綱に関する意見』九〇頁（一九七三）。

第8章　少年法の歴史的展開と少年年齢

——法二〇条ただしがきの削除を手がかりにして

はしがき

第一五〇回国会に提出された「少年法等の一部を改正する法律案」に盛り込まれた法二〇条ただしがきの削除、即ち一六歳未満の少年に対する検察官送致年齢制限規定の撤廃という法改正案は、各方面からの政策的・理論的批判をあびながら成立した。

二〇条ただしがきの年齢制限規定が、現行法（今回の改正前のものをいう、以下同じ）の制定にあたって立法作業を指導したGHQのB・ルイスから提示されたアメリカ型の少年裁判所法案をモデルとして立案されたものであることは既に公知の事実となっている。ここから生まれた一四歳刑事責任年齢（刑法四一条）と一六歳刑事訴追可能年齢（少年法二〇条ただしがき）の間の奇妙な跛行現象[1]は、戦後半世紀の間必ずしも表立った立法問題を提起して来なかった。〝年少少年の刑事責任〟を問題にせざるを得ないような深刻な事案が生起しなかったからである。少年の凶悪事件の受理件数は、昭和三五年をピークに平成五年に至るまで下降を続けた。この流れに大きな衝撃を与えたのが、平成九年（一九九七年）に起こった神戸連続児童殺傷事件であったことはいうまでもないであろう。今回の法改正は、良くも悪しくも、平成九年以降のいくつかの年少少年重大事件に対する法制度の側での反応であった。

送致年齢制限の撤廃の是非という今回の「改正」に対する政策的評価の問題はひとまずさて措き、ここで、法制定時における日米の文化衝突を窺わしめる二つの年齢制度の背景を歴史的に探ってゆくと、我々はここでの問題がたんに現行法制定時に偶発的に生じた跛行現象というよりは、むしろ明治三三年の感化法制定以来、我が少年法に対して一世紀にわたって投げかけられ続けて来たところの、「アメリカ・パレンス・パトリエの理念にどう向き合いどう答えるか」という問いと密接にからみあった主題の一つであったことに気づかされる。

こうした歴史的観点から、一四歳と一六歳という二つの年齢制度の取扱いをめぐる問題を、明治四〇年の刑法改正から今日に至る少年法史の流れの中で概観することによって、今回のいわゆる「年齢ひき下げ」問題の歴史的位置を探ることが本稿の課題である。

（1）例えば、昭和二三年の立法当時、司法省保護課はルイス提案における一六歳以下の少年の移送禁止をもって、これはわが国の刑事責任年齢を「十六歳以上に引き上げること」を意味するという異議をのべた。しかし、新法施行後間もない昭和二五年、最高裁は「（犯行時十五歳の少年でも）十六歳を越えれば検察官に送致して公訴を提起することができるのであるから、これは刑法第四十一条の刑事責任年齢を引き上げたことにならない」（最高裁判所家庭局『少年法概説』五三頁〔一九五〇〕）と解している。ここには一種のダブルスタンダード現象が発生していたといってよい。

一　明治四〇年刑法改正と少年法

(1)　明治四〇年に改正された新刑法は、旧刑法の責任年齢一二歳を、「幼年囚ヲ処罰スルモ其利益甚タ少ナク却テ累犯者ノ幼年囚ニ多キコトハ今日識者ノ一般ニ認ムル所[2]」という理由から一四歳に引き上げるとともに、一二歳以上一六歳未満の少年に対する相対的刑事責任規定の下での懲治処分制度を廃止したものの[3]、これに代わる新たな少年制度のモデルを提示できぬまま一種の見切り発車をした法典であった。

懲治処分制度廃止の理由は、一つには監獄内の懲治場が矯正教育施設として十分に機能していないことにあったが、何よりも「是非ノ弁別ノ審案」手続の下での刑罰と懲治処分の合理的選択が実際上容易ではなかったという実務上の経験によるものであった。「是非ヲ弁別シタルト否トノ区別ヲ為スハ頗ル困難ニシテ実際ニ於テハ殆ント総テノ幼者ヲ処罰スル有様ニシテ其弊ニ堪ヘサルモノアリ[4]」という立法理由の一節は、法改正にあたってすでに、これに代わる選択的保護処分制度の創設がおぼろげにではあれ意識されていたことを窺わしめる。法改正をリードした平沼騏一郎（民刑局長）が改正後間もなくの頃、「十四歳以上ノ犯罪者ニ就テモ現今ノ刑法処分ダケデハ不足ダト思フ。十四歳ヨリ丁年ニ遠スル迄ハ、随分長イ期間デアル。其間ノ犯罪者ノ総テニ対シテ、刑罰ヲ加フルコトハ如何デアラウカ。……裁判官ハ宜シク其見込ニ依ツテ十四歳以上ノ未成年ニ対シテモ、之レニ刑ヲ科セズシテ特別ノ処分ヲ加フルコトニシタナラバ如何デアラウカ[5]」と述べているのは、相対的刑事責任制度に代わる新制度を司法当局が具体的に模索していたことを物語るものである。この〝見切り発車〟の時期の消息を、明治四五年を期して少年法起草の責任者となった谷田三郎は後年次のように回顧している。

「本来ならば矢張り旧刑法などに於けるが如く此少年の犯罪に関する特別の規定を刑法の中に設けるべきであるが、併し少年に付ての特別の規定は、随分範囲の広いものである、……簡単に刑法の中に特別規定を設けて、それで足りるものでないから、少年犯罪に関する分だけを別に取調べて、刑法の付属法として之を出すことにしよう。斯様な趣意からいたしまして、新刑法の中には、唯十四歳以下の者の罪は之を論じないと云ふ規定を設けてあるだけでありま〔す〕(6)」。

つまり、明治四〇年を過ぎる時点で立法者の脳裏に浮かんでいたのは、一四歳という新たな刑事責任年齢の下での少年の刑事責任を前提にしつつ、しかし同時に、一四歳以上二〇歳未満の犯罪少年に対しては事案に応じた教育的「特別ノ処分」を選択的に科すことができるような、刑罰と特別処分に両翼を張った「刑法の付属法」としての新法の構想であった。

「我刑法は、第四十一条に於て『十四歳ニ満タサル者ノ行為ハ之ヲ罰セス』と規定せりと雖も、少年犯に関する特別規定は設けて居らぬ。刑法の実施と共に、懲治場留置の規定は廃止せられ、未開の花は徒らに馬蹄の蹂躪に委せらる。……彼を救護し、教養し、感化するの方法を講じ、将来を戒護するの道を考究せねばならぬ(7)」という花井卓蔵の一文は、当時の立法関係者の胸中に共通に抱かれていた保護主義的感受性を伝えている。

(2)　このような、いわば〝刑事政策的保護〟思考に立脚する「刑法の付属法」構想に対して、この時期アメリカのパレンス・パトリエ理念に依拠しつつ一四歳刑事責任年齢制度に対する鋭い批判を展開したのは、感化法の父小河滋次郎である。小河が内務省獄務課長として手がけた明治三三年感化法は、「満八歳以上十六歳未満ノ者之ニ対スル適当ノ親権ヲ行フ者若ハ適当ノ後見人ナクシテ遊蕩若ハ乞丐ヲ為シ若ハ悪交アリト認メタル者（法第五条）」という英米のパレンス・パトリエ型の児童・少年観を基礎にして組み立てられていた。

少年法の立案の起点として名高い穂積陳重の講演「米国ニ於ケル小供裁判所(8)」が行われた一ヵ月後の明治四〇年六月、小河は『人道』誌上の「幼年裁判所に就て」で次のようにのべた。

「少年は刑罰の目的物に非ずして教養の主体たるべきものである。……幼年裁判所の内容、機関等に就ては穂積博士が詳しく述べられたから今是を略す事とするが、兎に角此制度によれば、十六歳未満のものは凡て刑罰に附せない主義で、他の教養機関によりて是を矯正するというのである。是を我新刑法と比較すれば実に遺憾に堪えないものがある。我が新刑法にては年令を十四歳未満としてあるが、是は余りに年齢が低くに失する。……米国に於ては十六歳以下のものは皆刑法上の責任を負わしめない、是は確に刑法制度に於ける一進歩にして、吾人の実験上より理想とする所を事実に現はしたものといふてよかろう。[9]」

小河がアメリカ・パレンス・パトリエ少年司法と初めて直接に接触したのは、感化法制定直後の明治三三年（一九〇〇年）四月、盟友留岡幸助の紹介状を携えてシカゴにイリノイ少年裁判所の創設の父の一人H・H・ハートを訪ねた時期であった。「此度の米国旅行は感化事業の研究の上に大利益を得たることを歓び申候[10]」という新鮮な感動を日本に書き送った小河は、この時以来パレンス・パトリエの児童福祉制度・不良少年感化制度の思想と実務の精力的な吸収に着手した。明治三〇年代後半に浦和監獄川越分監（典獄早崎春香）において、一六歳未満の懲治人・幼年囚を関東一円から集めて行われた〝感化院的処遇〟は、小河のリーダーシップの下でパレンス・パトリエの「教育主義」をストレートに日本に導入したものとして名高い。

「十六歳未満のものは凡て刑罰に附せない主義」をとったアメリカ少年裁判所の背景にあったのは、世紀末に深刻化した都市部における〝家族の崩壊〟と、そこから街中にあふれ出て寄る辺なき悲惨の中におかれた要扶助児童（dependent）・遺棄児童（neglected）・不良児童に対する法の「親代わり」介入（parens patriae）の必要であった。新たに創設された裁判所は、この児童福祉的管轄権の中に犯罪少年群をも一括してとり込んだ。「法律の前に盗児たるべきものも、余輩の眼に映ずる所は迷へる不幸児たるに外ならず」（ベン・リンゼー）[11]が両者の同一視を可能にしたロジックであり、一八九九年イリノイ少年裁判所法は、こうした親子関係の脈絡で把握さるべき子ども（children）の年齢の上限を一六歳に設定した[12]。「小供ハ罪人ニ非ズ、小供ハ罪人タル能ハズ[13]」という穂積陳重によるアメリカ法の観察や、「刑罰」と「教養」を截然と区別する小河滋次郎の二分論的主張は、パレンス・パトリエ法の下で構築された上記のような〈大人〉と〈子ども〉の二分論に対応したものであった。換言すれば、ここでの一六歳という年齢制度は、犯罪少年プロパーを対象にした刑法上の責任年齢制度というよりは、国家の児童福祉的強制介入一般を根拠づけるための分界年齢であった。このようなアメリカでの〈児童福祉政策的保護〉理念から演繹された一六歳児童年齢観に立脚して、小河は、明治四〇年を画期に登場して来た我が国の〈刑事政策的保護〉思考に批判を加えたのである。「少年又は青年は教育の対象たるべくして如何なる場合にも刑罰の目的物として措置せらるべきものに非ず」という二分論が、その一貫した主張であった。

大正八年末に帝国議会に提出された「少年法案」に対して、小河がアメリカ法理念に依拠した「非少年法案論[14]」をはじめとする激しい法案批判を繰りひろげ、遂にはこれが大正一一年の議会通過にあたって、少年審判所を東京・大阪の二ヵ所に限って設置する「限地施行」にまで法案を追い込んだ経緯についてはすでに別稿[15]で検討したので、以下では、刑事政策的保護立法として成立した大正一一年法の構造と運用について若干触れておこう。

（2）『刑法沿革総覧』二二四五頁（清水書店、一九二三）。
（3）旧刑法第八十条「罪ヲ犯ス時満十二歳以上十六歳ニ満タサル者ハ其所為是非ヲ弁別シタルト否トヲ審案シ弁別ナクシ

テ犯シタル時ハ其罪ヲ論セス　但情状ニ因リ満二十歳ニ過キサル時間之ヲ懲治場ニ留置スル事ヲ得」

（4）前掲注（2）『刑法沿革総覧』二一四五頁。
（5）平沼騏一郎「少年犯罪者ノ処分ニ就テノ希望」刑事法評論二巻二九二頁（一九一〇）。
（6）第四三回帝国議会貴族院少年法案外一件特別委員会議事速記録二号（『大正少年法㊦』七四〇頁）
（7）花井卓蔵「少年犯罪」『刑法俗論』八六頁（博文館、一九一二）。
（8）穂積陳重「米国ニ於ケル小供裁判所」法学協会雑誌二五巻九号一二五八頁以下（一九〇七）。
（9）小河滋次郎「幼年裁判所に就て」人道二六号三頁（一九〇七）。
（10）小河滋次郎『獄事談』八七五頁（東京書院、一九〇一）。
（11）小河滋次郎「少年裁判所の採否如何」救済研究三巻一三号三頁（一九一六）。
（12）An act to regulate the treatment and control of dependent, neglected and delinquent children, Law of Illinois 137(1899). 但し、この一八九九年法を改正した一九〇七年法では、children の年齢は一七歳に引き上げられている。
（13）穂積・前出注（8）論文一二六四頁。
（14）救済研究八巻一号五頁以下（一九二一）。
（15）本書二〇四頁、三〇七頁。

二　大正一一年少年法の構造と運用

(1)　四回の論議の末、大正一一年にようやく帝国議会を通過した大正少年法は、先にみたような「刑法の附属法」の青写真をほぼそのまま具体化した法システムであった。

時間を少し遡って立法経過を辿ってみると、明治四五年に立案に着手した法律取調委員会「少年犯罪ニ関スル法律案特別委員会（委員長穂積陳重）」第二回会議は、審議開始と同時に、対象少年については「犯罪児童法ノ趣旨」・「犯罪行為主義ニテ立案スルコト」を決定し[16]、要保護・遺棄少年と犯罪少年を同一視して広汎な管轄権を設定するパレンス・パトリエの児童福祉政策的保護モデルをはっきり退けている（したがって、この段階では虞犯少年の管轄も退けられている）。委員会はまた、年齢については「十四歳以上二十歳迄ハ刑法ニ依ラスシテ本法ニ依ルコト」（平沼[17]）とし、あわせて一四歳以下の触法少年についても管轄権を持つことを決定した。犯罪少年に関する限り、刑事責任を前提にした上で保護と刑罰に両翼を張る刑事政策的保護立法としての少年法の「骨格」がここに定まったといってよい。換言すれば、刑事責任の主体であり得ると同時に、可及的に教育的処遇を受けるべき保護の客体でもあるという、いわば二面的な少年観の制度化がここでの中心的問題となったのである。

大正九年二月第四二回帝国議会衆議院特別委員会において、「少年と云ふものは大人の細いものじゃないのでありま〔す〕。……子供―少年なるものは、成年とは全く違ひたるものである、別者である」「処分と云へば或一定の責任ある行為に対する制裁である、……然るに少年は責任能力の無い者であります」という小河滋次郎型の二分論に拠る法案批判を展開した荒川五郎に対して、豊島直通（刑事局長）は次のように切りかえして少年法の二面的アプローチを過不足なく説明している。

「唯今荒川君の御説に依りますと、不良少年の如き、犯罪少年の如き者に対しては、教育のみの力を以て改善せしむべきであると云ふ御趣旨のやうに承りましてございます。さうなりますと、今日十四歳以上の者に対しては、刑事上の責任を負わして居りまして、刑罰を加へて監獄に入れるといふこともございますですが、是等に対しても、御否認になるやうな御趣意のやうにも伺はれるのでありますが、そこまでの考えではあるまいと存じます。……矢張裁判所に於て刑罰も加へる、又審判所に於て保護処分もするといふことになって、両々相俟って、初めて完全なる所の改善をして行くといふことが出来るのであると考へます。[18]」（傍点筆者）

(2)　刑罰と保護処分についてのこのような二面的アプローチを具体化するための「扇の要」の位置におかれたのが、検察官の起訴猶予裁量権・審判所送致義務（旧刑訴法二七九条・少年法六二条）における裁量権行使の構造である。大正一二年一月、法施行実務の陣頭指揮を執った宮城長五郎（保護課長）が少年法の施行と合わせて出した刑事局通牒[19]は次のような運用上の保護主義を裁量のガイドラインとして打ち出している。すなわち同通牒は、検察官は「同法ノ〔保護の〕精神ニ鑑ミ」て、自由刑については(イ)「刑ノ執行ヲ為スニアラサレハ到底改悛セシムルノ見込ナキモノト認メタル者」及び(ロ)「一般警戒ノ為メ刑ノ執行ヲ為スヘキモノト認メタル者」のみを、また罰金刑については酒税法・税法違反等の形式犯及び「特種ノ事情アル為メ不起訴処分ニ付スヘカラサルモノト認メタル者」のみを起訴し、「其他ノ事件ハ不起訴処分ニ付シ何レモ少年審判所ノ処分ニ委スル様」にすべしと指示している。

このガイドラインに沿って行われた〈起訴〉―〈審判所送致〉（検事局内での保護的措置を含む）の割合は二〇年後の「全国施行」時の昭和一七年度を例にとると、おおむね二・八％の起訴率であった。（約七〇・七％が審判所送致となり、二六・五％が不起訴、不送致で終結している。[20]）

一点ここで注意しておくべきは、このような建前と運用原理の組み合わせによる法構造の下での「保護」は、「刑罰」のたんなる例外的措置（ないし修正原理）ではなかったという点である。保護と刑罰はここでは「両々相俟って」（前掲豊島）一つの実体を構成する相互補完的な構造の中にある。宮城の表現をもじっていえば、大正一一年少年法は、寛厳互存型の〈鬼面仏心〉的保護主義の法システムであった。[21]

(3)　二面的アプローチによる大正少年法の今一つの特徴は、刑罰もまた保護処分と並んで少年の「教養」(更生・再社会化)の為の手段と考えられたことである。法案起草時の谷田三郎の発言を敷衍していえば、法案における刑事手続は、成人の刑事手続とは異なり、審判所の保護手続を可能な限りとり込んだ少年用の特設刑事手続であった(22)。また、大正一一年以降司法当局が精力的にとり組んだ少年刑務所における処遇の中核は、これも少年用に特設された「行刑教育」であった。昭和八年に公布された「少年行刑教育令(23)」はかかる意味での「刑罰における保護・教養」の実質を直截に物語っている。

以上を要するに、アメリカ・パレンス・パトリエ少年司法においては、一六歳年齢制度が〈大人〉と〈子ども〉を範疇的に二分する標識をなしており、従って管轄権放棄(waiver, transfer)手続による少年の起訴・科刑が、〈大人〉の応報的責任世界への〈子ども〉の放擲を意味していたとすれば、わが国の少年法は一四歳を起点として保護に特化された少年用の刑罰(教育刑)と保護処分を相互補完的に組み合わせ、このバランスをケースに応じて移動させるという、アメリカ法とはかなり異ったシステムを創り出していたといってよい。

(16)　少年犯罪ニ関スル法律案特別委員会日誌第一回・第二回(『大正少年法(上)』三二〇―三二一頁)。
(17)　同前『大正少年法(上)』三二一頁。
(18)　第四二回帝国議会衆議院委員会議録第四回(『大正少年法(上)』五五四―五五五頁)。
(19)　司法省刑事局長通牒第五四四号、大正一二年一月二七日、日本少年保護協会『司法保護法規類聚』八七頁(一九三三)。
(20)　以下に大正一一年から昭和一七年までの間の一八歳未満刑法犯有罪犯罪者数を、一六歳で区切った一覧表(次頁)にして掲げておく。この人員数(合計)は、当時の少年の無罪率に鑑みると、ほぼ〈起訴＝入監者〉数と同視してよいものと思われる。

年次	第一審刑法犯有罪者総数	18歳未満第一審刑法犯有罪者数							有罪者総数に占める割合(%)
		14歳以上16歳未満			～18歳未満			合計	
		初犯	前科	計	初犯	前科	計		
大11	80,332	337	6	343	1,030	88	1,118	1,461	1.82
12	83,883	126	4	130	632	66	698	828	0.99
13	88,650	153	2	155	715	89	804	959	1.08
14	101,636	186	2	188	694	37	731	919	0.90
15	104,374	143	0	143	729	31	760	903	0.87
昭 2	105,780	139	5	144	660	45	705	894	0.80
3	87,348	82	3	85	594	54	648	733	0.84
4	96,282	114	11	125	664	98	762	887	0.92
5	97.426	110	0	110	561	41	602	712	0.73
6	98,431	89	2	91	546	19	565	656	0.67
7	93,186	149	2	151	693	13	706	857	0.92
8	107,318	139	2	141	716	19	735	876	0.82
9	122,330	141	3	144	664	34	698	842	0.69
10	121,662	179	0	179	626	44	670	849	0.70
11	120,871	183	4	187	628	22	650	837	0.69
12	110,883	183	5	188	647	30	677	865	0.78
13	110,756	161	2	163	655	34	689	852	0.77
14	104,825	141	3	144	589	23	612	756	0.72
15	111,953	152	6	158	554	30	584	742	0.66
16	116,005	—	—	132	—	—	567	699	0.60
17	101,057	—	—	167	—	—	650	817	0.81

（『行刑統計年報』から抜粋・作成）

(21) 本書第4章二一一頁、二一六頁。
(22) 本書第3章一九二―一九三頁。
(23) 司法大臣訓令第一三九一号の一（昭和八年九月）（『少年矯正の近代展開』六五八頁〔矯正協会、一九八四〕）。

三　昭和二三年少年法の制定と「少年法改正論争」

(1)　昭和二二年一月のB・ルイスによる「少年法改正意見[24]」の日本側当局者への提示が、日本型の〈刑事政策的保護〉立法たる少年法に対する挑戦であったのはいうまでもない。かつて、小河滋次郎を擁する感化教育主義との対決を通して自らを確立した少年法は、ここで二度目のパレンス・パトリエからの挑戦に遭遇した。ルイス「改正意見」は、その一項で二〇歳未満の少年の「保護をうける権利」を掲げて、少年裁判所が広汎な児童福祉的管轄権を持つべきことを示唆するとともに、二項で少年裁判所の非刑事的な専属的管轄権を提示して検察官先議制度をしりぞけ、三項では一六歳未満の少年の刑事手続への移送禁止原則を掲げている。この三項目は、一年後のルイスからの「日本の少年裁判所法に関する示唆案[25]」に詳細に具体化されて、新少年裁判所法立案のためのマニュアルとなった。この間、司法省保護課はルイス提案に対する抵抗を試み、昭和二二年五月・六月に提出された反論書の中で移送禁止原則について次のような異議を述べている。

「これは十六歳未満の少年に対しては絶対に刑罰を科さないことであって、つまり刑事責任年齢を十六歳以上に定めたことになるわけである。……わが国においては、十四歳を刑事責任年齢と定めて約四十年に及び、その間、この点について少しも世間から非難をうけ、又実務上不都合を感ずるようなことはないのであって、このことは、この刑事責任年齢が、わが国民にとって適当であることを意味するであろう。従って、今、これを直ちに十六歳に引き上げることは、わが国の実情に照して、妥当ではないと思われる。[26]」

日本側のこの異議がルイスによってとり上げられた形跡はない。立案作業は昭和二三年二月から五月にかけて急ピッチで進められた。立案当局はルイス提案を、「むやみに変更することは極めて困難な実情にある」[27]という認識の下に、おおむねこれを呑んだが、裁判所の管轄権に非刑事的な少年群、すなわち要扶助・遺棄少年および家事関係で生じた要保護児童を含ませるべしという指示に対してはかなりの抵抗を示した。この抵抗のストレートな成果かどうかは必ずしも明らかではないが、作業の最終段階で生じた立法方針の変更を経て六月一六日に第二回国会に提出された法案は、ルイスが指示した純粋に非刑事的な「少年裁判所法案」ではなく、大正少年法の手続構造に大改正を加えた「少年法改正案」であった。[28]すなわち法案は、一方で検察官先議に象徴される責任主義的契機を一掃して全件送致・保護処分優先主義というアメリカ法型の手続構造を採用しているが、他方で、法全体の編成と立法目的自体は、保護と刑罰に両翼を張った大正少年法のそれを継承しており、少年の管轄権も犯罪・準犯罪少年に限定されている。つまり、七月一五日に成立・公布された新少年法は、「あくまで非行少年および虞犯少年を扱う『刑事的』裁判所」（柏木千秋）[29]という刑事政策的保護立法の「骨格」の上に、「いかなる意味に於ても……刑事裁判所に似ていてはならぬ」（E・モーラー）[30]児童福祉政策的保護立法の「手続」を接ぎ木した複合体であった。けだし、一六歳未満の少年の送致年齢制限制度と刑法上の十四歳刑事責任年齢制度の併存は、この二つの保護モデルの衝突と葛藤をあらわす格好の事例であったといってよい。

（2）ルイス「改正意見」三項および「日本の少年裁判所法に関する示唆案」第二〇節を受けて、改正少年法二〇条ただしがきに定着した送致年齢制限制度は、全米プロベーション協会の一九四三年版「標準少年裁判所法」六条[31]に依拠したものであった。元来、非刑事的保護を純一に追求した一八九九年イリノイ少年裁判所法のパレンス・パトリエ理念に即していえば、少年裁判所が少年の刑事手続への移送権限を持つ事は、少年の一種の〝放擲〟であって必ずしも当然のことではない。[32] 一九二〇年代以降一般化したとみられる一六歳以上の重罪少年（felony）についての例外的移送制度は、州法が児童の保護年齢を一八歳に設定した場合に、社会の根強い応報感情を配慮して設けられたいわば妥協の産物であった。そして一九四三年「標準少年裁判所法」（全米プロベーション協会草案）は、世紀半ばのこうしたアメリカの趨勢を代表するものであった。

ともあれ昭和二三年七月の大改正によって、四〇年前に小河滋次郎が「刑事制度に於ける一進歩」と讃えた「十六歳未満のものは凡て刑罰に附せない主義」はこうして、一の複合体としてのわが少年法制の中に移植された。しかしこれと同時に、戦前期を彩った感化法と少年法の積年の対立と確執もまた、昭和二三年法の中に新な形で構造化されることになった。かかる意味で戦後の「少年法改正論争」は、わが少年法が、大正一一年以来の四半世紀を通してくぐって来た保護と責任をめぐる長い論争の変奏曲であった。

(3)　戦後半世紀にわたった「少年法改正論争」を、その政治的対立の激しさから多少とも距離をとって眺め直してみると、これが、現行少年法の制定期に生じた「骨格」と「手続」の間のズレと葛藤を、刑事政策的保護の枠組に沿って〝再調整〟しようという実務レベルからの動きに対して、刑罰と教育を峻別する児童福祉政策的「教育主義」が反発して繰り広げた論争であったことがわかる。法再改正へのイニシアティヴをとったのは法務省であったが、昭和三〇年代後半に入る頃には再調整の動きは家庭裁判所内部からも生じた。例えば、新少年法のあり方に大きな発言力を持っていた京都家庭裁判所の菊谷俵太郎（判事）が、新法の「跛行性」を指摘して、審判手続への検察官関与を含む法の再改正の必要を説いたのは昭和三六年である。[33] また、昭和四二年に発表され以後の家庭裁判所実務に指導的役割を果した論文の中で早川義郎は、「米国各州で少年裁判所の管轄とされている要扶助少年や放任少年は、わが国ではすべて児童福祉法に委ねられているのであり、少年法はもっぱら非行少年のみを対象としているのであるから、その保護も純福祉的なものではなく、刑事政策的な保護として理解されなければならない。」(34)と述べている。

だが、実務レベルの妥協として紆余曲折の末に合意された昭和五二年六月の法制審議会「中間答申」は、在野法曹を中心とした強い教育主義的批判の前に挫折する。明治四〇年以来の、批判のイデオロギーとしての「教育主義」は健在であった。再調整への動きが裁判所側のイニシアティヴの下に新たに浮上したのは、以後一九年を経た平成八年に至ってのことである。

(4)　この長い論争の間に、法二〇条ただしがきの一六歳未満の年少少年に対する送致年齢制限制度が立法論上の争点となったことはない。論争はもっぱらといっていい程、年長少年の保護と責任のバランスと検察官の手続関与の是非をめぐって展開した。

しかしながら、一六歳未満の年少少年の送致制限が昭和二三年少年法に本来含まれている構造的な葛藤に関わるものであった以上、具体的な事案の生起次第によっては、問題は顕在化せざるを得ない。神戸連続児童殺傷事件は上記の葛藤を社会的規模で掘り起したのである。その意味で、平成九年以降日本社会を覆った一種の〝責任主義〟的反応は、刑事政策的保護立法としての少年法の鼎の軽重を問うものであったといってよい。少年法の「骨格」それ自体は、大正一一年以来久しく刑事政策的保護のそれであり続けたからである。

以上のような歴史的推移をふまえて考えてみた場合、今次の改正における法二〇条ただしがきの削除は、現行法が抱えて来た内部的葛藤を、刑事政策的保護立法の枠組に沿って多少とも再調整しようとした出来事と評すべきもののように思われる。

(24) 法務省刑事局『少年法及び少年院法の制定関係資料集』三四頁（一九七〇）——以下『資料集』と略称。
(25) 同前『資料集』六一頁。
(26) 同前『資料集』三九頁。
(27) 同前『資料集』八六頁。
(28) この間の経緯につき参照、本書第6章二九二頁以下。
(29) 柏木千秋「少年法のできるまで」刑政七〇巻一号二三頁（一九五八）。
(30) エドワード・モーラー「少年裁判所のあり方」司法保護昭和二三年五月号一頁（一九四八）。
(31)「少年が一六歳以上で、成人が犯したならば重罪（felony）となるような罪で訴追された場合には、裁判所は十分な調査を遂げた後、その管轄権を留保するか、あるいは当該犯罪に対する成人の管轄権を有する裁判所の刑事手続に児童を移送するかを自らの裁量で決定することができる。但し、一六歳に満たない少年についてはかかる決定をしてはならない。」(A STANDARD JUVENILE COURT ACT - Suggested Draft Prepared by a Committe of the National Probation Association at 12, New York 1943).
(32) 例えば、一八九九年イリノイ法をはじめとする初期の少年裁判所法は移送規定を持っていない。また、少年裁判所の興隆期の一九二三年に、全米プロベーション協会が連邦児童局との合同委員会を設けて作成し全国に配布した「少年裁判所基準」（児童年齢一八歳）は、「少年裁判所は、その管轄権を放棄して児童を他の刑事裁判所に移送する権限を有するべきではない」と明言している。(JUVENILE COURT STANDARD, Federal Security Agency, Social Administration, U. S. Childrens Bureau, Washington D. C. 1923).
(33) 菊谷俵太郎「少年法改正の問題点」家庭裁判月報一三巻六号一頁（一九六一）。
(34) 早川義郎「少年審判における非行事実と要保護性」家庭裁判月報一九巻四号六頁（一九六七）。

むすび

今回の法二〇条の改正（ただしがきの削除と二項の新設）をめぐっては、これが一九七〇年以来のアメリカ法がたどった〝厳罰主義〟のシニシズムと軌を一にするものである、という改正批判が巷間に屡々見られた。これは若干吟味を要する論点である。

一九六七年のＪ・Ｆ・ゴールト判決によるパレンス・パトリエ批判以後のアメリカ少年司法が、逆方向への大きな振り子運動をひき起こし、イデオロギーとしてのパレンス・パトリエの〝保護至上主義〟が失墜したのみならず、一九八〇年代にはシニカルな〝刑罰至上主義〟へと接近したことはよく知られている。一九七〇年代以降の少年裁判所は、かつての包括的管轄権をそぎ落して犯罪少年に対象を限定し、アメリカ型の少年刑事政策司法とも呼ぶべきものに変貌した。パレンス・パトリエ理念の花形であった要扶助・遺棄児童の管轄権は、今日「児童虐待」をターゲットにした独立の部門の中に限定された形で組み直されている。移送制度の度重なる拡張の結果、裁判所少年部は重要犯罪少年の管轄権を成人の刑事裁判所に大きく譲り渡してしまっており、移送可能年齢は多くの州で一三歳前後に下げられている。[35]アメリカ少年裁判所少年部は、今やいかなる意味でも小河滋次郎や穂積陳重の見たパレンス・パトリエ少年裁判所ではない。

こうしたアメリカの現状を昨今の日本の少年法実務と比較してみた場合、我々はアメリカ法と日本法との距離がもはや同一法系の制度とは考えられない程に大きく広がっている事に気づかされる。例えば、平成一一年度の全国の家庭裁判所による検察官送致人員数は一般保護事件で合計三一一人、全家裁係属少年数の〇・一九％であった。[36]また、同じ平成一一年度に実刑有罪判決を受けて少年刑務所に入所した新受刑者数は三九人であった[37]。この著しい非刑罰化の傾向は、すでに一五年前に「行刑の対象としての少年の影は次第に矮小化して、少なくとも現状ではほとんど極限に近付いたと言えそうな気がする。それほど保護処分による刑罰肩替わりの進行が顕著なのである」[38]（中尾文策）という指摘がなされた以後も一貫して「進行」し続けた傾向であり、この流れは今や、少年プロパーの刑務施設の消滅という意味での「極限」に近づきつつあるかに見える。法二〇条ただしがきの送致年齢制限制度の撤廃がこの実務の現状に衝撃を与え、アメリカ法的な意味での「厳罰主義」化を惹起するという事態を想像する事は殆ど不可能である。二〇条ただしがきの撤廃は、年少少年でも刑事責任を問われ得るという〈鬼面仏心〉型の建前を明確化する以上のものではあり得ないであろう。

むしろ我々は今日、上記の「極限」化の意味を一歩掘り下げて考えるべき歴史的地点に立たされているように思われる。

（35）例えば、Juvenile Court Act of 1987, 405/5-4-(3)(a), West's Illionois Criminal Law and Procedure, at 127, West Pub. Co. (1996).
（36）法曹会『司法統計年報―四少年編　平成一一年』一八頁（二〇〇〇）。
（37）法務省司法法制調査部『第一〇一矯正統計年報Ⅰ』一一六頁（二〇〇〇）。
（38）中尾文策「序文」『少年矯正の近代的展開』五頁（矯正協会、一九八四）。

第9章　触法少年の法的取扱いについて
――長崎幼児誘拐殺害事件の投げかけた波紋

はしがき

(1)　平成一五年七月一日に長崎で起った一二歳の少年による幼児誘拐殺害事件は、日本中のマスコミを「一二歳の少年にも刑事罰を科せるよう少年法を改正せよ！」といういわゆる〝少年法厳罰化論〟の方向で沸騰させた。だがマスコミ・世論のここでの論調から一歩距離をとって問題を検討してみると、これらの主張の多くが当該の年少非行少年に対する強い怒りの感情の表出ではあっても、現行法の実情を踏まえた具体的な展望のある意見とは言い難いものであったことがわかる。何よりもまず、少年法は少年の刑事責任年齢を定めた法律ではない。この点はひとまずおくとしても、今回の一二歳の少年が少年院ではなく児童福祉施設にしか収容され得ないということの奇妙さを突いたものは、多くの論議の中に見出せなかったように思える。

(2)　いうまでもなく「十四歳に満たないで刑罰法令に触れる行為をした少年」（少年法三条一項二号――触法少年）は「性格の矯正及び環境の調整に関する保護処分」（同一条）を目的とする少年法の重要な対象であり、法二四条は審判に付された少年に対して、①保護観察、②児童自立支援施設又は児童養護施設送致、③少年院送致という三種類の保護処分を設けている。だが具体的に見てみると、③の少年院収容は少年院法二条（二項・五項）によって年齢一四歳以上の者に限られており、触法少年に対する少年院送致決定は事実上できない仕組みになっている。触法少年の収容処分は結局、②の児童福祉施設送致のみということになるが、ここでの児童自立支援施設・児童養護施設は、問題児童に対して強制措置を伴わずに生活指導等の教育を施す開放処遇施設であって、原則として拘禁収容により少年の非行性の除去と再社会化（矯正教育）をめざす少年院とはかなりの点で異なったものである。例えば児童自立支援施設には、少年院法一四条に見られるような逃走少年の連れ戻し権限は与えられていない。しかし、そもそも家裁の審判に付される触法少年は処遇内容や非行認定手続の点で、児童福祉法では〝手にあまる〟と判断され、いわば例外的に少年法上の審判に委ねられる少年達である（法三条二項）。にもかかわらず現行法の上では、審判で収容処分が必要と考えられた場合、少年達は一律に、いま一度児童福祉法の枠組みの中へと〝逆戻り〟させられざるを得ない。これは堂々巡りとも呼ぶべき法の不整合ではないか。

(3)　この不整合は後述するように、立法史的には昭和二四年五月の少年院法一部改正の結果生まれた現象であるが、思想史的には大正一一年少年法の制定期にまで遡ることのできる少年法と感化法（児童福祉法）の間にある少年観・教育観の確執から発している。両者の関係は一片の理想論では片の付かない複雑さと奥行きを持っており、法の変遷を歴史的にフォローすることによって初めてその意味を理解することができる特質を持っている。

今回の長崎幼児誘拐殺害事件によってはからずも触発された〝触法少年の法的取扱い如何〟というここでの主題に、一次資料を引きつつ歴史的に接近して問題の所在を明らかにすることが本稿の課題である。

一　大正一一年少年法制定期における論議

一　大正一〇年「社会事業調査会特別委員会報告書」

児童・少年の保護思想における感化法と少年法の理論的確執(1)が、一四歳未満の犯罪行為少年の取扱いをめぐる立法論の局面で初めて顕在化したのは、第四四回帝国議会（大正一〇年二月）の少年法案審議においてであった。議会審議に先立って内務省は、管下の社会事業調査会に対して「少年法修正案」の審議を――関係大臣建議予定事項として――諮問したが、これは「修正案」によって司法省提出の少年法案を骨抜きにすることをねらった企てであった。調査会の委員会審議を特別委員としてリードしたのは少年法案成立断固阻止の論陣を張り続けてきた〝感化法の生みの親〟小河滋次郎である。審議は小河の持論である「不良少年の処遇は縦令犯罪少年に対する場合といえども、保護教育の趣旨に依るべく処罰の趣旨に依るべきものではない」という保護至上主義の理想を中心にして進められたが、最終的に委員会としては、少年法案との折り合いをはかった妥協案を策定することとなった。委員長窪田静太郎はこでの消息を次のように述べている。

「〔委員会では〕各委員の間に意見を交換した結果、全然理想通りにならなくとも一歩でも理想の方に近くなれば可なりとの大体の方針を以って両法案を審査することになりました。そこで犯罪少年は尚忍ぶべしとするも其の以外の少年即単に犯罪行為の虞ありと言ふに止まる者、若は十四歳未満不論罪の者を……審判所に引出し之に対して矯正院に入院を命じたり、他の保護処分を命じたりすることは断じて不都合である」、「故に大体に於て一方には犯罪少年即……十四歳以上であって刑罰を科し得べき者と他方には其の以外の少年即刑罰を科するを得ざる者とを区別し、……この区別に基きて少年審判所と普通行政庁との権限の分界を立つべきであるとのことに議が纏まり此の根本方針に基いて建議案趣意書の如く決定したのであります。[2]」

窪田のこの枠組みは、従来感化院に収容されてきた児童・少年に対して少年法の保護処分が及ぶことを、せめて一四歳刑事責任年齢のところで阻止しようという防衛線の敷設をねらうものであった。ここに提示された「権限の分界」の指標は、以後の少年法と児童福祉法の対立・衝突を調整する際の目安としてたえず働きを続けることになる。

二　少年法二八条二項の成立

少年法案の議会通過と施行実務の一切を取り仕切った宮城長五郎（司法省官房保護課長）の回顧によれば、内務省側（社会局長心得、田子一民）は、大正一〇年暮の事前打合せに際して、「〔虞犯少年と触法少年を〕除外して条文の整理をすれば異存がない」と切り出してきた[3]。社会事業調査会特別委員会が策定した妥協案のそのままの提示である。これに対して宮城は、触法少年は実際上すぐ一四歳になって少年法の対象となるから「希望とあらば譲歩してもよろしい」が、虞犯少年については「これを除外すれば、審判所の手にかかった少年は、皆犯罪少年であるとの烙印が押され社会から相手にされなくなる。……世人をして審判所の少年はすべて犯罪少年であると考へしむる様な申出には断じて応じ難い[4]」と田子の申出を突っぱねた。結局、司法次官山内確三郎がその場で起案した「十四歳ニ満タサル者ハ地方長官ヨリ送致ヲ受ケタル場合ヲ除クノ外少年審判所ノ審判ニ付セス」という行政機関先議条項を、法二八条の二項に新設することで両者の妥協が成立する運びとなった。三年間にわたって紛糾した少年法案議会審議は、この妥協案の成立を機にひとまず落着し、第四五回帝国議会での法成立へ向けてすべり出した。

こうして大正一一年四月一七日に公布された少年法・矯正院法は、二八条二項の行政機関先議条項によって感化法の少年観・教育観に一定の支配空間を与えた上で、法そのものとしては対象少年を犯罪少年に限定せず触法・虞犯少年にまで拡げるとともに、保護処分においても年齢の下限を設けない刑事政策的保護立法として成立したのである。

三　小河滋次郎の批判

だが、不良少年の処遇をめぐる「内務的」感化法と「司法的」少年法の対立は、少年法の成立によって緩和されたというよりはむしろ深刻化したふしがある。両者の相剋と確執は、昭和八年の少年教護法制定をめぐる攻防を経て昭和二三年・二四年の少年法制の全面再編期へと引き継がれるのであるが、ここでは問題の所在を考える素材として、小河滋次郎が大正一一年法成立の翌年に公にした論文「少年保護問題について」の一節を引いておこう。矯正院法九条の規定「在院者ニハソノ性格ヲ矯正スル為厳格ナル規律ノ下ニ教養ヲ施シ其ノ生活ニ必要ナル実業ヲ練習セシム」を素材にして、小河は矯正院法の持つ二面的（両義的）特質を次のように痛罵している。

「矯正院に於ては教育に加味するに刑罰を以てし——若し刑罰の文字を用ふることが不可とならば峻厳なる検束の脅威を以てすべしと言ふに帰着することになるのである。……監獄と学校の混血児、教育と刑罰の合成金たらしめんとするのが、立法者本来の注文であ［る］。」しかしながら、「教育と刑罰とは、其の動機に於ても、其の目的に於ても、其の手段に於ても、……根本的に全く相異なったものである。」

「全くその性質を異にするところの教育と刑罰とが互に相抱合して一つの中性物を作り出し得らるるべき筈はない。……

監獄で教育を行うといふことが無理である。刑罰としては自由の拘束をせねばならず、これをすれば教育の本領が破壊するに至らざるを得ぬ。……自由を無視して何の教化がある。[5]」

上記の小河の批判に見られる「教育」と「刑罰」（保護と責任）の二分論的把握は、明治三〇年代後期以来の「感化教育」の理想を貫く基本旋律であった。この理想はまた、刑事責任のない一四歳未満の不良少年の場合に、一層の真実と考えられた。「保護教育ト留置場ノ看守トハ両立セサル……モノニシテ、若シ両方ヲ強ラルルナラバ看守ノ事務ハ責任ヲ負ヒタクナシ、願ハクバ保護教育ヲ全フシタシ」という池田千年（兵庫県土山学園園長）の言葉[6]は、右の二分論的理想主義を如実に物語っている。この思考はやがて、ＧＨＱ改革期における少年法制全面改定作業の中で、立法の表舞台に明確な形をとって現れてくることになる。

（1）森田明「少年法の歴史的展開――〈児童福祉政策的保護〉と〈刑事政策的保護〉の確執」、本書第7章三〇一頁以下。
（2）少年法案及矯正院法案に関する特別調査委員報告書（『大正少年法㊦』一一八二―一一八三頁）。ちなみに委員会の作成した「建議書」案の二項は、「刑罰法令ニ触ルル行為ヲ為ス虞アル少年及十四歳未満ノ少年ニシテ、刑罰法令ニ触ルル行為ヲ為シタル者ノ保護処分ハ、〔児童保護を掌る〕前号行政庁ノ管轄ニ属セシムルコト」という文言で、ここでの「分界」線を提示している（同前『大正少年法㊦』一一八六頁）。
（3）宮城長五郎「楽屋噺少年法実秘譚――反古の見直し（一）」保護時報二〇巻六号四六頁（一九三六）。
（4）同前宮城四七頁。
（5）小河滋次郎「少年保護問題に就いて」社会事業研究一一巻六号八頁、七号一―三頁（一九二三）。
（6）池田千年「感化法改正案」（大正九年七月八日内務省地方局長添田軽一宛書簡添付文書、国立公文書館旧内務省執務関係書類「児童養護教護院一般」分類番号三Ａ・２―３・１０５所収)。

二　昭和少年法制定期における少年法と少年院法

一　昭和二三年改正

(1)　周知のように、昭和二三年少年法はＧＨＱ／ＰＳＤ（公安部）のＢ・ルイスやＥ・モーラーの強い指導の下で、アメリカのパレンス・パトリエ理念の影響を直接に受けつつ成立したものであるが[7]、大正一一年以来の少年法と感化法のせめぎ合いがこのＧＨＱの介入によって途絶えてしまったわけではない。両者の確執は、ＧＨＱ内部の意見対立と複雑に絡まり合いつつなお存続した。

昭和二三年六月一六日に第二回国会に提出された改正少年法案（「少年法を改正する法律案」）三条は、一八歳未満の虞犯少年に関しては行政・福祉機関先議の送致方式を採用したが、一四歳未満の触法少年はこれを犯罪少年と区別せずに直接家庭裁判所の審判に付することとしていた。しかしこの法案は同時に、保護処分を規定した二四条一項一号に「十四歳に満たない少年については、これを児童相談所に送致すること」という、かつての社会事業調査会特別委員会建議書案二項[8]とほぼ同一の条項を設けていた。従来の司法・内務の対立が、いわば調整不足のまま新法の条文上に露呈している観がある。衆議院司法委員会はまず虞犯少年の児童相談所先議年齢（一八歳未満）をめぐって紛糾したが結局これを一八歳から一四歳に引き下げるとともに、あわせて二四条一項の児童相談所送致条項は削除するという、幾分旧司法省寄りの修正案を決議した。委員長・井伊誠一は、本会議報告書の中でここでの論議の特徴を、

〈愛と涙の教育論〉対〈強制力と愛護併用の教育論〉の対立として説明した上で、委員会としては年齢を引き下げることによって「一応この問題を解決した」と述べている。[(9)]

(2)　ところで改正少年法案と並行審議された新少年院法案は、矯正院法とは異なり、その二条二項で「初等少年院は、心身に著しい故障のない、おおむね十四歳以上十六歳未満の者を収容する」と規定して、少年院収容年齢を刑事責任年齢のところでひとまず区切る構えを示していた。収容年齢「十四歳以上」というここでの設定は、直接にはGHQ内部のPSD（公安部）とPHW（公衆衛生福祉部）の意見対立をLS（法務部）のH・マイアースが調整する過程で生まれたものであるが、六月初旬の調整のこの段階では「十四歳以上」に「おおむね」という修飾語は付されてはいなかった。[(10)]マイアースの調整案は、「十四歳未満の者については保護処分としては強制的な方法を取るべきではない。福祉法の愛の措置によるべきである」[(11)]という当時の厚生省・児童福祉法関係者の強い主張が、何らかの形でGHQ側の調整作業に反映された結果であったようである。

ちなみに、法成立直後に厚生省関係の資料を加味して執筆されたPHWの報告書「少年非行と児童福祉」の中には、「少年院は……主として年長の少年に対する保護・監督を行うことを意図したものである。一九四八年の国会で成立した少年院法の下では、一四歳未満の少年を少年院に収容することは認められない」という記述が見える。[(12)]昭和二三年法の下では、「おおむね」の付記によって触法少年の少年院収容が可能となっていた事実を、この報告書執筆時点のPHWのスタッフ達は気づいておらず、惜しむらくはこの直後に「おおむね」の存在を知ったことが少年院法再改正の一つの動機となったようである。

二　昭和二四年改正

（1）　少年法の対象を一四歳以上の犯罪少年に限定することによって、その余の少年に対する〈福祉的保護〉の場を確保しようという児童福祉関係当局の巻き返しが成功したのは、新法施行からわずか四ヵ月後の、少年法・少年院法の再改正においてであった。もっともPHWの担当者自身は、昭和二三年法成立直後の時点ですでに再改正の方針を固めていたようであり[13]、再改正作業は法三条一項の対象少年規定の手直しを中心にして進められた[14]。

昭和二四年四月二三日に衆議院に上程された改正案は、昭和二三年法三条一項一号の「罪を犯した少年及び十四歳に満たないで刑罰法令に触れる行為をした少年」というフレーズを、犯罪少年（一項一号）と触法少年（一項二号）として書き分けるとともに、触法少年は、一四歳未満の虞犯少年（一項三号）と同様に「都道府県知事又は児童相談所長から送致を受けたときに限り」家庭裁判所の審判に付すると謳っていた。改正の提案理由としては、「十四歳に満たない少年は、……十四歳以上の者とはおのずからその取扱を別個に考慮する必要がありますから、……一応これに児童福祉法の措置を優先的に適用するのが妥当であると思われます[15]」という、さして説得力のある根拠とは言い難い理由が掲げられていたが、子細に見るとこれは前年秋のPHW文書「少年法・児童福祉法改正の提案[16]」および前掲「少年非行と児童福祉」にそのまま論調を合わせたものであった。昭和二四年再改正においては、PHWのイニシアティヴがとりわけ強く働いていたのである。触法少年の裁判所直接送致制度は、こうして施行わずか四ヵ月で終わりを告げ、虞犯・触法少年の取扱いに関する法のスタンスは、奇しくも大正少年法二八条二項の行政機関先議制と同じ枠組みへと回帰した。

（2）　一方、少年法一部改正案と併せて提出された少年院法一部改正案では、二条二項の初等少年院収容年齢の「十四歳以上」に付されていた「おおむね」が削除された。政府委員・斎藤三郎（少年矯正局長）の説明によれば、この時点で一四歳未満の少年院在院少年は全国で二〇〇名ほどであったが、運用を検討した結果、一四歳に満たない少年の場合「これを十四歳以上の犯罪少年または虞犯少年と同一に扱うことは適切でなく、もしこれに収容保護を加える必要のあるときは、すべてこれを児童福祉法による施設に入れるのが妥当と思われ〔る〕」ので、収容しないことにしたというのが提案理由であった[17]。前記少年法案三条の改正理由と同じ論拠によったこの提案の背後に、児童福祉法を強くバックアップしたＰＨＷの力が働いていたことは先にも見たとおりである。ちなみに、衆議院法務委員会は「おおむね」の削除については一切審議を行っていない。

「おおむね」の付記によってともかくも開かれていた触法少年の少年院収容の門は、以上の改正によって完全に閉じられた。「十四歳未満の者については……強制的な方法を取るべきでない。福祉法の愛の措置によるべきである」という小河滋次郎・社会事業調査会型の「感化教育」の理想が、文字どおり花開くことになったのである。

(3)　一点注意しておくべきは、以上の少年法三条・少年院法二条の再改正が、少年法に約一年遅れて第五回国会に提出された犯罪者予防更生法上の保護観察制度と平仄を合わせることを目的の一つにして行われたという事実であろう。すなわち犯罪者予防更生法二条は、「この法律で『青少年』とは十四歳以上で二十三歳に満たない者をいい、『成人』とは二十三歳以上の者をいう」と規定して、保護観察の対象年齢を一四歳の線で区切っていた。右の規定は、やはり犯罪者予防更生法の起案を指導したＢ・ルイスのイニシアティヴの結果であったが[18]、この年齢区分によって保護観察が——いわば後追いの形で——一四歳以上の少年に限定されたことは、否応なくいまひとつの保護処分である少年院送致にも波及効果をもたらしたのである[19]。

(4)　こうして昭和二四年にスタンスを整え直した新少年法制は、一四歳未満の犯罪行為少年（触法少年）を正面から少年法の対象として掲げつつも、これに対する保護処分としては保護観察も少年院送致も認めず児童福祉施設送致だけを認めるという、見方によっては一種奇妙な構造を採用することになった。両改正法案を審議した同年五月二四日の参議院法務委員会において、宮城長五郎（昭和一七年没）夫人として令名高かった法務委員・宮城タマヨは、ここでの法の不整合を突いた次のような質問を政府委員斎藤三郎にむかって投げかけている。

「この少年法で十四歳以下の刑罰法令に触れる行為をした者は家庭裁判所に送られることになっておりますが、その子供達は家庭裁判所の決定では、この少年院に送ることができないことになるのでございますか」、「非常に犯罪性の強い者とか逃走性のある者はどういうことになりますか。」

「保護観察に付せられる場合にはこの十四歳未満の者はどういうことになりますのですか」、「十四歳に満たない者で刑罰法令に触れる行為をしました少年は、結局もう一遍児童福祉法による保護を受けるより外はないということになるのでございますね[20]。」

「犯罪者予防更正法の年齢でございますが、十四歳以下は保護観察の対象になっておりませんということが、本当に一番大事な十三・四歳という子供達を結局野放しにするのではないかというので心配でたまらないのですが、どういうわけでこういう十四歳以下の者はこの中に入らなかったのでしょうか[21]。」

宮城の眼から見れば、新たな少年法と児童福祉法は、触法少年の処遇に関して一種の堂々巡りを起こしていると映ったのである。そもそも宮城の少年法理解によれば、少年法とは刑事責任年齢にある犯罪少年に対する緩和された刑罰法規の体系にとどまるべきものではなかった[22]。宮城がこれ以上の深追いをここで行っていないのは、〝一四歳責任年齢を権限の分界とする〟という方針がすでにＧＨＱと日本政府との間で固められており、容喙の余地が残されていなかったからに違いない。

以上を要するに新少年法制は、触法少年の取扱いに関する限り、犯罪少年以外の少年の矯正院収容その他の保護処分を「断じて不都合」と論じた大正一〇年の「社会事業調査会特別委員会報告書」の感化法モデルを、四半世紀を経てほぼそのまま継承する形でスタートすることとなったのである。

三　昭和二七年犯罪者予防更生法改正

占領終結を受けて行われた昭和二七年の行政機構の簡素化・能率化の過程で、成人と青少年を区別していた犯罪者予防更生法の二元的な保護観察制度は一元化された。そして、年齢区分を設けていた前記同法二条も次のような運用基準条項と差し替えられた。

「この法律による更生の措置は、……本人の年齢、経歴、心身の状況、家庭、交友その他の環境等を充分に考慮して、その者にもっともふさわしい方法を採らなければならない。」

この、成人と少年の年齢区分の撤廃は同時に、対象少年の年齢の下限を設けずに一四歳未満の少年に対しても保護観察の道を開くという結果をもたらした。少年保護の歴史から見る限り、これは大正一一年少年法の「少年保護司ノ観察」制度が採ったパターンへの回帰である。

右の改正はしかし、触法少年に対しては、少年院法上の一四歳年齢制限を存置することによって、保護処分のうち少年院収容だけが選択できないというアンバランスをことさらに浮かび上がらせる結果となった。同法二条を実務の必要に合わせて改正すべきであるという提案が、昭和二五年以来の「全国少年係裁判官会同」で毎年のように持ち出されたのは理由のないことではない。[23] 昭和二七年の裁判官会同は、犯罪者予防更生法の改正を受けて、少年院法二条二項を『おおむね十四歳以上』に戻すべし」という提案（岡山家裁）についての協議を正面から行っているが、法務省当局の説明を補足した内藤文質（最高裁家庭局第三課長）は、昭和二四年の法改正当時を回顧して次のように述べている。

「実は改正の沿革というものが、これはご承知かと思いますが、犯罪者予防更生法でも対象少年を十四歳以上二十《ママ》歳未満とするという規定になったので少年法もそうなり、少年院〔法〕の方もおおむねが削られて十四歳以上になったのであります。これは有体に申しますと、厚生省関係と法務省関係との権限問題がそこに介在しておるのであります。……〔このたび〕犯罪者予防更生法の第二条の規定が改正されまして、そのために年齢の制限が撤廃されたのでございます。その結果十四歳未満についても保護観察できるというふうな解釈がでてきておるのであります。……十四歳未満の者を一体刑事政策的立場からどう考えていくかということは、非常に重要な問題でありまして、これは家庭局と致しましても、関係者といろいろ協議してこれに対する対策を考えていきたいと考えております[24]。」

内藤文質の上記の説明からは、裁判所当局自身がそう遠くない時点で少年法の手直しが必要となる、と考えていたことが窺われる[25]。しかし手直しをする機会は訪れず、保護観察対象者の年齢と少年院収容者の年齢は不揃いのままにとどまった。内藤の言う「十四歳未満の者を一体刑事政策的立場からどう考えていくか」という根本問題は、以後本格的に掘り下げられることなく、戦後の半世紀をそのまま推移したのである。

（7）参照、本書第6章二六九頁以下。

（8）前出注（2）後段参照。

（9）第二回国会衆議院会議録第七七号の（三）四頁、同司法委員会会議録第四九号五頁（昭和二三年七月三日）。

（10）少年院法案の原案もまたＢ・ルイスの指導の下に作成されたが、この原案に対しては議会提出直前の六月初旬にＰＨＷ側からの修正意見が持ち込まれ、これをＬＳのＨ・マイアースが調整するという少年法案と同様の最終案作成の手続がとられた。マイアースの手による六月一〇日の文書によれば、少年院収容年齢については「原案二条ａ項にある『おおむね一六歳未満（generally under 16 years of age）』はこれを削除し、その代わりに『一四歳以上（14 years of age or over）』を挿入すること」という手直しが加えられた。この修正は関連資料から推して、修正意見を出したＤ・ウィルソンをはじめとするＰＨＷのスタッフが、厚生省の「一四歳分界説」が日本法の枠組みとしてはふさわしいとこの時期に考え始めていたことによる（Legal Section, Memorandum for the Record, Subject : The Reformatory Law, 10 June 1948, by Howard Meyers, GHQ/SCAP RECORD Sheet No. LS-10095 ――国立国会図書館所蔵）。

（11）第二回国会衆議院司法委員会会議録第四八号九頁、内藤（誠）説明員発言（昭和二三年七月二日）。

（12）この報告書は、昭和二三年少年法に関するそれまでの立法史的事実と新法の基本的特徴をかなり詳しく叙述した論文であり、一九一九年五月に生江孝之（内務省嘱託—当時）がワシントンＤＣで行った講演記録 Child Welfarework in Japan を引用しつつ立論を展開している（Juvenile Delinquents and Child Welfare, Public Health and Welfare Technical Bulletin at p.7, September 1948, GHQ/SCAP RECORD Sheet No. LS-11898 ――国立国会図書館所蔵）。

（13）再改正の構図を明示しているＰＨＷの八月一二日付の文書によれば、「この改正の目的は、十四歳未満のすべての〔触法〕少年と十八歳未満のすべての虞犯少年に対して、児童福祉法上のプログラムが優先的に与えられるようにすることにある。この方向での改正は、先にＰＨＷが少年法の国会院通過を承認するにあたっての了解事項であった。最重要の改正点は法三条である」。同文書には、ここでの改正点の内容は厚生省児童局のメンバーとＰＨＷスタッフとの合議の結果まとめられたものである、とある（Public Health and Welfare Section, Memorandum for the Record, Subject: Proposed Changes in Juvenile and Child Welfare Law, 12 August 1948, by Donald v.Wilson, GHQ/SCAP RECORD Sheet No. LS-10095 ――国立国会図書館所蔵）。

(14) 前掲注 (12)「少年非行と児童福祉」は、アメリカとは異なる児童福祉の伝統を持つ日本では「年少の少年に対しては裁判所によってではなく児童福祉機関による保護が行われることがとりわけ重要と思われる」という前提から出発して、一四歳未満の触法少年については「都道府県知事又は児童相談所長から送致を受けたときに限り」家裁の審判に付するという方向での法三条の改正が必要であると説いている。これは本文中に掲げてある翌二四年四月改正法の三条二項改正条文の文言そのままである。
(15) 第五回国会衆議院法務委員会会議録第九号三頁 (昭和二四年四月二三日)。
(16) 前出注 (12) 及び (13) 参照。
(17) 前出注 (15) 法務委員会会議録三―四頁。
(18) 大坪與一『更生保護の生成』三一一頁 (日本更生保護協会、一九九八)。
(19) 後出注 (24) 内藤文質発言参照。
(20) 第五回国会参議院法務委員会会議録第一四号一一頁 (昭和二四年五月一六日)。
(21) 同前法務委員会会議録一四号一三頁。
(22) これが、かつて「世人をして審判所の少年はすべて犯罪少年であると考へしむる様な申出には断じて応じ難い」と、内務省側の申出をはねつけた宮城長五郎の少年法理解 (本書一六五頁) と軌を一にするものであったことは改めて言うまでもない。
(23) 昭和二五年一〇月開催全国少年係裁判官会同協議録一三三―一三四頁 (一九五一)、昭和二六年九月開催全国少年係裁判官会同協議録一五五―一六三頁 (一九五二)。
(24) 昭和二七年九月開催全国少年係裁判官会同要録一三〇頁 (一九五三)。
(25) 昭和二五年の裁判官会同において、内藤は触法少年の少年院収容に関しては「今後の少年法の改正という問題が起こりましたときには、考慮されるだろうと思います」と重ねて明示的に述べている (前出注 (23) 昭和二五年会同協議録一三四頁)。

むすび

平成一五年七月の長崎幼児誘拐殺害事件は、本稿で追跡してきた少年保護をめぐる二つの理念の相剋の歴史を我々に想起させるとともに、触法少年の収容処遇をいかに構想すべきかという問いを日本社会に改めて突きつけた（巷間に語られている刑事責任年齢の引下げという論点はここでは二次的な意味を持つにすぎない）。

さしあたっての世論の動きは、〝触法少年に対しても少年院収容を可能にする法改正を〟という、前記「全国少年係裁判官会同」での立法論に近い線で収束しつつあるように見える。[26]だが、一見小振りで技術的なこの論点は実は、そもそも少年法における「保護」とは何かという根本問題と深くかかわっている。

すでに見たように、現行少年院法二条の収容年齢制限規定の歴史的背景には、「保護教育ト留置場ノ看守トハ両立セサル……モノ」（池田千年）という〈教育〉と〈刑罰〉をめぐる二分論があった。だが別稿[27]ですでに検討したように、大正一一年に成立した少年法は、いわばこの二分論を乗り越えるところに成立した法体系であった。自由の拘束は保護・教育の対立物というよりは、むしろその構成要素であるという「合成金」的思考こそが、そこでの保護概念の特質をなしていたのである。

アメリカ・パレンス・パトリエの直接の影響下に改正された昭和二三年少年法は、送致手続をはじめとする多くの点で二分論的色彩をおびてはいたが、法の根底にある「保護」の観念それ自体がこの改正によって決定的な変容を被ったわけではない。今日の課題である少年院法二条をはじめとする制度の手直しにあたっては、わが国の少年法制の基層に根を下ろしている右の「合成金」的思考（二面思考）を再確認して、今日の状況の下にこれを生かす必要がある。

そしてこの作業は、ともすれば昨今〝緩和された少年用の刑事罰〟としてのみ解されがちな少年院収容一般に対して、多少とも異なった角度からの光を当てることを意味するに違いない。

(26) 平成一五年九月に公にされた政府の「少年非行対策のための検討会」がとりまとめた報告書「少年非行対策のための提案」は、「年令で対応を分けるのではなく処遇の必要性での弾力的対応ができるように少年院に入所できる年令の引き下げ、あるいは触法少年だけの施設の設置ということも考えてもよい」という立法論にまで踏み込んでいる。

(27) 本書第3章。

第10章　少年法におけるアメリカと日本

――比較法史的考察

（注記）

本稿は、先にシカゴ大学出版会からアメリカ少年裁判所一〇〇周年を記念して刊行された論文集、A Century of Juvenile Justice (M. K. Rosenheim, F. E. Zimring. et al, The University of Chicago Press, 2002) に、筆者が、アメリカの読者を念頭においた日本法の紹介論文として寄稿した Juvenile Justice in Japan : A Historical and Cross-Cultural Perspective を、東洋大学比較法研究所主催国際シンポジウム（二〇〇二年一二月）における報告のためにアレンジし直すとともに、必要な省略と補筆を加えたものである。

はしがき

(1)　少年法におけるアメリカと日本というテーマは、比較法上のきわめて興味深いテーマである。過去一世紀間の日本における少年法の歩みを振り返ってみると、我々は日本法の歴史がアメリカ法とのたえざる文化接触の中から生まれた波乱に富んだ一の物語であったことに気づいて驚かされる。
一〇〇年の間に、アメリカ少年法は二度にわたって日本法にその準拠枠を提供した。一度目はシカゴに少年裁判所が創設された世紀転換期であり、二度目はアメリカによる占領下でGHQが戦後日本の法制改革に大胆なイニシアティブを発揮した時期である。

一八九九年から一九六七年の間のアメリカ少年裁判所法を特徴づけていたのは、犯罪少年の取扱いは刑罰ではなく親の教育行為類似の保護処分をもってなされるべきであるとした、パレンス・パトリエの理念であった。日本の少年法は、アメリカ法との最初の出会いにあたって、パレンス・パトリエ理念を強い共感をもって受けとめると同時にこれを日本の社会に適合するよう換骨奪胎するという微妙な対応を示した。これに対して二度目の出会いの場面では、明治・大正期のような裁量の余地は日本に与えられなかった。だが、こうした歴史的局面の相違にも拘らず、アメリカ少年裁判所の理念そのものは、一世紀間を通して日本法の自己理解に大きな影響を与え続けた。

(2)　しかしながら、このような歴史的背景を念頭において世紀末の今日のアメリカ法と日本法の現状に目を転じてみると、我々は彼我の少年法が示している大きなコントラストに出会って、いま一度驚かざるをえない。

アメリカにおける一九七〇年代以降のいわゆるDecline of Rehabilitative Ideal（保護・矯正理念の没落）と手を携えて進行した少年司法の刑事化は、今日のアメリカ法の一般的特徴であり、マスコミはしばしば、増大・凶悪化する少年犯罪に対処できず「水没しかけている少年裁判所[1]」に手きびしい論評を加えている。少年裁判所廃止論を説く法学者の論文が有力紙でセンセーショナルに取り上げられることも決してまれではない。

日本ではどうか。一九九七（平成九）年の司法統計年報によれば、この年に全国の家庭裁判所が取り扱った少年数は交通事犯を除いて一六万四三二七人であった。このうち少年院に収容された少年数は全体の二・八％であった。現行の家庭裁判所の審理は、判事と調査官が主宰するインフォーマルでパターナリスティックな職権主義的手続を原則として採用している。驚くべきことに、家庭裁判所が罪質および情状に照らして刑事処分を相当と考え（法二〇条一項）、検察官に送致した少年数は、全体の〇・二％の二九二人であり、しかもこのうち有罪判決を受けて現実に少年刑務所に収容された少年はわずか四二名であった。「保護処分による刑罰肩替わり」という論点をひとまず別にすれば、ある意味でこれは驚嘆に値する〝脱刑罰化〟現象である。アメリカでは少年裁判所が「水没しかけている」とすれば、日本では少年刑務所が「消滅しかけている」のである。

(3) 右に引いた統計は、現代の日本においてこそアメリカ法の保護主義の理想が大きく花開いているかのような印象を我々に与える。だが、はたして日本法は、世紀転換期のアメリカ法の理念がひたすら生き残っている太平洋対岸の飛び地なのであろうか。いわば兄弟関係にある二つの少年制度が示しているこのコントラストを、我々はどう理解すべきなのであろうか。

このような比較法史的な問いをふまえて以下では、一　パレンス・パトリエとの第一の出会いと一九二二（大正一一）年少年法の成立、二　パレンス・パトリエとの第二の出会いと一九四八（昭和二三）年少年法の制定、三　その後の展開、という順序で日本少年法の一〇〇年史を追跡することとしたい。この通史的作業を通して、日本法とアメリカ法との今後の対話の可能性を探ること――これが本稿の課題である。

(1) ニューヨーク・タイムス一九九七年七月一七日。

一　大正一一年少年法の成立と展開――パレンス・パトリエとの第一の出会い

一　パレンス・パトリエへの共感

二〇世紀前期の日本の少年法の歴史は、アメリカで勃興した「革新主義」の理想に触発されることを介して、日本が自らの少年司法システムを創出することに成功した歴史であった。

いわゆる感化法（Reformatory Act）が第一四回帝国議会を通過したのは、シカゴに少年裁判所が創設された一年後の一九〇〇（明治三三）年三月のことである。この感化法は、不良少年を「親の監護欠損」という角度から把握して、これを感化院に収容して矯正教育を加えることを目的とした近代日本で最初の法律であった。この小さな法律をアメリカ流のパレンス・パトリエ理念によって具体化することに大きなイニシアティヴを発揮したのは、キリスト教の監獄教誨師留岡幸助である。空知監獄での実務のかたわら読んだE・ワインズの『文明諸国における監獄と児童救済制度の現状』[2]に深い感銘を受け、アメリカで勃興しつつある「革新主義的」少年矯正・児童救済制度を日本に導入することを決意した留岡が、単身渡米したのは感化法制定六年前の一八九四（明治二七）年であった。留岡は、彼を友好的に迎え入れたF・ワインズやG・ブロックウェイの援助を受けて当時のアメリカ少年矯正の哲学と情熱を胸一杯吸い込んで二年後に帰国し、帰国を待っていた盟友小河滋次郎（内務省獄務課長）らとともに日本での感化制度の本格的な設立運動に着手する。時あたかもイリノイに少年裁判所が創設される前夜であった。

明治日本の西欧法の継受に卓抜な指導力を発揮した穂積陳重がイリノイやコロラドの少年裁判所を視察し、帰国後、「米国ニ於ケル小供裁判所」という講演を矯正関係者を前にして行ったのは、感化法制定から七年を経た一九〇七

（明治四〇）年であった。この講演記録は穂積がその瑞々しい感受性と理解力によって、B・リンゼイやJ・マックに代表される少年裁判所の創設の父たちのパターナリスティックな情熱を的確に吸収したことを今日に伝えている。ある種の驚きすら交えて彼は次のように語っている。

「子供裁判所の歴史は誠に新しい物で、即ち一八九九年までは、世界各国に於いて児童の犯行は罪であるといふ主義を取って居りました。……前世紀の最終の年、即ち一八九九年に「シカゴ」市に於て第一の子供裁判所が設立せられました。……この制度の基礎たる主義を一言にして言へば、子供は罪人に非らず、子供は罪人たる能はずといふことに帰するのであります。……子供の行為はいわば全く自己一身の行為でないと看做すのであります。……故に子供裁判所に関する法律に於ては、子供に付ては決して犯罪人といふ言葉を使ひませぬ。……子供裁判所の裁判の目的は、後にも御話する通り、不良行為を罰するにあらずして其人を教育矯正するにあるのであります。[3]」（傍点原文のまま）

留岡・小河・穂積によって紹介された、世紀転換期のアメリカでの子供の発見とそれに伴う諸制度の設立は、少年制度の在り方を模索していた当時の日本の立法関係者や少年関係の実務家の心を強く揺さぶるものであった。感化院の実務においてはもとより、刑務所の少年監・懲治場においても〝刑罰にあらずして保護・教育を〟の理念が実行に移された。日本の関係者が、アメリカの革新主義の理想にいかに鋭敏かつスピーディに反応したかには驚くべきものがある。こうした流れの中で、少年法の立案が司法省の特別委員会の手によって正式に着手されたのは、穂積講演から五年後の一九一二（明治四五）年であった。

二　「甘え」の文化的パターン――一つの社会心理学的作業仮説

(1)　少年法の立法過程を追跡するに先立って、我々はここで、そもそもなぜ明治日本の少年法関係者がアメリカのパレンス・パトリエにかくも強く心を動かされ敏感に反応したのかを、一度考えておく必要がある。というのも、ここでの日本社会の反応は、たんにイデオロギーのレベルにはとどまらない社会心理学的・文化的なコミットメントに支えられており、しかもこの反応のパターンそのものは、世紀末の今日まで引き継がれていると見られるからである。ここでは一つの作業仮説を提示しよう。

精神医学者土居健郎の著作 The anatomy of dependence(4) によって欧米でもよく知られるようになった日本人の社会心理学的・文化的特性の一つに、依存欲求（dependency-need）に対する鋭い感受性がある。この dependency-need は日本語では「甘え」と呼ばれるが、土居によれば「甘え」の心理的原型は、乳幼児が母親を求め母親と一体化しようとする本能的欲求に発している。この欲求は、子供の成長にとって欠くことの出来ないものであるとともに、その後に展開する様々の人間関係を成り立たしめる源泉である。母親はまた、子供の甘えを受け止めることによって子供に対する保護感情の喜びを味わう。

日本の社会で「甘え」として認識されるこの依存欲求は、欧米近代社会にあってはせいぜいが子供期に特有の一過的ものと考えられるのが一般的である。だが土居によれば、日本では「甘え」に対する感覚は、自己決定と責任が社会規範となる成人以後においても、規範の背後で自覚的に生き続けかつ尊ばれる貴重な感覚である。むしろこれは様々な形で社会規範の中に浸透して、相互依存を尊ぶ日本人の道徳感情の源泉となる。つまり日本人にとっては、「甘え」はコントロールされるべき感情ではあっても、西欧社会のように否認され意識下に抑圧されるべき感情ではない。換言すればこれは、人間の自律のパフォーマンスの背後に依存の存在を見出だす感覚であると言ってもよい。

ちなみに西欧の諸言語は、「甘え」に即応する語彙を持っていないが、「甘え」それ自体は人間に普遍的な経験として西欧社会にも存在する。(5)

(2)　以上が、土居の「甘え」理論の基本骨格であるが、アメリカのパレンス・パトリエに対する日本人の鋭敏な反応は、日本の文化的伝統の中に根を下ろしているこの「甘え」の感受性の観点から見た時、極めてよく理解されうるものである。けだし、アメリカのパレンス・パトリエにおける「子供の発見」は、何よりもまず子どもの依存欲求の発見であった。一、二の例をあげよう。

パレンス・パトリエ児童労働規制運動のリーダーの一人A・J・マッケルウエイが、一九一三年に Child Labour Bulletin に載せた「アメリカの児童の依存宣言」(Declaration of Dependence by Children of America) と題した文章の中には、次のような一節がある。

「我々アメリカの子ども達は、ここに自分たちが寄る辺なく依存した (dependentな) 存在であることを宣言する。我々は依存したものであるとともに、権利において依存すべき存在である。それゆえに我々は自分たちの寄る辺なさについての訴えを表明するとともに、子供期の権利を享受できるような保護が我々に与えられるよう訴える(6)」。

また少年裁判所の初期の実務家たちの文章の中にはしばしば「少年裁判所は子どもは子どもだということを発見した。子どもは子どもとして扱わなければならない(7)」といった保護的感情のこもったフレーズが現れているが、これらの文章はいずれも、当時のアメリカの改革者たちが――おそらく〝自由の国アメリカ〟の歴史の中では例外的な局面として――子供の dependency-need に鋭く反応し、これに応える母性的な保護感情によって強く鼓舞されていた様子を鮮明に物語っている。The Child Savers（『児童救済家達』）の著者として知られるA・プラットがこの時期の少年裁判所の特徴を〝Maternal Justice（母性的司法）〟と呼んでいるのは[8]、その意味できわめて示唆的である。そして世紀転換期の日本社会は、アメリカ少年裁判所が発見したこの依存欲求への感受性に鋭く反応したのである。我国の感化院や少年監・懲治場の実務家達の当時の実践記録を読んでみると、我々は、彼等をつき動かしているものが、単なる輸入され翻訳されたアメリカ・イデオロギーであると言うよりは、むしろこれに触発されたところの、伝統的な「甘え」の感受性であることに否応なく気づかされる。けだし、日本に紹介されたパレンス・パトリエの理論は、日本社会の歴史的・文化的遺産である「甘え」の感受性に、西欧法の言語と形式を与える触媒の役目を果たしたと言ってよい。

三　パレンス・パトリエへの懐疑と立法作業

(1)　興味深いことは、上記のような共感を引き起こしたパレンス・パトリエの理論と制度は、そのままでは日本の少年法創出のモデルとはならなかったという事実である。穂積講演とほぼ同時に、とりわけ刑事法関係者の間から生じて来たのは、アメリカ型保護主義の限界に対する鋭い指摘――その意味でのパレンス・パトリエへの懐疑と批判であった。一六歳未満の少年には一律に刑事責任がないと看做したパレンス・パトリエの少年観は、彼等の目には、余りに単純すぎると映った。一九〇八（明治四一）年六月の全国典獄会同で行われた司法省監獄局長小山温の次の一節は、このパレンス・パトリエの哲学への懐疑を明言するとともに、来るべき少年法（「完全ナル感化法」）の方向を示唆するものでもあった。

「本官ヲシテ言ハシムレハ、犬ヤ猫ヲ可愛カルヤウナ風ニ可愛カッテハイカヌノテアル。……心アル人間トシテ取扱ハネハナラヌノテアル。……監獄官吏ハ同情ノ念カナケレハナラヌ。ソレハ勿論ノ話シテアル。併シナカラソノ哀憐同情トイフコトハ譬ヘテ申サハ厳父カソノ児ニ対スルモノテナクテハナラヌ。愚母ガソノ寵児ニ対スルモノテアッテハナラヌノテアル。……卑俗ニコレヲ申シマスレハ、アマヤカストアマヘルノテアル、泣ケバ飴ヲ与エル、マスマス泣クノテアル。」[9]（傍点筆者）

(2)　法案の審議を開始した司法省特別委員会は、まず対象少年の範囲を犯罪少年と準犯罪少年に限定した。当時のアメリカの児童福祉制度が直面しつつあった〝家族の分解〟は日本にとっては未知のものであり、孤児・浮浪児（dependent child）や遺棄児（neglected child）の保護を、犯罪・不良少年（delinquent child）に対する保護・矯正と同一の管轄権の下で扱うことは無用の混乱を引き起こすと彼等は考えたからである。原案の作成を委ねられた小山の後任の谷田三郎は、アメリカ・ドイツを中心とした諸外国のデーターを広く収集・検討しつつ法の基本線を確定した。谷田の原案は、法の目的を少年の保護と社会復帰においた上で、犯罪少年の刑事責任と保護処分を相互排斥的に取り扱わずに、両者を一つの法体系の中で相互補完的に組み合わせようとするものであった。かかる複合的モデルの提出は、保護の純粋性を主張する感化法・パレンス・パトリエの支持者からの強い反発を引き起こした。だが議会は三年間の論議の末、一九二二（大正一一）年三月、谷田のモデルにそった少年法案を可決した。残存している当時の立法資料は、刑罰と保護処分という論理的には相対立する観念を二面的・複合的に把握することによって、アメリカと日本の間にある異った法文化を架橋しようとした立案関係者たちの努力のあとを物語っている。

四　二面的制度の成立と検察官の役割

(1)　こうして成立した大正一一年少年法は、一種の二重焦点型システム（bifocal system）、つまり刑罰と保護処分をケースに応じて選択的に少年に科することの出来るような二面的制度を作り出した。この法秩序のもとでは、一四歳以上の犯罪少年は第一義的には「罪人《つみびと》」たりうる存在である。しかしこれと同時に少年は、一定の条件が満たされる範囲で及ぶかぎりの保護的取り扱いを受けるべき存在でもある。何よりも注目すべきことは、ここでの少年に対する刑罰が、応報的色彩を極少化した教育刑という位置づけを与えられたことであった。

保護処分を専権で取り扱う準司法的特別機関として、この法律がシステムの中心部分に創設したのが少年審判所である。少年審判所は、検察と警察から送致されてきた少年の調査と処分決定およびその後の処遇に対する全般的な管轄権を与えられており、そこでの手続や処遇方法にはプロベーションをはじめとするアメリカ少年裁判所の手続モデルが入念に取り入れられている。微罪少年及び年少の犯罪少年は警察から直接審判所に送致される。重罪少年や年長少年の場合には裁量権を持つ検察官があらかじめ取り調べ、ここで刑事処分相当として起訴された少年は保護的にアレンジされた少年用の刑事手続で審理される。しかし大部分の保護可能な少年、つまり罪を自認・反省し、かつ社会がその非刑罰的処置を許容する犯罪少年の場合には、起訴されることなく少年審判所に送致されて保護処分の対象となるのである。

以上を要するに、世紀転換期のアメリカ少年裁判所が、浮浪児や遺棄児を主眼にした福祉的管轄権の中に犯罪少年を一括して取り込み、これを同一のメニューで取り扱うものであったとすれば、大正一一年の日本の少年法は、積極的責任主義の建前を維持しつつ、少年審判所のインフォーマルな保護管轄の中へ犯罪少年を選択的に送り込んだのである。

(2)　手続全体の中で中核的な位置を与えられたのは、当然のことながら振り分けに当たっての検察官の裁量権であった。法の施行と同時に発せられた刑事局通牒はここでの振り分けのガイドラインを次のように提示している。

「同法ノ精神ニ鑑ミ……刑務所ニ収容シテ刑ノ執行ヲナスニアラサレハ到底改悛セシムルノ見込ナキモノト認メタル者、又ハ一般警戒ノ為刑ノ執行ヲナスヘキモノト認メタル者ノミヲ起訴シ……ソノ他ノ事件ハ不起訴処分ニ付シ何レモ少年審判所ノ処分ニ委スル様到度此段及通牒候ナリ」(10)（傍点筆者）

ここでは、刑罰の主眼が「改悛」という本人の主観的・心理的状況に置かれていることが注意を引く。検察官の振り分けに当たっての大きな任務は、単なる外形的な選別のみにあるのではなく、犯罪事実をすでに自認している少年のうちにこの改悛の可能性を発見し、あるいはこれを引き出すことであった。改悛の有無こそは審判所の保護処分・保護的措置を成功させる鍵だったからである。

ところで、この「改悛」は、少年の側の自発性に支えられた謝罪の感情を中核としたものである。だが、この感情がひき出されるためには、検事と少年の間に存在した訴追官対被疑者という対立関係が、保護官対被保護者という親和的関係へと心理的に切り換えられていなければならない。「訴追官」と「保護官」——ある意味でこれは矛盾に満ちた一人二役である。明治日本の検察官はこの一人二役を果たすべきものとして訓練され、その事によって刑事手続の中核を担うものとなった。そして、本稿の分析視角から見れば、この一人二役的切り替えを可能にしたものは、日本の社会に歴史的に共有されて来たところの、自律の背後にある依存に敏感に反応する「甘え」の感受性に他ならなかったように思われる。

今日残されている統計によれば法施行後二〇年の一九四二（昭和一七）年の時点で、検事によって起訴された少年数は検事局全取扱件数の概ね二・八％であり、残りの九七・二％のうち七〇・七％が少年審判所に送致され、二六・

五%はよりインフォーマルな保護的措置に付されている。[11] 当時の実務家達はこの制度全体のスピリットを、かつての小山温（監獄局長）にならって「厳父慈母」の精神と呼んだ。

パレンス・パトリエの衝撃とそれへの共感の下に出発し、制度の具体的構築の局面に至って責任と保護の相互補完的な架橋を追求した大正少年法は、ともかくもその二面的なねらいを達成したといってよい。

（2）Enock C. Wines, E. C., The State of Prisons and of Child-Saving Institutions in the Civilized World, Motclarir, N. J.; Patterson Smith 1968 (Reprinted from 1880 edition).

（3）穂積陳重「米国ニ於ケル小供裁判所」法学協会雑誌第二五巻九号一二五八頁（一九〇七）、但し、原文の片仮名使いは読み易さを考慮して『穂積遺文集（第三巻）』の平仮名使いをもって代えてある。

（4）Takeo Doi, The Anatomy of Dependence : The Key Analysis of Japanese Behavior (New York Kodansha International/USA, 1973). 原著—土居健郎『甘えの構造』（弘文堂、一九七一）。

（5）Takeo Doi, On the Concept of Amae, 348 Infant Mental Health Journal 13, No. 1 (1992).

（6）A. J. Mackelway, Declaration of Dependence by the Children of America in Mines and Factories and Workshops Assembled, Child Labor Bulletin 2 (August 1913), 43.

（7）Samuel J. Barrows, Childlen's Court in the United States : Their Origin. Development, and Result—Report prepared for the International Penal and Prison Commission (Washington, DC, Governmet Printing Office, 1904), 120.

（8）Anthony Platt, The Rise of the Child Saving Movement : A Study in Social Policy and Correctional Reform, Annals of the American Academy of Political and Social Science No. 381 (January 1969), 25-28.

（9）刑務協会『刑務所長会同席上ニ於ケル訓示演述注意事項集』二三〇頁（矯正図書館蔵）。

（10）司法省刑事局長通牒代五四四号、大正一二年一月二七日「不起訴処分ニ付スヘキ少年犯罪事件ニ関スル件」（日本少年

保護協会『司法保護法規類聚』八七頁〔一九三二〕。
⑾　本書第4章二一四―二一六頁。

二　昭和二三年少年法の成立と展開――パレンス・パトリエとの第二の出会い

一　B・G・ルイスと新少年法の制定

第二次世界大戦の敗北は日本に対して、アメリカのパレンス・パトリエの理想主義を――大正少年法と比較した場合――より徹底した形で採用することを強いることになった。少年法改正の指導・指示に携わったGHQ公安部・行刑班主任のB・G・ルイスは、大正一一年少年法の複雑な構造を評価しなかった。とりわけ、この法律の下では少年の刑事責任が正面から認められていること、手続の上で検察官が大きな役割を占めていることは、保護に純化された手続構造を持つアメリカ少年裁判所法と比べて遅れたものとルイスの目には映ったのである。

一九四七（昭和二二）年春、ルイスは日本の司法省保護課に対して四点のガイドラインを提示して法の全面改正を指示し、翌年の二月には全文二四条からなる「日本の少年裁判所法に関する示唆案（Suggested Juvenile Court Code of Japan）」を立案担当者に手渡した。[12]この「示唆案」は、主として一九四三年の全米プロベーション協会による「標準裁判所法（案）（A Standard Juvenile Court Act――Suggested Draft）」に依拠したもので、浮浪児・孤児・遺棄児を対象とする児童福祉法型の幅広い少年裁判所の管轄を定め、手続の非刑事的性格を強調したものであった。法案の基本方向を打ち出した当時のGHQ文書は次のように謳っている。

「少年裁判所はコモンロー上の刑事裁判所ではない。少年裁判所が、パレンス・パトリエ理念を基礎とした管轄権を持つ衡平法裁判所であることは、すでに確立されたものとなっている。少年裁判所は刑事裁判所ではないというこの原理は、日本の少年司法制度の改革にあたっても堅持されるべき原理である[13]。」

アメリカでのパレンス・パトリエ少年裁判所は当時なおその安定期にあり、二〇年後にこの制度理念が失墜することを予感したものは誰もいなかった。

ルイスの指示のもとに進められた新「少年裁判所法」案の作成は、作業の過程で生じた外在的理由から、刑事処分規定を維持したままの大正「少年法」の大改正という枠組の中で行われ、かなりの点でルイスの当初の意図からはずれたものとなったが、パレンス・パトリエの非刑罰主義的イデオロギーの日本法への移植というその目的自体はおおむね達成された[14]。新法案は、二〇歳未満のすべての犯罪少年は家庭裁判所に送致され優先的に保護処分の対象とされること、検察官による事前の振り分けは許されないこと、少年の刑事訴追は一六歳以上の少年に限って検察官への逆送制度の下に許容されること等を規定していた。旧法の下で少年審判所が体現していたパターナリスティックな理念は、二〇歳未満の全犯罪少年に対する第一次的管轄権を獲得した家庭裁判所の手続の中に、いわば増幅・拡張された形で継承されたのである。法案は、一九四八（昭和二三）年七月第二国会を通過した。

二　法務省による再改正への動きと最高裁判所の抵抗

(1)　歴史的観点から見た場合、一九五二（昭和二七）年の占領終了とともに少年法再改正の動きが法務省を中心に顕在化してきたのはある意味で自然な出来事であった。ルイスの提示したアメリカ法モデルは、先にも見たように、一九一二～二二年の時点で既に日本の立案当局者の手で吟味され、そのままでは日本に適合しないと判断されたものだったからである。かつての〝パレンス・パトリエへの懐疑〟が蘇ってきた。とりわけ手続の中心部分から検察官をシャットアウトした新法は、大正少年法のもとで訓練を受けた実務家にとっては、責任と保護の間の合理的なバランスを欠いたものと思われた。法務省が、一〇年の準備期間を経て検察官の審判手続への関与と少年年齢の引き下げを盛り込んだ「少年法改正に関する構想」を発表したのは一九六六（昭和四一）年五月のことである。ある意味で大正一一年法との親和性を示すこの「構想」はしかし、戦後という時代的空気の中で強い批判に見舞われた。大正一一年の時点で保護の純粋性確保の観点から少年法案に鋭い批判を加えた人々――たとえば小河滋次郎や留岡幸助――の思想的後継者達が、今回は、昭和二三年新法の情熱的擁護者（法改正反対論者）として発言したことは言うまでもない。

(2)　「少年法改正構想」に対するこのような世論の強い批判にも拘らず、法務省がより具体的な「少年法改正要綱」をとり纏めて、四年後の一九七〇（昭和四五）年にこれを法制審議会に諮問して法改正に具体的に乗り出したことは関係者を驚かせた。視野をアメリカに広げてみればしかし、これは十分に理由のある企てであった。一九六七（昭和四二）年五月、アメリカ連邦裁判所は、少年の憲法上の〝デュー・プロセスの権利〟を根拠にして少年裁判所のパターナリズムを鋭く批判した、いわゆるJ・F・ゴールト事件判決（法廷意見執筆A・フォータス）を下したが、これは、七〇年間にわたってアメリカ少年裁判所制度を根拠づけるイデオロギーであったパレンス・パトリエの失墜を告げる鐘であった。五月一六日のニューヨークタイムスは、「最高裁、少年の審理においても成人の訴訟手続が行われるべしと判決」の見出しのもとで判決の主要部分を大きく掲載した[15]。

ゴールト判決の衝撃はほとんどリアルタイムで日本に伝わった。「少年法改正要綱」の説明書は、〝現行少年法が範としたアメリカの少年裁判所についても、最近の連邦最高裁判決によって、伝統的なパレンス・パトリエの法理に対する深刻な反省が表明されている〃と力を込めて語っているが、[16]この「改正要綱」の最大の眼目は、少年年齢を一八歳に引き下げるとともに、少年の手続上の権利保障と検察官の審判関与という枠組みのもとで昭和二三年法のインフォーマルな審判手続を準対審的・準司法的な手続へ転換しようとする所にあった。ここでは少年の黙秘権・付き添い人選任権・証拠調請求権などが、検察官の意見陳述権・証拠調請求権と対になる形で列挙されている。アメリカ法的な表現を用いれば、これは一種の「システムのゴールト化」（Gaulting the System）ということになる。

敷衍して言えば、法務省は、ゴールト判決が宣言した少年に対する〃成人並みのデュー・プロセスの権利の保障〃という手続的要請の背後に、少年の「自律」に依拠する責任原理の承認という実体法上の理念の転換を読み取った。昭和二三年法の下で、保護と責任のバランスが日本の少年司法から失われたことを大きな損失と考えていた法務当局は、ゴールト判決による母法アメリカ法の方向転換を、日本の少年法のバランス回復のための追い風と考えたと言ってもよい。

(3)　満を持して法の再改正に乗り出した右の法務省の動きはしかし、一九七〇（昭和四五）年に始められた法制審議会の議論の中で最高裁判所側の強力な抵抗に遭遇した。我々は先に、かつての日本の少年審判所が、アメリカ法の枠組みの中に伝統的な保護主義のスピリットを盛り込んだところの「文化接触」の所産であったこと、そして一九四八（昭和二三）年の新法がこのスピリットをいわば拡張された制度的枠組の下で継承したことを指摘したが、ここに育まれた最高裁判所家庭局・家庭裁判所の保護的感受性にとっては、「少年法改正要綱」のリーガリズムは時代に逆行する反動と解されたのである。最高裁判所が一九七三（昭和四八）年に「改正要綱」の批判として公表した『少年法改正要綱に関する意見』の一節はのべている。

「少年審判手続きが職権主義的審問構造をとっているのは、それが少年事件の教育主義の基本理念を生かすのに必要かつ適切なためであり、少年審判における適正手続きの在り方は、このような少年事件の基本理念を犠牲にすることなく、これと調和した姿のものでなければならない」[17]。

デュー・プロセスの法理は「教育主義」と矛盾しないように構成されるべきである、ということでの最高裁の保護主義的姿勢は、あえて言えば、戦後の改正少年法によって全く新たにもたらされたものと言うよりは、戦前の少年審判所の保護的情熱を形を変えて継承したものと言うほうが正しい。ともあれ、論争は五年たっても膠着したままであった。法務省のリーガリスティックなアプローチが後退し、結局〝裁判所の裁量のもとでの限定された検察官関与〟の制度化というラインで両者の妥協案（いわゆる「中間答申」）が成立したのは、審議開始から七年をへた一九七七（昭和五二）年になってのことであった。しかしながらこの妥協案も、保護手続きの純一性の主張を最後まで貫いた在野法曹（日本弁護士連合会）の強い反対にあって、現実の法改正には結びつかなかった。法務省による少年法再改正の企ては結局不発のまま、ひとまず休眠期に入ったのである。

昭和二三年少年法は、こうしてほぼ無修正のまま戦後の日本社会に定着した。改正論争が新たな装いのもとに再登場してきたのは、二〇年後の一九九六（平成八）年になってからのことである。平成期のこの新たな流れに入る前に、ここでは、本稿冒頭で指摘した、昨今の日本法を特徴づける著しい〝脱刑罰化現象〟に触れておこう。

(4)　以下に掲げるのは、法二〇条による送致人員数および少年新受刑者数の歴年の推移を表にしたものである。法務省「改正構想」が公表された昭和四一年には約四〇〇〇人を数えた二〇条送致人員は平成一一年には三一一人へと減少し、これにほぼ対応して、新受刑者数も一〇四五人から三九人へと減少した。

	20条送致人員数	少年刑務所新収容人員数			
昭和27年	3981	1521	昭和51年	645	158
28年	2581	943	52年	501	113
29年	2157	671	53年	613	110
30年	2448	747	54年	645	124
31年	2722	880	55年	829	141
32年	3238	922	56年	768	135
33年	3308	720	57年	862	153
34年	4049	952	58年	1008	147
35年	4291	1024	59年	993	116
36年	3887	908	60年	854	129
37年	3461	769	61年	824	99
38年	3125	786	62年	859	138
39年	2886	675	63年	716	99
40年	3119	738	平成元年	663	68
41年	3939	1045	2年	490	63
42年	3619	995	3年	525	59
43年	3075	860	4年	475	56
44年	2459	567	5年	407	50
45年	2009	403	6年	361	54
46年	1415	357	7年	328	56
47年	1134	275	8年	295	41
48年	1056	236	9年	292	42
49年	842	173	10年	324	44
50年	856	173	11年	311	39

（出典：「司法統計年報」・「矯正統計年報」による）

この表からも窺われるパレンス・パトリエ理念の模範的実現とも言うべき現象については、様々な角度からの説明が可能であるが、本稿の観点からとりあえず指摘できるのは次の事実であろう。すなわち、パレンス・パトリエという反刑罰主義的理念をなぜ世紀末のアメリカ社会が生み出したかといえば、これはアメリカ社会が〈自律と責任〉を「掟」とする社会、依存要求（dependency-need）の表出が親子関係の外では抑圧される社会だったからである。〃犯罪少年にも保護的処遇を〃という要請を何ほどか実現するためには、アメリカはパレンス・パトリエという児童福祉的保護主義のイデオロギーを必要とした。これに対して、パレンス・パトリエに出会った世紀転換期の日本社会は、アメリカとは逆に、依存欲求の表出が社会的に公認される社会、いわば〈保護と依存〉をその基調とする社会であった。〃依存の限界〃の制度化こそがそこでの主題の一つとなっていたのであり、大正少年法は、保護と責任の適度なバランスを維持するために、検察官による二面的少年観に立脚した裁量的振り分け制度を必要とした。そして、一九四八（昭和二三）年の少年法大改正は、アメリカ法の児童福祉イデオロギーの下に検察官の起訴猶予裁量という振り分け装置を取り外すことによって、日本の少年制度に元来内在していた母性的保護主義を大きく開花させるという結果をもたらしたのである。

（12）法務省刑事局『少年法及び少年院法の制定関係資料集』六一頁以下（一九七〇）。
（13）Donald v. Wilson, Juvenile Court Jurisdiction, 7 Aug. 1947, GHQ/SCAP RECORD Sheet No. LS-10095（国立国会図書館蔵）。
（14）立法過程の詳細につき参照本書第6章。
（15）ニューヨークタイムス一九六七年五月一六日。
（16）「少年法改正要綱に関する説明」ジュリスト四六七号六六頁（一九七〇）。

(17) 最高裁判所事務総局家庭局『少年法改正要綱に関する意見』九〇頁（一九七三）。

三　法改正への急流

(1)　一九九九（平成一一）年三月、日本政府は戦後五〇年の少年法史の上ではじめての、少年審判手続の本格的改正案を国会に提出した。重大事件の非行事実認定に限ってではあるが、検察官の審判への出席・意見陳述を家庭裁判所の裁量の下に認めるというのがこの改正案の骨子であった。経緯を略述すると次のようである。

昭和二三年少年法のインフォーマルな審判手続が――その大きく拡張された管轄にも拘らず――ともかくも機能してきたのは、犯罪事実を正面から否認し争う少年数が日本では圧倒的に少ないことによるものであった。審判はおおむね「懇切をむねとして和やかに」（法二二条）行われてきた。

だが、アメリカのゴールト判決の余波を受けて一九八〇年代から始まった、付添人の当事者主義的・刑事弁護的な審判での活動の増大は、従来のこのパターンに変化をもたらした。捜査の段階では事実を認めていた少年が、審判の場面になると――とりわけ物証の弱い事案で――事実を全面的に否認して争うというケースが、限られた数とはいえ目立ち始めた。こうした事案では、少年審判はなごやかで家庭的であるどころか「片面的な当事者主義」[18]ともいうべきものとなり、時には収拾困難な疑似刑事訴訟的な闘いの様相を帯びた。

一九九三（平成五）年に山形県の一中学校で起こった集団による傷害致死事件（山形マット死事件）では、少年の側が審判段階に入って事実を全面的に争う防御活動を展開し、ここでの立証内容を巡って裁判所の事実認定は従来考えられないような混乱と矛盾に陥った。刑事訴訟のように事実が争われる否認事件の場合には、少年側と裁判官が真正面から対立して押し問答を繰り広げる結果、現行法の職権主義モデルは殆ど無力であるということが誰の目にも明らかになったのである。少年審判制度に対する社会的信頼は、こうして大きく揺らいだ。「このタイプの否認事件の場合には検察官の立会いのもとでの準当事者主義的な制度を導入すべきだ」という声が何よりも現場の裁判官の中から起こってきたことは、事の自然な成り行きであったと言ってよい。

(2) 右のような経緯を受けて、最高裁判所が審判手続の改正を法務省と日本弁護士連合会に対して提案したのは一九九六（平成八）年の春である。三者の協議は比較的スムースに展開し、正式の諮問を受けた法制審議会（少年法部会）は異例のスピードで審議を行った末、二〇〇〇（平成一二）年一月には法改正案を完成させた。改正案が提示したのは、大部分の少年に対しては現行法の職権主義的でインフォーマルな審理方式を維持しつつ、一定の重大事件の事実認定に限って裁判官の裁量の下に検察官と付添人が準対審的に関与するという、一種のバイパス手続新設の提案であった。検察官には事実誤認を理由とする抗告権が認められるが、処遇決定に関しての意見陳述権は認められない。法務省の試算によれば、この特別手続で審理される少年数は年間二〇〇人以下と見積もられた。ちなみに検察官のここでの役割は、裁判所の事実認定を側面から援助することであって、当事者として少年を訴追することではなく、付添人の役割もまた少年の防御権行使の援助に尽きるものではないとされた。なかんずく、改正案を審議した少年法部会は、少年のデュー・プロセスの諸権利を明文によって規定することを退けた。

(3) 二〇〇〇（平成一二）年二月、世論の強い風圧を受けて第一四五国会に提出された法案は、いったんは議会内の政治的な力関係から廃案となったが、同年の九月には、右の手続的改正に加えて少年の刑事責任を重視した実体法的改正をいくつか組み込んだ新改正法案が議員立法の形で再度提出された。新法案成立の背景にあったものが、神戸酒鬼薔薇事件（一九九七年五月）から西鉄バスジャック事件（二〇〇〇年五月）の間に頻発した重大凶悪事件に対する日本社会全体の強い危機感であったことはここに言うまでもない。法案は、強い世論の追い風を受けて、若干の修正を加えただけのハイスピードで第一五〇国会を通過した。

世論を背景に急ピッチで推移した右のような今回の改正を、論者やマスコミはしばしば、アメリカ少年司法の刑事化と同質の「厳罰主義化」と呼んだ。しかし、この呼称は必ずしも正確ではない。むしろ、保護と責任の関係をめぐるわが国の一世紀間にわたる少年法論争史を視野に入れて考えて見た場合、今回の改正は、昭和二三年の大改正の結果生じていた「法の『骨格』と『手続』の間のズレ」[19]（ないしは歪み）を、昨今の重大事件の発生を機縁に多少とも再調整することに成功した出来事であったと言ってよい[20]。

(4)　ともあれ我々はここに至って、一九六七年以降のアメリカ少年裁判所の「手続上の革命」（Procedural Revolution）が、日本の少年法に与えた衝撃の射程を測定し得る地点にまで近づきつつあるように見える。

端的に言って、一九九三（平成五）年の山形マット死事件を機に顕在化した少年法改正への流れがたどり着いたところは、重大事件に限って裁判所の裁量権の枠内での準当事者主義的手続を許容する一方で、原則としては従来のインフォーマルでパターナリスティックな審理方式を堅持するという落着点であった。つまりわが国の場合、「システムのゴールト化」は回避されたのである。

アメリカ法の眼から見ればこれは一見不徹底な決着のように映る。しかし、日本法の歴史的文脈に立ってこの問題を考えてみる時、我々は裁判官の「裁量」の下で運用される今回の複線的なシステムが、責任と保護の振り分けのバランスを検察官の「裁量」によって確保しようとした大正少年法の思考パターンの延長線上にあることに気づかされる。つまり、戦後少年法史の中で法の文字通りのデュー・プロセス化の貫徹を阻んだもの——それはアメリカのパレンス・パトリエと日本の法文化の衝突・融合を通して二〇世紀前期に制度化された二面的保護主義の伝統に他ならなかった、とここで結論してもそう大きな誤りではないであろう。

(18) 八木正一「少年法改正への提言」判例タイムス八八四号三六頁（一九九五）。
(19) 本書第7章三二〇頁、三二九頁。
(20) 平成一二年改正に関する立法資料として、甲斐行夫・入江猛ほか編著『少年法等の一部を改正する法律および少年審判規則等の一部を改正する規則』（法曹会、二〇〇二）。

むすび

二一世紀を新たに滑り出した日本の少年法が、かつての大正少年法の制度構造に回帰することは、多くの点でリアリスティックなことではないしまた可能なことでもない。むしろ日本法にとっての問題は、アメリカ法との接触を通して歴史的に育まれて来た「思考の型」を、どのような形で今後生かし得るかという点にある。

比較法史的観点から主題への接近を試みてきた我々はここで、日本法の一〇〇年の経験にはアメリカ法に寄与できるものは果してないのか、を問うてみる必要があるだろう。制度的・実務的問題に関して言えば、この問いへの答えは「否」である。彼我の少年法を支える社会的・政治的条件はあまりに違い過ぎる。だが少年法を支える思考様式と哲学的前提を問題にする限り私は「ある」と答えたい。

アメリカ法の一〇〇年の歴史を特徴づけているのは、あえて言えばパレンス・パトリエかデュー・プロセスかという二者択一的・二分論的な思考様式であるが、この思考様式はしばしば過剰な理想主義に陥る危険を伴っていたように見える。

アメリカ法のこの二分論的傾向に対して日本法が一貫してとってきた対応は、少年法に内在する二つの極を分離することなく、両者を「裁量」というアプローチによってバランスさせようとする努力――換言すれば、アメリカ法の二分的構造を日本法の二面的構造へと構成し直そうとする絶え間ない努力であった。端的に言って日本法のポテンシャルは、対立する二極の間のバランス調整能力にある。

日本法に特徴的なこのバランスワークのルーツを探っていくとき、我々はいま一度、本稿の作業仮説として用いたところの「甘えの文化的パターン」という主題に直面するところとなる。先に述べたところからも明らかなように、日本文化を特徴づけている「甘え」は、人間の「単独性」からではなく人間の「関係性」から出発するが、この関係志向的な思考様式には、権利志向的な西洋近代法に内在している弱点を補う機能がある。「関係」に着眼した場合、「権利」はもはや万事を解決するアラジンのランプではない。

右の関係志向性はまた、人間理解の二重性と裏腹のものと言ってよい。既に触れたように、西欧近代社会においては依存（dependence）は従属性ないしは劣等性と等置され、したがって意識下に抑圧されがちなのに対して、「甘え」の感受性には――そこには「個人」が曖昧なものとなる危険が存在するものの――人間を依存と自律の二重性において摑まえるという強みがある。そして我々が対象としている「少年」とは、本質的に依存と自律の二重性の中で成長する存在なのである。

右に述べた二重性は人間の本質的で普遍的な属性であって、決して日本社会に固有のものではない。西欧近代社会の中では見えにくくなっているものが、様々の歴史的・地勢的条件によって、たまたま日本文化の一つのパターンとして、なお明示的に見出だされるものに過ぎない。日本法を歴史的に特徴づけてきたバランスワークは、端的に言ってこの人間理解の二重性の所産なのである。この二重性を自覚し再発見することは、アメリカ法にとっても今後の課題と取り組んでいく上で有益なものとなるのではあるまいか。

少年司法の分野において、日本法がアメリカ法をその第一の準拠枠として取り上げ、そこで一種の比較法的な対話を繰り広げるという歴史のパターンは今後も続くに違いない。私は、この対話が今後、従来の片面的なものからより相互的なものとなることを願って本稿を閉じることにしたい。

結章　〈鬼面〉と〈仏心〉

――少年法の基本問題を探る

一　保護か責任か

平成九（一九九七）年五月に神戸児童連続殺傷事件（酒鬼薔薇事件）が起って以来、少年法をめぐる論議が日本中で沸騰している。「少年法改正」が急を告げるように日程に浮上し、法制審議会は平成一一年一二月一二日に法改正答申案を急遽とりまとめた。

国民の間では、「犯罪少年は余りにも保護され過ぎている。少年法は少年の責任をもっと厳しく問うべきだ」という責任主義的主張が一方で盛り上がるとともに、他方これに対しては「少年に刑罰を科しても問題は何も解決しないばかりかかえって悪くなる。罰せずに立ち直りを助けてこそ少年法の精神ではないか」という保護主義的反論と批判が繰り出され、両者の間にはいわば「倶《とも》に天を載《いただ》かず」に近い対立が生まれている。〈保護か責任か〉をめぐる「少年法国民講座」はしばらく収まりそうにない。

少年法に関する論議は、ともすると保護「主義」か責任「主義」かという二つのイズム（イデオロギー）の間の二者択一的論争の形をとり易い。とりわけ今日のような目前に起った事件への対応を求められる局面では、二者択一的図式で論争がフィーバーすることをどうしても避けられない。こうした場面で最も有効なのは、現在の論議の渦をいったん離れて過去の歴史的遺産を探求する〈温故知新〉という方法であろう。

二　〈一体二極〉的人間観

「少年保護」は法制度が確立された大正後期から昭和にかけて、成人の猶予者・釈放者保護と合わせて「司法保護」と呼ばれていた。制度の運用を具体的に担ったのは保護団体を組織した無数の民間知識人と篤志家であった。当時の機関誌『保護時報』をひもといてみると、昭和一一年の一月号に井上一という徳島毎日新聞の主筆が大阪の司法保護研究会で行った「司法保護の精神」という次のような講演の記録が載っている。井上は言う。

「全ての物に（は）裏と表があり一方だけの物があるべきはずがない。……如何に善人でもその裏面には悪の心があり、反対に如何なる悪人でもその一面には仏の心がある。……地獄の心持の内には仏の心持があり、又反対に仏様の裏を見れば矢張り地獄や畜生の心がある。……ここに人間の実相がある。」

井上はこの見方を「一体二極の法」と呼んで、例えば「良い香を拵《こしら》えるにはどうしても悪い香を少し入れないと本当によい香はできない」し、「茶道の道具には必ず裏と表があってその裏をもし表通り磨いたならば、それは素人が扱った道具として値打ちがなくなる」といった比喩で説明した。

つまり井上によれば、悪は「ほんとうの善」の構成要素なのであって善と対立しそこから排除されるべきものではない。「悪魔のない善……立派な善だけの社会を求めても出来ない相談」であるばかりか、実は悪なしに真の善き社会はあり得ないのである。

　こうした人間観・社会観に立って、では「司法保護」に携わる者はどういう「心持」で事にむかうべきなのか——これに対する井上の答えは「一体二極の法で、表にあるべきを表にし、裏にあるべきものを裏にしておく事」に尽きた。曰く、

　「悪いことを致しますものはそれは矢張り制裁を加えて刑務所に入れてその所を得さしめ、表に現れぬものはその悪を調節して、その裏の悪が段々と表に出るような事のない様にその所を得さしめておけば十分であると思う。……司法保護事業というのは詰まり、悪をしてその所を得さしむるという一つの手段であろうと思うのであります。」

「悪をしてその所を得さしむる」というこの一体二極的人間観には、——少年の悪性を撲滅して天使のように改善・矯正するというアメリカ少年法のピューリタン的理想主義に比べた場合——むしろ「天国の偉大さは、悪魔をも含んでいながらそのため少しも汚されず一糸乱れないところにある」というゲーテのファウストの一節に通底するものが含まれている。何よりもこの思考の強みは、保護か然からずんば刑罰かという二者択一的思考が陥り易い〈イデオロギー化〉に対するチェック機能を持っていることにある。そしてこうした「二面的」な人間理解は、ひとり井上一の専売特許ではなく、明治から昭和期にかけて我が国の司法保護事業を脈々と流れる特質であった。当時の事例をもう一つ掲げよう。

三　〈鬼面仏心〉的保護

大正一一年に制定されたいわゆる旧少年法は、アメリカ法型の「子供は罪人にあらず」という少年観を採らなかった。むろん少年法の目的は、少年審判所による保護処分によって少年を保護・教養することに置かれたが、同時に少年は一四歳という刑事責任年齢に達している限り、その犯罪行為に対して少年なりの一種教育的な刑事責任を問われ得る存在でもあった。とりわけ年長の重罪少年は、法の建前の上では、刑事裁判所で少年用にアレンジされた手続の下で罪を問われることをひとまず覚悟しなければならなかった。

少年を審判所の保護処分に付するか、それとも起訴して少年用の特別刑事手続によって裁くかは犯罪の軽重・少年の心理状態をふまえてケースに応じて判断される。この場合の振り分けの機能を担ったのが検察官による起訴猶予裁量と審判所送致（および検事の手元での保護的措置）という裁量制度であった。検事は少年に対して「お前は悪い事をしたんだからとにかく償いをしなければいかん」という刑事責任の建前を以て臨む。臨んでおいた上で、検事は少年との間にある種の人間関係が形成されるのに応じて、少年を叱り諭した上、起訴を必要としない大部分の少年を審判所に送致して保護処分に付するのである。次に掲げるのは検事の手元での保護的措置の場合で少年から差し出された誓約書・引受書のマニュアル（本書七四頁）であるが、ここにはアメリカ法とは異なった我が国の二面的な少年理解のパターンがよく表れている。

誓約書

私事

此度悪い事を致し申訳ありませぬ。御情により一時御許し下されまことに有り難う存じます。此後は必ず心を入れかへ御教へを守って決して悪い事は致しませぬ。今茲に堅くおちかいを致し後の為め此の書面を差出します。

年　月　日――氏名

引受書

右本人御引渡し下さいましたに付此後私が充分監督致し再び間違ひ無き様に致します。

年　月　日

右保護者――氏名

○○区裁判所検事　△△殿

ここでの少年は、まず責任を認め「悪い事」を詫びる存在である。少年の刑事責任は「一時」棚上げされてはいるが、解除されてしまってはおらず、むしろ以後の保護関係を成立させる条件として働いている。また、「御情により」と言う文面からも窺われるように、「訴追官」としての検事は、ある種の情誼《ぎ》を伴った人間関係を媒体にしつつ、「保護官」というもう一つの役割を担って登場する。つまりここでの責任と保護の間には〈責任あっての保護〉〈保護あっての責任〉という二面的な補完関係が成立しているのである。その意味で、責任と保護の切り換えの妙こそが、このシステムのかなめとなっている。〈保護か然らずんば責任か〉という二者択一思考は採用されていない。

禅語の表現を用いて言えば〈鬼面仏心〉とも評すべき右のモデルの下で刑事裁判所に起訴された少年の比率は、検事局取扱い総数のわずか二・八％であり、約七一％は審判所に送られ、約二六％が前記のような検事の手元での保護的措置に付された。当時の実務家はこの法の運用原理を「厳父慈母」という〈親心〉の比喩で言いあらわした。換言すれば、大正一一年少年法は、〈鬼面仏心〉的保護主義の法システムであった。

四　二者択一的思考を越えて

我々は今日、いわば〈仏面仏心〉的保護主義のイデオロギーを掲げたかつてのアメリカの少年法が、一九六〇年代後半以降のいわゆる〈家族の崩壊〉と少年犯罪の凶悪化の中でその理想主義的な一面性を徹底的に批判され、八〇年代に入る頃には酷薄な刑罰主義という正反対の極へと大きくシフトし変貌してしまったことを知っている。だが、この〝新しい正義〟としての刑罰主義が、これまた一つのイデオロギーであることは言うまでもない。〈仏面仏心〉は容易に〈鬼面鬼心〉に転化するという、イデオロギー特有の力学がここには働いているのである。

アメリカにおける苛酷な刑事司法化の泥沼からの脱却（その意味での保護の再発見）を理論的に模索したM・L・フォルスト（カリフォルニア大学）とブルームクイスト（URSA研究所）の論文に概略次のような分析がある。

少年司法の今日の刑罰主義化の一つの原因は、パレンス・パトリエ少年司法が、刑事責任についての伝統的な〈二分論的思考〉（dichotomous thinking）と〈all-or-nothingのアプローチ〉によって、一八歳以下の少年を全くの刑事無責任者として構成したことに胚胎している。「少年犯罪者には刑事責任はないという法的フィクションこそ、ここ二〇年の間に少年裁判所への信頼を失わせてしまった大きな原因であった。」そしてこのフィクションへの批判が、今度は、〝子どもにも大人と同じ能力と権利がある〃というもう一つのフィクションを生み出している。だが、青少年が多くの点で成人とは異なっていることは、近時の心理学と社会学の文献がはっきり示すところとなっている。「少年は成人と同一の責任を問われるべき存在ではない。」「少年司法システムが信頼を回復するためには、少年たちの犯罪行為に対して、一定限度での〔縮小された〕責任が問われることが大切である。だがそれは、少年裁判所という枠組みの中で行われうるものであるし、また行われるべきものである。」(1)（〔　〕内訳出文の他は筆者）

今日のアメリカのほとんどの少年裁判所少年部は、遺棄・要扶助少年やいわゆる status offence 等の問題児童・少年群の管轄を切り落として、もっぱら犯罪事件を取り扱う「刑事的」裁判所である。フォルストとブルームクイストの論文は、犯罪少年を対象とする少年裁判所が自らの社会的リアリティを獲得するためには、アメリカ法が「成人」でも「子ども」でもない〃青少年〃を法的に再発見する必要があること、換言すれば、保護と責任を切り離すことなく何らかの方法で両者を相補的に組み立てる必要があることを暗示している。

我が国の昭和二三年少年法は、保護の純化を目指したアメリカ少年裁判所法の影響を強く受けて成立したものである。昨今の少年犯罪の動きに対する日本社会の〃責任主義〃的反応には、ともすればイデオロギー化しがちな〃保護至上主義〃の偽善に対する直観的反撥という点で、一定の理由と根拠があるように思う。

しかし、こうした時代であればこそ我々は、二者択一的思考を避けて先人の知恵にいったん立ち返り、〈一体二極〉や〈鬼面仏心〉に表れた二面思考の水脈をあらためて掘り起こす必要があるのではないか。この思考の中には、特定の文化の枠を超えた、人間理解における普遍性が含まれていると思われるからである。

（1） M. L. Forst—M. E. Blonquist, Cracking Down on Juveniles : The Changing Ideology of Youth Corrections, 5 Notre Dame J. L. Ethics Pub. Pol'y 323, 1991.

〈初出覚書き〉

以下に、本書に収録した各論文の初出時の表題と出典および年次を、章各に掲げておく。

序章――「少年観におけるアメリカと日本―比較法史的考察」日本犯罪社会学会第28回大会報告要旨集六～九頁（二〇〇一年一〇月）

第一章――「少年裁判手続における『保護・教養』の一側面―大正少年法立案期における論議」『現代国家と憲法の原理』（小林直樹教授還暦記念）有斐閣五六三―六〇一頁（一九八三年一一月）

第二章――「少年裁判手続における『保護・教養』の観念――『内務的』感化法と『司法的』少年法の確執」『憲法訴訟と人権の理論』（芦部信喜教授還暦記念）有斐閣七八三―八二〇頁（一九八五年九月）

第三章――「大正一一年少年法の立法過程―比較法史的概観」森田明編著『大正少年法(上)』三―六八頁（一九九三年一〇月）

第四章――「大正少年法の施行と『司法保護』の観念―宮城長五郎の場合」犯罪社会学研究第二二号六四―八四頁（一九九七年一一月）

第五章――「昭和八年少年教護法の成立とその周辺――『行政処分』による親権介入の是非」『現代立憲主義の展開　上』（芦部信喜教授古稀祝賀）有斐閣二八五―三二二頁（一九九三年九月）

第六章――「現行少年法の制定とパレンス・パトリエ」森田明『未成年者保護法と現代社会―保護と自律のあいだ』有斐閣二四三―二六八頁（一九九九年八月）

第七章――「少年法の歴史的展開――〈児童福祉政策的保護〉と〈刑事政策的保護〉の確執」猪瀬愼一郎ほか編『少年法のあらたな展開』有斐閣一―三三頁（二〇〇一年六月）

第八章―「少年法の歴史的展開と少年年齢―法二〇条ただしがきの削除を手がかりにして」現代刑事法第三巻第四号四七―五三頁（二〇〇一年四月）
第九章―「触法少年の法的取扱いについて―長崎幼児誘拐殺害事件の投げかけた波紋」法学教室二〇〇四年一月号三八―四三頁（二〇〇四年一月）
第一〇章―「少年法におけるアメリカと日本―比較法史的考察」比較法第四〇号五九―八四頁（二〇〇三年三月）
結章―「〈鬼面〉と〈仏心〉―少年法の基本問題を探る」カトリック生活一九九九年三月号一四―一六頁（一九九九年三月）

右の諸論文の本書への収録にあたっては、初出時の校正ミスその他の文章技術上の欠陥を今回補正するとともに、通史の一巻としての本書の読み易さを考慮した内容上の加筆を、二、三の箇所で行った。

なお、旧稿中の大正一一年少年法立法資料の引用表記については、今回の作業にあたって、森田明編著『大正少年法(上)(下)』（信山社）の頁表記によって全体を統一した。

〈資料〉

① 大正一一年少年法（大正一一年法律第四二号）

少年法

第一章　通則

第一条　本法ニ於テ少年ト称スルハ十八歳ニ満タサル者ヲ謂フ

第二条　少年ノ刑事処分ニ関スル事項ハ本法ニ定ムルモノノ外一般ノ例ニ依ル

第三条　本法ハ第七条、第八条、第十条乃至第十四条ノ規定ヲ除クノ外陸軍刑法第八条、第九条及海軍刑法第八条、第九条ニ掲ケタル者ニ之ヲ適用セス

第二章　保護処分

第四条　刑罰法令ニ触ルル行為ヲ為シ又ハ刑罰法令ニ触ルル行為ヲ為ス虞アル少年ニ対シテハ左ノ処分ヲ為スコトヲ得

一　訓誡ヲ加フルコト
二　学校長ノ訓誡ニ委スルコト
三　書面ヲ以テ改心ノ誓約ヲ為サシムルコト
四　条件ヲ附シテ保護者ニ引渡スコト
五　寺院、教会、保護団体又ハ適当ナル者ニ委託スルコト
六　少年保護司ノ観察ニ付スルコト
七　感化院ニ送致スルコト
八　矯正院ニ送致スルコト
九　病院ニ送致又ハ委託スルコト

前項各号ノ処分ハ適宜併セテ之ヲ為スコトヲ得

第五条　前条第一項第五号乃至第九号ノ処分ハ二十三歳ニ至ル迄其ノ執行ヲ継続シ又ハ其ノ執行ノ継続中何時ニテモ之ヲ取消シ若ハ変更スルコトヲ得

第六条　少年ニシテ刑ノ執行猶予ノ言渡ヲ受ケ又ハ仮出獄ヲ許サレタル者ハ猶予又ハ仮出獄ノ期間内少年保護司ノ観察ニ付ス

前項ノ場合ニ於テ必要アルトキハ第四条第一項第四号、第五号、第七号乃至第九号ノ処分ヲ為スコトヲ得

前項ノ規定ニ依リ第四条第一項第七号又ハ第八号ノ処分ヲ為シタルトキハ其ノ執行ノ継続中少年保護司ノ観察ヲ停止ス

第三章　刑事処分

第七条　罪ヲ犯ス時十六歳ニ満タサル者ニハ死刑及無期刑ヲ科セス死刑又ハ無期刑ヲ以テ処断スヘキトキハ十年以上十五年以下ニ於テ懲役又ハ禁錮ヲ科ス

刑法第七十三条、第七十五条又ハ第二百条ノ罪ヲ犯シタル者ニハ前項ノ規定ヲ適用セス

第八条　少年ニ対シ長期三年以上ノ有期ノ懲役又ハ禁錮ヲ以テ処断スヘキトキハ其ノ刑ノ範囲内ニ於テ短期ト長期トヲ定メ之ヲ言渡ス但シ短期五年ヲ超ユル刑ヲ以テ処断スヘキトキハ短期ヲ五年ニ短縮ス

前項ノ規定ニ依リ言渡スヘキ刑ノ短期ハ五年長期ハ十年ヲ超ユ

ルコトヲ得ス
刑ノ執行猶予ノ言渡ヲ為スヘキ場合ニハ前二項ノ規定ヲ適用セス
第九条　懲役又ハ禁錮ノ言渡ヲ受ケタル少年ニ対シテハ特ニ設ケタル監獄又ハ監獄内ノ特ニ分界ヲ設ケタル場所ニ於テ其ノ刑ヲ執行ス
本人十八歳ニ達シタル後ト雖二十三歳ニ至ル迄ハ前項ノ規定ニ依リ執行ヲ継続スルコトヲ得
第十条　少年ニシテ懲役又ハ禁錮ノ言渡ヲ受ケタル者ニハ左ノ期間ヲ経過シタル後仮出獄ヲ許スコトヲ得
一　無期刑ニ付テハ七年
二　第七条第一項ノ規定ニ依リ言渡シタル刑ニ付テハ三年
三　第八条第一項及第二項ノ規定ニ依リ言渡シタル刑ニ付テハ其ノ刑ノ短期ノ三分ノ一
第十一条　少年ニシテ無期刑ノ言渡ヲ受ケタル者仮出獄ヲ許サレタル後其ノ処分ヲ取消サルルコトナクシテ十年ヲ経過シタルトキハ刑ノ執行〔ヲ〕終リタルモノトス
少年ニシテ第七条第一項又ハ第八条第一項及第二項ノ規定ニ依リ刑ノ言渡ヲ受ケタル者仮出獄ヲ許サレタル後其ノ処分ヲ取消サルルコトナクシテ仮出獄前ニ刑ノ執行ヲ為シタルト同一ノ期間ヲ経過シタルトキ亦前項ニ同シ
第十二条　少年ノ仮出獄ニ関スル規程ハ命令ヲ以テ之ヲ定ム
第十三条　少年ニ対シテハ労役場留置ノ言渡ヲ為サス
第十四条　少年ノ時犯シタル罪ニ因リ死刑又ハ無期刑ニ非サル刑ニ処セラレタル者ニシテ其ノ執行ヲ終ヘ又ハ執行免除ヲ受ケタルモノハ人ノ資格ニ関スル法令ノ適用ニ付テハ将来ニ向テ刑ノ言渡ヲ受ケサリシモノト看做ス
少年ノ時犯シタル罪ニ付刑ニ処セラレタル者ニシテ刑ノ執行猶予ノ言渡ヲ受ケタルモノハ其ノ猶予期間中刑ノ執行ヲ終ヘタルモノト看做シ前項ノ規定ヲ適用ス
前項ノ場合ニ於テ刑ノ執行猶予ノ言渡ヲ取消サレタルトキハ人ノ資格ニ関スル法令ノ適用ニ付テハ其ノ取消サレタル時刑ノ言渡アリタルモノト看做ス

第四章　少年審判所ノ組織

第十五条　少年ニ対シ保護処分ヲ為ス為少年審判所ヲ置ク
第十六条　少年審判所ノ設立、廃止及管轄ニ関スル規程ハ勅令ヲ以テ之ヲ定ム
第十七条　少年審判所ハ司法大臣ノ監督ニ属ス
司法大臣ハ控訴院長及地方裁判所長ニ少年審判所ノ監督ヲ命スルコトヲ得
第十八条　少年審判所ニ少年審判官、少年保護司及書記ヲ置ク
第十九条　少年審判官ハ単独ニテ審判ヲ為ス
第二十条　少年審判官ハ少年審判所ノ事務ヲ管理シ所部ノ職員ヲ監督ス
二人以上ノ少年審判官ヲ置キタル少年審判所ニ於テハ上席者前項ノ規定ニ依ル職務ヲ行フ

第二十一条　少年審判官ハ判事ヲシテ之ヲ兼ネシムルコトヲ得
判事タル資格ヲ有スル少年審判官ハ判事ヲ兼ヌルコトヲ得
第二十二条　少年審判官審判ノ公平ニ付嫌疑ヲ生スヘキ事由アリト思料スルトキハ職務ノ執行ヲ避クヘシ
第二十三条　少年保護司ハ少年審判官ヲ輔佐シテ審判ノ資料ヲ供シ観察事務ヲ掌ル
少年保護司ハ少年ノ保護又ハ教育ニ経験ヲ有スル者其ノ他適当ナル者ニ対シ司法大臣ヲ嘱託スルコトヲ得
第二十四条　書記ハ上司ノ指揮ヲ承ケ審判ニ関スル書類ノ調整ヲ掌リ庶務ニ従事ス
第二十五条　少年審判所及少年保護司ハ其ノ職務ヲ行フニ付公務所又ハ公務員ニ対シ嘱託ヲ為シ其ノ他必要ナル補助ヲ求ムルコトヲ得

第五章　少年審判所ノ手続

第二十六条　大審院ノ特別権限ニ属スル罪ヲ犯シタル者ハ少年審判所ノ審判ニ付セス
第二十七条　左ニ記載シタル者ハ裁判所又ハ検事ヨリ送致ヲ受ケタル場合ヲ除クノ外少年審判所ノ審判ニ付セス
一　死刑、無期又ハ短期三年以上ノ懲役若ハ禁錮ニ該ルヘキ罪ヲ犯シタル者
二　十六歳以上ニシテ罪ヲ犯シタル者
第二十八条　刑事手続ニ依リ審理中ノ者ハ少年審判所ノ審判ニ付セス
十四歳ニ満タサル者ハ地方長官ヨリ送致ヲ受ケタル場合ヲ除クノ外少年審判所ノ審判ニ付セス
第二十九条　少年審判所ニ於テ保護処分ヲ為スヘキ少年アルコトヲ認知シタル者ハ之ヲ少年審判所又ハ其ノ職員ニ通告スヘシ
第三十条　通告ヲ為スニハ其ノ事由ヲ開示シ成ルヘク本人及其ノ保護者ノ氏名、住所、年齢、職業、性行等ヲ申立テ且参考ト為ルヘキ資料ヲ差出スヘシ
通告ハ書面又ハ口頭ヲ以テ之ヲ為スコトヲ得口頭ノ通告アリタル場合ニ於テハ少年審判所ノ職員其ノ申立ヲ録取スヘシ
第三十一条　少年審判所審判ニ付スヘキ少年アリト思料シタルトキハ事件ノ関係及本人ノ性行、境遇、経歴、心身ノ状況、教育ノ程度等ヲ調査スヘシ
心身ノ状況ニ付テハ成ルヘク医師ヲシテ診察ヲ為サシムヘシ
第三十二条　少年審判所ハ少年保護司ニ命シテ必要ナル調査ヲ為サシムヘシ
第三十三条　少年審判所ハ事実ノ取調ヲ保護者ニ命シ又ハ之ヲ保護団体ニ委託スルコトヲ得
保護者及保護団体ハ参考ト為ルヘキ資料ヲ差出スコトヲ得
第三十四条　少年審判所ハ参考人ニ出頭ヲ命シ調査ノ為必要ナル事実ノ供述又ハ鑑定ヲ為サシムルコトヲ得
前項ノ場合ニ於テ必要ト認ムルトキハ供述又ハ鑑定ノ要領ヲ録取スヘシ
第三十五条　参考人ハ命令ノ定ムル所ニ依リ費用ヲ請求スルコト

ヲ得

第三十六条　少年審判所ハ必要ニ依リ何時ニテモ少年保護司ヲシテ本人ヲ同行セシムルコトヲ得

第三十七条　少年審判所ハ事情ニ従ヒ本人ニ対シ仮ニ左ノ処分ヲ為スコトヲ得

一　条件ヲ附シ又ハ附セスシテ保護者ニ預クルコト

二　寺院、教会、保護団体又ハ適当ナル者ニ委託スルコト

三　病院ニ委託スルコト

四　少年保護司ノ観察ニ付スルコト

已ムコトヲ得サル場合ニ於テハ本人ヲ仮ニ感化院又ハ矯正院ニ委託スルコトヲ得

第一項第一号乃至第三号ノ処分アリタルトキハ本人ヲ少年保護司ノ観察ニ付ス

第三十八条　前条ノ処分ハ何時ニテモ之ヲ取消シ又ハ変更スルコトヲ得

第三十九条　前三条ノ場合ニ於テハ速ニ其ノ旨ヲ保護者ニ通知スヘシ

第四十条　少年審判所調査ノ結果ニ因リ審判ヲ開始スヘキモノト思料シタルトキハ審判期日ヲ定ムヘシ

第四十一条　審判ヲ開始セサル場合ニ於テハ第三十七条ノ処分ハ之ヲ取消スヘシ

第三十九条ノ規定ハ前項ノ場合ニ之ヲ準用ス

第四十二条　少年審判所審判ヲ開始スル場合ニ於テ必要アルトキハ本人ノ為附添人ヲ附スルコトヲ得

本人、保護者又ハ保護団体ハ少年審判所ノ許可ヲ受ケ附添人ヲ選任スルコトヲ得

附添人ハ弁護士、保護事業ニ従事スル者又ハ少年審判所ノ許可ヲ受ケタル者ヲ以テ之ニ充ツヘシ

第四十三条　審判期日ニハ少年審判官及書記出席スヘシ

少年保護司ハ審判期日ニ出席スルコトヲ得

審判期日ニハ本人、保護者及附添人ヲ呼出スヘシ但シ実益ナシト認ムルトキハ保護者ハ之ヲ呼出サヽルコトヲ得

第四十四条　少年保護司、保護者及附添人ハ審判ノ席ニ於テ意見ヲ陳述スルコトヲ得

前項ノ場合ニ於テハ本人ヲ退席セシムヘシ但シ相当ノ事由アルトキハ本人ヲ在席セシムルコトヲ得

第四十五条　審判ハ之ヲ公行セス但シ少年審判所ハ本人ノ親族、保護事業ニ従事スル者其ノ他相当ト認ムル者ニ在席ヲ許スコトヲ得

第四十六条　少年審判所審理ヲ終ヘタルトキハ第四十七条乃至第五十四条ノ規定ニ依リ終結処分ヲ為スヘシ

第四十七条　刑事訴追ノ必要アリト認メタルトキハ事件ヲ管轄裁判所ノ検事ニ送致スヘシ

裁判所又ハ検事ヨリ送致ヲ受ケタル事件ニ付新ナル事実ノ発見ニ因リ刑事訴追ノ必要アリト認メタルトキハ管轄裁判所ノ検事ノ意見ヲ聴キ前項ノ手続ヲ為スヘシ

前二項ノ規定ニ依ル処分ヲ為シタルトキハ其ノ旨ヲ本人及保護者ニ通知スヘシ

検事ハ第一項又ハ第二項ノ規定ニ依リ送致ヲ受ケタル事件ニ付為シタル処分ヲ少年審判所ニ通知スヘシ

第四十八条　訓誡ヲ加フヘキモノト認メタルトキハ本人ニ対シ其ノ非行ヲ指摘シ将来遵守スヘキ事項ヲ諭告スヘシ

前項ノ場合ニ於テハ成ルヘク保護者及附添人ヲシテ立会ハシムヘシ

第四十九条　学校長ノ訓誡ニ委スヘキモノト認メタルトキハ学校長ニ対シ必要ナル事項ヲ指示シ本人ニ訓誡ヲ加フヘキ旨ヲ告知スヘシ

第五十条　改心ノ誓約ヲ為サシムヘキモノト認メタルトキハ本人ヲシテ誓約書ヲ差出サシムヘシ

前項ノ場合ニ於テハ成ルヘク保護者ヲシテ立会ハシメ且誓約書ニ連署セシムヘシ

第五十一条　条件ヲ附シテ保護者ニ引渡スヘキモノト認メタルトキハ保護者ニ対シ本人ノ保護監督ニ付必要ナル条件ヲ指示シ本人ヲ引渡スヘシ

第五十二条　寺院、教会、保護団体又ハ適当ナル者ニ委託スヘキモノト認メタルトキハ委託ヲ受クヘキ者ニ対シ本人ノ処遇ニ付参考ト為ルヘキ事項ヲ指示シ保護監督ノ任務ヲ委嘱スヘシ

第五十三条　少年保護司ノ観察ニ付スヘキモノト認メタルトキハ少年保護司ニ対シ本人ノ保護監督ニ付必要ナル事項ヲ指示シ観察ニ付スヘシ

第五十四条　感化院、矯正院又ハ病院ニ送致又ハ委託スヘキモノト認メタルトキハ其ノ長ニ対シ本人ノ処遇ニ付参考ト為ルヘキ事項ヲ指示シ本人ヲ引渡スヘシ

第五十五条　刑罰法令ニ触ルル行為ヲ為ス虞アル少年ニ対シ前三条ノ処分ヲ為ス場合ニ於テ適当ナル親権者、後見人、戸主其ノ他ノ保護者アルトキハ其ノ承諾ヲ経ヘシ

第五十六条　少年審判所ノ審判ニ付テハ始末書ヲ作リ審判ヲ経タル事件及終結処分ヲ明確ニシ其ノ他必要ト認メタル事項ヲ記載スヘシ

第五十七条　少年審判所第四十八条乃至第五十二条及第五十四条ノ規定ニ依ル処分ヲ為シタルトキハ保護者、学校長、受託者又ハ感化院、矯正院若ハ病院ノ長ニ対シ成績報告ヲ求ムルコトヲ得

第五十八条　少年審判所第五十一条及第五十二条ノ規定ニ依ル処分ヲ為シタルトキハ少年保護司ヲシテ其ノ成績ヲ視察シ適当ナル指示ヲ為サシムルコトヲ得

第五十九条　少年審判所第四十八条乃至第五十四条ノ規定ニ依ル処分ヲ為シタル後審判ヲ経タル事件第二十六条又ハ第二十七条第一号ニ記載シタルモノナルコトヲ発見シタルトキハ裁判所又ハ検事ヨリ送致ヲ受ケタル場合ト雖管轄裁判所ノ検事ノ意見ヲ聴キ処分ヲ取消シ事件ヲ検事ニ送致スヘシ

禁錮以上ノ刑ニ該ル罪ヲ犯シタル者ニ付第四条第一項第七号又

ハ第八号ノ処分ヲ継続スルニ適セサル事情アリト認メタルトキ亦前項ニ同シ

第六十条　少年審判所本人ヲ寺院、教会、保護団体若ハ適当ナル者ニ委託シ又ハ病院ニ送致若ハ委託シタルトキハ委託又ハ送致ヲ受ケタル者ニ対シ之ニ因リ生シタル費用ノ全部又ハ一部ヲ給付スルコトヲ得

第六十一条　第三十五条及前条ノ費用並矯正院ニ於テ生シタル費用ハ少年審判所ノ命令ニ依リ本人又ハ本人ヲ扶養スル義務アル者ヨリ全部又ハ一部ヲ徴収スルコトヲ得

前項費用ノ徴収ニ付テハ非訟事件手続法第二百八条ノ規定ヲ準用ス

第六章　裁判所ノ刑事手続

第六十二条　検事少年ニ対スル刑事事件ニ付第四条ノ処分ヲ為スヲ相当ト思料シタルトキハ事件ヲ少年審判所ニ送致スヘシ

第六十三条　第四条ノ処分ヲ受ケタル少年ニ対シテハ審判ヲ経タル事件又ハ之ヨリ軽キ刑ニ該ルヘキ事件ニシテ処分前ニ犯罪シタルモノニ付刑事訴追ヲ為スコトヲ得ス但シ第五十九条ノ規定ニ依リ処分ヲ取消シタル場合ハ此ノ限ニ在ラス

第六十四条　少年ニ対スル刑事事件ニ付テハ第三十一条ノ調査ヲ為スヘシ

少年ノ身上ニ関スル事項ノ調査ハ少年保護司ニ嘱託シテ之ヲ為サシムルコトヲ得

第六十五条　裁判所ハ公判期日前前条ノ調査ヲ為シ又ハ受命判事ヲシテ之ヲ為サシムルコトヲ得

第六十六条　裁判所又ハ予審判事ハ職権ヲ以テ又ハ検事ノ申立ニ因リ第三十七条ノ規定ニ依ル処分ヲ為スコトヲ得

第三十八条及第三十九条ノ規定ハ前項ノ場合ニ之ヲ準用ス

第六十七条　勾留状ハ已ムコトヲ得サル場合ニ非サレハ少年ニ対シテ之ヲ発スルコトヲ得ス

拘置監ニ於テハ特別ノ事由アル場合ヲ除クノ外少年ヲ独居セシムヘシ

第六十八条　少年ノ被告人ハ他ノ被告人ト分離シ其ノ接触ヲ避ケシムヘシ

第六十九条　少年ニ対スル被告事件ハ他ノ被告事件ト牽連スル場合ト雖審理ニ妨ナキ限リ其ノ手続ヲ分離スヘシ

第七十条　裁判所ハ事情ニ依リ公判中一時少年ノ被告人ヲ退廷セシムルコトヲ得

第七十一条　第一審裁判所又ハ控訴裁判所審理ノ結果ニ因リ被告人ニ対シ第四条ノ処分ヲ為スヲ相当ト認メタルトキハ少年審判所ニ送致スル旨ノ決定ヲ為スヘシ

検事ハ前項ノ決定ニ対シ三日内ニ抗告ヲ為スコトヲ得

第七十二条　第六十六条ノ処分ハ事件ヲ終局セシムル裁判ノ確定ニ因リ其ノ効力ヲ失フ

第七十三条　第四十二条、第四十三条第二項第三項及第四十四条ノ規定ハ公判ノ手続ニ第六十条及第六十一条ノ規定ハ予審又ハ公判ノ手続ニ之ヲ準用ス

第七章　罰則

第七十四条　少年審判所ノ審判ニ付セラレタル事項又ハ少年ニ対スル刑事事件ニ付予審又ハ公判ニ付セラレタル事項ハ之ヲ新聞紙其ノ他ノ出版物ニ掲載スルコトヲ得ス

前項ノ規定ニ違反シタルトキハ新聞紙ニ在リテハ編輯人及発行人、其ノ他ノ出版物ニ在リテハ著作者及発行者ヲ一年以下ノ禁錮又ハ千円以下ノ罰金ニ処ス

附則

本法施行ノ期日ハ勅令ヲ以テ之ヲ定ム

②　昭和二三年少年法（昭和二三年法律第一六八号）

第一章　総則

（この法律の目的）

第一条　この法律は、少年の健全な育成を期し、非行のある少年に対して性格の矯正及び環境の調整に関する保護処分を行うとともに、少年及び少年の福祉を害する成人の刑事事件について特別の措置を講ずることを目的とする。

（少年、成人、保護者）

第二条　この法律で「少年」とは、二十歳に満たない者をいい、「成人」とは、満二十歳以上の者をいう。

2　この法律で「保護者」とは、少年に対して法律上監護教育の義務ある者及び少年を現に監護する者をいう。

第二章　少年の保護事件

第一節　通則

（審判に付すべき少年）

第三条　次に掲げる少年は、これを家庭裁判所の審判に付する。

一　罪を犯した少年及び十四歳に満たないで刑罰法令に触れる行為をした少年

二　次に掲げる事由があつて、その性格又は環境に照して、将来罪を犯す虞のある少年

(イ)　保護者の正当な監督に服しない性癖のあること。

(ロ)　正当の理由がなく家庭に寄り附かないこと。

(ハ)　犯罪性のある人若しくは不道徳な人と交際し、又はいかがわしい場所に出入りすること。

(ニ)　自己又は他人の徳性を害する行為をする性癖のあること。

2　家庭裁判所は、前項第二号に掲げる少年で十八歳に満たない者については、都道府県知事又は児童相談所長から送致を受けたときに限り、これを審判に付することができる。

（判事補の職権）

第四条　第二十条の決定以外の裁判は、判事補が一人でこれをすることができる。

（管轄）

第五条　保護事件の管轄は、少年の行為地、住所、居所又は現在地による。

2　家庭裁判所は、保護の適正を期するため特に必要があると認めるときは、決定をもつて、事件を他の管轄家庭裁判所に移送することができる。

3　家庭裁判所は、事件がその管轄に属しないと認めるときは、決定をもつて、これを管轄家庭裁判所に移送しなければならない。

第二節　調査及び審判

（通告）

第六条　家庭裁判所の審判に付すべき少年を発見した者は、これを家庭裁判所に通告しなければならない。

（少年保護司の報告）

第七条　少年保護司は、家庭裁判所の審判に付すべき少年を発見したときは、これを裁判官に報告しなければならない。

2　少年保護司は、前項の報告に先だち、少年及び保護者について、事情を調査することができる。

（事件の調査）

第八条　家庭裁判所は、前二条の通告又は報告により、審判に付すべき少年があると思料するときは、事件について調査しなければならない。検察官、司法警察員、都道府県知事又は児童相談所長から家庭裁判所の審判に付すべき少年事件の送致を受けたときも、同様である。

2　家庭裁判所は、少年保護司に命じて、少年、保護者又は参考人の取調その他の必要な調査を行わせることができる。

（調査の方針）

第九条　前条の調査は、なるべく、少年、保護者又は関係人の行状、経歴、素質、環境等について、医学、心理学、教育学、社会学その他の専門的智識を活用して、これを行うように努めなければならない。

（附添人）

第十条　少年及び保護者は、家庭裁判所の許可を受けて、附添人を選任することができる。但し、弁護士を附添人に選任するには、家庭裁判所の許可を要しない。

2　保護者は、家庭裁判所の許可を受けて、附添人となることができる。

（呼出、同行）

第十一条　家庭裁判所は、事件の調査について必要があると認めるときは、少年又は保護者に対して、呼出状を発することができる。

2　家庭裁判所は、正当の理由がなく前項の呼出に応じない者に対して、同行状を発することができる。

（緊急の場合の同行）

第十二条　家庭裁判所は、少年が保護のため緊急を要する状態にあつて、その福祉上必要であると認めるときは、前条第二項の規定にかかわらず、その少年に対して、同行状を発することができる。

（同行状の執行）

第十三条　同行状は、少年保護司がこれを執行する。

2　家庭裁判所は、警察官、警察吏員、観察官又は保護委員をして、同行状を執行させることができる。

（証人尋問・鑑定・通訳・翻訳）

第十四条　家庭裁判所は、証人を尋問し、又は鑑定、通訳若しくは翻訳を命ずることができる。

2　刑事訴訟法（昭和二十三年法律第百三十一号）中、裁判所の行う証人尋問、鑑定、通訳及び翻訳に関する規定は、保護事件の性質に反しない限り、前項の場合に、これを準用する。

（検証、押収、捜索）

第十五条　家庭裁判所は、検証、押収又は捜索をすることができる。

2　刑事訴訟法中、裁判所の行う検証、押収及び捜索に関する規定は、保護事件の性質に反しない限り、前項の場合に、これを準用する。

（援助、協力）

第十六条　家庭裁判所は、調査及び観察のため、警察官、警察吏員、観察官、保護委員、児童福祉司又は児童委員に対して、必要な援助をさせることができる。

2　家庭裁判所は、その職務を行うについて、公務所、公私の団体、学校、病院その他に対して、必要な協力を求めることができる。

（観護の措置）

第十七条　家庭裁判所は、審判を行うため必要があるときは、決定をもつて、次に掲げる観護の措置をとることができる。

一　少年保護司の観護に付すること。

二　少年観護所に送致すること。

2　同行された少年については、観護の措置は、遅くとも、到着のときから二十四時間以内に、これを行わなければならない。検察官又は司法警察員から勾留又は逮捕された少年の送致を受けたときも、同様である。

3　第一項第二号の措置においては、少年観護所に収容する期間は、二週間を越えることはできない。特に継続の必要があるときは、一回に限り、決定をもつて、これを更新することができる。但し、検察官から再び送致を受けた事件が先に第一項第二号の措置がとられ、又は勾留状が発せられた事件であるときは、収容の期間は、これを更新することはできない。

4　裁判官が第四十三条第一項の請求により、第一項第一号の措置をとつた場合において、事件が家庭裁判所に送致されたときは、その措置は、これを第一項第一号の措置とみなす。

5　裁判官が第四十三条第一項の請求により第一項第二号の措置をとつた場合において、事件が家庭裁判所に送致されたときは、その措置は、これを第一項第二号の措置とみなす。この場合には、第三項の期間は、家庭裁判所が事件の送致を受けた日から、これを起算する。

6　観護の措置は、決定をもつて、これを取り消し、又は変更することができる。但し、第一項第二号の措置については、収容の期間は、通じて四週間を越えることはできない。

（児童福祉法の措置）

第十八条　家庭裁判所は、調査の結果、児童福祉法（昭和二十二年法律第百六十四号）の規定による措置を相当と認めるときは、決定をもつて、事件を権限を有する都道府県知事又は児童相談所長に送致しなければならない。但し、都道府県知事又は児童相談所長から送致を受けた事件については、この限りでない。

（審判を開始しない旨の決定）

第十九条　家庭裁判所は、調査の結果、審判に付することができず、又は審判に付するのが相当でないと認めるときは、審判を開始しない旨の決定をしなければならない。

（検察官への送致）

第二十条　家庭裁判所は、死刑、懲役又は禁錮にあたる罪の事件について、調査の結果、その罪質及び情状に照して刑事処分を相当と認めるときは、決定をもつて、これを管轄地方裁判所に対応する検察庁の検察官に送致しなければならない。但し、送致のとき十六歳に満たない少年の事件については、これを検察官に送致することはできない。

（審判開始の決定）

第二十一条　家庭裁判所は、調査の結果、審判を開始するのが相当であると認めるときは、その旨の決定をしなければならない。

（審判の方式）

第二十二条　審判は、懇切を旨として、なごやかに、これを行わなければならない。

2　審判は、これを公開しない。

（審判開始後保護処分に付しない場合）

第二十三条　家庭裁判所は、審判の結果、第十八条又は第二十条にあたる場合であると認めるときは、それぞれ、所定の決定をしなければならない。

2　家庭裁判所は、審判の結果、保護処分に付する必要がないと認めるときは、その旨の決定をしなければならない。

（保護処分の決定）

第二十四条　家庭裁判所は、前条の場合を除いて、審判を開始した事件につき、決定をもつて、次に掲げる保護処分をしなければならない。

一　地方少年保護委員会の観察に付すること。

二　教護院又は養護施設に送致すること。

三　少年院に送致すること。

2　前項一号及び第二号の保護処分においては、地方少年保護委員会をして、家庭その他の環境調整に関する措置を行わせることができる。

（少年保護司の観察）

第二十五条　家庭裁判所は、前条第一項の保護処分を決定するため必要があると認めるときは、決定をもつて、相当の期間、少年保護司の観察に付することができる。

2 家庭裁判所は、前項の観察とあわせて、次に掲げる措置をとることができる。
一 遵守事項を定めてその履行を命ずること。
二 条件を附けて保護者に引き渡すこと。
三 適当な施設、団体又は個人に補導を委託すること。

（決定の執行）
第二十六条 家庭裁判所は、第十七条第一項第二号、第十八条、第二十条及び第二十四条第一項の決定をしたときは、少年保護司、警察官、警察吏員、観察官、保護委員、児童福祉司又は児童委員をして、その決定を執行させることができる。
2 家庭裁判所は、第十七条第一項第二号、第十八条、第二十条及び第二十四条第一項の決定を執行するため必要があるときは、少年に対して、呼出状を発することができる。
3 家庭裁判所は、正当の理由がなく前項の呼出に応じない者に対して、同行状を発することができる。
4 第十三条の規定は、前項の同行状に、これを準用する。

（競合する処分の調整）
第二十七条 保護処分の継続中、本人に対して有罪判決が確定したときは、保護処分をした家庭裁判所は、相当と認めるときは、その保護処分を取り消すことができる。
2 保護処分の継続中、本人に対して新たな保護処分がなされたときは、新たな保護処分をした家庭裁判所は、前の保護処分をした家庭裁判所の意見を聞いて、いずれかの保護処分を取消することができる。

（報告と意見の提出）
第二十八条 家庭裁判所は、第二十四条又は第二十五条の決定をした場合において、施設、団体、個人、地方少年保護委員会、児童福祉施設又は少年院に対して、少年に関する報告又は意見の提出を求めることができる。

（委託費用の支給）
第二十九条 家庭裁判所は、第二十五条第二項第三号の措置として、適当な施設、団体又は個人に補導を委託したときは、その者に対して、これによつて生じた費用の全部又は一部を支給することができる。

（証人等の費用）
第三十条 証人、鑑定人、翻訳人及び通訳人に支給する旅費、日当、宿泊料その他の費用の額については、刑事訴訟費用に関する法令の規定を準用する。
2 参考人は、旅費、日当、宿泊料を請求することができる。
3 参考人に支給する費用は、これを証人に支給する費用とみなして、第一項の規定を適用する。

（費用の徴収）
第三十一条 家庭裁判所は、少年又はこれを扶養する義務のある者から証人、鑑定人、通訳人、翻訳人及び参考人に支給した旅費、日当、宿泊料その他の費用並びに少年観護所及び少年院において生じた費用の全部又は一部を徴収することができる。

2　前項の費用の徴収については、非訟事件手続法（明治三十一年法律第十四号）第二百八条の規定を準用する。

第三節　抗告

（抗告）

第三十二条　保護処分の決定に対しては、決定に影響を及ぼす法令の違反、重大な事実の誤認又は処分の著しい不当を理由とするときに限り、少年、その法定代理人又は附添人から、二週間以内に、抗告をすることができる。但し、附添人は、選任者である保護者の明示した意思に反して、抗告をすることはできない。

（抗告審の裁判）

第三十三条　抗告の手続がその規定に違反したとき、又は抗告が理由のないときは、抗告を棄却しなければならない。

2　抗告が理由のあるときは、原決定を取り消して、事件を原裁判所に差し戻し、又は他の家庭裁判所に移送しなければならない。

（執行の停止）

第三十四条　抗告は、執行を停止する効力を有しない。但し、原裁判所又は抗告裁判所は、決定をもつて、執行を停止することができる。

（再抗告）

第三十五条　抗告を棄却した決定に対しては、憲法に違反し、若しくは憲法の解釈に誤があること、又は最高裁判所若しくは控訴裁判所である高等裁判所の判例と相反する判断をしたことを理由とする場合に限り、少年、その法定代理人又は附添人から、最高裁判所に対し、二週間以内に、特に抗告をすることができる。但し、附添人は、選任者である保護者の明示した意思に反して、抗告をすることはできない。

2　第三十四条の規定は、前項の場合に、これを準用する。

（その他の事項）

第三十六条　この法律で定めるものの外、保護事件に関して必要な事項は、最高裁判所がこれを定める。

第三章　成人の刑事事件

（公訴の提起）

第三十七条　次に掲げる成人の事件については、公訴は、家庭裁判所にこれを提起しなければならない。

一　未成年者喫煙禁止法（明治三十三年法律第三十三号）の罪

二　未成年者飲酒禁止法（大正十一年法律第二十号）の罪

三　労働基準法（昭和二十二年法律第四十九号）第五十六条又は少年についての第六十四条に関する第百十八条の罪、第六十条第二項若しくは第三項、少年についての第六十二条又は第六十三条（第三項を除く。）、第七十二条に関する第百十九条第一号の罪、第五十七条から第五十九条まで、少年についての第六十八条に関する第百二十条第一号の罪（これらの罪に関する第百二十一条の規定による事業主の罪を含む。）

四　児童福祉法第六十条の罪

2 前項に掲げる罪とその他の罪が刑法（明治四十年法律第四十五号）第五十四条第一項に規定する関係にある事件については、前項に掲げる罪の刑をもつて処断すべきときに限り、前項の規定を適用する。

（事件の通告）

第三十八条 家庭裁判所は、少年に対する保護事件の調査又は審判により、前条に掲げる事件を発見したときは、これを検察官又は司法警察員に通知しなければならない。

（地方裁判所への移送）

第三十九条 家庭裁判所は第三十七条に掲げる事件について、禁錮以上の刑を科するのを相当と認めるときは、決定をもつて、これを管轄地方裁判所に移送しなければならない。

第四章 少年の刑事事件

第一節 通則

（準拠法例）

第四十条 少年の刑事事件については、この法律で定めるものの外、一般の例による。

第二節 手続

（司法警察員の送致）

第四十一条 司法警察員は、少年の被疑事件について捜査を遂げた結果、罰金以下の刑にあたる犯罪の嫌疑があるものと思料するときは、これを家庭裁判所に送致しなければならない。犯罪の嫌疑がない場合でも、家庭裁判所の審判に付すべき事由があると思料するときは、同様である。

（検察官の送致）

第四十二条 検察官は、少年の被疑事件について捜査を遂げた結果、犯罪の嫌疑があるものと思料するときは、第四十五条第五号本文に規定する場合を除いて、これを家庭裁判所に送致しなければならない。犯罪の嫌疑がない場合でも、家庭裁判所の審判に付すべき事由があると思料するときは、同様である。

（勾留に代る措置）

第四十三条 検察官は、少年の被疑事件においては、裁判官に対して、勾留の請求に代え、第十七条第一項の措置を請求することができる。但し、第十七条第一項第一号の措置は、家庭裁判所の裁判官に対して、これを請求しなければならない。

2 前項の請求を受けた裁判官は、第十七条第一項の措置に関して、家庭裁判所と同一の権限を有する。

3 検察官は、少年の被疑事件においては、やむを得ない場合でなければ、裁判官に対して、勾留を請求することはできない。

（勾留に代る措置の効力）

第四十四条 裁判官が前条第一項の請求に基いて第十七条第一項第一号の措置をとつた場合において、検察官は、捜査を遂げた結果、事件を家庭裁判所に送致しないときは、直ちに、裁判官に対して、その措置の取消を請求しなければならない。

2 裁判官が前条第一項の請求に基いて第十七条第一項第二号の

措置をとるときは、令状を発してこれをしなければならない。
3　前項の措置の効力は、その請求をした日から十日とする。
（検察官へ送致後の取扱）
第四十五条　家庭裁判所が、第二十条の規定によつて事件を検察官に送致したときは、次の例による。
一　第十七条第一項第一号の措置は、その少年の事件が再び家庭裁判所に送致された場合を除いて、検察官が事件の送致を受けた日から十日以内に公訴が提起されないときは、その効力を失う。公訴が提起されたときは、裁判所は、検察官の請求により、又は職権をもつて、いつでも、これを取り消すことができる。
二　前号の措置の継続中、勾留状が発せられたときは、その措置は、これによつて、その効力を失う。
三　第一号の措置は、その少年が満二十歳に達した後も、引き続きその効力を有する。
四　第十七条第一項第二号の措置は、これを勾留とみなし、その期間は、検察官が事件の送致を受けた日から、これを起算する。この場合において、その事件が先に勾留状の発せられた事件であるときは、この期間は、これを延長することはできない。
五　検察官は、家庭裁判所から送致を受けた事件について、公訴を提起するに足りる犯罪の嫌疑があると思料するときは、公訴を提起しなければならない。但し、送致を受けた事件の一部について公訴を提起するに足りる犯罪の嫌疑がないか、又は犯罪の情状等に影響を及ぼすべき新たな事情を発見したため、訴追を相当でないと思料するときは、この限りでない。送致後の情況により訴追を相当でないと思料するときも、同様である。
六　弁護士である附添人は、これを弁護人とみなす。
（保護処分の効力）
第四十六条　罪を犯した少年に対して第二十四条第一項の保護処分がなされたときは、審判を経た事件について、刑事訴追をし、又は家庭裁判所の審判に付することはできない。
（時効の停止）
第四十七条　第八条第一項前段の場合においては第二十一条の決定があつてから、第八条第一項後段の場合においては送致を受けてから、事件が家庭裁判所に係属中、公訴の時効は、その進行を停止する。
2　前項の規定は、第二十一条の決定又は送致の後、本人が満二十歳に達した事件についても、これを適用する。
（勾留）
第四十八条　勾留状は、やむを得ない場合でなければ、少年に対して、これを発することはできない。
2　少年を勾留する場合には、少年観護所にこれを拘禁することができる。
3　本人が満二十歳に達した後でも、引き続き前項の規定によることができる。

（取扱の分離）

第四十九条　少年の被疑者又は被告人は、他の被疑者又は被告人と分離して、なるべく、その接触を避けなければならない。

2　少年に対する被告事件は、他の被告事件と関連する場合にも、審理に妨げない限り、その手続を分離しなければならない。

3　拘置監においては、少年を成人と分離して収容しなければならない。

（審理の方針）

第五十条　少年に対する刑事事件の審理は、第九条の趣旨に従つて、これを行わなければならない。

第三節　処分

（死刑と無期刑の緩和）

第五十一条　罪を犯すとき十八歳に満たない者に対しては、死刑をもつて処断すべきときは、無期刑を科し、無期刑をもつて処断すべきときは、十年以上十五年以下において、懲役又は禁錮を科する。

（不定期刑）

第五十二条　少年に対して長期三年以上の有期の懲役又は禁錮をもつて処断すべきときは、その刑の範囲内において、長期と短期を定めてこれを言い渡す。但し、短期が五年を越える刑をもつて処断すべきときは、短期を五年に短縮する。

2　前項の規定によつて言い渡すべき刑については、短期は五年、長期は十年を越えることはできない。

3　刑の執行猶予の言渡をする場合には、前二項の規定は、これを適用しない。

（少年観護所収容中の日数）

第五十三条　第十七条第一項第二号の措置がとられた場合においては、少年観護所に収容中の日数は、これを未決勾留の日数とみなす。

（換刑処分の禁止）

第五十四条　少年に対しては、労役場留置の言渡をしない。

（家庭裁判所への移送）

第五十五条　裁判所は、事実審理の結果、少年の被告人を保護処分に付するのが相当であると認めるときは、決定をもつて、事件を家庭裁判所に移送しなければならない。

（懲役又は禁錮の執行）

第五十六条　懲役又は禁錮の言渡を受けた少年に対しては、特に設けた監獄又は監獄内の特に分界を設けた場所において、その刑を執行する。

2　本人が満二十歳に達した後でも、満二十六歳に達するまでは、前項の規定による執行を継続することができる。

（刑の執行と保護処分）

第五十七条　保護処分の継続中、懲役、禁錮又は拘留の刑が確定したときは、先に刑を執行する。懲役、禁錮又は拘留の刑が確定してその執行前保護処分がなされたときも、同様である。

（仮出獄）
第五十八条　少年のとき懲役又は禁錮の言渡を受けた者には、次の期間を経過した後、仮出獄を許すことができる。
一　無期刑については七年
二　第五十一条の規定により言い渡した有期の刑については三年
三　第五十二条第一項及び第二項の規定により言い渡した刑については、その刑の短期の三分の一
（仮出獄期間の終了）
第五十九条　少年のとき無期刑の言渡を受けた者が、仮出獄を許された後、その処分を取り消されないで十年を経過したときは、刑の執行を受け終つたものとする。
2　少年のとき第五十一条又は第五十二条第一項及び第二項の規定により有期の刑の言渡を受けた者が、仮出獄を許された後、その処分を取り消されないで仮出獄前に刑の執行を受けた期間と同一の期間又は第五十一条の刑期若しくは第五十二条第一項及び第二項の長期を経過したときは、その何れか早い時期において、刑の執行を受け終つたものとする。
（人の資格に関する法令の適用）
第六十条　少年のとき犯した罪により刑に処せられてその執行を受け終り、又は執行の免除を受けた者は、人の資格に関する法令の適用については、将来に向つて刑の言渡を受けなかつたものとみなす。
2　少年のとき犯した罪について刑に処せられた者で刑の執行猶予の言渡を受けた者は、その猶予期間中、刑の執行を受け終つたものとみなして、前項の規定を適用する。
3　前項の場合において、刑の執行猶予の言渡を取り消されたときは、人の資格に関する法令の適用については、その取り消されたとき、刑の言渡があつたものとみなす。

第五章　雑則

（記事等の掲載の禁止）
第六十一条　家庭裁判所の審判に付された少年又は少年のとき犯した罪により公訴を提起された者については、氏名、年齢、職業、住居、容ぼう等によりその者が当該事件の本人であることを推知することができるような記事又は写真を新聞紙その他の出版物に掲載してはならない。

附　則（抄）

（経過規定）

第六三条　この附則で「新法」とは、この法律による改正後の少年法をいい、「旧法」とは、従前の少年法（大正十一年法律第四十二号）をいう。

この法律施行の際少年審判所に係属中の事件は、これを家庭裁判所に係属したものとみなす。

③ 平成一二年改正少年法（下線部分は平成一二年法律第一四二号による改正部分）

第一章 総則

（この法律の目的）

第一条 この法律は、少年の健全な育成を期し、非行のある少年に対して性格の矯正及び環境の調整に関する保護処分を行うとともに、少年及び少年の福祉を害する成人の刑事事件について特別の措置を講ずることを目的とする。

（少年、成人、保護者）

第二条 この法律で「少年」とは、二十歳に満たない者をいい、「成人」とは、満二十歳以上の者をいう。

2 この法律で「保護者」とは、少年に対して法律上監護教育の義務ある者及び少年を現に監護する者をいう。

第二章 少年の保護事件

第一節 通則

（審判に付すべき少年）

第三条 次に掲げる少年は、これを家庭裁判所の審判に付する。

一 罪を犯した少年

二 十四歳に満たないで刑罰法令に触れる行為をした少年

三 次に掲げる事由があつて、その性格又は環境に照して、将来、罪を犯し、又は刑罰法令に触れる行為をする虞のある少年

イ 保護者の正当な監督に服しない性癖のあること。

ロ 正当の理由がなく家庭に寄り附かないこと。

ハ 犯罪性のある人若しくは不道徳な人と交際し、又はいかがわしい場所に出入すること。

ニ 自己又は他人の徳性を害する行為をする性癖のあること。

2 家庭裁判所は、前項第二号に掲げる少年及び同項第三号に掲げる少年で十四歳に満たない者については、都道府県知事又は児童相談所長から送致を受けたときに限り、これを審判に付することができる。

（判事補の職権）

第四条 第二十条の決定以外の裁判は、判事補が一人でこれをすることができる。

（管轄）

第五条 保護事件の管轄は、少年の行為地、住所、居所又は現在地による。

2 家庭裁判所は、保護の適正を期するため特に必要があると認めるときは、決定をもつて、事件を他の管轄家庭裁判所に移送することができる。

3 家庭裁判所は、事件がその管轄に属しないと認めるときは、決定をもつて、これを管轄家庭裁判所に移送しなければならない。

（被害者等による記録の閲覧及び謄写）

第五条の二 裁判所は、第三条第一項第一号に掲げる少年に係る

保護事件について、第二十一条の決定があつた後、最高裁判所規則の定めるところにより当該保護事件の被害者等（被害者又はその法定代理人若しくは被害者が死亡した場合若しくはその心身に重大な故障がある場合におけるその配偶者、直系の親族若しくは兄弟姉妹をいう。以下この項及び第三十一条の二において同じ。）又は被害者等から委託を受けた弁護士から、その保管する当該保護事件の記録（当該保護事件の非行事実（犯行の動機、態様及び結果その他の当該犯罪に密接に関連する重要な事実を含む。以下同じ。）に係る部分に限る。）の閲覧又は謄写の申出があるときは、当該被害者等の損害賠償請求権の行使のために必要があると認める場合その他正当な理由がある場合であつて、少年の健全な育成に対する影響、事件の性質、調査又は審判の状況その他の事情を考慮して相当と認めるときは、申出をした者にその閲覧又は謄写をさせることができる。第三条第一項第二号に掲げる少年に係る保護事件についても、同様とする。

2　前項の申出は、その申出に係る保護事件を終局させる決定が確定した後三年を経過したときは、することができない。

3　第一項の規定により記録の閲覧又は謄写をした者は、正当な理由がないのに閲覧または謄写により知り得た少年の氏名その他少年の身上に関する事項を漏らしてはならず、かつ、閲覧又は謄写により知り得た事項をみだりに用いて、少年の健全な育成を妨げ、関係人の名誉若しくは生活の平穏を害し、又は調査若しくは審判に支障を生じさせる行為をしてはならない。

（閲覧又は謄写の手数料）

第五条の三　前条第一項の規定による記録の閲覧又は謄写の手数料については、その性質に反しない限り、民事訴訟費用等に関する法律（昭和四十六年法律第四十号）第七条から第十条まで及び別表第二の一の項の規定（同項上欄中「（事件の係属中に当事者等が請求するものを除く。）」とある部分を除く。）を準用する。

第二節　調査及び審判

（通告）

第六条　家庭裁判所の審判に付すべき少年を発見した者は、これを家庭裁判所に通告しなければならない。

2　警察官又は保護者は、第三条第一項第三号に掲げる少年について、直接これを家庭裁判所に送致し、又は通告するよりも、先づ児童福祉法（昭和二十二年法律第百六十四号）による措置にゆだねるのが適当であると認めるときは、その少年を直接児童相談所に通告することができる。

3　都道府県知事又は児童相談所長は、児童福祉法の適用がある少年について、たまたま、その行動の自由を制限し、又はその自由を奪うような強制的措置を必要とするときは、同法第三十三条及び第四十七条の規定により認められる場合を除き、これを家庭裁判所に送致しなければならない。

（家庭裁判所調査官の報告）

第七条　家庭裁判所調査官は、家庭裁判所の審判に付すべき少年を発見したときは、これを裁判官に報告しなければならない。
2　家庭裁判所調査官は、前項の報告に先だち、少年及び保護者について、事情を調査することができる。
（事件の調査）
第八条　家庭裁判所は、前二条の通告又は報告により、審判に付すべき少年があると思料するときは、事件について調査しなければならない。検察官、司法警察員、都道府県知事又は児童相談所長から家庭裁判所の審判に付すべき少年事件の送致を受けたときも、同様である。
2　家庭裁判所は、家庭裁判所調査官に命じて、少年、保護者又は参考人の取調その他の必要な調査を行わせることができる。
（調査の方針）
第九条　前条の調査は、なるべく、少年、保護者又は関係人の行状、経歴、素質、環境等について、医学、心理学、教育学、社会学その他の専門的智識特に少年鑑別所の鑑別の結果を活用して、これを行うように努めなければならない。
（被害者等の申出による意見の聴取）
第九条の二　家庭裁判所は、最高裁判所規則の定めるところにより第三条第一項第一号又は第二号に掲げる少年に係る事件の被害者又はその法定代理人若しくは被害者が死亡した場合におけるその配偶者、直系の親族若しくは兄弟姉妹から、被害に関する心情その他の事件に関する意見の陳述の申出があるときは、自らこれを聴取し、又は家庭裁判所調査官に命じてこれを聴取させるものとする。ただし、事件の性質、調査又は審判の状況その他の事情を考慮して、相当でないと認めるときは、この限りでない。
（付添人）
第十条　少年及び保護者は、家庭裁判所の許可を受けて、付添人を選任することができる。ただし、弁護士を付添人に選任するには、家庭裁判所の許可を要しない。
2　保護者は、家庭裁判所の許可を受けて、付添人となることができる。
（呼出、同行）
第十一条　家庭裁判所は、事件の調査又は審判について必要があると認めるときは、少年又は保護者に対して、呼出状を発することができる。
2　家庭裁判所は、正当の理由がなく前項の呼出に応じない者に対して、同行状を発することができる。
（緊急の場合の同行）
第十二条　家庭裁判所は、少年が保護のため緊急を要する状態にあつて、その福祉上必要であると認めるときは、前条第二項の規定にかかわらず、その少年に対して、同行状を発することができる。
2　裁判長は、急速を要する場合には、前項の処分をし、又は合議体の構成員にこれをさせることができる。

（同行状の執行）

第十三条　同行状は、家庭裁判所調査官がこれを執行する。

2　家庭裁判所は、警察官、保護観察官又は裁判所書記官をして、同行状を執行させることができる。

3　裁判長は、急速を要する場合には、前項の処分をし、又は合議体の構成員にこれをさせることができる。

（証人尋問・鑑定・通訳・翻訳）

第十四条　家庭裁判所は、証人を尋問し、又は鑑定、通訳若しくは翻訳を命ずることができる。

2　刑事訴訟法（昭和二十三年法律第百三十一号）中、裁判所の行う証人尋問、鑑定、通訳及び翻訳に関する規定は、保護事件の性質に反しない限り、前項の場合に、これを準用する。

（検証、押収、捜索）

第十五条　家庭裁判所は、検証、押収又は捜索をすることができる。

2　刑事訴訟法中、裁判所の行う検証、押収及び捜索に関する規定は、保護事件の性質に反しない限り、前項の場合に、これを準用する。

（援助、協力）

第十六条　家庭裁判所は、調査及び観察のため、警察官、保護観察官、保護司、児童福祉司（児童福祉法第十一条第一項に規定する児童福祉司をいう。第二十六条第一項において同じ。）又は児童委員に対して、必要な援助をさせることができる。

2　家庭裁判所は、その職務を行うについて、公務所、公私の団体、学校、病院その他に対して、必要な協力を求めることができる。

（観護の措置）

第十七条　家庭裁判所は、審判を行うため必要があるときは、決定をもつて、次に掲げる観護の措置をとることができる。

一　家庭裁判所調査官の観護に付すること。

二　少年鑑別所に送致すること。

2　同行された少年については、観護の措置は、遅くとも、到着のときから二十四時間以内に、これを行わなければならない。検察官又は司法警察員から勾留又は逮捕された少年の送致を受けたときも、同様である。

3　第一項第二号の措置においては、少年鑑別所に収容する期間は、二週間を超えることができない。ただし、特に継続の必要があるときは、決定をもつて、これを更新することができる。

4　前項ただし書の規定による更新は、一回を超えて行うことができない。ただし、第三条第一項第一号に掲げる少年に係る死刑、懲役又は禁錮に当たる罪の事件でその非行事実の認定に関し証人尋問、鑑定若しくは検証を行うことを決定したもの又はこれを行つたものについて、少年を収容しなければ審判に著しい支障が生じるおそれがあると認めるに足りる相当の理由がある場合には、その更新は、更に二回を限度として、行うことができる。

5　第三項ただし書の規定にかかわらず、検察官から再び送致を受けた事件が先に第一項第二号の措置がとられ、又は勾留状が発せられた事件であるときは、収容の期間は、これを更新することはできない。

6　裁判官が第四十三条第一項の請求により、第一項第一号の措置をとつた場合において、事件が家庭裁判所に送致されたときは、その措置は、これを第一項第一号の措置とみなす。

7　裁判官が第四十三条第一項の請求により第一項第二号の措置をとつた場合において、事件が家庭裁判所に送致されたときは、その措置は、これを第一項第二号の措置とみなす。この場合には、第三項の期間は、家庭裁判所が事件の送致を受けた日から、これを起算する。

8　観護の措置は、決定をもつて、これを取り消し、又は変更することができる。

9　第一項第二号の措置については、収容の期間は、通じて八週間を超えることができない。ただし、その収容の期間が通じて四週間を超えることとなる決定を行うときは、第四項ただし書に規定する事由がなければならない。

10　裁判長は、急速を要する場合には、第一項及び第八項の処分をし、又は合議体の構成員にこれをさせることができる。

（異議の申立て）

第十七条の二　少年、その法定代理人又は付添人は、前条第一項第二号又は第三項ただし書の決定に対して、保護事件の係属する家庭裁判所に異議の申立てをすることができる。ただし、付添人は、選任者である保護者の明示した意思に反して、異議の申立てをすることができない。

2　前項の異議の申立ては、審判に付すべき事由がないことを理由としてすることはできない。

3　第一項の異議の申立てについては、家庭裁判所は、合議体で決定をしなければならない。この場合において、その決定には、原決定に関与した裁判官は、関与することができない。

4　第三十二条の三、第三十三条及び第三十四条の規定は、第一項の異議の申立てがあつた場合について準用する。この場合において、第三十三条第二項中「取り消して、事件を原裁判所に差し戻し、又は他の家庭裁判所に移送しなければならない」とあるのは、「取り消し、必要があるときは、更に裁判をしなければならない」と読み替えるものとする。

（特別抗告）

第十七条の三　第三十五条第一項の規定は、前条第三項の決定について準用する。この場合において、第三十五条第一項中「二週間」とあるのは、「五日」と読み替えるものとする。

2　前条第四項及び第三十二条の二の規定は、前項の規定による抗告があつた場合について準用する。

（少年鑑別所送致の場合の仮収容）

第十七条の四　家庭裁判所は、第十七条第一項第二号の措置をとつた場合において、直ちに少年鑑別所に収容することが著しく困難であると認める事情があるときは、決定をもつて、少年を仮に最寄りの少年院又は拘置監（監獄法（明治四十一年法律第二十八号）第一条第三項の規定により代用されるものを含まない。）の特に区別した場所に収容することができる。ただし、その期間は、収容した時から七十二時間を超えることができない。

2　裁判長は、急速を要する場合には、前項の処分をし、又は合議体の構成員にこれをさせることができる。

3　第一項の規定による収容の期間は、これを第十七条第一項第二号の措置により少年鑑別所に収容した期間とみなし、同条第三項の期間は、少年院又は拘置監に収容した日から、これを起算する。

4　裁判官が第四十三条第一項の請求のあつた事件につき、第一項の収容をした場合において、事件が家庭裁判所に送致されたときは、その収容は、これを第一項の規定による収容とみなす。

（児童福祉法の措置）

第十八条　家庭裁判所は、調査の結果、児童福祉法の規定による措置を相当と認めるときは、決定をもつて、事件を権限を有する都道府県知事又は児童相談所長に送致しなければならない。

2　第六条第三項の規定により、都道府県知事又は児童相談所長から送致を受けた少年については、決定をもつて、期限を附して、これに対してとるべき保護の方法その他の措置を指示して、事件を権限を有する都道府県知事又は児童相談所長に送致することができる。

（審判を開始しない旨の決定）

第十九条　家庭裁判所は、調査の結果、審判に付することができず、又は審判に付するのが相当でないと認めるときは、審判を開始しない旨の決定をしなければならない。

2　家庭裁判所は、調査の結果、本人が二十歳以上であることが判明したときは、前項の規定にかかわらず、決定をもつて、事件を管轄地方裁判所に対応する検察庁の検察官に送致しなければならない。

（検察官への送致）

第二十条　家庭裁判所は、死刑、懲役又は禁錮に当たる罪の事件について、調査の結果、その罪質及び情状に照らして刑事処分を相当と認めるときは、決定をもつて、これを管轄地方裁判所に対応する検察庁の検察官に送致しなければならない。

2　前項の規定にかかわらず、家庭裁判所は、故意の犯罪行為により被害者を死亡させた罪の事件であつて、その罪を犯すとき十六歳以上の少年に係るものについては、同項の決定をしなければならない。ただし、調査の結果、犯行の動機及び態様、犯行後の情況、少年の性格、年齢、行状及び環境その他の事情を考慮し、刑事処分以外の措置を相当と認めるときは、この限りでない。

（審判開始の決定）

第二十一条　家庭裁判所は、調査の結果、審判を開始するのが相当であると認めるときは、その旨の決定をしなければならない。

（審判の方式）
第二十二条　審判は、懇切を旨として、和やかに行うとともに、非行のある少年に対し自己の非行について内省を促すものとしなければならない。
2　審判は、これを公開しない。
3　審判の指揮は、裁判長が行う。

（検察官の関与）
第二十二条の二　家庭裁判所は、第三条第一項第一号に掲げる少年に係る事件であつて、次に掲げる罪のものにおいて、その非行事実を認定するための審判の手続に検察官が関与する必要があると認めるときは、決定をもつて、審判に検察官を出席させることができる。
一　故意の犯罪行為により被害者を死亡させた罪
二　前号に掲げるもののほか、死刑又は無期若しくは短期二年以上の懲役若しくは禁錮に当たる罪
2　家庭裁判所は、前項の決定をするには、検察官の申出がある場合を除き、あらかじめ、検察官の意見を聴かなければならない。
3　検察官は、第一項の決定があつた事件において、その非行事実の認定に資するため必要な限度で、最高裁判所規則の定めるところにより、事件の記録及び証拠物を閲覧し及び謄写し、審判の手続（事件を終局させる決定の告知を含む。）に立ち会い、少年及び証人その他の関係人に発問し、並びに意見を述べることができる。

（検察官が関与する場合の国選付添人）
第二十二条の三　家庭裁判所は、前条第一項の決定をした場合において、少年に弁護士である付添人がないときは、弁護士である付添人を付さなければならない。
2　前項の規定により家庭裁判所が付すべき付添人は、最高裁判所規則の定めるところにより、選任するものとする。
3　前項の規定により選任された付添人は、旅費、日当、宿泊料及び報酬を請求することができる。

（審判開始後保護処分に付しない場合）
第二十三条　家庭裁判所は、審判の結果、第十八条又は第二十条にあたる場合であると認めるときは、それぞれ、所定の決定をしなければならない。
2　家庭裁判所は、審判の結果、保護処分に付することができず、又は保護処分に付する必要がないと認めるときは、その旨の決定をしなければならない。
3　第十九条第二項の規定は、家庭裁判所の審判の結果、本人が二十歳以上であることが判明した場合に準用する。

（保護処分の決定）
第二十四条　家庭裁判所は、前条の場合を除いて、審判を開始した事件につき、決定をもつて、次に掲げる保護処分をしなければならない。
一　保護観察所の保護観察に付すること。

二　児童自立支援施設又は児童養護施設に送致すること。
三　少年院に送致すること。
2　前項第一号及び第三号の保護処分においては、保護観察所の長をして、家庭その他の環境調整に関する措置を行わせることができる。

（没取）
第二十四条の二　家庭裁判所は、第三条第一項第一号及び第二号に掲げる少年について、第十八条、第十九条、第二十三条第二項又は前条第一項の決定をする場合には、決定をもつて、次に掲げる物を没取することができる。
一　刑罰法令に触れる行為を組成した物
二　刑罰法令に触れる行為に供し、又は供しようとした物
三　刑罰法令に触れる行為から生じ、若しくはこれによつて得た物又は刑罰法令に触れる行為の報酬として得た物
四　前号に記載した物の対価として得た物
2　没取は、その物が本人以外の者に属しないときに限る。但し、刑罰法令に触れる行為の後、本人以外の者が情を知つてその物を取得したときは、本人以外の者に属する場合であつても、これを没取することができる。

（家庭裁判所調査官の観察）
第二十五条　家庭裁判所は、第二十四条第一項の保護処分を決定するため必要があると認めるときは、決定をもつて、相当の期間、家庭裁判所調査官の観察に付することができる。
2　家庭裁判所は、前項の観察とあわせて、次に掲げる措置をとることができる。
一　遵守事項を定めてその履行を命ずること。
二　条件を附けて保護者に引き渡すこと。
三　適当な施設、団体又は個人に補導を委託すること。

（保護者に対する措置）
第二十五条の二　家庭裁判所は、必要があると認めるときは、保護者に対し、少年の監護に関する責任を自覚させ、その非行を防止するため、調査又は審判において、自ら訓戒、指導その他の適当な措置をとり、又は家庭裁判所調査官に命じてこれらの措置をとらせることができる。

（決定の執行）
第二十六条　家庭裁判所は、第十七条第一項第二号、第十七条の四第一項、第十八条、第二十条及び第二十四条第一項の決定をしたときは、家庭裁判所調査官、裁判所書記官、法務事務官、法務教官、警察官、保護観察官又は児童福祉司をして、その決定を執行させることができる。
2　家庭裁判所は、第十七条第一項第二号、第十七条の四第一項、第十八条、第二十条及び第二十四条第一項の決定を執行するため必要があるときは、少年に対して、呼出状を発することができる。
3　家庭裁判所は、正当の理由がなく前項の呼出に応じない者に対して、同行状を発することができる。

4　家庭裁判所は、少年が保護のため緊急を要する状態にあつて、その福祉上必要であると認めるときは、前項の規定にかかわらず、その少年に対して、同行状を発することができる。

5　第十三条の規定は、前二項の同行状に、これを準用する。

6　裁判長は、急速を要する場合には、第一項及び第四項の処分をし、又は合議体の構成員にこれをさせることができる。

（少年鑑別所収容の一時継続）

第二十六条の二　家庭裁判所は、第十七条第一項第二号の措置がとられている事件について、第十八条から第二十条まで、第二十三条第二項又は第二十四条第一項の決定をする場合において、必要と認めるときは、決定をもつて、少年を引き続き相当期間少年鑑別所に収容することができる。但し、その期間は、七日を超えることはできない。

（同行状の執行の場合の仮収容）

第二十六条の三　第二十四条第一項第三号の決定を受けた少年に対して第二十六条第三項又は第四項の同行状を執行する場合において、必要があるときは、その少年を仮に最寄の少年鑑別所に収容することができる。

（競合する処分の調整）

第二十七条　保護処分の継続中、本人に対して有罪判決が確定したときは、保護処分をした家庭裁判所は、相当と認めるときは、決定をもつて、その保護処分を取り消すことができる。

2　保護処分の継続中、本人に対して新たな保護処分がなされたときは、新たな保護処分をした家庭裁判所は、前の保護処分をした家庭裁判所の意見を聞いて、決定をもつて、いずれかの保護処分を取消すことができる。

（保護処分の取消し）

第二十七条の二　保護処分の継続中、本人に対し審判権がなかつたこと、又は十四歳に満たない少年について、都道府県知事若しくは児童相談所長から送致の手続がなかつたにもかかわらず、保護処分をしたことを認め得る明らかな資料を新たに発見したときは、保護処分をした家庭裁判所は、決定をもつて、その保護処分を取り消さなければならない。

2　保護処分が終了した後においても、審判に付すべき事由の存在が認められないにもかかわらず保護処分をしたことを認め得る明らかな資料を新たに発見したときは、前項と同様とする。ただし、本人が死亡した場合は、この限りではない。

3　保護観察所、児童自立支援施設、児童養護施設又は少年院の長は、保護処分の継続中の者について、第一項の事由があることを疑うに足りる資料を発見したときは、保護処分をした家庭裁判所に、その旨の通知をしなければならない。

4　第十八条第一項及び第十九条第二項の規定は、家庭裁判所が、第一項の規定により、保護処分を取り消した場合に準用する。

5　家庭裁判所は、第一項の規定により、少年院に収容中の者の保護処分を取り消した場合において、必要があると認めるときは、決定をもつて、その者を引き続き少年院に収容することができる。但し、その期間は、三日を超えることはできない。

6　前三項に定めるもののほか、第一項及び第二項の規定による保護処分の取消しの事件の手続は、その性質に反しない限り、保護事件の例による。

（報告と意見の提出）

第二十八条　家庭裁判所は、第二十四条又は第二十五条の決定をした場合において、施設、団体、個人、保護観察所、児童福祉施設又は少年院に対して、少年に関する報告又は意見の提出を求めることができる。

（委託費用の支給）

第二十九条　家庭裁判所は、第二十五条第二項第三号の措置として、適当な施設、団体又は個人に補導を委託したときは、その者に対して、これによつて生じた費用の全部又は一部を支給することができる。

（証人等の費用）

第三十条　証人、鑑定人、翻訳人及び通訳人に支給する旅費、日当、宿泊料その他の費用の額については、刑事訴訟費用に関する法令の規定を準用する。

2　参考人は、旅費、日当、宿泊料を請求することができる。

3　参考人に支給する費用は、これを証人に支給する費用とみなして、第一項の規定を適用する。

4　第二十二条の三第三項の規定により付添人に支給すべき旅費、日当、宿泊料及び報酬の額については、刑事訴訟法第三十八条第二項の規定により弁護人に支給すべき旅費、日当、宿泊料及び報酬の例による。

第三十条の二　家庭裁判所は、第十六条第一項の規定により保護司又は児童委員をして、調査及び観察の援助をさせた場合には、最高裁判所の定めるところにより、その費用の一部又は全部を支払うことができる。

（費用の徴収）

第三十一条　家庭裁判所は、少年又はこれを扶養する義務のある者から証人、鑑定人、通訳人、翻訳人、参考人、第二十二条の三第二項の規定により選任された付添人及び補導を委託された者に支給した旅費、日当、宿泊料その他の費用並びに少年鑑別所及び少年院において生じた費用の全部又は一部を徴収することができる。

2　前項の費用の徴収については、非訟事件手続法（明治三十一年法律第十四号）第二百八条の規定を準用する。

（被害者等に対する通知）

第三十一条の二　家庭裁判所は、第三条第一項第一号又は第二号に掲げる少年に係る事件を終局させる決定をした場合において、最高裁判所規則の定めるところにより当該事件の被害者等から申出があるときは、その申出をした者に対し、次に掲げる事項を通知するものとする。ただし、その通知をすることが少年の健全な育成を妨げるおそれがあり相当でないと認められるものについては、この限りでない。

一　少年及びその法定代理人の氏名及び住居
二　決定の年月日、主文及び理由の要旨
2　前項の申出は、同項に規定する決定が確定した後三年を経過したときは、することができない。
3　第五条の二第三項の規定は、第一項の規定により通知を受けた者について、準用する。

第三節　抗告

（抗告）
第三十二条　保護処分の決定に対しては、決定に影響を及ぼす法令の違反、重大な事実の誤認又は処分の著しい不当を理由とするときに限り、少年、その法定代理人又は付添人から、二週間以内に、抗告をすることができる。ただし、付添人は、選任者である保護者の明示した意思に反して、抗告をすることができない。

（抗告裁判所の調査の範囲）
第三十二条の二　抗告裁判所は、抗告の趣意に含まれている事項に限り、調査をするものとする。
2　抗告裁判所は、抗告の趣意に含まれていない事項であつても、抗告の理由となる事由に関しては、職権で調査をすることができる。

（抗告裁判所の事実の取調べ）
第三十二条の三　抗告裁判所は、決定をするについて必要があるときは、事実の取調べをすることができる。
2　前項の取調べは、合議体の構成員にさせ、又は家庭裁判所の裁判官に嘱託することができる。

（抗告受理の申立て）
第三十二条の四　検察官は、第二十二条の二第一項の決定がされた場合においては、保護処分に付さない決定又は保護処分の決定に対し、同項の決定があつた事件の非行事実の認定に関し、決定に影響を及ぼす法令の違反又は重大な事実の誤認があることを理由とするときに限り、高等裁判所に対し、二週間以内に、抗告審として事件を受理すべきことを申し立てることができる。
2　前項の規定による申立て（以下「抗告受理の申立て」という。）は、申立書を原裁判所に差し出してしなければならない。この場合において、原裁判所は、速やかにこれを高等裁判所に送付しなければならない。
3　高等裁判所は、抗告受理の申立てがされた場合において、抗告審として事件を受理するのを相当と認めるときは、これを受理することができる。この場合においては、その旨の決定をしなければならない。
4　高等裁判所は、前項の決定をする場合において、抗告受理の申立ての理由中に重要でないと認めるものがあるときは、これを排除することができる。
5　第三項の決定は、高等裁判所が原裁判所から第二項の申立書の送付を受けた日から二週間以内にしなければならない。
6　第三項の決定があつた場合には、抗告があつたものとみなす。

この場合において、第三十二条の二の規定の適用については、抗告受理の申立ての理由中第四項の規定により排除されたもの以外のものを抗告の趣意とみなす。

（事件が受理された場合の国選付添人）

第三十二条の五　前条第三項の決定があつた場合において、少年に弁護士である付添人がないときは、抗告裁判所は、弁護士である付添人を付さなければならない。

（準用）

第三十二条の六　第三十二条の二、第三十二条の三及び前条に定めるもののほか、抗告審の審理については、その性質に反しない限り、家庭裁判所の審判に関する規定を準用する。

（抗告審の裁判）

第三十三条　抗告の手続がその規定に違反したとき、又は抗告が理由のないときは、決定をもつて、抗告を棄却しなければならない。

2　抗告が理由のあるときは、決定をもつて、原決定を取り消して、事件を原裁判所に差し戻し、又は他の家庭裁判所に移送しなければならない。

（執行の停止）

第三十四条　抗告は、執行を停止する効力を有しない。但し、原裁判所又は抗告裁判所は、決定をもつて、執行を停止することができる。

（再抗告）

第三十五条　抗告裁判所のした第三十三条の決定に対しては、憲法に違反し、若しくは憲法の解釈に誤りがあること、又は最高裁判所若しくは控訴裁判所である高等裁判所の判例と相反する判断をしたことを理由とする場合に限り、少年、その法定代理人又は付添人から、最高裁判所に対し、二週間以内に、特に抗告をすることができる。ただし、付添人は、選任者である保護者の明示した意思に反して、抗告をすることができない。

2　第三十二条の二、第三十二条の三及び第三十二条の六から前条までの規定は、前項の場合に、これを準用する。この場合において、第三十三条第二項中「取り消して、事件を原裁判所に差し戻し、又は他の家庭裁判所に移送しなければならない」とあるのは、「取り消さなければならない。この場合には、家庭裁判所の決定を取り消して、事件を家庭裁判所に差し戻し、又は他の家庭裁判所に移送することができる」と読み替えるものとする。

（その他の事項）

第三十六条　この法律で定めるものの外、保護事件に関して必要な事項は、最高裁判所がこれを定める。

第三章　成人の刑事事件

（公訴の提起）

第三十七条　次に掲げる成人の事件については、公訴は、家庭裁判所にこれを提起しなければならない。

一　未成年者喫煙禁止法（明治三十三年法律第三十三号）の罪

二　未成年者飲酒禁止法（大正十一年法律第二十号）の罪
三　労働基準法（昭和二十二年法律第四十九号）第五十六条又は第六十三条に関する第百十八条の罪、十八歳に満たない者についての第三十二条又は第六十一条、第六十二条若しくは第七十二条に関する第百十九条第一号の罪及び第五十七条から第五十九条まで又は第六十四条に関する第百二十条第一号の罪（これらの罪に関する第百二十一条の規定による事業主の罪を含む。）
四　児童福祉法第六十条及び第六十二条第二号の罪
五　学校教育法（昭和二十二年法律第二十六号）第九十条及び第九十一条の罪

2　前項に掲げる罪とその他の罪が刑法（明治四十年法律第四十五号）第五十四条第一項に規定する関係にある事件については、前項に掲げる罪の刑をもつて処断すべきときに限り、前項の規定を適用する。

（事件の通告）

第三十八条　家庭裁判所は、少年に対する保護事件の調査又は審判により、前条に掲げる事件を発見したときは、これを検察官又は司法警察員に通知しなければならない。

第三十九条　削除

第四章　少年の刑事事件

第一節　通則

（準拠法例）

第四十条　少年の刑事事件については、この法律で定めるものの外、一般の例による。

第二節　手続

（司法警察員の送致）

第四十一条　司法警察員は、少年の被疑事件について捜査を遂げた結果、罰金以下の刑にあたる犯罪の嫌疑があるものと思料するときは、これを家庭裁判所に送致しなければならない。犯罪の嫌疑がない場合でも、家庭裁判所の審判に付すべき事由があると思料するときは、同様である。

（検察官の送致）

第四十二条　検察官は、少年の被疑事件について捜査を遂げた結果、犯罪の嫌疑があるものと思料するときは、第四十五条第五号本文に規定する場合を除いて、これを家庭裁判所に送致しなければならない。犯罪の嫌疑がない場合でも、家庭裁判所の審判に付すべき事由があると思料するときは、同様である。

（勾留に代る措置）

第四十三条　検察官は、少年の被疑事件においては、裁判官に対して、勾留の請求に代え、第十七条第一項の措置を請求することができる。但し、第十七条第一項第一号の措置は、家庭裁判所の裁判官に対して、これを請求しなければならない。

2　前項の請求を受けた裁判官は、第十七条第一項の措置に関して、家庭裁判所と同一の権限を有する。

3　検察官は、少年の被疑事件においては、やむを得ない場合でなければ、裁判官に対して、勾留を請求することはできない。

（勾留に代る措置の効力）

第四十四条　裁判官が前条第一項の請求に基いて第十七条第一項第一号の措置をとつた場合において、検察官は、捜査を遂げた結果、事件を家庭裁判所に送致しないときは、直ちに、裁判官に対して、その措置の取消を請求しなければならない。

２　裁判官が前条第一項の請求に基いて第十七条第一項第二号の措置をとるときは、令状を発してこれをしなければならない。

３　前項の措置の効力は、その請求をした日から十日とする。

（検察官へ送致後の取扱い）

第四十五条　家庭裁判所が、第二十条の規定によつて事件を検察官に送致したときは、次の例による。

一　第十七条第一項第一号の措置は、その少年の事件が再び家庭裁判所に送致された場合を除いて、検察官が事件の送致を受けた日から十日以内に公訴が提起されないときは、その効力を失う。公訴が提起されたときは、裁判所は、検察官の請求により、又は職権をもつて、いつでも、これを取り消すことができる。

二　前号の措置の継続中、勾留状が発せられたときは、その措置は、これによつて、その効力を失う。

三　第一号の措置は、その少年が満二十歳に達した後も、引き続きその効力を有する。

四　第十七条第一項第二号の措置は、これを裁判官のした勾留とみなし、その期間は、検察官が事件の送致を受けた日から、これを起算する。この場合において、その事件が先に勾留状の発せられた事件であるときは、この期間は、これを延長することができない。

五　検察官は、家庭裁判所から送致を受けた事件について、公訴を提起するに足りる犯罪の嫌疑があると思料するときは、公訴を提起しなければならない。但し、送致を受けた事件の一部について公訴を提起するに足りる犯罪の嫌疑がないか、又は犯罪の情状等に影響を及ぼすべき新たな事情を発見したため、訴追を相当でないと思料するときは、この限りでない。送致後の情況により訴追を相当でないと思料するときも、同様である。

六　少年又は保護者が選任した弁護士である付添人は、これを弁護人とみなす。

第四十五条の二　前条第一号から第四号までの規定は、家庭裁判所が、第十九条第二項又は第二十三条第三項の規定により、事件を検察官に送致した場合に準用する。

（保護処分等の効力）

第四十六条　罪を犯した少年に対して第二十四条第一項の保護処分がなされたときは、審判を経た事件について、刑事訴追をし、又は家庭裁判所の審判に付することができない。

２　第二十二条の二第一項の決定がされた場合において、同項の決定があつた事件につき、審判に付すべき事由の存在が認めれないこと又は保護処分に付する必要がないことを理由とした保護処分に付さない旨の決定が確定したときは、その事件についても、前項と同様とする。

3 第一項の規定は、第二十七条の二第一項の規定による保護処分の取消しの決定が確定した事件については、適用しない。ただし、当該事件につき同条第六項の規定によりその例によることとされる第二十二条の二第一項の決定がされた場合であつて、その取消しの理由が審判に付すべき事由の存在が認められないことであるときは、この限りでない。

（時効の停止）

第四十七条 第八条第一項前段の場合においては第二十一条の決定があつてから、第八条第一項後段の場合においては送致を受けてから、保護処分の決定が確定するまで、公訴の時効は、その進行を停止する。

2 前項の規定は、第二十一条の決定又は送致の後、本人が満二十歳に達した事件についても、これを適用する。

（勾留）

第四十八条 勾留状は、やむを得ない場合でなければ、少年に対して、これを発することはできない。

2 少年を勾留する場合には、少年鑑別所にこれを拘禁することができる。

3 本人が満二十歳に達した後でも、引き続き前項の規定によることができる。

（取扱の分離）

第四十九条 少年の被疑者又は被告人は、他の被疑者又は被告人と分離して、なるべく、その接触を避けなければならない。

2 少年に対する被告事件は、他の被告事件と関連する場合にも、審理に妨げない限り、その手続を分離しなければならない。

3 拘置監においては、少年を成人と分離して収容しなければならない。

（審理の方針）

第五十条 少年に対する刑事事件の審理は、第九条の趣旨に従つて、これを行わなければならない。

第三節 処分

（死刑と無期刑の緩和）

第五十一条 罪を犯すとき十八歳に満たない者に対しては、死刑をもつて処断すべきときは、無期刑を科する。

2 罪を犯すとき十八歳に満たない者に対しては、無期刑をもつて処断すべきときであつても、有期の懲役又は禁錮を科することができる。この場合において、その刑は、十年以上十五年以下において言い渡す。

（不定期刑）

第五十二条 少年に対して長期三年以上の有期の懲役又は禁錮をもつて処断すべきときは、その刑の範囲内において、長期と短期を定めてこれを言い渡す。但し、短期が五年を越える刑をもつて処断すべきときは、短期を五年に短縮する。

2　前項の規定によつて言い渡すべき刑については、短期は五年、長期は十年を越えることはできない。
3　刑の執行猶予の言渡をする場合には、前二項の規定は、これを適用しない。

（少年鑑別所収容中の日数）
第五十三条　第十七条第一項第二号の措置がとられた場合においては、少年鑑別所に収容中の日数は、これを未決勾留の日数とみなす。

（換刑処分の禁止）
第五十四条　少年に対しては、労役場留置の言渡をしない。

（家庭裁判所への移送）
第五十五条　裁判所は、事実審理の結果、少年の被告人を保護処分に付するのが相当であると認めるときは、決定をもつて、事件を家庭裁判所に移送しなければならない。

（懲役又は禁錮の執行）
第五十六条　懲役又は禁錮の言渡しを受けた少年（第三項の規定により少年院において刑の執行を受ける者を除く。）に対しては、特に設けた監獄又は監獄内の特に分界を設けた場所において、その刑を執行する。
2　本人が満二十歳に達した後でも、満二十六歳に達するまでは、前項の規定による執行を継続することができる。
3　懲役又は禁錮の言渡しを受けた十六歳に満たない少年に対しては、刑法第十二条第二項又は第十三条第二項の規定にかかわらず、十六歳に達するまでの間、少年院において、その刑を執行することができる。この場合において、その少年には、矯正教育を授ける。

（刑の執行と保護処分）
第五十七条　保護処分の継続中、懲役、禁錮又は拘留の刑が確定したときは、先に刑を執行する。懲役、禁錮又は拘留の刑が確定してその執行前保護処分がなされたときも、同様である。

（仮出獄）
第五十八条　少年のとき懲役又は禁錮の言渡しを受けた者には、次の期間を経過した後、仮出獄を許すことができる。
一　無期刑については七年
二　第五十一条第二項の規定により言い渡した有期の刑については三年
三　第五十二条第一項及び第二項の規定により言い渡した刑については、その刑の短期の三分の一
2　第五十一条第一項の規定により無期刑の言渡しを受けた者については、前項第一号の規定は適用しない。

（仮出獄期間の終了）
第五十九条　少年のとき無期刑の言渡を受けた者が、仮出獄を許された後、その処分を取り消されないで十年を経過したときは、刑の執行を受け終つたものとする。
2　少年のとき第五十一条第二項又は第五十二条第一項及び第二項の規定により有期の刑の言渡しを受けた者が、仮出獄を許さ

れた後、その処分を取り消されないで仮出獄前に刑の執行を受けた期間と同一の期間又は第五十一条第二項の刑期若しくは第五十二条第一項及び第二項の長期を経過したときは、そのいずれか早い時期において、刑の執行を受け終わつたものとする。

（人の資格に関する法令の適用）

第六十条　少年のとき犯した罪により刑に処せられてその執行を受け終り、又は執行の免除を受けた者は、人の資格に関する法令の適用については、将来に向つて刑の言渡を受けなかつたものとみなす。

2　少年のとき犯した罪について刑に処せられた者で刑の執行猶予の言渡を受けた者は、その猶予期間中、刑の執行を受け終つたものとみなして、前項の規定を適用する。

3　前項の場合において、刑の執行猶予の言渡を取り消されたときは、人の資格に関する法令の適用については、その取り消されたとき、刑の言渡があつたものとみなす。

第五章　雑則

（記事等の掲載の禁止）

第六十一条　家庭裁判所の審判に付された少年又は少年のとき犯した罪により公訴を提起された者については、氏名、年齢、職業、住居、容ぼう《い》等によりその者が当該事件の本人であることを推知することができるような記事又は写真を新聞紙その他の出版物に掲載してはならない。

附則（抄）

（施行期日）

第一条　この法律は、平成十三年四月一日から施行する。

（少年法の一部改正に伴う経過措置）

第二条　この法律の施行の際現に家庭裁判所に係属している事件についてとられる少年法第十七条第一項第二号の措置における収容の期間の更新及び通算した収容の期間の限度については、第一条の規定による改正後の同法（以下「新法」という。）第十七条第三項から第五項まで及び第九項の規定にかかわらず、なお従前の例による。

2　新法第十七条の二の規定は、前項に規定する少年法第十七条第一項第二号の措置及びその収容の期間の更新の決定については、適用しない。

3　新法第二十二条の二の規定（新法において準用し、又はその例による場合を含む。）は、この法律の施行の際現に裁判所に係属している事件の手続並びにこの法律の施行後に係属する当該事件の抗告審及び再抗告審の手続については、適用しない。

4　新法第二十七条の二第二項の規定は、この法律の施行後に終了する保護処分について適用する。

5　この法律の施行前にした行為に係る検察官への送致、刑の適用及び仮出獄を許すことができるまでの期間については、なお従前の例による。

（検討等）

第三条　政府は、この法律の施行後五年を経過した場合において、この法律による改正後の規定の施行の状況について国会に報告するとともに、その状況について検討を加え、必要があると認めるときは、その検討の結果に基づいて法制の整備その他の所要の措置を講ずるものとする。

第四条から第七条まで　（略）

received by or in the charge of such associations and institutions, and shall make an annual report to the Board of State Commissioners of Public Charities in such form as the board may prescribe. The county board may, at their discretion, make appropriations for the payment of the actual and necessary expenses incurred by the visitors in the discharge of their official duties.

§19. Powers of Juvenile Court.] The powers and duties herein provided to be exercised by the county court or the judges thereof may, in counties having over 500,000 population, be exercised by the circuit courts and their judges as hereinbefore provided for.

§20. Industrial and Training Schools not Affected.] Nothing in this act shall be construed to repeal any portion of the act to aid industrial school[s] for girls, the act to provide for and aid training schools for boys, the act to establish the Illinois State Reformatory or the act to provide for a State Home for Juvenile Female Offenders. And in all commitments to said institutions the acts in reference to said institutions shall govern the same.

§21. Construction of the Act.] This act shall be liberally construed, to the end that its purpose may be carried out, to-wit : That the care, custody and discipline of a child shall approximate as nearly as may be that which should be given by its parents, and in all cases where it can properly be done the child be placed in an improved family home and become a member of the family by legal adoption or otherwise.

Approved April 21, 1899.

guardian or other person having the right to dispose of a dependent or neglected child to enter into an agreement with any association or institution incorporated under any public or private law of this State for the purpose of aiding, caring for or placing in homes such children, and being approved as herein provided, for the surrender of such child to such association or institution, to be taken and cared for by such association or institution or put into a family home. Such agreement may contain any and all proper stipulations to that end, and may authorize the association or institution, by its attorney or agent, to appear in any proceeding for the legal adoption of such child, and consent to its adoption, and the order of the court made upon such consent shall be binding upon the child and its parents or guardian or other person the same as if such parents or guardian or other person were personally in court and consenting thereto, whether made party to the proceeding or not.

§16. Foreign Corporations.] No association which is incorporated under the laws of any other state than the State of Illinois shall place any child in any family home within the boundaries of the State of Illinois, either with or without indenture, or for adoption, unless the said association shall have furnished the Board of State Commissioners of Public Charities with such guarantee as they may require that no child shall be brought into the State of Illinois by such society or its agents having any contagious or incurable disease, or having any deformity, or being of feeble mind, or of vicious character, and that said association will promptly receive and remove from the State any child brought into the State of Illinois by its agent which shall become a public charge within the period of five (5) years after being brought into this State. Any person who shall receive, to be placed in a home, or shall place in a home, any child in behalf of any association incorporated in any other state than the State of Illinois which shall not have complied with the requirements of this act, shall be imprisoned in the county jail not more than thirty days, or fined not less than $5.00 or more than one hundred (100) dollars, or both in the discretion of the court.

§17. Religious Preferences.] The court in committing children shall place them as far as practicable in the care and custody of some individual holding the same religious belief as the parents of said child, or with some association which is controlled by persons of like religious faith of the parents of the said child.

§18. County Boards of Visitors.] The county judge of each county may appoint a board of six reputable inhabitants, who will serve without compensation, to constitute a board of visitation, whose duty it shall be to visit as often as once a year all institutions, societies and associations receiving children under this act. Said visits shall be made by not less than two of the members of the board, who shall go together or make a joint report ; the said board of visitors shall report to the court from time to time the condition of children

under this act shall be subject to the same visitation, inspection and supervision of the Board of State Commissioners of Public Charities as the public charitable institutions of this State. The judges of the courts hereinbefore mentioned may require such information and statistics from associations desiring to have children committed to their care under the provisions of this act as said judges deem necessary in order to enable them to exercise a wise discretion in dealing with children. Every such association shall file with the Board of State Commissioners of Public Charities an annual printed or written report, which shall include a statement of the number of children cared for during the year, the number received. the number placed in homes, the number died, the number returned to friends ; also a financial statement showing the receipts and disbursements of the associations. The statement of receipts shall indicate the amount received from public funds, the amount received from donations and the amount received from other sources, specifying the several sources. The statement of disbursements shall show the amount expended for salaries and other expenses, specifying the same, the amount expended for lands, buildings and investments. The secretary of the board of public charities shall furnish to the judge of each of the county courts a list of associations filing such annual reports, and no child shall be committed to the care of any association which shall not have filed a report for the fiscal year last preceding with the State Board of Commissioners of Public Charities.

§14. Incorpration of Associations.] No association whose objects may embrace the caring for dependent, neglected or delinquent children shall hereafter be incorporated unless the proposed articles of incorporation shall first have been submitted to the examination of the Board of State Commissioners of Public Charities, and the Secretary of State shall not issue a certificate of incorporation unless there shall first be filed in his office the certificate of said Board of State Commissioners of Public Charities that said board has examined the said articles of incorporation and that, in its judgment, the incorporators are reputable and responsible persons, the proposed work is needed, and the incorporation of such association is desirable and for the public good ; amendments proposed to the articles of incorporation or association having as an object the care and disposal of dependent, neglected or delinquent children shall be submitted in like manner to the Board of State Commissioners of Public Charities, and the Secretary of State shall not record such amendment or issue his certificate therefore unless there shall first be filed in his office the certificate of said Board of State Commissioners of Public Charities that they have examined the said amendment, that the association in question is, in their judgment, performing in good faith the work undertaken by it, and that the said amendment is, in their judgment, a proper one and for the public good.

§15. Surrender of Dependent Children — Adoption.] It shall be lawful for the parents, parent,

of the court his or her reformation shall be complete : or the court may commit the child to the care and custody of some association that will receive it embracing in its objects the care of neglected and dependent children and that has been duty accredited as hereinafter provided.

§10. Transfer from Justices and Police Magistrates.] When, in any county where a court is held as provided in section three of this act, a child under the age of 16 years is arrested with or without warrant, such child may, instead of being taken before a justice of the peace or police magistrate, be taken directly before such court ; or if the child is taken before a justice of the peace of police magistrate, it shall be the duty of such justice of the peace or police magistrate to transfer the care [case] to such court, and the officer having the child in charge to take such child before that court, and in any such case the court may proceed to hear and dispose of the case in the same manner as if the child had been brought before the court upon petitition as herein provided. In any case the court shall require notice to be given and investigation to be made as in other cases under this act, may adjourn the hearing from time to time for the purpose.

§11. Children Under Twelve Years not to be Committed to Jail.] No court or magistrate shall commit a child under twelve (12) years of age to a jail or police station, but if such child is unable to give bail it may be committed to the care of the sheriff, police officer or probation officer, who shall keep such child in some suitable place provided by the city or county outside of the inclosure of any jail or police station. When any child shall be sentenced to confinement in any institution to which adult convicts are sentenced it shall be unlawful to confine such child in the same building with such adult convicts, or to confine such child in the same yard or inclosure with such adult convicts, or to bring such child into any yard or building in which such adult convicts may be present.

§12. Agents of Juvenile Reformatories.] It shall be the duty of the superintendent of the State Reformatory at Pontiac and the board of managers of the State Home for Juvenile Female Offenders at Geneva, and the board of managers of any other institution to which juvenile delinquents may be committed by the courts, to maintain an agent of such institution, whose duty it shall be to examine the homes of children paroled from such institution for the purpose of ascertaining and reporting to said court whether they are suitable homes ; to assist children paroled or discharged from such institution in finding suitable employment, and to maintain a friendly supervision over paroled inmates during the continuance of their parole ; such agents shall hold office subject to the pleasure of the board making the appointment, and shall receive such compensation as such board may determine out of any funds appropriated for such institution applicable thereto.

§13. Supervison by State Commissioners of Public Charities.] All associations receiving children

some training school or an industrial school, as provided by law, or to the care of some association willing to receive it embracing in its objects the purpose of caring or obtaining homes for dependent or neglected children, which association shall have been accredited as hereinafter provided.

§8 Guardianship.] In any case where the court shall award a child to the care of any association or individual in accordance with the provisions of this act the child shall, unless otherwise ordered, become a ward and be subject to the guardianship of the association or individual to whose care it is committed. Such association or individual shall have authority to place such child in a family home, with or without indenture, and may be made party to any proceeding for the legal adoption of the child, and may by its or his attorney or agent appear in any court where such proceedings are pending and assent to such adoption. And such assent shall be sufficient to authorize the court to enter the proper order or decree of adoption. Such guardianship shall not include the guardianship of any estate of the child.

§9. Disposition of Delinquent Children.] In the case of a delinquent child the court may continue the hearing from time to time, and may commit the child to the care and guardianship of a probation officer duly appointed by the court, and may allow said child to remain in its own home, subject to the visitation of the probation officer : such child to report to the probation officer as often as may be required and subject to be returned to the court for further proceedings, whenever such action may appear to be necessary ; or the court may commit the child to the care and guardianship of the probation officer, to be placed in a suitable family home, subject to the friendly supervision of such probation officer ; or it may authorize the said probation officer to board out the said child in some suitable family home, in case provision is made by voluntary contribution or otherwise for the payment of the board of such child, until a suitable provision may be made for the child in a home without such payment ; or the court may commit the child, if a boy, to a training school for boys, or if a girl, to an industrial school for girls. Or, if the child is found guilty of any criminal offense, and the judge Is of the opinion that the best interest requires it, the court may commit the child to any institution within said county incorporated under the laws of this State for the care of delinquent children, or provided by a city for the care of such offenders, or may commit the child. if a boy over the age of ten years, to the State reformatory, or if a girl over the age of ten years, to the State Home for Juvenile Female Offenders. In no case shall a child be committed beyond his or her minority. A child committed to such institution shall be subject to the control of the board of managers thereof, and the said board shall have power to parole such child on such conditions as it may prescribe, and the court shall, on the recommendation of the board, have power to discharge such child from custody whenever in the judgment knowledge of a child in his county who appears to be either neglected, dependent or delinquent, may file with the clerk of a court having jurisdiction in the matter a petition in writing, setting forth the facts, verified by affidavit. It shall be sufficient that the affidavit is upon information and belief.

§5. Summons.] Upon the filing of the petition a summons shall issue requiring the person having custody or control of the child, or with whom the child may be, to appear with the child at a place and time stated in the summons, which time shall be not less than 24 hours after service. The parents of the child, if living, and their residence is [if] known, or its legal guardian, if one there be, or if there is neither parent nor guardian, or if his or her residence is not known, then some relative, if there be one and his residence is known, shall be notified of the proceedings, and in any case the judge may appoint some suitable person to act in behalf of the child. If the person summoned as herein provided shall fail, without reasonable cause, to appear and abide the order of the court, or to bring the child, he may be proceeded against as in case of contempt of court. In case the summons can not be served or the party served fails to obey the same, and in any case when it shall be made to appear to the court that such summons will be ineffectual, a warrant may issue on the order of the court, either against the parent or guardian or the person having custody of the child or with whom the child may be, or against the child itself. On there turn of the summons or other process, or as soon thereafter as may be, the court shall proceed to hear and dispose of the case in a summary manner. Pending the final disposition of any case the child may be retained in the possession of the person having the charge of same, or may be kept in some suitable place provided by the city or county authorities.

§6. Probation Officers.] The court shall have authority to appoint or designate one or more discreet persons of good character to serve as probation officers during the pleasure of the court ; said probation officers to receive no compensation from the public treasury. In case a probation officer shall be appointed by any court, it shall be the duty of the clerk of the court, if practicable, to notify the said probation officer in advance when any child is to be brought before the said court ; it shall be the duty of the said probation officer to make such investigation as may be required by the court ; to be present in court in order to represent the interests of the child when the case is heard ; to furnish to the court such information and assistance as the judge may require ; and to take such charge of any child before and after trial as may be directed by the court.

§7. Dependent and Neglected Children.] When any child under the age of sixteen (16) years shall be found to be dependent or neglected within the meaning of this act, the court may make an order committing the child to the care of some suitable State institution, or to the care of some reputable citizen of good moral character, or to the care of

④ 1899年イリノイ少年裁判所法

AN ACT *to regulate the treatment and control of dependent, neglected and delinquent children.*（要扶助少年，遺棄少年，非行少年の処遇と監督を規律する為の法律）

SECTION 1. *Be it enacted by the People of the State of Illinois, represented in the General Assembly* : DEFINTIONS.] This act shall apply only to children under the age of 16 years not now or hereafter inmates of a State institution, or any training school for boys or industrial school for girls or some institution incorporated under the laws of this State, except as provided in sections twelve (12) and eighteen (18). For the purposes of this act the words dependent child and neglected child shall mean any child who for any reason is destitute or homeless or abandoned ; or dependent upon the public for support ; or has not proper parental care or guardianship ; or who habitually begs or receives alms ; or who is found living in any house or ill fame or with any vicious or disreputable person ; or whose home, by reason of neglect, cruelty or depravity on the parts of its parents, guardian or other person in whose care it may be, is an unfit place for such a child ; and any child under the age of 8 years who is found peddling or selling any article or singing or playing any musical instrument upon the streets or giving any public entertainment. The words delinquent child shall include any child under the age of 16 years who violates any law of this State or any city or village ordinance. The word child or children may mean one or more children, and the word parent or parents may be held to mean one or both parents, when consistent with the intent of this act. The word association shall include any corporation which includes in its purposes the care or disposition of children coming within the meaning of this act.

§2. JURISDICTION.] The circuit and county courts of the several counties in this State shall have original jurisdiction all cases coming within the terms of this act. In all trials under this act any person interested therein may demand a jury of six, or the judge of his own motion may order a jury of the same number, to try the case.

§3. JUVENILE COURT.] In counties having over 500,000 population the judges of the circuit court shall, at such times as they shall determine, designate one or more of their number whose duty it shall be to hear all cases coming under this act. A special court room, to be designated as the juvenile court room, shall be provided for the hearing of such cases, and the findings of the court shall be entered in a book or books to be kept for that purpose and known as the "Juvenile Record," and the court may, for convenience, be called the "Juvenile Court."

§4. PETITION TO THE COURT.] Any reputable person, being resident in the county, having

事項索引

ア　行

カ　行

サ 行

タ 行

人名索引

ア 行

カ 行

サ　行

タ　行

ナ　行

ハ　行

マ　行

ヤ 行

ラ 行

ワ 行

〈著者紹介〉
森田　明（もりた・あきら）
東洋大学法学部教授

1943年東京生まれ。1968年東京大学法学部卒業後，同法学部助手，お茶の水女子大学家政学部教授，ケルン大学客員研究員を経て，1992年より現職。

〈専攻〉　憲法／未成年者保護法・教育法

〈主要著作〉
『大正少年法（上）（下）』日本立法資料全集18・19巻　信山社（1993・1994年）
『児童の権利条約―その内容・課題と展望』（石川稔と共編）一粒社（1995年）
『未成年者保護法と現代社会―保護と自律のあいだ』　有斐閣（1999年）
『少年法のあらたな展開』（猪瀬愼一郎・佐伯仁志と共編）　有斐閣（2001年）
ハンス・マイアー『基本的人権論』（編訳書）信山社（2002年）

少年法の歴史的展開――〈鬼面仏心〉の法構造――

2005年（平成17年）12月14日　初版第1刷発行

著者　森田　明
発行者　今井　貴
　　　　渡辺左近
発行所　信山社出版株式会社
〒113-0033　東京都文京区本郷6-2-9-102
電話 03（3818）1019
FAX 03（3818）0344

Printed in Japan.

印刷・製本／暁印刷・大三製本

ISBN 4-7972-2294-8　C3332